중학전략

역사②

BOOK 1

이 책의 구성과 활용

이 책은 3권으로 이루어져 있는데 본책인 BOOK1, 2의 구성은 아래와 같아.

주 도입

본격적인 본문 학습에 앞서, 재미있는 만화를 살펴보면서 이번 주에 공부할 내용을 확인할 수 있습니다.

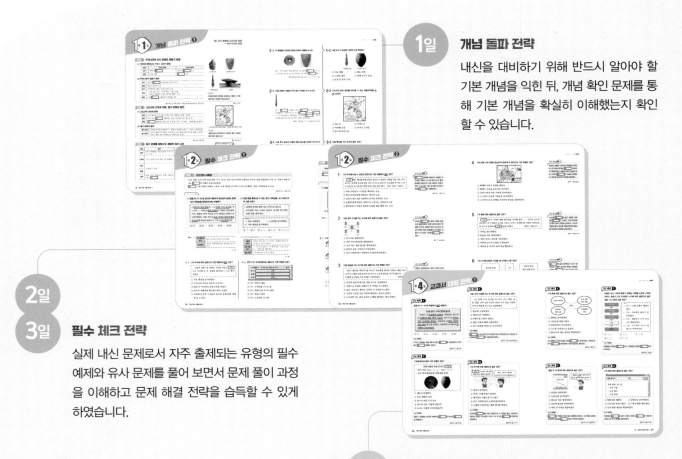

1일 | 개념 돌파 전략

내신을 대비하기 위해 반드시 알아야 할 기본 개념을 익힌 뒤, 개념 확인 문제를 통해 기본 개념을 확실히 이해했는지 확인할 수 있습니다.

2일 / 3일 | 필수 체크 전략

실제 내신 문제로서 자주 출제되는 유형의 필수 예제와 유사 문제를 풀어 보면서 문제 풀이 과정을 이해하고 문제 해결 전략을 습득할 수 있게 하였습니다.

4일 | 교과서 대표 전략

교과서의 핵심 개념을 다루는 주제를 대표 예제로 엄선하여 수록하였으며, 많은 문제를 풀어 보면서 문제에 대한 적응력을 높일 수 있도록 하였습니다.

역사정답

고득점을 예약하는 내신 대비서

중학전략 역사 ②

시험에 잘 나오는
개념BOOK!

자르는 선

천재교육

변하였으며, 이에 따라 사위와 장인, 장모의 관계가 친밀해졌다.

21 1 (1) 의천 (2) 신종, 교종 2 ⑤
3 성리학

개념BOOK 1
시험에 잘 나오는

정확정리
역사 ②

가에 기록된 발해 사신단 구성 내용을 통해 발해가 일본과 교류하였음을 알 수 있다.

16 1 (1) 북진 (2) 노비안검법 (3) 과거제
(4) 죄승로 **2** ④ **3** (1) ⑤ 도병
마사 ⓒ 식목도감 (2) 도병마사는 국
방과 군사 문제를 노의하는 기구였
고, 식목도감은 제도와 시행 규칙을
만드는 기구였다.

17 1 (1) 이이민 (2) 중방 (3) 죄중헌 (4)
망이·망소이 형제 **2** (1) 특수 행
정 구역으로 일반 행정 구역에 비해
세금 부담이 과중하였으며, 거주 이
전의 제한되는 등 차별 때우를 받았
다. (2) 무신 간의 권력다툼으로 인해
지방 통제력이 약화되었다. 지배층
의 수탈이 심해져 농민의 고통이 누
심하였다. 천민 출신 집권자가 등장
하면서 농민과 천민의 신분 상승 욕
구를 자극하였다.

3 (1) 발해 (2) (가)는 발해의 기와이
고, (나)는 고구려의 기와이다. 두 기
와의 연꽃무늬가 비슷한 것으로 보
아 발해는 고구려의 문화를 계승하
였음을 알 수 있다.

18 1 (1) 송 (2) 벽란도 (3) 아라비아
2 ③ **3** 벽란도

19 1 (1) × (2) ○ (3) × **2** ④ **3** (1)
공민왕이 개혁 정치는 권
문세족의 반발, 중전석과 왜구의 침
입으로 인한 사회 혼란, 신돈 제거,
공민왕이 시해되면서 실패하였다.

20 1 (1) ○ (2) × (3) × (4) ○ (5) ○
2 ② **3** 고려 시대에는 혼인 후 남
자가 처가에서 생활하는 경우도 빈

럴를 계승하였음을 밝혔다. (2) 고구
려를 계승한 발해가 세워져 남쪽의
통일 신라와 북쪽의 발해가 공존하
는 남북국 시대가 열렸다.

12 1 (1) 진골 (2) 9주 5소경 **2** ②
3 가족 세력을 약화하고 왕권을 강
화하기 위해 실시하였다.

13 1 (1) ○ (2) ○ (3) × **2** ④ **3** 발
해의 3성은 정당성을 중심으로 운영
되었으며 정당성 아래 6부를 두어 행
정 실무를 담당하게 되었고, 6부의
명칭은 유교 덕목을 나타내는 말로
바꾸었다.

14 1 (1) ○ (2) × (3) ○ **2** 당에 유하
하려 갔던 신라 승려 혜초가 다섯 천
축국을 여행하면서 보고 들은 내용
을 기록한 책이다. 이 책에는 인도와
중앙아시아 등 여러 나라의 풍속과
지리, 역사 등이 기록되어 있다.

15 1 (1) 신라방 (2) 청해진 (3) 발해관
2 ④ **3** 발해의 여러 지역에서
출토된 소그드 은화를 통해 발해가
중앙아시아의 나라들과 교류하였음
을 알 수 있다. 중배성점은 발해 중

1 1 (1) ○ (2) ○ (3) × (4) ○　**2** ③
　3 신석기 혁명

2 1 (1) 청동기 (2) 반달 돌칼 (3) 제정
일치　**2** ①

3 1 (1) × (2) ○ (3) ○ (4) ×　**2** ④
3 사람의 생명을 존중했고, 노동
력을 중시하는 농경 사회였다. 또 사
유 재산을 중시하였으며, 노비가 존
재하는 계급 사회였다.

4 1 (1) ㅁ (2) ㄱ (3) ㄴ (4) ㄷ　**2** ②

5 1 (1) 태조왕 (2) 미천왕 (3) 고구려왕
(4) 내물왕　**2** ④　**3** ㉠ 태조왕
㉡ 고이왕 ㉢ 내물왕, 중앙 집권 국
가의 틀을 마련하였다.

6 1 (1) ○ (2) ○ (3) ○ (4) ○　**2** ③
3 (1) 평양 (2) 국내성의 귀족 세
력을 약화시키고 왕권을 강화하기
위해서였다.

7 1 (1) 불교 (2) 진흥왕 (3) 도교 (4) 태
학　**2** ⑤　**3** 불교, 신라은 왕권
을 강화하고 백성들의 사상적 통합
을 위하여 국가 차원에서 불교를 받
아들였다.

8 1 (1) 해자 (2) 아스카　**2** ③　**3**
신라의 문화는 일본에 전해져 일본
아스카 문화의 성립과 발전에 큰 영
향을 끼쳤다.

9 1 (1) × (2) ○ (3) × (4) ○　**2** (1)
고구려 (2) (가) 살수 대첩 (4) 안시
성 전투 (3) 고구려는 지역을 이
용하여 적군의 방어벽을 쌓았다. 성 내
부에 경작이 지를 만들었고, 또 요동
지역의 풍부한 철광석과 뛰어난 제
련 기술을 바탕으로 강력한 철제 무
기와 갑옷을 만들었다.

10 1 (1) 주류성, 임존성 (2) 웅진도독부,
안동도호부 (3) 대동강　**2.** 신라의
삼국 통일은 당을 끌어들인 외세와
고구려를 멸망시켰고, 대동강 이북
의 고구려 영토를 잃어버린 한계
가 있다. 그러나 신라가 당의 한계
정책으로 내쫓아 자주적 통일을 이
루었고, 삼국의 문화를 융합하여 민
족 문화 발전의 기틀을 마련한 역사
적 의의를 지닌다.　**3** (1) 매소성

11 1 (1) 대조영 (2) 남북국　**2** ④　**3**
(1) 발해의 왕은 일본에 보낸 외교 문
서에서 스스로 '고려(고구려) 국왕'이
라는 표현을 사용하여 발해가 고구

핵심 개념 체크

1 괄호 안의 내용 중 알맞은 말을 골라 ○표 하시오.

(1) (이천, 지눌)은 해동 천태종을 창시하여 교종을 중심으로 선종을 통합하고자 하였다.

(2) 지눌은 (교종, 선종)을 중심으로 (교종, 선종)을 포용하고자 하였다.

2 고려 시대의 불교와 성리학에 대한 설명으로 옳은 것을 l 보기 l에서 고른 것은?

보기
ㄱ. 원 간섭기에 불교 개혁 운동이 더욱 활발해졌다.
ㄴ. 고려에 성리학을 처음 소개한 사람은 정몽주이다.
ㄷ. 외적의 침입을 부처의 힘으로 물리치기 위해 대장경을 만들었다.
ㄹ. 의천이 교종을 중심으로 선종을 통합하여 해동 천태종을 창시하였다.

① ㄱ, ㄴ　② ㄱ, ㄷ　③ ㄴ, ㄷ
④ ㄴ, ㄹ　⑤ ㄷ, ㄹ

단답형
3 다음 글과 같은 비판의 기반이 된 사상을 쓰시오.

성균관의 박초가 다음과 같은 글을 올렸다. …… 무릇 부처는 본래 오랑캐 사람으로 중국과 말이 같지 않고 의복도 다르고 …… 위로는 선대 왕에게서 받은 몸을 계승하고 아래로는 우리 유학자들의 평소 희망을 받아들이시어 승려들을 향리로 돌려보내는 한편 이들을 병역과 부역에 동원하고 절을 집으로 바꾸어 호구 수치를 늘려야 할 것입니다. …… 예의로써 가르치고 도덕으로써 기르면 몇 년 되지 않아 백성이 정해지고 교화가 이루어질 것입니다. — 「고려사」 —

빈출도 ①②③

1 구석기 시대와 신석기 시대

개념 필수 자료

(가)

(나)

자료 해석

구석기 시대	구분	신석기 시대
약 70만 년 전	시작	약 1만 년 전
뗀석기	도구	간석기, 토기
동굴, 막집 → ❶　 생활	주거	동굴, 막집 → ❷　 생활
• 사냥, 채집, 물고기잡이 • 불의 사용	경제	농경, 목축의 시작 → 신석기 혁명
평등 사회	사회	평등 사회

답 ❶이동 ❷정착

1 고려의 가족 제도에 대한 설명이 맞으면 O표, 틀리면 X표 하시오.

(1) 일부일처제가 원칙이었다. ( )

(2) 재산 상속은 장자 상속이 일반적이었다. ( )

(3) 여자도 관직에 진출할 수 있었다. ( )

(4) 여성이 호주가 될 수 있었다. ( )

(5) 사위나 외손자도 음서 혜택을 누릴 수 있었다. ( )

2 필수 개념 자료 (가)와 관련된 시기 사회 모습에 대한 설명으로 적절하지 않은 것은?

① 여성도 호주가 될 수 있었다.

② 부모의 제사는 장남의 의무였다.

③ 결혼 후 처가살이가 일반적이었다.

④ 혼인 제도는 일부일처제가 원칙이었다.

⑤ 사위나 외손자가 음서 혜택을 받기도 했었다.

3 서술형 다음 글에서 알 수 있는 고려 사회의 모습을 서술하시오.

지금은 장가갈 때 남자가 처가로 가게 되어 가져의 필요한 것을 처가에 의지하니 장인, 장모의 은혜가 자기 부모와 같다 하였습니다. 아, 장인이시여! 특히 저를 빼정없이 누구 둘보아 구셨는데, 이게 바리고 가시니 저는 앞으로 누구에게 의지하리까?

— 이규보, 「동국이상국집」—

---

1 다음 설명이 맞으면 O표, 틀리면 X표 하시오.

(1) 민족과 한반도 지역에서는 약 70만 년 전부터 구석기 시대가 시작되었다. ( )

(2) 신석기 시대에는 간석기를 사용하여 짐승과 채집을 하였다. ( )

(3) 신석기 시대에는 무리 지어 다니며 식량을 구하고, 한곳에서 사냥과 채집을 마치면 다른 곳으로 이동하였다. ( )

(4) 구석기 시대에는 불을 이용해 음식을 익혀 먹고 추위를 피하였다. ( )

2 다음 그림에서 학생들이 구석기 시대의 생활 모습을 추기로 그린다고 할때 표현할 수 없는 모습은?

① 나무 열매를 채집하는 모습

② 동굴에서 벽화를 그리고 있는 모습

③ 움집 안에서 불을 피우고 있는 모습

④ 사냥을 찾아 무리를 지어 이동하는 모습

⑤ 크 들에서 불을 때어 내어 도구를 만드는 모습

3 서술형 다음 대화창 내용의 밑줄 친 ㉠으로 인해 인류의 생활 모습이 크게 달라졌다. 이러한 변화를 일으킨 것은 무엇인지 말을 쓰시오.

㉠ 농경과 목축으 신석기 시대부터 시작되었어 안재밭터 기을지 평야 지역에서 농사를 짓고, 개, 돼지, 소무 등을 가축으로 기르기 시작하였지.

농경과 목축은 언제부터 시작되었나요?

21 고려의 종교와 사상

불교 통합 운동

의천	해동 천태종 창시, 교종 중심으로 선종 통합
지눌	수선사(수행사) 결사 운동, 선종 중심으로 교종 포용

성리학의 수용

성리학	인간의 마음과 우주의 원리를 철학적으로 탐구하는 새로운 유학
수용 과정	충렬왕 때 안향이 소개 → 원의 수도에 만권당 설치 → 이색, 정몽주 등에 의해 확산 → 신진 사대부가 개혁 사상으로 수용

개념 필수 자료

(가) 불교 통합 운동

선종을 중심으로 교종을 포용하자.

교종을 중심으로 선종을 통합하자.

(나) 신진 사대부의 불교 비판

성균관의 박초가 상소문을 올리기를
"부처란 자는 어떤 사람입니까? 대를 이을 작자로서 그 아비를 배반하여 부자의 친분을 끊고, …… 군신 간의 의리를 없어지게 했으며, 남녀가 한집에 사는 것을 도리가 아니라고 하고, 남자가 밭 갈고 여자가 베 짜는 것을 이롭지 못하다고 합니다."

― 「고려사」 ―

자료 해석

» 의천은 교종을 중심으로 선종을 통합하고자 하였고, 지눌은 선종을 중심으로 교종을 포용하고자 하였다.

» 고려 말 과거의 시험 과목에 성리학이 반영되면서 성리학은 더욱 확산하였다. 신진 사대부는 성리학을 사상적 기반으로 삼아 권문세족과 불교의 폐단들을 비판하며 개혁을 주장하였다.

고려 중기에는 이전의 ❶ □□□ 을 세워 교종을 중심으로 선종을 통합하고자 하였다. 무신 정변 이후 불교계가 타락하자 지눌은 정혜결사(후일 수선사로 개칭)를 결성하고 불교 본연의 수행을 강조하였다. 충렬왕 때 안향에 의해 유학의 새로운 흐름인 ❷ □□□ 이 고려에 소개되었다. 이후 ❷ □□□ 은 이색, 정몽주, 정도전 등에게 전해지며 지배 신진 사대부의 사상적 기반이 되었고, 새로운 통치 이념이자 생활 윤리로 자리 잡기 시작하였다.

답 | ❶ 천태종 ❷ 성리학

---

2 청동기 시대

○ 개념 노트

• 시기: 기원전 2000~기원전 1500년경
• 도구: 청동기(비파형 동검), 간석기(반달 돌칼), 토기(민무늬 토기)
• 생활 모습: 벼농사 시작, 계급 사회, 제정 일치 사회(고인돌, 돌널무덤, 돌무지무덤 등 거대한 무덤 제작)

개념 필수 자료

고인돌은 청동기 시대 지배자의 무덤으로 알려져 있다. 거대한 고인돌을 만들기 위해서는 많은 노동력이 필요하였으며, 반달 돌칼은 청동기 시대 농기구로 널리 사용된 간석기이다. 국식을 수확할 때 이삭을 자르는 용도로 사용되었다. 청동은 청동기 시대에 주로 방울로 사용되었던 의식용 도구로 축제된다. 청동 거울 역시 의식용 도구로 사용되었다.

자료 해석

청동기 시대의 주요 유물에는 다음과 같은 것들이 있다.

❶	청동 방울	❷	반달 돌칼
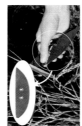			
만주, 한반도에 걸쳐 출토되는 청동검으로 주로 출토되며 청동검	군장이 하늘에 제사를 지낼 때 의식용 도구로 사용하였을 것으로 추정	청동기 시대의 대표 석인 토기로, 그릇 표면에 무늬가 없음. 미송리식 토기도 이 토기의 한 종류임.	청동기 시대에 널리 사용된 수확용 도구로, 국식의 이삭을 하나하나 딸 수 있었음. 한반도 전역에서 출토

답 | ❶ 비파형 동검 ❷ 민무늬 토기

20 고려의 가족 제도

빈출도 ① ② ③

○ 개념 노트

혼인	일부일처제 원칙. 처가살이가 일반적. 이혼과 재혼에 제약 없음
상속	부모의 재산은 아들과 딸을 구분하지 않고 균등하게 상속. 태어난 순서대로 호적에 기록, 여성이 사위 재산 상속도 음서 혜택 가능
여성의 지위	여성도 호주가 될 수 있음. 아들과 딸 구분 없이 태어난 순서대로 호적에 기록. 부모의 재산을 나누어 받기 때문에 이들이 없어도 양자를 들이 지 않음

개념 필수 자료

(가) 고려의 상속

어머니가 재산을 나누어 주면서 그에게는 따로 노비 40명을 더 주려 하자, 그는 사양하면서 "내가 1남 5녀 사이에 아저 태어난 처지의 6남매가 골고루 혜택하게 받아야 한 것인데 어찌 저만 더 받아 편하게 살 수 있겠습니까."라고 하니, 어머니가 의롭게 여겨 그 의 말을 따랐다.

― 「고려사」 ―

》 고려 시대에는 부모의 재산을 아들과 딸을 구분하지 않고 균등하게 상속하였다. 만약 부모가 분명하게 재산을 상속하면 관청은 재분에 근거하게 상속되도록 하였고, 한편 고려 시대에 여성은 죽은 뒤에도 자신의 재산을 따로 가질 수 있었다.

(나) 고려의 여성의 지위

》 남편이 죽은 후 첫째 이름 언제 대신 부인 최씨가 호주가 되었다. 이처럼 고려의 여성은 남편이 죽은 뒤에 호주가 될 수 있었다.

자료 해석

고려 시대에는 남자와 여자의 계보를 동등하게 중시하여 ① 의 지위가 상대적으로 높은 편이었다. 혼인 후 남자가 처가에서 생활하는 경우도 빈번하였으며, 이에 따라 사위와 장인, 장모의 관계가 친밀하였다. 또한 아들은 자신의 재산을 독립적으로 소유하였고, 재산 상속에 있어서도 남성과 여성을 구분하지 않았다. 혼인 후 남자가 처가에서 생활하는 경우도 ② 을 받지 않았다.

답 | ① 여성 ② 차별

핵심 개념 체크

1 글을 읽어 내용 중 옳으면 말을 골라 O표를 하시오.

(1) 만주와 한반도 지역에는 기원전 2000년 ~기원전 1500년 무렵부터 (청동기, 철기)가 보급되기 시작하였다.

(2) 청동기 시대에는 정교해진 간석기가 만들어졌는데, 대표적으로 (주먹도끼, 반달 돌칼)이/가 있다.

(3) 청동기 시대에는 정치적 지배자인 군장이 종교 의식까지 주관하는 (제정일치, 제정분리) 사회였다.

2 (가)에 들어갈 내용으로 가장 적절한 것은?

청동기 시대에는 농경의 비중이 커지면서, 자연에 대한 제사도 중요해졌어.

그래서 군장은 청동 방울이나 청동 거울 등을 이용해 제사를 지냈지.

(가)

① 청동기 시대에는 제정일치 사회였구나.
② 청동기 시대에 느티와 농경이 시작되었구나.
③ 청동기 시대에 애니미즘 등의 신앙이 처음 등장했구나.
④ 청동기 시대에 정착 생활이 시작되면서 나타난 모습이구나.
⑤ 이 시기에는 철기가 무기, 제사 도구, 농기구 등 다양하게 사용되었구나.

1 다음 설명이 맞으면 ○표, 틀리면 X표 하시오.

(1) 고인왕은 동맹부를 공격하여 왕위에 빼앗겼던 영토를 되찾았다. ( )

(2) 고인왕은 무오식 변문과 웃음 금지하였다. ( )

(3) 고인왕의 개혁은 무오의 무권으로 집부으로 중단되었다. ( )

2 필수 자료 (가)와 같이 영토를 수복한 구왕의 개혁이 실패한 원인으로 옳지 않은 것은?

① 권문세족의 반발이 심하였다.

② 개혁 추진 세력이 미약하였다.

③ 신도이 제가되고 공민왕이 시해되었다.

④ 전국적으로 농민 봉가가 자주 발생하였다.

⑤ 홍건적과 왜구의 침입으로 사회가 혼란하였다.

3 다음 자료를 읽고 물음에 답하시오.

신도이 "……전민변정도감을 두어 고치려고 하니, 잘못을 알고 스스로 고치는 자는 죄를 문지 않겠다. 기한이 지나서 일이 발각된 자는 엄히 다스릴 것이다." 이 명령이 나오자 권세가들이 빼앗은 땅을 주인에게 돌려 주니 안팎이 기뻐하였다.

　　　　　　　　　　　　　　　　　　　　　　　　　－「고려사」 –

(1) 위와 같은 개혁 정책을 실시한 고려의 왕을 쓰시오.

(2) (1)의 왕이 주진한 개혁이 실패한 이유를 세 가지 이상 쓰시오.

---

3 고조선

○ 개념 노트

- **건국**: 청동기 문화를 배경으로 건국된 우리 역사상 최초의 국가(기원전 2333)
- **성장과 멸망**: 기원전 5세기 철기 문화 수용 → 위만 집권(기원전 194) → 중계 무역으로 큰 이익 차지 → 한 무제의 침입으로 중단되었다(기원전 108)
- **사회 모습**: 8조법을 두어 질서 유지

개념 필수 자료

옛날에 하늘나라의 왕 환인의 아들 환웅이 인간 세상에 관심을 두었다. 환인이 이들이 뜻을 알고 아래 태백산 지역을 내려다보니 ㉠ 인간 세상을 널리 이롭게 할 만하였다. 이에 천부인 세 개를 주어 그곳을 다스리게 하였다. 환웅은 무리 3,000명을 이끌고 태백산 신단수에 내려와 그곳을 신시라 불렀다. 환웅은 ㉡ 바람, 비, 구름을 관장하는 신하와 함께 곡식, 수명, 질병, 형벌, 선악 등 360여 가지 일을 맡아 인간 세상을 다스렸다.

이때 ㉢ 곰 한 마리와 범 한 마리가 있어 환웅에게 사람 되기를 빌었다.……환웅이 잠시 사람으로 변해서 ㉣ 여인이 된 곰(웅녀)과 혼인하여 이름을 낳으니, 그 이름을 ㉤ 단군왕검이라 하였다.

　　　　　　　　　　　　　　　　　　－「삼국유사」 –

자료 해석

환웅과 웅녀(여자가 된 곰)의 결혼은 환웅 부족(새로운 세력)과 웅녀 부족(토착 세력)이 결합하여 ❶ 을 건국하였음을 알려 주는 내용이다. 한편 고조선은 ❷ 문화를 배경으로 건국되었다.

공민왕의 개혁 정치

개념 노트

- **반원 자주 정책:** 친원 세력 제거, 정동행성 축소, 쌍성총관부 공격하여 이북 영토 회복, 격하된 왕실의 호칭과 관제 복구, 몽골풍 금지
- **왕권 강화 정책:** 정방 폐지(국왕이 인사권 장악), 전민변정도감 설치(신돈 등용, 권문세족이 불법으로 차지한 땅과 노비를 원래대로 되돌림), 성균관 정비(유학 교육 강화 → 신진 사대부 성장의 배경)

개념 필수 자료

(가) 공민왕의 반원 자주 정책

공민왕 때 수복한 지역

(나) 전민변정도감 설치

신돈이 "……전민변정도감을 두어 고치게 하니, 권세를 악고 스스로 고치는 지는 칭찬할 만했다. 기한이 지나서 일이 발각된 지는 원의 다스를 것이다." 이 명령이 나오자 권세가들이 빼앗은 땅을 주인에게 돌려주니 안팎이 기뻐하였다.

– 「고려사」 –

자료 해석

(가) 공민왕 때 원에 요청하여 동북부의 탐라총관부를 돌려받았다. 이후 공민왕은 ① 을 공격하여 원에 빼앗겼던 철령 이북의 영토를 수복하면서 북으로 영토를 확장하였다. 공민왕은 승려인 신돈을 등용하여 개혁을 일부 성과를 거두었으나, 권문세족의 반발로 인해 신돈이 제거되고 공민왕이 시해되면서 중단되었다.

(나) 14세기 중반 공민왕이 반원을 내세우고 개혁을 추진하였다. 이러한 국제 정세를 파악한 공민왕은 원의 간섭에서 벗어나고자 개혁을 추진하였고, 공민왕은 친원 세력을 제거하고 정동행성을 축소하여 원의 내정 간섭을 막았으며, 쌍성총관부를 공격하여 철령 이북의 땅을 되찾았다.

답 ① 쌍성총관부 ② 전민변정도감

---

1 다음 설명이 맞으면 O표, 틀리면 X표 하시오.

(1) 기원전 3세기 말 진한 교체기인 혼란을 틈타 고조선의 위만이 중국 진 땅에서 고조선으로 넘어왔다. ( )

(2) 위만 조선은 한과 진 사이에서 중계 무역으로 경제적인 이익을 차지하였다. ( )

(3) 고조선은 8조법을 시행하여 사회 질서를 유지하였다. ( )

(4) 고조선은 진시황제의 공격을 받아 멸망하였다. ( )

2 밑줄 자료의 ㉠~㉤을 해석한 내용으로 옳지 않은 것은?

① ㉠ – 고조선은 중국인인 간의 이남으로 건국되었다.
② ㉡ – 고조선은 농경 사회였다.
③ ㉢ – 고조선에는 특정 등급을 중세하는 신앙이 있었다.
④ ㉣ – 고조선 철기 문화를 지닌 부족이 건국되었다.
⑤ ㉤ – 고조선은 제정일치 사회였다.

3 제시된 내용을 통해 알 수 있는 고조선의 사회 모습을 세 가지 이상 서술하시오.

- 사람을 죽인 지는 즉시 죽인다.
- 남에게 상처를 입힌 지는 곡식으로 갚는다.
- 도둑질한 지는 노비로 삼는다.

빈출도 ❶ ❷ ❸

④ 여러 나라의 성장

○ 개념 노트

- **부여**: 농경과 목축 발달, 가축 이름을 딴 지배자, 영고(제천 행사)
- **고구려**: 제가 회의를 통해 국가 정책 결정, 서옥제, 동맹(제천 행사)
- **옥저**: 가족 공동 묘의 풍습과 민며느리제
- **동예**: 타 부족의 경계 침범시 배상하는 책화, 무천(제천 행사)
- **삼한**: 5월과 10월에 제천 행사, 제사장 천군, 신성 지역 소도

개념 필수 자료

(가)

> 신랑될 사람 집에서 산다네.

> 이제 정식으로 혼인을 하겠습니다.

(나)

> 아들이 다 컸으니 이제 신랑집으로 간대요.

≫ 여자의 나이가 열 살이 되기 전에 혼인을 약속하고, 신랑 집에서 그 여자를 길러 아내로 삼는다. 여자가 성인이 되면 다시 친정으로 돌아가고, 신랑 집에서 돈을 낸 후 정으로 돌아가고, 신랑 집에서 돈을 낸 후 데려온다.

≫ 혼인이 정해지면 여자의 집 뒤편에 작은 별채를 짓는다. 그 집을 '서옥'이라 부른다. 혼인한 뒤 신랑이 서옥에서 살다가 아들을 낳아서 장성하면 남편은 아내를 데리고 자기 집으로 돌아온다.

자료 해석

고구려의 서옥제는 결혼 후 신랑이 신부 집에서 생활하다가 자녀가 성장한 뒤 신랑 집으로 돌아가는 결혼 풍습이다. 옥저의 민며느리제는 어릴 때 여자가 신랑 집에서 살다가 아이른이 되면 후 신랑이 예물을 치르고 정식으로 혼인하는 풍습이다. 고구려의 서옥제와 옥저의 민며느리제는 당시 ❶ [   ] 사회에서 ❷ [   ] 을 중시하는 전통을 반영한 풍습이다.

답 ❶ 농경 ❷ 노동력

---

1 빈칸에 들어갈 알맞은 말을 쓰시오.

(1) 고려는 (   )와/과 가장 활발하게 교류하면서 문화적·경제적인 실리를 추구하였다.

(2) 고려 시대에도 예성강 하구의 (   )이/가 국제 무역항으로 번성하였다.

(3) '대식국'이라고 불린 (   )의 상인이 고려에 왕래하면서 '코리아'라는 이름을 서방에 알렸다.

2 다음 상황에 나타난 외교 담판의 결과에 대한 설명으로 옳은 것은?

> 우리 거란과 가까운데 송과 성기고 있으니 송을 섬기려 온 것이다.

> 그렇지 않다. 여진이 차단하여 국교를 통하지 못하고 있다. 만약 여진을 몰아내 준다면 서로 통할 수 있을 것이다.

① 귀주 대첩
② 광군의 조직
③ 강동 6주 획득
④ 동북 9성 점령
⑤ 천리장성 축조

단답형

3 다음 수업 장면에서 교사가 설명하는 항구의 이름을 쓰시오.

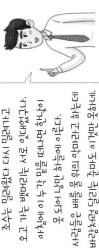

> 송과 단절되었다 다시 밀려나고 오고 가는 뱃머리는 서로 이어졌으며, 아침에 이 나라 땅을 떠나면 한나절이 못 되어 남의 나라에 이른다. 사람들은 배를 물 위의 안마라고 하는데 바다처럼 담긴 큰 숟가락 같다 하겠네.

18 고려 전기의 대외 관계

⊙ 개념 노트

• 송, 거란, 여진과의 관계

송	친선 관계(송의 거란 견제 목적)
거란(요)	1차 침입(서희의 외교 담판 → 강동 6주 획득), 2차 침입(강조의 정변), 3차 침입(강감찬의 귀주 대첩 → 천리장성, 나성 축조)
여진	윤관의 별무반 조직 → 여진 정벌, 동북 9성 축조

• 대외 교류: 예성강 하구 벽란도가 국제 무역항으로 번성(아라비아 상인도 드나듦.)

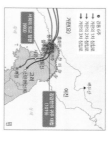

개념 필수 자료

(가) 서희의 외교 담판과 강동 6주

· 경흥 6주
· 거란(요)
  거란의 1차 침입
  거란의 2차 침입
  거란의 3차 침입

(나) 고려의 대외 교류

— 고려의 무역로
== 교류 물품

· 고려는 송, 거란(요), 여진(금), 일본 등과 교류하였다. 개경과 가까운 거란에 있던 예성강 하구의 벽란도는 국제 무역항으로 번성하였다.

자료 해석

》 거란이 고려를 침입한 목적이 고려와의 관계를 끊고 송과의 관계를 맺으려는 것이었으므로, 서희는 거란의 장수 소손녕과 외교 담판을 벌였다. 서희는 고려가 고구려를 계승한 나라임을 밝히고, 송과의 관계를 끊고 거란과 교류할 것을 약속하는 대신 강동 6주를 확보하였다. 이로써 고려의 영토는 압록강까지 확대되었다.

》 고려는 주로 금, 은, 나전 칠기 등의 물품을 송으로 수출하였고 비단, 약재, 서적 등의 지배층이 사용하는 물품들을 수입하였다. 또 고려는 거란과 여진, 일본과 교류를 맺었는데, 은, 모피, 말 등을 받아 오고, 농기구, 곡식, 문방구 등을 보냈다. 아라비아 상인까지 왕래하는 국제 무역항으로 번성하였던 ❶ ▢▢▢ 는 개경과 가까운 예성강 하구에 있던 항구로 번성하였다.

답 ❶ 여진 ❷ 벽란도

---

1 다음 설명에 해당하는 나라를 보기 에서 골라 그 기호를 쓰시오.

(1) 정치와 종교가 분리된 사회였다.

(2) 왕 아래에 가축과 이름을 딴 마가, 우가, 저가, 구가 등의 관리가 있었다.

(3) 주몽이 압록강 졸본 지역에서 건국하였다.

(4) 민며느리제와 가족 공동 무덤의 풍습이 존재하였다.

보기
ㄱ. 부여   ㄴ. 고구려   ㄷ. 옥저
ㄹ. 동예   ㅁ. 삼한

2 (가)에 들어갈 내용으로 옳은 것은?

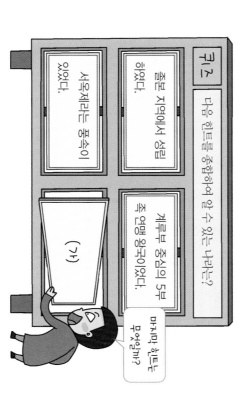

가 나 다음 힌트를 종합하여 알 수 있는 나라는?

종분 지역에서 성립	계루부 중심의 5부 족 연맹 왕국이었다.
졸본 지역에서 성립하였다.	서옥제라는 풍속이 있었다.

마지막 힌트는 무엇일까?

(가)

① 제사와 정치가 분리되어 있었다.

② 10월에 동맹이라는 제천 행사를 열었다.

③ 철이 많이 생산되어 다른 나라에 수출하였다.

④ 왕이 없고 읍군, 삼로라고 불리는 군장이 통치하였다.

⑤ 마가, 우가, 저가, 구가와 같은 여러 가들이 각자의 영역을 다스렸다.

1 괄호 안의 내용 중 앞뒤은 알맞은 말을 골라 ○표 하시오.

(1) (이이민, 최충헌)은 정변을 일으켜 무신 정권의 최고 집권자 자리에 올랐다.

(2) 무신 정권 초기에는 무신들의 회의 기구인 (중방, 정방)이 최고 권력 기관이 되었다.

(3) (최충헌, 최우)은/는 삼별초를 조직하여 회써 무신 정권의 군사적 기반으로 삼았다.

(4) 특수 행정 구역인 공주 명학소에서 (망이·망소이 형제, 만적)이/가 과도한 세금에 반발하여 봉기를 일으켰다.

서술형
2 다음 글을 읽고 물음에 답하시오.

(가) 나의 고향(⊙ 명학소)을 충순현으로 승격하고 수령을 보내 위로하더니 다시 군대를 보내 토벌하러 와서 우리 어머니와 아내를 옥에 가두니 그 뜻은 어디에 있는가? 차라리 싸우다 죽을지언정 항복하여 포로가 되지 않을 것이며, 반드시 개경까지 갈 것이다.

(나) 무신 정변 이후 높은 관리가 천민과 노비에서 많이 나왔다. 장군과 재상이 본래 씨가 따로 있겠는가? 때가 되면 누구나 그 자리를 차지할 수 있는 것이다. 각자 자신의 주인을 죽이고 노비 문서를 불태우자.

(1) ⊙ 행정 구역의 특징을 서술하시오.

(2) 무신 집권기에 (가), (나)와 같은 봉기가 일어난 배경을 두 가지 서술하시오.

---

5 삼국의 성장

○ 개념 노트

1세기	고구려, 계루부 고씨의 왕위 세습
2세기	고구려, 왕위의 부자 상속 확립
3세기	백제, 관등과 관복 제도 마련
4세기	• 고구려: 율령 반포, 불교 수용 • 백제: 왕위의 부자 상속 확립, 불교 수용 • 신라: 김씨의 왕위 세습

개념 필수 자료

(가) (소수림왕) 2년 진진 왕 부인이 사신과 승려 순도를 보내 불상과 경문을 전하여 왔다. …… 태학을 세우고 자제를 교육하였다.

(나) 백제의 건국 이야기에서 고구려 주몽의 아들인 온조가 백제를 건국하였다는 점, 백제 왕실이 고구려 건국 세력의 출신국과 같은 부여제를 정하였다는 점, 백제 초기의 무덤과 고구려의 무덤 양상이 매우 비슷한 점 등을 통해 백제 건국 세력이 고구려와 같은 계통의 집단임을 알 수 있다.

자료 해석

고구려	• 건국: 부여의 이주민 세력을 이끈 주몽의 왕위 차지 ❶ : 옥저 정복 • 소수림왕: 불교 수용, 태학 설립, 율령 반포
백제	• 건국: 마한의 소국에서 출발(부여, 고구려계 이주민 + 한강 유역의 토착 세력) • 고이왕: 관리의 등급을 정함, 율령 마련 • 근초고왕: 마한 전 지역 통합, 중국과의 동진 및 왜와 교류 • 침류왕: ❷ 수용
신라	• 건국: 진한의 사로국에서 출발(경주 토착 세력 + 이주민 세력) • 내물왕: 김씨의 왕위 세습, 왕호 '❸ ' 사용

답 ❶ 태조왕 ❷ 불교 ❸ 마립간

⑰ 고려의 무신 정권

빈출도 ❶ ❷ ❸

◐ 개념 노트

- **무신 정변**: 문신 위주의 정치, 무신에 대한 차별 대우, 의종의 실정 → 정중부, 이의방 등이 정변을 일으킴. → 문신 제거, 의종 폐위(중방이 최고 권력 기구가 됨)
- **최씨 무신 정권**: 최충헌 집권 이후 4대 60여 년간 지속, 교정도감(최고 권력 기구, 정방(인사 행정), 도방(최고 집권자의 사병), 삼별초

개념 필수 자료

(가) 무신 집권자의 변천과 무신 정권의 지배 기구

연도	집권자	권력 기구
1170	이의방	중방
1174	정중부	
1179	경대승	
1183	이의민	
1196	최충헌	교정도감
1219	최우	교정도감·정방
1249	최항	교정도감·정방
1257	최의	
1258	김준	
1268	임연	
1270.2	임유무	
1270.5	정권 회수	

(나) 무신 집권기 농민과 천민의 봉기

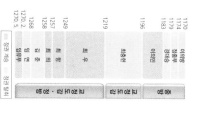

● 봉기지

- 이비·패좌 (1217)
- 최광수 (1217)
- 만적 (1198)
- 망이·망소이 (1176)
- 효심 (1193)
- 김사미 (1193)
- 전주 관노의 난 (1182)
- 이연년 형제 (1237)
- 정방의·정국검 (1200)

자료 해석

무신이 권력을 장악하고 권력 다툼이 계속되면서 사회는 혼란해지고 신분 질서가 흔들렸다. 지배층의 수탈도 심해져 각지에서 하층민이 봉기하였고, 개경에서는 □ 이 신분 해방을 목적으로 노비들을 모아 봉기를 계획하였다. 그러나 사전에 발각되어 처형당하였다.

답 ❶ 사노비 ❷ 만적

핵심 개념 체크

1 다음 설명에 해당하는 삼국의 왕은 누구인지 쓰시오.
(1) 1세기 후반 옥저를 정복하고 요동으로 진출하려 한 고구려의 왕은?
(2) 서안평을 점령하고 낙랑군과 대방군 지역을 병합한 고구려의 왕은?
(3) 전연의 침공으로 수도인 국내성이 함락되고, 백제의 침입으로 전사한 고구려의 왕은?
(4) 4세기 후반의 왕으로 김씨가 왕위를 세습하게 된 시기 신라의 왕은?

2 왼쪽에 제시된 개념 자료 (나)를 바탕으로 「역사 신문」을 제작할 때, 기사 제목으로 가장 적절한 것은?
① 백제, 신라의 정치 간섭을 받다.
② 백제, 중국 남조의 압박 국교를 맺다.
③ 백제, 일본으로부터 가야와 활발하게 교류하다.
④ 백제의 건국 세력, 고구려 계통으로 밝혀지다.
⑤ 백제, 신라를 통해 중국의 신진 문물을 수용하다.

3 ㉠~㉢에 들어갈 왕을 각각 쓰고, ㉠~㉢ 왕들의 공통점을 서술하시오.

구분	국왕	주요 업적
고구려	㉠	옥저 정복, 계루부 고씨의 왕위 세습
백제	㉡	목지국 병합, 좌평을 비롯한 관등제와 관부 제도 마련
신라	㉢	마립간 칭호 사용, 김씨의 왕위 세습

1 빈칸에 들어갈 알맞은 말을 쓰시오.

(1) 태조는 고령가·고구려를 계승한 국가임을 내세워서 건국 초부터 ( ) 정책을 폈었다.

(2) 광종은 호족이 불법으로 차지한 노비를 양인으로 해방하는 ( )을/를 시행하였다.

(3) 광종은 ( )을/를 시행하여 유교적 지식과 능력을 갖춘 인재를 등용하였다.

(4) 성종은 ( )이 '시무 28조'를 받아들여 유교를 국가의 통치 이념으로 삼았다.

2 개념 필수 자료 (가)와 관련된 왕의 업적이나 정책으로 옳은 것은?

① 과거제를 실시하였다.
② 노비안검법을 실시하였다.
③ 개경에 국자감을 설치하였다.
④ 호족에게 '왕씨' 성을 하사하였다.
⑤ '광덕'·'준풍' 등 독자적인 연호를 사용하였다.

3 다음 자료를 보고 물음에 답하시오.

(1) ㉠, ㉡의 명칭을 쓰시오.

(2) ㉠, ㉡의 기능을 각각 서술하시오.

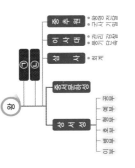

---

6 삼국의 발전(5~6세기)

○ 개념 노트

고구려	·광개토 대왕: 만주와 요동 대부분 차지, 신라 내물왕의 요청으로 신라에 침입한 왜구 격퇴 ·장수왕: 평양 천도(427), 남진 정책(한반도 중부 지역까지 영역 확장)
백제	·쇠퇴: 고구려의 남진 정책 → 나제 동맹 체결 → 고구려의 한성 점령 → 웅진(공주)으로 천도 ·무령왕: 남조와 교류, 22담로에 왕족 파견 ·성왕: 사비(부여) 천도, 중앙에 22개 실무 관청 설치, 한강 하류를 일시적으로 회복
신라	·지증왕: 국호 '신라', '왕' 칭호 사용, 우산국 정복 ·법흥왕: 율령 반포, 관리의 등급을 17등급으로 정함, 불교 공인, 금관가야 정복 ·진흥왕: 황룡사 건립, 화랑도 개편, 한강 유역 모두 차지, 대가야 정복

개념 필수 자료

광개토 대왕의 뒤를 이은 장수왕은 평양으로 도읍을 옮기고 남진 정책을 추진하였다. 이 시기 고구려는 북으로는 만주 대부분의 지역을 차지하고, 남으로는 남한강 유역까지 진출하였다.

자료 해석

백제의 근초고왕은 활대된 영토와 해상 교통로를 바탕으로 중국 남조 및 (가) 과
국교를 맺고, 왜와도 교류하였다. 고구려는 광개토 대왕과 장수왕 대에 동북아시아의
최강국이 되었다. 고구려에서는 고구려의 왕이 '하늘의 자손'이며 고구려가 ❷
의 중심이라는 독자적인 천하관이 확립되었다. 신라의 진흥왕은 백제를 공격하여 한
강 유역 전체를 차지하였으며, 북쪽으로 함경도 남부 지역까지 정복하였다. 진흥왕은 영
토 확장을 기념하여 자신이 정복한 지역에 순수비를 세웠다.

답 ❶ 동진 ❷ 천하

16 고려의 건국과 체제 정비

○ 개념 노트

- **태조**: 호족 통합(혼인 정책, 사성과 제도, 기인 제도), 북진 정책(서경 중시, 거란 적대), 훈요 10조(후대 왕들이 지켜야 할 정책 방향 제시)
- **광종**: 노비안검법 시행, 과거제 실시, 황제 칭호와 독자 연호 사용
- **성종**: 최승로의 '시무 28조' 채택, 중앙 정치 제도 마련, 지방의 12목에 지방관 파견

개념 필수 자료

(가) 태조의 '훈요 10조'

제1조 불교의 힘으로 나라를 세웠으므로 불교를 장려할 것

제2조 현재 세워진 절은 도선의 풍수 사상에 따라 지은 것이니, 함부로 짓지 말 것

제3조 중국의 풍습을 억지로 따르지 말고, 거란의 언어와 풍습은 본받지 말 것

제4조 서경은 우리나라 지맥의 근본이 되니 ...

제5조 연등회와 팔관회를 소홀히 하지 말 것

제6조 ...

》 훈요 10조는 고려 태조가 후대 왕들에게 남긴 교훈이다. 제1조에서는 불교를 장려할 것, 제2조는 풍수지리설 등 다양한 사상의 존중, 제5조는 연등회와 팔관회를 중시할 것 ... 고려를 다스리는 기본 방향을 제시하고 있다.

(나) 고려의 중앙 정치 제도

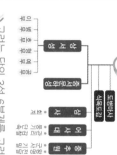

》 고려는 당의 3성 6부제를 고려의 실정에 맞게 고쳐 2성 6부제로 운영하였다. 또한 고려 고유의 회의 기구인 도병마사와 식목도감을 통해 고려만의 독자적 기구를 만들고 운영하였음을 알 수 있다.

자료 해석

태조는 자신의 정치 이념과 사상을 ❶ [   ]로 정리하여 후대 왕들에게 반드시 지키 도록 당부하였다. 풍수지리설 등 다양한 사상의 존중, 주체 적 문화의 수용, 북진 정책의 추진 등 태조가 고려를 다스리는 원칙이 잘 나타나 있다.

답 | ❶ 훈요 10조

---

1 다음 설명이 맞으면 ○표, 틀리면 ✕표 하시오.

(1) 고려의 광개토 대왕은 신라에 침입한 왜구를 격퇴하였다. (   )

(2) 장수왕은 수도를 평양으로 옮겨 왕권을 강화하고 적극적인 남진 정책을 추진하였다. (   )

(3) 고려의 공주는 수도 한성에서 함락되자 성왕은 웅진으로 천도하였다. (   )

(4) 성왕은 신라와 연합하여 한강 하류를 일시적으로 회복하였으나, 다시 신라에 한강 하류를 빼앗겼다. (   )

2 삼국의 형세가 필수 개념 자료 (다)와 같았을 시기 신라 국왕의 업적으로 옳은 것은?

① 국호를 '신라'라고 정하였다.

② 금관가야를 정복하고 영토를 확장하였다.

③ 단양 신라 적성비와 4개의 순수비를 건립하였다.

④ 불교를 공인하여 국민의 정신을 통합하고자 하였다.

⑤ 대가야를 정복하는 '대가야'라는 왕호를 처음으로 사용하였다.

3 필수 개념 자료 (나)를 보고 물음에 답하시오.

(서술형)

(1) ㉠에 들어갈 기구를 쓰시오.

(2) 장수왕이 지도와 같이 수도를 옮긴 목적을 서술하시오. (단, 남진 정책과 관련 지은 제외)

1 다음 물음에 답하시오.

(1) 신라인들은 당과 활발히 교역하며 산둥반도와 창장강 하류 등지에 있는 신라인 마을인 ( ), 감독관청인 신라소 등을 중심으로 활동하였다.

(2) 장보고는 완도에 ( )을/를 설치한 후 동아시아 국제 무역을 주도하였다.

(3) 당과의 교류가 빈번해지면서 산둥반도에 발해 사신이 머물던 ( )이/가 설치되었다.

2 (가) 국가의 대외 교류에 대한 설명으로 옳은 것을 보기에서 모두 고른 것은?

(가)

보기
ㄱ. 발해는 주변 국가와 연결되는 5개의 교통망을 갖추고 있었다.
ㄴ. 신라와는 계속해서 대립하여 교역이 거의 이루어지지 않았다.
ㄷ. 당과 신라를 견제하기 위해 일본과 친선 관계를 맺고 교류하였다.
ㄹ. 당과의 교류가 빈번해지면서 산둥반도에 발해 사신이 머물던 발해관이 설치되기도 하였다.

① ㄱ, ㄴ   ② ㄱ, ㄷ   ③ ㄴ, ㄷ   ④ ㄱ, ㄷ, ㄹ   ⑤ ㄴ, ㄷ, ㄹ

서술형
3 다음 내용들을 종합하여 알 수 있는 발해의 대외 교류 생활을 서술하시오.

· 발해관   · 중대성첩   · 신라도   · 솔빈부 은화

---

7 삼국의 문화

○ 개념 노트

- **불교문화**: 고구려(금동 연가 7년명 여래 입상), 백제(서산 용현리 마애 여래 삼존상), 신라(경주 배동 석조 여래 삼존 입상)
- **도교**: 신선 사상, 노장사상 등이 결합된 신앙(사신도, 산수무늬 벽돌, 백제 금동 대향로)
- **유학 교육**: 고구려(태학, 경당), 백제(오경박사), 신라(임신서기석)

개념 필수 자료

(가)

(나)

» · 현무도: 도교의 사신 중 하나인 현무를 그린 고구려의 고분 벽화이다. 현무는 북쪽을 지키는 상상 속의 동물이다.
· 산수무늬 벽돌: 도교의 신선 사상이 나타나 있다.
· 백제 금동 대향로: 향로의 뚜껑 부분에 도교의 신선 세계가 형상화되어 있다.

자료 해석

삼국은 왕권을 강화하는 과정에서 ❶□□을 받아들였다. ❶□□과 함께 건축과 예술, 사상 등 선진 문물도 들어오면서 삼국의 문화 발전에 기여하였다. 삼국 시대에 중국에서 전래된 도교도 불로장생을 추구하는 신선 사상과 노장사상이 결합되어 ❷□□ 사회에서 유행하였다. 백제에서는 금동 대향로, 산수무늬 벽돌과 같은 여러 도교 미술품에 도교의 신앙 요소가 반영되었다. 고구려는 무덤 속에 도교와 관련된 벽화를 그렸고, 도교를 장려하는 정책도 하였다.

답 ❶ 불교 ❷ 귀족

15 남북국의 대외 교류

○ 개념 노트

• 신라의 대외 교류
- 국제 무역항 번성: 울산항, 당항포(당은포)로 가는 항구
- 당과의 교류: 신라방(신라인 거주지), 신라소(관청), 신라원(사찰) 등 형성
- 일본과의 교류: 수출품(유기그릇, 고급 직물, 약재 등, 당과 일본 사이의 중계 무역(통문) 등)
- 장보고의 활동: 완도에 청해진 설치 → 해상 무역 장악

• 발해의 대외 교류
- 발해 5도의 건설: 주변국과 교류하기 위해 설치(신라도를 통해 신라와 교류, 일본도를 통해 일본과 교류)
- 당과의 교류: 초기 대립 관계 → 문왕 때 친선 관계 형성, 산둥반도에 발해관(해인 숙소) 설치
- 일본과의 교류: 신라를 견제하기 위해 일본과 교류

개념 필수 자료

자료 해석

통일 신라는 당과 활발한 교류하며 사신을 자주 파견하였고, 유학생과 승려들을 보내기도 하였다. 또한 당, 동아시아, 서아시아, 서역 등과 같은 물품을 이용하며 바다는 중계 무역을 하기도 하였고, 발해는 주변 국가들의 일본도를 개설 교통로(5도)이 있었다. 조공도는 주로 당을 왕래하는 길이었다. 이외에 거란도를 비롯하여 여러 다른 길도 거쳐 장안으로 들어가는 길이었고, 일본과 연결하는 일본도, 동해안을 따라 신라로 통하는 신라도가 있었다.

발해 중심지에서 일본에 보내는 문서이다. 여기에 기록을 통해 발해 사신 한 구성 내용을 통해 해할하기 위해 당과 교류하였음을 알 수 있다.

정답 ❶ 신라도 ❷ 「중대성첩」

32 역사·② BOOK 1

빈출도 ① ② ③

핵심 개념 체크

1 다음 물음에 답하시오.

(1) 삼국 시대에는 중앙 집권을 강화하기 위해 모두가 보편적으로 믿을 수 있는 사상이 필요하였다. 이에 따라 삼국의 왕들이 주도하여 받아들인 사상(종교)은?

(2) 불교와는 달리 왕의 이름을 짓고, 왕실을 신성시하며 왕실의 권위를 높이려고 한 국가는?

(3) 백제의 산수무늬 벽돌과 백제 금동 대향로에 공통으로 나타난 사상은?

(4) 고구려 소수림왕 때 유교 정치를 가르치기 위해 중앙에 세운 교육 기관은?

2 다음의 내용을 조사하기 위해 찾아 보아야 할 문화유산을 〈보기〉에서 고르면?

삼국 시대에는 일찍부터 도교가 전래되며, 도교는 신선 숭배 신앙이나 신선 사상과 결합되어 귀족들 사이에서 널리 유행하였으며, 삼국은 도교적 요소를 찾아볼 수 있는 문화유산이 많이 남겼다.

〈보기〉
- ㄱ. 신라의 첨성대
- ㄴ. 신라의 임신서기석
- ㄷ. 백제의 금동 대향로
- ㄹ. 고구려 고분 벽화의 「사신도」

① ㄱ, ㄴ ② ㄱ, ㄷ ③ ㄴ, ㄷ ④ ㄴ, ㄹ ⑤ ㄷ, ㄹ

3 다음 문화유산과 관련 있는 종교를 쓰고, 삼국이 이 종교를 받아들인 목적을 두 가지 서술하시오.

17 북

1 다음 설명이 맞으면 O표, 틀리면 X표 하시오.

(1) 발해는 고구려 문화를 기반으로 당과 말갈의 문화를 흡수하여 독자적인 문화를 이루었다. ( )

(2) 정효 공주 무덤은 고구려 고분 양식을 계승하여 모줄임천장 구조를 갖춘 굴식 돌방무덤 양식으로 만들어졌다. ( )

(3) 발해의 수도인 상경성은 당의 수도인 장안성을 본떠 건설되었다. ( )

2 다음에서 제시된 인물과 관련된 설명으로 옳지 않은 것은?

'나무아미타불'을 염불하거나 외우면 극락에 가서 편안하게 살 수 있을 것이오.

▲ 원효

① '모든 것이 오직 한 마음에서 비롯된다.'라고 하였다.

② 아미타 신앙을 보급하여 불교의 대중화에 기여하였다.

③ 직접 인도에 다녀와서 『왕오천축국전』을 저술하였다.

④ 종파 간의 조화를 강조하는 화쟁 사상을 주장하였다.

⑤ 백성들에게 '나무아미타불'만 열심히 외우면 극락왕생에 갈 수 있다고 가르쳤다.

서술형
3 다음 자료를 보고 물음에 답하시오.

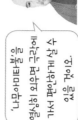
(가)

(나)

(1) (가)는 어느 나라의 문화유산인지 쓰시오.

(2) (가)와 (나)를 통해 알 수 있는 (나) 국가 문화의 특징을 서술하시오.

---

8 삼국의 대외 교류

○ 개념 노트

• 중국, 서역과 교류

- 교류 방법 및 내용: 초원길, 사막길, 바닷길 등을 통해 교류, 선진 문물 수용(유교, 한자, 과학 기술 등)
- 고구려: 유목 민족(조우관), 중국 남북조(비단길)와 교류
- 백제: 해상 교역 주도, 중국의 동진, 남조, 일본과 교류
- 신라: 초기에 고구려를 통해 중국과 서역 문물 수용
- 가야: 바다를 통해 중국과 교류

• 일본과 교류: 백제는 불교, 한자 등, 고구려는 종이와 먹 제조 방법 등, 신라는 조선술 등, 가야는 철기 문화, 토기 등을 일본에 전함. → 일본에서 아스카 문화 발전

개념 필수 자료

▲ 아프라시아브 궁전 벽화 ... 새 깃털이 달린 고구려식 관을 쓰고 칼을 차고 있는 인물들이 고구려 사신으로 추정된다.

▲ 경주 계림로 보검과 경주에서 출토된 유리 제품 서역에서 유행한 양식으로, 서역에서 만들어져 신라에 전래된 것으로 보인다.

▲ 고구려 수산리 고분 벽화(왼쪽)와 일본의 다카마쓰 고분 벽화(오른쪽) 벽화 속 인물들의 의상, 벽화 제작 기술, 화풍 등이 매우 비슷하여 일본 다카마쓰 고분 벽화가 고구려의 영향을 받았음을 알 수 있다.

▲ 한국의 금동 미륵보살 반가 사유상과 일본의 목조 미륵보살 반가 사유상(오른쪽) 두 불상은 제작된 재질만 다를 뿐 모양이 거의 같다. 제작 시기상 일본의 목조 미륵보살 반가 사유상이 삼국 문화의 영향을 받아 만들어졌다.

14 남북국의 문화

빈출도 ①②③

◆ 개념 노트

• 통일 신라의 문화

유학	국학 설치, 독서삼품과 실시, 유학자(강수, 설총, 최치원, 김대문)
불교	원효(일심 사상을 바탕으로 한 화쟁 사상, 불교 대중화(아미타 신앙), 의상(화엄종 개창, 관음 신앙), 혜초(「왕오천축국전」 저술)
불교 문화	불국사, 석굴암, 3층 석탑 유행, 신라 말 승탑과 탑비 유행, 범종(성덕 대왕 신종, 상원사 동종), 무구정광대다라니경(세계에서 가장 오래된 목판 인쇄물)

• 발해의 문화: 고구려 문화 바탕(온돌, 이불병좌상, 석등) + 당 문화 수용(상경성, 발해 삼채) + 말갈 문화 흡수(말갈식 토기)

개념 필수 자료

(가)

▲ 원효

"'나무아미타불'을 염송하기 외우면 누구나 극락에 갈 수 있을 것이오."

▲ 의상

"관세음보살을 보며 도움을 요청하면 관세음보살님께서 나타나 구원해 줄 것이오."

》 원효는 화쟁 사상으로 불교의 사상적 대립을 없애고자 하였고, 불교의 대중화에도 공헌하였다. 의상은 화엄종을 개창하고 부석사를 세워 많은 제자를 양성하였다.

(나)

▲ 발해 집터에서 발견된 온돌

● 온돌

상경성 터 등 발해 주요 도시 건축에서 고구려의 것과 비슷한 형태의 온돌이 발견되었다.

》 발해의 불교도 지배층을 중심으로 번성하였다. 경성 절터에는 불상, 석등, 탑 등이 많이 발견되어 발해의 불교문화가 융성하였음을 알 수 있다. 특히 이불병좌상과 거대한 발해 석등은 고구려 양식으로, 발해 문화가 고구려 문화의 영향을 받았음을 짐작할 수 있다.

● 기와

▲ 발해 기와 / ▲ 고구려 기와

발해 기와에 찍힌 연꽃무늬는 고구려의 것과 닮아 있다.

핵심 개념 체크

1 괄호 안의 내용 중 알맞은 말을 골라 ○표 하시오.

(1) 고구려 승려 (혜자, 왕인)은/는 일본 쇼토쿠 태자의 스승이 되었다.

(2) 삼국 및 가야로부터 일본에 전해진 학문과 사상, 기술 등 선진 문물은 (조몬, 아스카) 문화 발달에 기여하였다.

2 위의 필수 자료를 바탕으로 한 탐구 활동으로 옳은 것은?

① 삼국의 독자적 문화를 분석한다.
② 불교문화의 발전 과정을 살펴본다.
③ 일본 속 우리 문화의 흔적을 찾아본다.
④ 귀족 사회에서 유행한 도교를 알아본다.
⑤ 삼국 시대 서역과의 교류 내용을 조사한다.

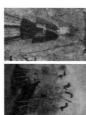

3 서술형

다음 자료들을 통해 알 수 있는 삼국 문화와 일본 문화의 관계를 서술하시오.

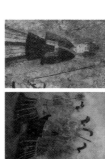

1 다음 설명이 맞으면 ○표, 틀리면 ×표 하시오.

(1) 발해의 무왕은 장문휴를 보내 당의 산둥반도를 공격하였다. ( )

(2) 발해는 선왕 때 연해주에서 요동 지방에 이르는 최대 영토를 확보하며 '해동성국'이라고 불렸다. ( )

(3) 발해는 가장 작은 행정 구역인 촌락까지 고구려인 출신 지방관을 보내 직접 다스렸다. ( )

2 필수 자료 (가)와 같은 영역을 확보한 발해의 왕은?

① 고왕 ② 무왕 ③ 문왕
④ 선왕 ⑤ 성왕

서술형

3 필수 자료 (나)에 나오는 발해의 중앙 정치 조직은 당의 제도를 수용한 것이었으나 독자적으로 운영되었다. 그 독자성의 내용에 대해 서술하시오.

---

❾ 고구려와 수당의 전쟁

◎ 개념 노트

● 고구려와 수의 전쟁

– 고구려의 견제: 고구려가 요서 지역을 선제 공격함.

– 수 문제의 침략: 30만 군대로 침략 → 자연재해로 퇴각

– 수 양제의 침략: 113만의 군대로 침략 → 우중문의 30만 별동대가 평양성 공격 → 을지문덕의 살수 대첩 승리

● 고구려와 당의 전쟁

– 천리장성 축조: 당의 침략을 대비해 부여성에서 비사성 연결

– 당 태종의 침략: 연개소문이 정변을 구실로 침략

– 안시성 전투: 안시성 성주와 백성이 항전하여 승리

개념 필수 자료

을지문덕은 수의 군대가 오랜 이동과 굶주림으로 지친 것을 알고 도망치는 척하면서 수의 군대를 평양성 쪽으로 유인하였다. 이에 을지문덕은 수의 장수 우중문에게 굴복을 요구하는 시를 보냈다. 고구려군은 후퇴하는 수의 군대가 살수를 반쯤 건넜을 때 공격하여 거의 전멸시켰다(살수 대첩, 612).

당군은 요동성, 백암성 등을 함락하고 안시성을 포위하였으나 성주와 백성들이 지침으로 결국 물러났다(안시성 전투, 645).

자료 해석

당 태종이 대외 팽창 정책을 펼치며 고구려와 고구려는 연개소문을 파견하 여 █❶█ 을 쌓는 등 당의 공격에 대비하였다. 이 무렵 연개소문이 정변을 일으켜 보장왕을 추대하고 대막리지로 권력을 장악하자, 이를 구실로 당 태종이 고구려를 침 략하였다. 고구려는 초기에 요동성과 백암성을 포위당하기도 하였지만 █❷█ 전투 (645)에서 승리하였다

답 ❶ 천리장성 ❷ 안시성 전투

13 발해의 발전

핵심 개념 체크

○ 개념 노트

● 발전과 멸망

무왕	독자 연호 사용, 당의 산둥반도 공격
문왕	상경 용천부로 천도, 당과의 관계 개선
선왕	옛 고구려 영토 대부분 차지, 당에서 발해를 해동성국이라 칭함
멸망	9세기 말 지배층의 권력 다툼으로 국력 약화 → 거란의 침략으로 멸망(926)

● 통치 체제 정비: 중앙(3성 6부제) → 당 제도를 모방하였으나 독자적으로 운영함, 지방(5경 15부 62주, 지방관 파견)

개념 필수 자료

(가)

(나)

» 발해는 정당성에서 국가의 중요한 일을 결정하였으며, 정당성의 장관인 대내상이 국정을 총괄하였다. 또한 감사 기능인 중정대를 설치하여 6부를 관리하게 하였다.

자료 해석

» 발해의 3성은 당의 제도와 달리 귀족 합의 기구인 **①** 을 중심으로 나라의 중요한 일을 결정하였다.

6부도 당과는 달리 유교적 명칭을 사용하였고, 6부의 명칭도 충, 인, 의, 지, 예, 신이라는 유교적 명칭을 반영하여 **②** 을 유지하였다.

답 ① 정당성 **②** 독자성

핵심 개념 체크

1 다음 설명이 맞으면 ○표, 틀리면 ✕표 하시오.

(1) 6세기 후반 이후 동아시아에서는 고구려, 백제, 왜, 돌궐을 연결하는 동서 세력과 신라, 수, 당을 연결하는 남북 세력이 대립하였다. ( )

(2) 612년 수 양제의 별동대가 고구려를 공격해 오자 을지문덕이 이를 살수에서 격퇴하였다. ( )

(3) 고구려는 수의 침략에 대비하여 국경 지역에 천리장성을 축조하였다. ( )

(4) 당군은 요동성과 백암성 등을 차례로 함락하고 안시성을 포위하였으나, 안시성 성주와 백성들은 결사적인 저항으로 이를 물리쳤다. ( )

2 수업 장면의 설명이 맞으면 ○표, 틀리면 ✕표 하시오.

⊙의 가장 강력한 저항으로 요동성 고구려에 실제한 수 30만 별동대로 빨랐으나 고구려군 의지문덕이 막아냈다.

당군 요동성과 백암성의 등을 차례로 함락하고 안시성을 공격했어요. 그러나 안시성의 성주와 백성들이 결사적으로 항전하여 이를 막아냈군요.

(1) 위 대화의 ⊙에 들어갈 나라를 쓰시오.

(2) 위 대화의 (가), (나)에 해당하는 전투를 쓰시오.

(3) ⊙ 나라가 수의 침략과의 전쟁에서 승리할 수 있었던 원동력을 두 가지 서술하시오.

1 빈칸에 들어갈 알맞은 말을 쓰시오.

(1) 김춘추는 김유신의 도움을 받아 (　　　)을 중심 세력으로 삼았다.

(2) 통일 이후 신라는 전국을 (　　　)(으)로 나누고, 그 아래에 군과 현을 두어 지방관을 지도에 보내 다스렸다.

2 (가) 지도에 대한 설명으로 옳은 것을 |보기|에서 고른 것은?

보기

· 민수: 지방의 중심지에 5소경을 두었어요.
· 수희: 각 주는 모두 군주가 자치적으로 다스렸어요.
· 영철: 군현 아래의 군까지 지방관을 파견하였어요.
· 동석: 5소경은 수도 금성이 동남쪽으로 치우진 것을 보완하기 위해 설치하였어요.

① 민수, 수희　　② 민수, 동석　　③ 수희, 영철
④ 수희, 동석　　⑤ 영철, 동석

3 다음 가상 인터뷰 내용을 읽고, 신라가 이러한 정책들을 실시한 공통된 목적을 서술하시오.

"신문왕께서 이룬 업적에는 어떠한 것이 있습니까?"

"나는 집사부 기능을 강화하고 관료전을 지급하였습니다."

---

10 신라의 삼국 통일

개념 노트

백제의 신라 공격, 신라는 고구려에 도움을 요청하였으나 실패 → 나당 동맹 결성 (648) → 백제 멸망(660), 백제 부흥 운동 → 고구려 멸망(668), 고구려 부흥 운동 → 나당 전쟁 전개 → 신라의 삼국 통일(676)

개념 필수 자료

(가)

»신라는 매소성에서 당의 군대를 크게 물리쳤고, 기벌포에서 당의 수군을 격파하였다. 결국 당이 안동도호부를 요동으로 옮겨 한반도에서 물러나면서 신라는 삼국 통일을 이루었다.

(나) 신라의 삼국 통일에 대한 입장 차이

· 다른 민족을 불러들여 같은 민족을 멸망시킨 것은 도적을 불러들여 형제를 죽이는 것과 다를 바가 없다. ……고구려가 멸망해 발해가 되고, 백제가 신라에 병합되었으니 이것은 민족상잔의 통일이다. — 신채호, 「독사신론」

· 무열왕(김춘추)께서 백성의 참혹한 죽음을 불쌍히 여겨 당의 황제에게 군사를 청하였다. ……이는 두 나라를 평정하여 전쟁을 없애고 여러 해 동안 깊이 맺었던 원수를 갚고 백성의 목숨을 보전하기 위함이었다. — 김부식, 「삼국사기」

»신라의 삼국 통일은 당을 끌어들여 백제와 고구려를 멸망시켰고, 대동강 이북의 옛 고구려 영토를 잃어버린 한계가 있다. 그러나 신라가 당의 세력을 전쟁으로 내쫓아 자주적 통일을 이루었다.

자료 해석

신라의 삼국 통일은 외세를 끌어들였고, ❶ 의 옛 땅을 모두 차지하지 못했다는 한계가 있다. 하지만 나당 전쟁을 가치며 백제인과 고구려인도 신라의 일원이 됨으로써 백성을 하나로 아우르게 되었다는 점과 우리 역사상 최초의 ❷ 이라는 점에 서 그 의의가 크다.

답 ❶ 고구려 ❷ 통일

12 통일신라의 발전

빈출도 ① ② ③

개념 노트

왕권 확립
- 태종 무열왕(김춘추): 진골 귀족 출신 최초로 왕위에 오름
- 무열: 삼국 통일 완수, 친당적인 진골 귀족 축출
- 신문왕: 김흠돌의 난 진압, 국학 설치

통치 제도 정비
- 정치: 집사부 기능 강화, 화백 회의의 상대등 권한 약화
- 토지 제도: 관료전 지급(녹읍 폐지), 정전 지급
- 군사 제도: 9서당(중앙군), 10정(지방군)
- 지방 제도: 9주 5소경(수도가 동남쪽에 치우친 점 보완)
- 신라 촌락 문서 작성: 세금을 거두는 기본 자료로 활용

개념 필수 자료

(가)

> 통일을 이룬 신라는 전국을 9주로 나누고 옛 고구려, 백제와 신라 땅에 각각 3주씩 배치하여 민족을 융합하려 하였다. 또한 지방의 주요 지역에 5소경을 설치하였다.

(나) 신라의 삼국 통일에 대한 입장 차이

> - 다른 민족을 불러들여 같은 민족을 멸망시키는 것은 도적을 끌어들여 형제를 죽이는 것과 다를 바가 없다. ...... 고구려가 멸망해 발해가 되었으니 이것은 민족적인 통일이다.
> － 신채호, 『독사신론』 －
> - 무열왕(김춘추)께서 백성의 잔혹한 죽음을 불쌍히 여겨 당 나라에 병사를 청하였다. ......이는 두 나라를 평정하여 영원한 전쟁을 없애고 백성의 목숨을 보전하기 위함이었다.
> － 김부식, 『삼국사기』 －

핵심 개념 체크

1 괄호 안의 내용 중 옳신과 맞은 말을 골라 ○표를 하시오.

(1) 백제 멸망 후 복신과 도침은 (임존성, 주류성)에서, 흑치상지는 (임존성, 주류성)에서 백제 부흥 운동을 일으켰다.

(2) 백제와 고구려가 멸망한 이후 당은 백제의 옛 땅에는 (웅진도독부, 안동도호부), 고구려의 옛 땅에는 (웅진도독부, 안동도호부)를 설치해 지배하려 하였다.

(3) 신라는 (청천강, 대동강) 이남 지역에서 당의 세력을 신라 통일을 이루하였다.

2 개념 필수 자료 (나)를 보고, 통 중 한 사람의 주장을 선택하여 해당 주장을 뒷받침할 추가 근거를 제시하시오.

> - 다른 민족을 불러들여 같은 민족을 멸망시키는 것은 도적을 끌어들여 형제를 죽이는 것과 다를 바가 없다. ...... 고구려가 멸망해 발해가 되었으니 이것은 민족적인 통일이다.
> － 신채호, 『독사신론』 －
> - 무열왕(김춘추)께서 백성의 잔혹한 죽음을 불쌍히 여겨 당 나라에 병사를 청하였다. ......이는 두 나라를 평정하여 영원한 전쟁을 없애고 백성의 목숨을 보전하기 위함이었다.
> － 김부식, 『삼국사기』 －

3 서술형

자료 (가)를 보고 물음에 답하시오.

(1) 신라가 단군을 9주로 분할한 주요 지역을 쓰시오.

(2) 위 정책의 결과를 쓰고, 그 의미를 서술하시오.

⑪ 발해의 건국(698)

○ 개념 노트

• 건국: 고구려 장군 출신 대조영이 동모산에 도읍

• 고구려를 계승함을 밝힘 지배층 중 대씨와 고구려 왕족 출신 고씨가 많음, 발해가 일본에 보낸 외교 문서에서 고려(고구려) 왕 표현 사용, 일본이 발해에 보낸 사신을 '견고려사'라고 기록

개념 필수 자료

"우리는 고(구)려의 옛 땅을 되찾고, 부여의 전통을 이어받았다."

－「속일본기」－

"발해왕에게 칙서를 내렸다. (일본) 천황은 삼가 고(구)려 국왕에게 문안한다."

－「속일본기」－

발해는 건국 이후 고구려를 계승하였음을 분명히 내세웠다. 현재 중국과 러시아에서 발해를 자신들의 역사로 편입시키려는 움직임이 있는데, 위에 제시된 문서 기록들은 이를 반박하고 발해가 우리의 역사임을 밝히는 근거가 되고 있다.

자료 해석

발해는 고구려 유민과 말갈인으로 구성된 나라이다. 지배층 중에는 대씨와 고구려 왕족인 고씨가 많았다. 발해의 왕은 일본에 보낸 외교 문서에서 스스로 '고려(고구려) 국왕'이라는 표현을 사용하였다. 발해가 고구려를 계승하였음을 알 수 있다. 고구려를 계승한 발해가 세워져 남쪽의 통일 신라와 북쪽의 발해가 공존하는 ❷ 시대가 열렸다.

답 | ❶ 고구려 ❷ 남북국

---

1 빈칸에 들어갈 알맞은 말을 쓰시오.

(1) 698년 옛 고구려 장수 출신이었던 (　　　　　)이/가 동모산에 도읍을 정하고 발해를 건국하였다.

(2) 발해의 건국으로 남쪽에는 신라가, 북쪽에는 발해가 함께 공존하는 (　　　)의 형세를 이루게 되었다.

2 다음 자료를 통해 알 수 있는 사실로 옳은 것은?

• 우리는 고(구)려의 옛 땅을 되찾고, 부여의 전통을 이어받았다.

－「속일본기」－

• 발해왕에게 칙서를 내렸다. (일본) 천황은 삼가 고(구)려 국왕에게 문안한다.

－「속일본기」－

• 발해 말갈 대조영은 본래 고구려의 별종이다. ...... 조영이 고구려와 말갈의 무리를 모아 당군을 크게 무찔렀다.

－「구당서」－

① 백제 부흥 운동 ② 발해와 당의 전쟁 ③ 고구려 부흥 운동
④ 발해의 고구려 계승 ⑤ 발해와 일본의 교류

3 서술형 다음을 읽고 물음에 답하시오.

고구려가 멸망한 뒤 옛 고구려 장수 출신이었던 대조영이 고구려 유민과 말갈인의 일부를 이끌고 요동 지역으로 이동하였다. 대조영은 동모산에 도읍을 정하고 발해를 세웠다. 발해는 고구려 유민이 중심이 되어 세운 나라로 ㉠고구려 계승 의식이 강하였다. 발해의 건국으로 우리 역사는 ㉡이 형세를 이루게 되었다.

(1) ㉠을 보여 주는 근거를 서술하시오.

(2) ㉡에 들어갈 내용을 서술하시오.

부록 시험에 잘 나오는 개념BOOK

학교 시험에 자주 나오는 출제 포인트를 제시하고 필수 자료와 해석을 넣어 철저히 분석하였으며, 바탕 예제를 수록하여 기본 개념과 다양한 유형의 문제를 접해 볼 수 있도록 하였습니다.

주 마무리 코너

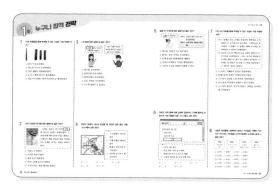

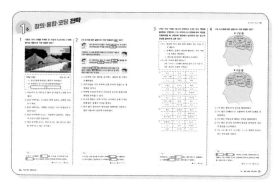

누구나 합격 전략

내신 유형에 맞춘 기본 연습 문제를 풀어 보면서 학습에 대한 자신감을 가질 수 있습니다.

창의·융합·코딩 전략

융복합 사고력과 창의력을 키우는 문제를 풀어 보면서 다양한 문제에 대한 적응력을 높일 수 있습니다.

권 마무리 코너

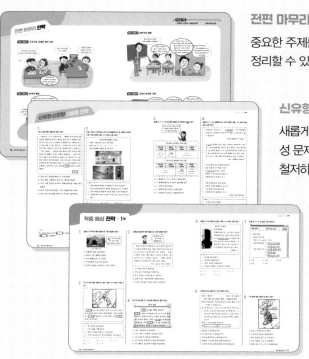

전편 마무리 전략

중요한 주제를 엄선하여 단원을 마무리하고 최종 정리할 수 있도록 하였습니다.

신유형·신경향·서술형 전략

새롭게 등장한 유형 문제, 시대 흐름을 반영한 경향성 문제를 다루었으며, 서술형 문제를 풀어 보면서 철저하게 내신을 대비할 수 있도록 하였습니다.

적중 예상 전략

학습한 내용을 최종 평가해 보는 코너로 2회에 걸쳐 제공하여, 스스로 자기 실력을 가늠해 볼 수 있도록 하였습니다.

정답과 해설

각 문제에 대한 기본 개념과 자료 분석, 쌍둥이 문제 등 자세한 풀이를 담았습니다. 특히 적중 예상 전략 해설에는 다시 한번 문제를 수록하고 출제 의도, 선택지 분석, 개념이나 용어 등을 제시하여 빈틈없이 해당 주제를 숙지할 수 있도록 구성하였습니다.

이 책의 차례

선사 문화와 고조선의 성장 ~ 신라의 삼국 통일

1주 1일 개념 돌파 전략 ❶

개념 1 우리나라의 선사 문화와 청동기 문화

(1) 만주와 한반도의 구석기·신석기 문화

구분	구석기 문화	신석기 문화
도구	뗀석기(❶)	간석기, ❷ 토기
경제	사냥, 채집	❸ 시작

(2) 우리나라의 청동기 문화

도구	청동기(❹), 반달 돌칼, 민무늬 토기
경제	벼농사 본격적 보급
주거	언덕에 마을 형성, 더 넓고 얕은 움집
사회	• 먹고 남는 식량 → 빈부 격차 → 계급 발생 • 정치적 지배자인 군장이 제사장 권위도 지님
문화	무덤(❺), 예술(반구대 바위그림)

▲ 주먹도끼

▲ 빗살무늬 토기

▲ 비파형 동검

▲ 고인돌

Quiz
족장(군장)의 권위를 상징하는, 청동기 시대 대표적인 거대한 무덤 유적은?

❶ 주먹도끼 ❷ 빗살무늬 ❸ 농경 ❹ 비파형 동검 ❺ 고인돌

답 | 고인돌

개념 2 고조선의 건국과 변화, 철기 문화의 발전

(1) 고조선의 건국과 변화

건국	우리 최초의 국가, 청동기 기반, 단군 신화(건국 과정, 사회상)
발전	철기 수용, ❶ 시행(계급 사회, 노동력과 사유 재산 중시)
변화	❷ 집권(철기 확산, 한·진 중계 무역) → 한 침입 → 멸망(왕검성 함락)

(2) 철기 문화의 발전

철기 보급	철제 농기구(농업 생산력 ↑), 철제 무기(정복 전쟁 ↑ → 여러 국가의 등장)
철기 문화	고조선 멸망 이후 한반도 남쪽까지 전파, 세형 동검(거푸집 통해 독자적인 청동기 제작), 명도전(화폐, 중국과의 교류 상징)

▲ 고조선의 문화 범위(고인돌 + 비파형 동검 분포 지역)

Quiz
한반도에서 독자적으로 제작된, 철기 시대의 대표적인 청동기는?

❶ 8조법 ❷ 위만

답 | 세형 동검

개념 3 철기 문화를 바탕으로 세워진 여러 나라

구분	정치	사회·문화
부여	5부족 연맹(왕), 사출도(마가·우가·저가·구가)	1책 12법(12배 배상), 순장, 영고(12월 행사)
고구려	주몽 + 압록강 토착 집단, 5부 연맹(왕)	❶ (신랑이 신부집에 머무르다가 아이가 크면 남자 집으로 돌아감), 동맹(10월 행사)
옥저	군장(읍군·삼로)	민며느리제(어린 여자아이를 데려다 키워 며느리로 삼음)
동예		족외혼, ❷ (경계 침범 시 배상), 무천(10월 행사)
삼한	제정 분리: 군장(신지·읍차), 제사장(천군, ❸)	벼농사 발달, 계절제(5월, 10월)

▲ 여러 나라의 성립

Quiz
천군이 제사를 주관한 지역으로, 군장의 힘이 미치지 못해 죄인이 숨어도 함부로 잡지 못했던 곳은?

❶ 서옥제 ❷ 책화 ❸ 소도

답 | 소도

1-1 이 유물들이 등장한 문화(시대)의 이름을 쓰시오.

풀이 | 왼쪽 유물은 옷을 제작하는 데 사용된 ❶ [   ]이고, 오른쪽 유물은 음식을 조리 및 저장하는 데 사용된 ❷ [   ]이다.

❶ 가락바퀴 ❷ 빗살무늬 토기   답 | 신석기 문화

2-1 다음 유물의 이름과 주요 발견 지역을 각각 쓰시오.

풀이 | ❶ [   ] 시대에도 여전히 ❷ [   ]가 생산되었는데, 실생활에서 다양한 용도로 쓰인 ❶ [   ]에 비해 ❷ [   ]는 주로 제사용으로 사용되었다. 이 시대의 ❷ [   ]는 기존의 문화를 계승하여 더욱 독자적인 형태로 발전하였다.

❶ 철기 ❷ 청동기   답 | 세형 동검, 한반도

3-1 다음 혼인 풍속의 이름과 해당 풍속을 지녔던 국가의 이름을 각각 쓰시오.

신랑 될 사람 집에서 살아라.

이제 정식으로 혼인하겠습니다.

풀이 | 고구려에는 ❶ [   ]라는 풍속이 있어, 신랑이 신부의 집에서 아이를 낳고 살다가 자식이 자라면 아내와 자식을 데리고 자기 집으로 돌아갔다. 한편 동예에는 같은 씨족끼리는 결혼하지 않는 ❷ [   ]이라는 혼인 풍속이 있었다.

❶ 서옥제 ❷ 족외혼   답 | 민며느리제, 옥저

1-2 다음 도구가 등장한 시대의 주요 특징은?

▲ 비파형 동검   ▲ 민무늬 토기

① 이동 생활   ② 평등 사회

③ 고인돌 제작   ④ 철제 농기구 보급

⑤ 농경 및 목축 시작

2-2 고조선의 문화 범위를 파악할 수 있는 유물(유적)을 두 개 고르면?

① 명도전   ② 주먹도끼

③ 비파형 동검   ④ 탁자식 고인돌

⑤ 반구대 바위그림

3-2 다음 특징을 지닌 국가로 옳은 것은?

• 중앙은 왕이 다스리고, 주변 지역은 마가, 우가, 저가, 구가와 같은 여러 가(加)가 각자 다스렸다.
• 왕이 죽으면 많은 사람을 껴묻거리와 함께 묻는 순장 풍속이 있었다.

① 부여   ② 동예

③ 삼한   ④ 옥저

⑤ 고구려

1주 1일 개념 돌파 전략 ❶

개념 4 삼국의 성립과 발전

고구려	• 태조왕: 옥저 정복 • 고국원왕: 백제(근초고왕)의 공격으로 평양성 전투에서 전사 • 소수림왕: 불교 수용, 태학 설립, 율령 반포 • ❶ : 한강 이북 진출(백제 공격), 신라 침입 왜군 격퇴 및 가야 공격, 만주·요동 정벌, '영락' 연호 • ❷ : 평양 천도 및 백제 한성 함락(한강 유역 차지)
백제	• 고이왕: 관등 및 율령 마련, 관복색 제정 • ❸ : 대외 팽창(마한, 황해도), 왜와 친선(칠지도) • 침류왕: 불교 수용 • 위기: 고구려의 공격으로 한성 함락 → 웅진(공주) 천도 • 무령왕: 22담로에 왕족 파견, 남조와 교류 • 성왕: 사비(부여) 천도, '남부여' 국호, 한강 유역 일시 회복 및 상실(신라(진흥왕)의 배신, 관산성 전투에서 전사)
신라	• 내물왕: 김씨 왕위 세습, '마립간' 왕호, 광개토왕의 도움 • 지증왕: '신라' 국호, '왕' 칭호, 순장 금지, 우경 보급, 지방관 파견, 우산국(울릉도, 독도) 복속 • 법흥왕: 율령 반포, 관등 확정, 불교 공인, 금관가야 병합 • ❹ : 화랑도 재편, 대외 팽창(한강, 대가야, 함경도 남부)
가야	전기 가야 연맹(금관가야 중심) → 후기 가야 연맹(대가야 중심) (이유: 고구려(광개토왕)의 공격으로 금관가야 쇠퇴)

❶ 광개토 대왕 ❷ 장수왕 ❸ 근초고왕 ❹ 진흥왕

▲ 신라의 최대 영토(6세기): 신라 진흥왕은 영토를 확장하면서 4개의 순수비(북한산비, 창녕비, 황초령비, 마운령비)와 단양 적성비를 세웠다.

Quiz
사비로 수도를 옮기고 남부여로 국호를 바꾸어 백제의 중흥을 꾀한 왕은?

답 | 성왕

개념 5 삼국의 문화

(1) 고분 양식

고구려	돌무지 무덤 → 굴식 돌방무덤(고분 벽화)
백제	돌무지 무덤 → 굴식 돌방무덤, ❶ (무령왕릉)
신라	돌무지 덧널무덤 → 굴식 돌방무덤

(2) 사상

불교	고구려	금동 연가 7년명 여래 입상
	백제	서산 마애 여래 삼존상, 익산 미륵사지 석탑
	신라	경주 배동 석조 여래 삼존 입상, 경주 ❷ 석탑
유교		태학·경당(고구려), 오경박사(백제), 화랑도·임신서기석(신라)
도교		사신도(고구려), 산수무늬 벽돌·금동 대향로(백제)

❶ 벽돌무덤 ❷ 분황사

▲ 무령왕릉   ▲ 금동 연가 7년명 여래 입상

Quiz
소수림왕이 수도에 세운 유학 교육 기관은?

답 | 태학

개념 6 신라의 삼국 통일

고구려와 수·당의 전쟁	수의 침입 → ❶ (을지문덕 활약) → 당 건국 → 고구려의 천리장성 축조 및 연개소문 정변 → ❷ (당 태종의 침입 격퇴)
신라의 삼국 통일	나당 연합군의 백제 공격(황산벌 전투) → 백제 멸망(웅진도독부 설치) → 나당 연합군의 고구려 공격 및 고구려 멸망(안동도호부 설치) → 나당 전쟁 → 신라 승리(❸ ·기벌포 전투) 및 통일
부흥 운동	백제 부흥 운동(흑치상지(임존성), 복신·도침(주류성)), 고구려 부흥 운동(안승·검모잠(한성), 고연무)

❶ 살수 대첩 ❷ 안시성 싸움 ❸ 매소성

▲ 7세기 중반 동아시아의 정세

Quiz
계백의 결사대가 김유신의 신라군에게 패한 전투는?

답 | 황산벌 전투

4-1 (가)에 들어갈 신라의 왕호와 해당 왕호를 처음 쓴 왕을 각각 쓰시오.

거서간
↓
차차웅
↓
이사금
↓
(가)
↓
왕

풀이 | 신라는 4세기 후반에는 낙동강 동쪽 진한 지역 대부분을 차지하기에 이르렀다. 이때부터 **❶**〔　　〕가 왕위를 계속 이어 나갔고, **❷**〔　　〕 상속도 진전되어 신라가 중앙 집권 국가로 발전할 수 있는 기틀이 마련되었다.

❶ 김씨 **❷** 부자　답 | 마립간, 내물왕

5-1 (가)에 들어갈 국가와 (나)에 들어갈 왕을 각각 쓰시오.

왼쪽 유물은 경북 경주에 있는 이차돈 순교비이며, 9세기 무렵 세워졌다. ((가))는 ((나)) 때 이차돈의 죽음으로 인하여 불교를 공식적으로 받아들였다.

풀이 | 고구려는 **❶**〔　　〕 때, 백제는 **❷**〔　　〕 때 불교를 공식적으로 수용하였다. 삼국의 왕들은 체계화된 종교인 불교를 받아들여 백성의 정신적 통일을 꾀하고 왕실의 권위를 뒷받침하였다.

❶ 소수림왕 **❷** 침류왕　답 | (가) – 신라, (나) – 법흥왕

6-1 (가), (나)에 들어갈 용어를 각각 쓰시오.

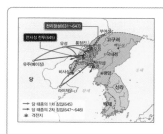

당 태종은 ((가))의 정변을 구실 삼아 고구려를 침략하였으나, 여러 전투 끝에 ((나)) 싸움에서 패한 후 물러났다.

풀이 | 당은 여러 차례에 걸친 고구려 공격이 좌절되자 다른 국가와 동맹하고자 하였고, 마침 **❶**〔　　〕가 당에 도착하여 도움을 요청함으로써 당과 **❷**〔　　〕 간의 동맹이 형성되었다.

❶ 김춘추 **❷** 신라　답 | (가) – 연개소문, (나) – 안시성

4-2 지도와 같은 영토 팽창을 이룬 백제의 왕은?

① 성왕　　② 고이왕　　③ 무령왕
④ 침류왕　　⑤ 근초고왕

5-2 다음 고분 양식의 이름은?

① 흙무덤　　　　② 벽돌무덤
③ 돌무지무덤　　④ 굴식 돌방무덤
⑤ 돌무지덧널무덤

6-2 (가) 시기에 일어난 사건은?

백제 멸망 ⇨ (가) ⇨ 삼국 통일

① 살수 대첩
② 황산벌 전투
③ 나당 연합군 결성
④ 매소성·기벌포 전투
⑤ 고구려의 평양성 천도

바탕 문제

구석기 시대에서 신석기 시대로 넘어가면서 나타난 가장 큰 변화는?

➡ 일부 지역에서 **❶**　　　이 시작되어 간석기로 곡식을 재배하였다. 또한 강가나 바닷가에 **❷**　　　을 짓고 마을을 이루어 한곳에 정착하여 살았다.

답 | ❶ 농경 ❷ 움집

1 다음 유물·유적이 등장한 시기의 사회 모습으로 옳은 것은?

▲ 주먹도끼

▲ 공주 석장리 막집

① 이동 생활을 하였다.
② 고인돌이 제작되었다.
③ 농경과 목축이 시작되었다.
④ 민무늬 토기를 사용하였다.
⑤ 군장이 정치적 지배자 역할을 하였다.

바탕 문제

고조선은 철기 문화가 들어오는 과정에서 어떻게 변화하였는가?

➡ 기원전 3세기 말 진·한 교체기의 혼란을 틈타 **❶**　　　이 고조선으로 이주하여 준왕을 몰아내고 스스로 왕이 되었다. 이후 **❷**　　　 문화를 바탕으로 고조선은 더욱 세력을 넓혔다.

답 | ❶ 위만 ❷ 철기

2 다음 두 유물을 문화 범위로 한 국가에 대한 설명으로 옳은 것을 │보기│에서 고른 것은?

▲ 비파형 동검　　　▲ 탁자식 고인돌

┌─ 보기 ─────────────────
│ ㄱ. 건국 신화가 있다.
│ ㄴ. 수의 공격으로 멸망하였다.
│ ㄷ. 중계 무역으로 성장하였다.
│ ㄹ. 철기 문화를 바탕으로 건국하였다.
└────────────────────────

① ㄱ, ㄴ　　　② ㄱ, ㄷ　　　③ ㄱ, ㄹ
④ ㄴ, ㄹ　　　⑤ ㄷ, ㄹ

바탕 문제

철기 문화를 바탕으로 세워진 여러 나라의 혼인 풍속은?

➡ **❶**　　　에는 신랑이 신부의 집에서 아이를 낳고 살다가 자식이 자라면 아내·자식과 함께 자기 집으로 돌아가는 서옥제가 있었다.

❷　　　에는 어린 여자아이를 데려다가 키워서 며느리로 삼는 민며느리제가 있었다. 동예에는 같은 씨족끼리 결혼하지 않는 족외혼이 있었다.

답 | ❶ 고구려 ❷ 옥저

3 다음 풍속을 지닌 나라를 지도의 (가)~(마) 중에서 옳게 고른 것은?

① (가)　　② (나)　　③ (다)　　④ (라)　　⑤ (마)

4 제시된 지도들 사이의 (가) 시기에 대한 설명으로 가장 적절한 것은?

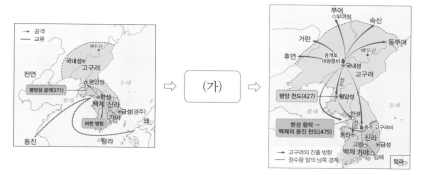

① 백제에서 관등이 마련되었다.　　② 고구려가 옥저를 정복하였다.

③ 고구려에 태학이 설립되었다.　　④ 신라의 왕호가 '왕'으로 바뀌었다.

⑤ 백제가 국호를 '남부여로' 바꾸었다.

5 다음 두 유적을 통해 알 수 있는 삼국의 특징으로 옳은 것은?

▲ 익산 미륵사지 석탑　　　　▲ 경주 분황사 석탑

① 사신도가 고분 벽화로 표현되었다.

② 지역마다 서로 다른 신앙이 있었다.

③ 산천 숭배 신앙과 신선 사상이 유행하였다.

④ 종교를 통해 백성의 정신적 통일을 꾀하였다.

⑤ 유교가 국가 통치 수단으로 적극 활용되었다.

6 제시된 지도에 나타난 전쟁의 영향으로 가장 적절한 것은?

① 고구려가 수도를 옮겼다.

② 평양에 안동도호부가 설치되었다.

③ 신라가 왕호를 마립간으로 바꾸었다.

④ 백제와 신라가 나제 동맹을 결성하였다.

⑤ 중국에서는 국력이 쇠퇴한 수가 멸망하고 당이 건국하였다.

전략 1 고조선의 사회상

- 단군 신화: 농경 사회 상징(풍백·우사·운사), 선민 사상 부족과 토테미즘 부족의 결합 반영(환웅 부족, 곰·호랑이 토템 부족), ❶ □□□의 지배자 상징(단군왕검)
- ❷ □□□: 3개 조항만 전해짐. 노동력·사유 재산을 중시하고 노비가 존재하는 계급 사회였음을 보여 줌.

❶ 제정 일치 ❷ 8조법

필수 예제 1

(1) 밑줄 친 ㉠~㉤ 중 정치적 지배자가 제사장의 권위도 함께 갖고 있었음을 짐작하게 하는 부분은?

> ㉠환인의 아들 환웅이 … ㉡풍백, 우사, 운사를 거느리고, … 이때 ㉢곰과 호랑이가 사람이 되길 원하므로, 환웅은 쑥과 마늘을 주어 100일간 굴에서 견디게 하였다. 이를 지킨 ㉣곰은 여자로 변하여 환웅과 혼인해 아들을 낳았으니 그가 ㉤단군왕검이다.

① ㉠   ② ㉡   ③ ㉢   ④ ㉣   ⑤ ㉤

(2) 다음 법을 통해 알 수 있는 당시 사회상을 ┃보기┃에서 모두 고른 것은?

> - 남에게 상처를 입힌 자는 곡식으로 갚는다.
> - 도둑질한 자는 노비로 삼는다. 용서를 받으려면 50만 전을 내야 한다.

┌ 보기 ┐
ㄱ. 평등 사회였다.   ㄴ. 노동력을 중시하였다.
ㄷ. 사유 재산을 중시하였다.

① ㄱ   ② ㄷ   ③ ㄱ, ㄴ   ④ ㄴ, ㄷ   ⑤ ㄱ, ㄴ, ㄷ

풀이 ┃ (1)

곰과 환웅의 혼인	환웅 부족과 곰 토템 부족의 연합
단군왕검	정치적 지배자(왕검)와 제사장(단군)의 일치

답 ┃ ⑤

(2) '8조법'을 통해 알아보는 고조선의 사회상   답 ┃ ④

노동력 중시	사람을 죽인 자는 즉시 죽인다. 남에게 상처를 입힌 자는 곡식으로 갚는다.
사유 재산 중시	~ 곡식으로 갚는다. 도둑질한 자는 노비로 삼는다, ~ 50만 전을 내야 한다
계급 사회	도둑질한 자는 '노비'로 삼는다.

1-1 (가) 국가에 대한 설명으로 가장 적절하지 않은 것은?

> 기원전 3세기 말 위만은 무리를 이끌고 ┃ (가) ┃으로 이주해 온 후, 준왕을 몰아내고 스스로 왕이 되었다.

① 사유 재산을 중시하였다.
② 우리나라 역사상 최초의 국가이다.
③ 한과 진 사이에서 중계 무역을 하였다.
④ 정치적 지배자와 제사장이 따로 있었다.
⑤ 비파형 동검과 고인돌의 분포를 통해 문화 범위를 알 수 있다.

1-2 빈칸 (가)~(다)에 들어갈 내용으로 가장 적절한 것은?

> 〈수행평가 – 우리나라 최초의 국가, ○○○ 탐구〉
> 정치: ┃ (가) ┃
> 경제: ┃ (나) ┃
> 사회: ┃ (다) ┃

① (가): 위만이 세움.
② (가): 국내성을 수도로 함.
③ (나): 화폐 사용 흔적이 없음.
④ (다): 계급이 없음.
⑤ (다): 노동력을 중시함.

전략 2 철기 시대 여러 나라의 정치 상황

부여	고구려	옥저·동예	삼한
5부족 연맹 국가, ❶ 존재		왕 없음 (군장이 소국 지배)	• 군장이 소국 지배, 제정 분리(❷)(제사장 주관 지역) 존재) • 목지국의 지배자가 '마한왕', '진왕'으로 불리며 삼한 전체 주도

❶ 왕 ❷ 소도

필수 예제 2

(1) 다음 중 (나) 형태로 발전하지 <u>못한</u> 국가를 <u>두 개</u> 고르면?

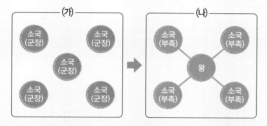

① 동예   ② 부여   ③ 삼한   ④ 옥저   ⑤ 고구려

풀이 | (1)

군장이 소국 지배	옥저, 동예, 삼한(초기)
연맹 국가로 발전	부여, 고구려, 삼한

답 | ①, ④

(2) 다음 특징을 지닌 국가는?

> 소도는 신성한 지역으로 여겨졌는데, 이곳은 정치적 지배자의 힘이 미치지 못하여 죄인이 숨어들어가도 함부로 잡아가지 못하였다.

① 동예   ② 부여   ③ 삼한   ④ 옥저   ⑤ 고구려

(2) 삼한의 정치 구조

군장(신지, 읍차)	정치적 지배자. 삼한 내 소국 통치
제사장(천군)	제사 주관, 신성한 지역인 소도를 다스림.

답 | ③

2-1 (가)에 들어갈 대화 내용으로 옳은 것은?

 나랑 국가 맞추기 놀이 할래?

그래! 한번 문제 내볼래?

 이 국가는 우리나라 철기 시대에 등장했는데, 왕이 없었어.

흠… 아직 잘 모르겠네.

 그리고 이 국가에는 다른 부족의 경계를 침범하면 노비, 소, 말로 배상하는 풍습이 있었어.

아, 알겠다! 국가의 이름은 (가)

① 동예야.   ② 부여야.   ③ 옥저야.
④ 고구려야.   ⑤ 삼한이야.

2-2 다음은 철기 시대의 여러 나라를 표시한 지도이다. (마) 지역에 있었던 국가에 대한 설명으로 옳은 것은?

① 주몽 세력이 건국하였다.
② 흉년이 들면 왕에게 책임을 물었다.
③ 목지국의 지배자가 진왕으로 추대되었다.
④ 산간 지대여서 땅이 척박하여 농경에 불리하였다.
⑤ 가족이 죽으면 시신을 임시로 매장하였다가 나중에 그 뼈를 추려서 가족 공동 무덤에 매장하는 풍습이 있었다.

전략 3 고구려의 위기 극복과 성장

위기	고국원왕: 국내성 함락(전연 침공), 평양성에서 전사(백제 근초고왕의 침략)
극복	❶ □□□ : 불교 수용(사상 통일), 태학 설립(인재 양성), 율령 반포(법률 마련)
성장 (전성기)	• 광개토 대왕: 한강 이북 차지(백제 공격), 왜군 격퇴 및 가야 공격(신라 내물왕의 도움 요청), 요동 차지(후연 공격), 동부여 병합, 거란·숙신에 영향력 행사, '영락' 연호 사용 • 장수왕: 평양 천도 및 중국 왕조들과 우호 관계, ❷ □□ 유역 차지(백제 수도(한성) 함락 및 백제 개로왕 전사), 광개토 대왕릉비 세움

❶ 소수림왕 ❷ 한강

필수 예제 3

(1) 밑줄 친 ㉠에 해당하는 내용으로 가장 적절한 것은?

> 고국원왕 때는 전연의 침공으로 수도인 국내성이 함락되고, 백제의 침략으로 왕이 전사하는 등 큰 위기가 닥쳤다. ㉠이에 고구려는 위기를 극복하고자 하였다.

① 옥저 정복 ② 태학 설립
③ 관등제 도입 ④ 국내성으로 천도
⑤ 왕위 부자 계승 확립

(2) 다음 비석의 위치를 통해 알 수 있는 사실로 가장 적절한 것은?

▲ 충주 고구려비

① 고국원왕이 전사함
② 고구려가 수도를 옮김
③ 광개토왕이 영토를 확장함
④ 을지문덕이 수의 공격을 물리침
⑤ 고구려가 한강 유역을 전부 차지함

풀이 | (1) 소수림왕의 위기 극복 노력

불교 수용	전진으로부터 수용, 사상적 통일 도모
태학 설립	인재 양성
율령 반포	모두가 같은 법률의 지배를 받게 함.

답 | ②

(2) 고구려의 대표적인 비석

답 | ⑤

광개토 대왕릉비	장수왕이 세움. 광개토왕의 업적과 고구려의 천하 의식(고구려가 하늘의 자손이고, 백제·신라·거란·동부여 등 주변 국가들을 이끌어야 한다는 생각) 표출
충주 고구려비	장수왕의 업적을 기록, 5세기 고구려가 한강 유역 전역을 지배했음을 보여줌. 고구려 중심의 국제 관계 표출

3-1 (가) 왕에 대한 설명으로 옳은 것은?

> [올해의 역사 인물: (가)]
> – 고구려의 제17대 국왕
> – 재위 기간: 371~384년
> – 업적: 전진으로부터 불교를 받아들임

① 한성을 함락하였다.
② 율령을 반포하였다.
③ 천리장성을 건설하였다.
④ 평양성에서 전사하였다.
⑤ '영락' 연호를 사용하였다.

3-2 다음 유물들을 통해 추측할 수 있는 사실로 가장 적절한 것은?

▲ 호우총 청동 그릇

▲ 광개토 대왕릉비

① 대가야가 멸망하였다.
② 장수왕이 남진 정책을 펼쳤다.
③ 백제와 신라가 동맹을 결성하였다.
④ 고구려와 백제가 나당 연합군에 맞섰다.
⑤ 고구려가 신라를 도와 왜군을 물리쳤다.

전략 4 백제의 중흥 노력

- 고구려의 공격으로 한성 함락: 개로왕 전사, ❶ _____ (공주)으로 천도
- 동성왕: 신라와 혼인 동맹 / 무령왕: 지방 제도 재정비(22담로에 왕족 파견), 남조와 교류
- 성왕: ❷ _____ (부여)로 천도, '남부여' 국호, 중앙 실무 관청(22부) 설치, 수도 및 지방 통치 제도 정비(5부 5방), 불교 장려, 남조와 교류, 왜에 선진 문물 전파, 신라와 동맹하여 한강 하류 일시 회복(이후 신라 진흥왕의 배신으로 다시 상실, 관산성에서 전사)

❶ 웅진 ❷ 사비

필수 예제 4

(1) (가) 시기 백제에 대한 설명으로 옳은 것은?

> 백제의 수도 변화: 한성 ⇨ (가) ⇨ 사비

① 전성기를 맞았다.
② 칠지도가 제작되었다.
③ 불교가 처음 유입되었다.
④ 22담로에 왕족이 파견되었다.
⑤ 한강 하류 지역을 진흥왕에게 빼앗겼다.

(2) (가) 왕에 대한 설명으로 옳은 것은?

> 고구려의 공격으로 수도가 함락된 백제 왕실은 남쪽으로 수도를 옮겼다. 이후 [(가)](은)는 수도를 다시 농업과 교통에 유리한 곳으로 옮기고, 백제의 중흥을 위해 힘을 기울였다.

① 마한을 통합하였다.
② 국호를 '남부여'로 고쳤다.
③ 율령의 기초를 마련하였다.
④ 왕호를 '마립간'으로 바꾸었다.
⑤ 황산벌에서 신라에 패배하였다.

풀이 | (1) 백제의 수도 변화

웅진 시기	동성왕(혼인 동맹), 무령왕(22담로에 왕족 파견)
사비 시기	성왕(통치 제도 정비 및 불교 장려, 남조 및 왜와 교류, 신라와 동맹 및 전쟁)

답 | ④

(2) 성왕의 행적

대내	사비 천도, '남부여' 국호, 22부 설치, 수도 및 지방 제도 정비, 불교 장려
대외	남조와 교류, 왜에 선진 문물 전파, 신라와 동맹(한강 하류 일시 회복), 신라에 패배(한강 하류 상실 및 관산성 전투에서 전사)

답 | ②

4-1 수도가 (가)~(다)였던 시기의 백제에 대한 설명으로 가장 적절한 것은?

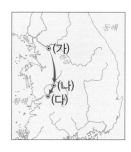

① (가): 태학을 설립하였다.
② (가): 일본에 불교를 전파하였다.
③ (나): 관복색을 처음 제정하였다.
④ (나): 신라와 혼인 동맹을 추진하였다.
⑤ (다): 고국원왕을 전사시켰다.

4-2 다음 사건이 발생한 직접적인 원인으로 가장 적절한 것은?

> 554년, 성왕은 신라를 습격하고자 하여 친히 보병과 기병 50명을 거느리고 밤에 구천(충북 옥천)에 이르렀다. 신라의 복병이 일어나자 더불어 싸웠으나 적군에게 해를 입어 죽었다. – 김부식, 『삼국사기』 –

① 나당 연합군이 결성되었다.
② 광개토왕이 신라군을 지원하였다.
③ 신라가 한강 하류 지역을 차지하였다.
④ 계백의 결사대가 신라군에 패배하였다.
⑤ 백제 영토에 웅진도독부가 설치되었다.

1 (가) 국가에서 볼 수 있었던 장면으로 가장 적절하지 <u>않은</u> 것은?

> [(가)]에는 백성들에게 금하는 법 8조가 있었다. 사람을 죽인 자는 즉시 죽이고, 남에게 상처를 입힌 자는 곡식으로 갚는다. 도둑질을 한 자는 노비로 삼는데, 용서를 받으려면 50만 전을 내야 한다. – 반고, 「한서」 「지리지」 –

① 마을 사람들이 고인돌을 제작하는 모습
② 한의 군인들에게 항복하는 병사의 모습
③ 상인이 명도전을 사용하여 중국과 교류하는 모습
④ 준왕과 함께 한반도 남쪽으로 도망가는 신하들의 모습
⑤ 뱃사람들이 낙랑과 일본에 수출할 철을 배에 싣는 모습

2 다음 정치 구조를 지닌 국가에 대한 설명으로 옳은 것은?

① 목지국을 병합하였다.
② 진한 지역 대부분을 통합하였다.
③ '영고'라는 제천 행사를 개최하였다.
④ 압록강 중류 지역에서 건국되었다.
⑤ 산간 지대에 땅이 척박하여 농경에 불리하였다.

3 다음 풍습을 지닌 국가에 대한 설명으로 가장 적절한 것은?

> 항상 5월이면 씨뿌리기를 마치고 귀신에게 제사를 지낸다. 떼를 지어 모여서 노래와 춤을 즐기며 술 마시고 노는데 밤낮을 가리지 않는다. …… 10월에 농사일을 마친 후에도 이렇게 한다. – 「삼국지」 –

① 중국의 연과 맞설 만큼 강한 국가로 성장하였다.
② 진왕으로 추대된 지배자가 전 지역을 주도하였다.
③ 읍군, 삼로라고 불리는 군장이 각 지역을 다스렸다.
④ 가족의 시신을 공동 무덤에 매장하는 풍속이 있었다.
⑤ 도둑질한 자는 훔친 물건의 12배를 배상하는 법이 있었다.

4 지도처럼 가야 연맹의 중심지가 변하게 된 원인으로 가장 적절한 것은?

① 백제와 신라가 동맹을 맺었다.
② 백제가 국호를 남부여로 바꾸었다.
③ 신라가 한강 하류 지역을 장악하였다.
④ 고구려가 신라에 지원군을 파견하였다.
⑤ 고구려가 남진 정책을 추진하여 한성을 점령하였다.

5 (가) 왕에 대한 설명으로 옳은 것은?

> [가] (이)가 가야와 함께 관산성을 공격해 왔다. …… 신주의 군주인 김무력이 자기 휘하의 군사를 이끌고 나아가 교전할 때, 비장인 삼년산군의 도도가 습격하여 [가] (을)를 죽였다. – 김부식, 『삼국사기』 –

① 사비로 천도하였다.
② 관등을 처음 제정하였다.
③ '영락'이라는 연호를 사용하였다.
④ 북위에 군사적 도움을 요청하였다.
⑤ 대야성 등 신라의 40여 성을 빼앗았다.

6 (가) 시기에 있었던 사건을 〈보기〉에서 고른 것은?

> **보기**
> ㄱ. 무령왕릉 축조
> ㄴ. 백제의 마한 통합
> ㄷ. 고구려의 불교 수용
> ㄹ. 백제의 5부·5방 설치

① ㄱ, ㄴ   ② ㄱ, ㄹ   ③ ㄴ, ㄷ
④ ㄴ, ㄹ   ⑤ ㄷ, ㄹ

전략 1 신라의 영역 확장

- 지증왕: '신라' 국호, '왕' 왕호, 순장 금지, 지방관 직접 파견, 우경 실시, ❶ ▢▢▢▢(울릉도, 독도) 복속
- 법흥왕: 율령 반포, 관등 확정 및 골품제 정비, 불교 공인, '건원' 연호, 금관가야 병합
- 진흥왕: 황룡사 건립 및 불교 장려, ❷ ▢▢▢▢ 재편, 영토 확장(대가야 정복, 한강 유역 모두 차지, 함경도 남부 진출) 및 비석 건립(단양 적성비, 4개 순수비(창녕비, 북한산비, 황초령비, 마운령비))

❶ 우산국 ❷ 화랑도

필수 예제 1

(1) 왕호를 다음과 같이 바꾼 신라의 국왕에 대한 설명으로 옳은 것은?

마립간 ⇨ 왕

① 불교 공인
② 우산국 복속
③ 김씨 왕위 세습을 시작
④ 광개토 대왕에게 지원군을 요청
⑤ 함경도 남부까지 영토를 확장

(2) (가) 왕에 대한 설명으로 옳은 것은?

(가) 이 새로 영토가 된 한강 유역을 살피며 세운 기념비이다.

① 동부여 병합
② 평양으로 천도
③ 고국원왕 전사시킴
④ 금관가야를 병합
⑤ '화랑도'를 국가 조직으로 재편

풀이 | (1) 신라의 주요 왕호 변화 **답 | ②**

이사금 → 마립간	내물왕(낙동강 동쪽 진한 지역 대부분 차지, 김씨 왕위 세습 확립, 광개토 대왕의 지원으로 왜 격퇴)
마립간 → '왕'	지증왕('신라' 국호, 순장 금지, 지방관 파견, 우경 실시, 우산국 복속)

(2) 진흥왕의 정책 **답 | ⑤**

대내	불교 장려, 황룡사 건립, 화랑도 재편
대외	대가야 정복, 한강 유역 차지, 함경도 남부 진출

1-1 밑줄 친 ㉠을 복속시킨 삼국시대 왕에 대한 설명으로 옳은 것은?

> 우산과 무릉(우릉) 두 섬은 (울진)현 바로 동쪽 바다에 있다. …… ㉠우산국이라고 칭하였다.

① 율령 반포
② 대가야 정복
③ 독자적인 연호 사용
④ 공식 국호를 신라로 정함.
⑤ 낙랑과 왜를 잇는 해상 교역 장려

1-2 밑줄 친 ㉠에 대한 설명으로 옳은 것은?

> 이차돈은 ㉠왕에게 불교의 공인을 주장한 인물이다. 이차돈을 처형하자 '목 가운데에서 흰 피가 나왔고, 하늘에서 꽃비가 내리고 땅이 뒤흔들렸다.'고 전해진다.

① 태학 설치
② 골품제 정비
③ 황룡사 건립
④ 단양 적성비 제작
⑤ 일본에 불교를 전파

전략 2 삼국의 중앙 집권 체제 정비

• 연맹 국가의 흔적(귀족 회의): 제가 회의(고구려), ❶ [   ] 회의(신라) + 정사암 회의(백제)
• 중앙 집권 체제 마련: 왕위 부자 상속, 관등 정비, 율령 반포, ❷ [   ] 수용, 지방 제도 정비 및 지방관 파견, 정복 전쟁
  → 왕권 강화
* 부여와 가야는 중앙 집권 국가로 발전하지 못함.

❶ 화백 ❷ 불교

필수 예제 2

(1) (가)~(다)에 들어갈 용어를 옳게 짝지은 것은?

나라	고구려	백제	신라
귀족 회의	(가)	(나)	(다)

	(가)	(나)	(다)
①	화백 회의	제가 회의	정사암 회의
②	화백 회의	정사암 회의	제가 회의
③	제가 회의	화백 회의	정사암 회의
④	제가 회의	정사암 회의	화백 회의
⑤	정사암 회의	제가 회의	화백 회의

(2) 보기의 국가들을 (가)가 도입된 순서대로 올바르게 나열한 것은?

> 삼국의 왕들은 (가) 을 반포하여 지역과 집단이 달라도 모두 같은 법률이 적용되도록 하였다.

┌─ 보기 ─
ㄱ. 백제   ㄴ. 신라   ㄷ. 고구려

① ㄱ → ㄷ → ㄴ   ② ㄴ → ㄱ → ㄷ
③ ㄴ → ㄷ → ㄱ   ④ ㄷ → ㄱ → ㄴ
⑤ ㄷ → ㄴ → ㄱ

풀이 | (1) 삼국의 귀족 회의

고구려	제가 회의에서 국가의 중요한 일 결정
백제	정사암 회의에서 재상 선출 및 중요한 일 결정
신라	화백 회의에서 중요한 일은 만장일치로 결정

답 | ④

(2) 삼국의 율령 반포

고구려	소수림왕(4세기 후반)
백제	고이왕(3세기 중엽)
신라	법흥왕(6세기 전반)

답 | ①

2-1 다음은 삼국의 중앙 집권 체제를 정리한 표이다. 밑줄 친 ㉠, ㉡과 빈칸 (가)~(다)에 대한 설명으로 가장 적절한 것은?

구분	고구려	백제	신라
지방 제도 (수도·지방)	5부·5부	㉠ 5부·5방	6부·5주
관등제 (수상, 관등)	대대로, 10여 관등	상좌평, 16관등	㉡ 상대등, 17관등
영토 확장	(가)	(나)	(다)

① ㉠ 제도는 의자왕이 도입하였다.
② ㉡을 설치한 왕은 불교를 공인하였다.
③ (가)에 들어갈 내용으로 우산국 복속이 있다.
④ (나)는 개로왕 때 가장 적극적으로 이루어졌다.
⑤ (다)는 천도를 바탕으로 활발하게 진행되었다.

2-2 (가)~(다) 국왕에 대한 설명으로 옳은 것은?

> 왕 중심의 통치 제도와 법령을 정비하기 위해 고구려는 (가) 시기, 백제는 (나) 시기, 신라는 (다) 시기에 율령을 반포하였다.

① (가)는 고국천왕이다.
② (가)는 수도와 지방을 각각 5부로 나누었다.
③ (나)는 주변 마한 소국을 복속하였다.
④ (나)는 수도를 웅진에서 사비로 옮겼다.
⑤ (다)는 화랑도를 국가 조직으로 재편하였다.

전략 3 삼국과 가야의 대외 교류

- 중국·서역 문화의 영향을 받은 삼국: 고구려(고분 벽화, 거문고), 백제(도자기, 벽돌무덤), 신라(유리그릇, 보검)
- 일본에의 문화 전파: 고구려(혜자(쇼토쿠 태자의 스승), 담징(종이·먹·벼루 제작 기술)), 백제(아직기(한문), 왕인(『논어』· 천자문), 노리사치계(❶ [   ])), 신라(배·둑 제작), 가야(토기 제작(일본의 ❷ [   ] 토기에 영향), 제철))   ❶ 불교 ❷ 스에키

필수 예제 3

(1) (가)에 들어갈 말로 가장 적절한 것은?

왼쪽은 경주에서 발견된 유물이다. 이를 통해 [(가)] 을 알 수 있다.

① 삼국이 서역과 적극 교류하였음.
② 삼국의 과학 기술이 발달하였음.
③ 삼국에서는 도교 예술이 발달하였음.
④ 삼국에서는 신선 사상이 유행하였음.
⑤ 삼국의 왕들은 불교를 통해 권위를 높였음. 답 | ①

풀이 | (1) 서역 → 삼국
  • 금제 장식 보검(경주 계림로 14호분 출토)
  • 유리병과 유리그릇(경주 황남대총 출토)

(2) 다음 중 삼국의 문화가 일본에 영향을 끼쳤음을 확인할 수 있는 문화재로 옳은 것은?

①  ②   ③

④   ⑤

답 | ③

(2) ①은 금동 연가 7년명 여래 입상, ②는 백제 금동 대향로, ③은 다카마쓰 고분벽화, ④는 미륵사지 석탑, ⑤는 무령왕릉이다.

3-1 제시된 토론 주제에 대해 가장 적절한 설명을 한 학생은?

> 백제와 일본의 교류에 대해 설명해볼까요?
>
> 천재 ― 일본이 선진 문물을 전파했어요.
>
> 상훈 ― 담징이 먹 만드는 기술을 전수했어요.
>
> 다혜 ― 스에키 토기 제작에 큰 영향을 줬어요.
>
> 윤호 ― 혜자가 쇼토쿠 태자의 스승이 되었어요.
>
> 민정 ― 노리사치계가 일본에 불교를 전해줬어요.
>
> +   ☺

① 천재   ② 상훈   ③ 다혜
④ 윤호   ⑤ 민정

3-2 (가)에 들어갈 주제로 가장 적절한 것은?

〈천재박물관 문화재 전시회〉
주제: [(가)   ]
전시 문화재 2점:

① 일본 속 우리 문화의 흔적
② 삼국의 다채로운 불교 문화
③ 굴식 돌방무덤 안 은밀한 보물들
④ 산천 숭배 신앙을 통해 바라본 우리 문화재
⑤ 서역 세계의 영향을 강하게 받은 삼국의 예술

전략 4 고구려·백제의 부흥 운동, 삼국 통일의 의의

- 백제 부흥 운동: ❶ ⬜⬜⬜ (임존성), 복신·도침·부여풍(주류성)
  → 지배층 내분 및 왜군의 백강(금강) 전투 패배로 실패
- 고구려 부흥 운동: 고연무(요동 지방에서 항쟁), 검모잠·안승(황해도 한성) → 지배층 분열로 실패
- 삼국 통일의 의의와 한계: 우리 민족 최초의 통일, 새로운 민족 문화 발전의 기반, 신라와 고구려·백제 유민이 힘을 합쳐 당 격퇴 / 통일 과정에서 외세(당) 끌어들임, ❷ ⬜⬜⬜ 이북 영토 상실

❶ 흑치상지 ❷ 대동강

필수 예제 4

(1) (가)에 들어갈 사건으로 적절하지 않은 것은?

| 사비성 함락 | ⇨ | (가) | ⇨ | 삼국 통일 |

① 고연무가 신라군과 연합하였다.
② 왜군이 백강 전투에 참전하였다.
③ 복신이 부여풍을 왕으로 추대하였다.
④ 계백이 황산벌 전투에서 전사하였다.
⑤ 흑치상지가 임존성에서 군사를 일으켰다.

(2) (가)에 들어갈 내용으로 적절한 것만을 |보기|에서 모두 고른 것은?

신라는 매소성과 기벌포에서 당의 군대를 물리치고, 삼국 통일을 이루었다. 신라의 삼국 통일은 _____(가)_____.

┌ 보기 ┐
ㄱ. 우리 민족 최초의 통일이었다.
ㄴ. 외세를 끌어들였다는 한계가 있었다.
ㄷ. 한강 이북의 영토를 상실한 것이었다.

① ㄴ   ② ㄷ   ③ ㄱ, ㄴ
④ ㄱ, ㄷ   ⑤ ㄱ, ㄴ, ㄷ

풀이 | (1) 삼국 통일 전쟁 과정: 백제 의자왕의 신라 공격 → 고구려와 당의 전쟁 → 나당 연합군 결성 → 백제 멸망 및 부흥 운동 → 고구려 멸망 및 부흥 운동 → 나당 전쟁 → 신라의 삼국 통일

답 | ④

(2) 삼국 통일의 의의와 한계

답 | ③

의의	• 우리 민족 최초의 통일 • 새로운 민족 문화 발전의 기반 • 고구려·백제 유민과 힘을 합쳐 당 격퇴
한계	• 통일 과정에서 외세(당) 끌어들임 • 대동강 이북의 고구려 영토 상실

4-1 지도에 나타난 상황 이후에 일어난 사건으로 가장 적절한 것은?

① 안승이 신라에 망명하였다.
② 연개소문이 정변을 일으켰다.
③ 고구려가 천리장성을 축조하였다.
④ 안시성 전투에서 당이 패배하였다.
⑤ 을지문덕이 살수에서 활약하였다.

4-2 밑줄 친 ⊙의 결과로 가장 적절한 것은?

백제와 고구려를 멸망시킨 당은 신라마저 지배하려는 야욕을 드러냈다. 이에 ⊙신라는 전쟁을 시작하였다.

① 수가 패배하였다.
② 백제 부흥 운동이 발생하였다.
③ 신라가 대동강 지역을 차지하였다.
④ 한반도에 안동도호부가 설치되었다.
⑤ 고구려의 옛 땅이 대부분 회복되었다.

1 밑줄 친 '왕'에 대한 설명으로 옳은 것은?

> "저희가 생각건대, '신(新)'은 '덕업이 날로 새로워진다.'라는 뜻이고, '라(羅)'는 '사방을 아우른다.'라는 뜻이니, 이를 나라 이름으로 삼는 것이 마땅합니다." …… 라고 하니, <u>왕</u>이 따랐다.
>   – 김부식, 『삼국사기』 –

① 수도를 옮겼다.   ② 우경을 장려하였다.

③ 칠지도를 왜에 보냈다.   ④ 관복 색을 확립하였다.

⑤ 왕호를 '마립간'으로 바꾸었다.

문제 해결 전략

신라를 공식 국호로 정한 **❶**□□□은 순장을 금지하고 지방관을 직접 파견하였으며, **❷**□□□을 신라에 복속시켰다.

❶ 지증왕 **❷** 우산국

2 밑줄 친 '이 절'을 건립한 왕에 대한 설명으로 옳은 것은?

왼쪽 사진은 <u>이 절</u>의 모습을 가상으로 추측한 것이다. <u>이 절</u>의 법당(금당) 안에는 거대한 불상이 있었고, 나중에는 높이 60여 미터의 9층 목탑이 세워졌다. <u>이 절</u>과 <u>이 절</u>의 9층 목탑은 신라의 보물이었으나 고려 시대 몽골군의 침입 때 불타버리고 말았다.

① 왕호를 '왕'으로 바꾸었다.   ② 금관가야에 군대를 보냈다.

③ 관산성 전투에서 승리하였다.   ④ 김씨 왕위 세습을 확립하였다.

⑤ 건원이라는 연호를 제정하였다.

문제 해결 전략

❶□□□은 황룡사를 건립하는 등 불교를 장려하였다. 또한 **❷**□□□를 국가 조직으로 재편하여 인재 양성에 힘쓰고, 한강 유역을 모두 차지하였다.

❶ 진흥왕 **❷** 화랑도

3 다음은 역사 주제 탐구 보고서의 일부이다. (가) 항목에 포함될 수 있는 내용으로 가장 적절한 것은?

> 〈주제: 삼국의 중앙 집권 체제 확립〉 3학년 ○반 김천재
> – 목차 –
> 1. (가) : 종교를 바탕으로 집단 통합 및 왕실 권위 강화

① 태학의 설립 목적   ② 오경박사의 활동 내용

③ 골품제 및 관등제 정비의 결과   ④ 침류왕 시기 동진과의 교류 내용

⑤ 화랑도의 국가 조직으로의 재편 의의

문제 해결 전략

중앙 집권 국가로 성장하기 위한 조건으로는 **❶**□□ 반포, **❷**□□ 수용, 지방관 파견, 영토 확장, 관등제 정비, 왕위 부자 상속 등이 있다.

❶ 율령 **❷** 불교

4 밑줄 친 ㉠에 해당하는 문화재로 가장 적절한 것은?

> 이 문화재는 경주에서 발견된 보검으로, ㉠삼국과 ○○ 지역 간의 교류를 상징합니다.

① ② ③
④ ⑤

문제 해결 **전략**

삼국은 중국 서쪽 지역인 **❶** 과도 교류하였는데, 신라 고분에서 발견된 유리그릇 등이 이를 잘 알려준다. 또한 삼국은 중국의 문화를 독자적으로 발전시킨 후 **❷** 에 전하였는데, 백제 성왕 때 불교를 전파한 것이 대표적이다.

❶ 서역 ❷ 일본

5 (가) 인물이 죽은 후 일어난 사건으로 옳은 것은?

> 당은 (가) 의 정변을 구실로 고구려를 침입했어.

> 고구려는 당의 침입을 막아냈지.

① 나당 동맹이 성립되었다.
② 평양성에서 고국원왕이 전사하였다.
③ 계백의 결사대가 신라군에 저항하였다.
④ 흑치상지가 임존성에서 군사를 일으켰다.
⑤ 검모잠이 한성에서 부흥 운동을 전개하였다.

문제 해결 **전략**

흑치상지는 임존성에서, 복신과 도침은 주류성에서 **❶** 부흥 운동을 일으켰다. 검모잠은 한성에서, 고연무는 요동 지방에서 활동하며 **❷** 부흥 운동을 벌였다.

❶ 백제 ❷ 고구려

6 밑줄 친 ㉠, ㉡이 공통으로 가리키는 사건에 대한 설명으로 옳은 것을 │보기│에서 모두 고른 것은?

> ㉠다른 종족을 끌어들여 같은 종족을 멸망시키는 것은 도적을 불러들여 형제를 죽이는 것 … ㉡외세의 도움을 받아 고구려와 백제를 멸망시키고자 하였거니와, … 살인 미수에 속하는 것이다. ─ 신채호, 『독사신론』 ─

│ 보기 │
ㄱ. 돌궐이 한반도 상황에 개입하였다.
ㄴ. 원산만 부근에 국경이 설정되었다.
ㄷ. 새로운 민족 문화 발전의 토대가 되었다.

① ㄴ ② ㄷ
③ ㄱ, ㄴ ④ ㄴ, ㄷ
⑤ ㄱ, ㄴ, ㄷ

문제 해결 **전략**

신라는 삼국 통일 과정에서 **❶** 과 **❷** 이북의 고구려 영토를 상실하였지만, 고구려 유민, 백제 유민과 힘을 합쳐 당의 침략을 물리쳤다.

❶ 대동강 ❷ 원산만

교과서 대표 전략 ①

대표 예제 1

밑줄 친 ㉠~㉤ 중 적절하지 않은 내용은?

〈가상 일기: 구석기인의 일기〉

오늘도 ㉠ 동굴에서 일어나 사냥감을 잡으러 ㉡ 슴베찌르개를 챙겨 나갔다. 친구가 ㉢ 주먹도 끼로 사냥감을 잡았다. 사냥감의 ㉣ 털을 가락바 퀴로 엮어 새 옷을 만들고, 사냥감의 고기를 ㉤ 막 집에서 구워 먹었다.

① ㉠   ② ㉡   ③ ㉢   ④ ㉣   ⑤ ㉤

개념 가이드

구석기 시대에는 돌을 깨뜨려 만든 [❶]를 사용하였고, 정착 대신 [❷] 생활을 하였다.

❶ 뗀석기 ❷ 이동

대표 예제 2

(가)에 들어갈 말로 가장 적절한 것은?

〈천재 박물관 특별 전시전: [(가)] 〉
• 전시 기간: 202△. △. △. ~ 202□. □. □.
• 주요 전시 품목(단일 시대 유물 전시)

① 계급이 탄생하다.
② 동굴 벽화의 비밀
③ 철기가 바꾼 우리 역사
④ 최초의 인류, 어떻게 살았지?
⑤ 농사는 어떻게 시작되었을까?

개념 가이드

청동기 시대에는 정치적 지배자인 [❶]이 죽으면 [❷] 을 만들었다.

❶ 군장 ❷ 고인돌

대표 예제 3

다음 건국 신화를 지닌 국가에 대한 설명으로 옳은 것은?

그는 풍백, 우사, 운사를 거느리고, 곡식, 생명, 질 병, 형벌, 선악 등과 인간의 360여 가지 일을 주관하 여 인간 세상을 다스리고 교화하였다.

① 불교를 수용하였다.
② 제정 분리 사회였다.
③ 8개의 법 조항이 있었다.
④ 철을 낙랑과 왜에 수출하였다.
⑤ 철기 문화를 바탕으로 건국되었다.

개념 가이드

[❶]는 고조선의 건국 과정과 당시 사회상을 담고 있는데, 단 군왕검은 [❷]의 지배자를 뜻한다.

❶ 단군 신화 ❷ 제정일치

대표 예제 4

(가) 국가에 대한 설명으로 옳은 것은?

 [(가)] 국가에는 가족 공동 묘를 만드는 풍습이 있다며?

 맞아. 그리고 나중에는 삼국 중 한 국가에 흡수되지.

① 왕권이 약하였다.
② 민며느리제 풍습이 있었다.
③ 제가들이 사출도를 다스렸다.
④ 산간 지대에 있어 농경에 불리하였다.
⑤ 10월에 무천이라는 제천 행사를 열었다.

개념 가이드

옥저와 [❶]에는 왕이 없었으며, 각 지역은 읍군, 삼로라고 불리는 군장이 다스렸다. 이후 이 두 국가는 [❷]에 의해 병 합되었다.

❶ 동예 ❷ 고구려

대표 예제 5

(가) 왕에 대한 설명으로 옳은 것은?

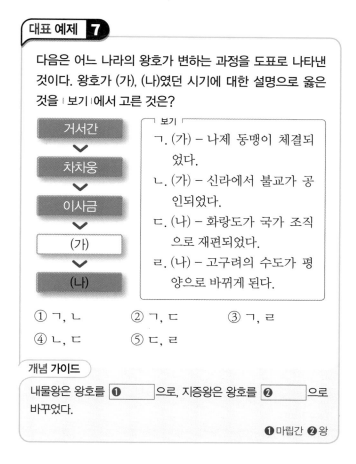

고구려 17대 왕 ···· (가) ···· 중앙 집권 체제 강화
전진에서 불교 수용 ···· ···· 고국원왕의 아들

① 태학을 설치하였다.
② 낙랑군을 멸망시켰다.
③ 평양성에서 전사하였다.
④ 수도를 국내성으로 옮겼다.
⑤ 왕위 부자 계승 원칙을 확립하였다.

개념 가이드

소수림왕은 인재 양성을 위해 ❶ 을 설치하였고, 전진으로부터 ❷ 를 받아들여 사상적 통일을 꾀하였다.

❶ 태학 ❷ 불교

대표 예제 7

다음은 어느 나라의 왕호가 변하는 과정을 도표로 나타낸 것이다. 왕호가 (가), (나)였던 시기에 대한 설명으로 옳은 것을 보기에서 고른 것은?

거서간 → 차차웅 → 이사금 → (가) → (나)

< 보기 >
ㄱ. (가) – 나제 동맹이 체결되었다.
ㄴ. (가) – 신라에서 불교가 공인되었다.
ㄷ. (나) – 화랑도가 국가 조직으로 재편되었다.
ㄹ. (나) – 고구려의 수도가 평양으로 바뀌게 된다.

① ㄱ, ㄴ ② ㄱ, ㄷ ③ ㄱ, ㄹ
④ ㄴ, ㄷ ⑤ ㄷ, ㄹ

개념 가이드

내물왕은 왕호를 ❶ 으로, 지증왕은 왕호를 ❷ 으로 바꾸었다.

❶ 마립간 ❷ 왕

대표 예제 6

밑줄 친 '이 왕'에 대한 설명으로 옳은 것은?

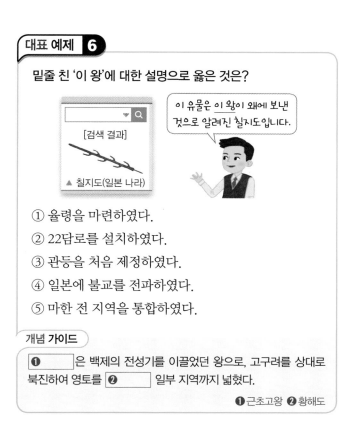

[검색 결과]
▲ 칠지도(일본 나라)

이 유물은 이 왕이 왜에 보낸 것으로 알려진 칠지도입니다.

① 율령을 마련하였다.
② 22담로를 설치하였다.
③ 관등을 처음 제정하였다.
④ 일본에 불교를 전파하였다.
⑤ 마한 전 지역을 통합하였다.

개념 가이드

❶ 은 백제의 전성기를 이끌었던 왕으로, 고구려를 상대로 북진하여 영토를 ❷ 일부 지역까지 넓혔다.

❶ 근초고왕 ❷ 황해도

대표 예제 8

(가) 왕에 대한 설명으로 옳은 것은?

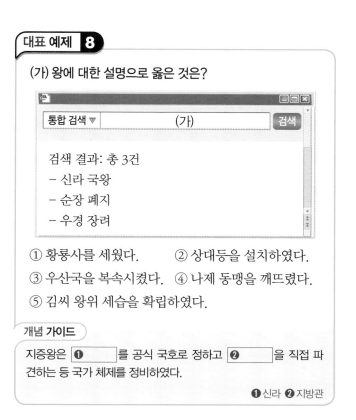

통합 검색 ▼ (가) 검색

검색 결과: 총 3건
- 신라 국왕
- 순장 폐지
- 우경 장려

① 황룡사를 세웠다. ② 상대등을 설치하였다.
③ 우산국을 복속시켰다. ④ 나제 동맹을 깨뜨렸다.
⑤ 김씨 왕위 세습을 확립하였다.

개념 가이드

지증왕은 ❶ 를 공식 국호로 정하고 ❷ 을 직접 파견하는 등 국가 체제를 정비하였다.

❶ 신라 ❷ 지방관

대표 예제 9

(가) 국가에 대한 설명으로 옳은 것은?

〈역사 탐구 보고서: 철의 나라, (가) 〉

3학년 ○반 김천재

▲ 철제 판갑옷

▲ 지산동 고분군(경북 고령)

① 백제에 병합되었다.

② 동부여를 복속시켰다.

③ 사로국에서 시작되었다.

④ '남부여' 국호를 사용하기도 하였다.

⑤ 왜의 스에키 토기 형성에 영향을 주었다.

개념 가이드

전기 가야 연맹은 ❶ [   ] 가, 후기 가야 연맹은 ❷ [   ] 가 주도하였다.

❶ 금관가야 ❷ 대가야

대표 예제 11

당시 (가) 국가에서 볼 수 있는 문화재는?

왕께서는 [(가)] 와의 동맹을 깨셨는데, 그 이유가 무엇인가요?

그래야 한강 전 지역을 차지하기 쉬워지기 때문이요.

①

②

③

④

⑤

개념 가이드

❶ [   ] 은 성왕이 이끌던 백제를 공격하여 나제 동맹을 깨고, ❷ [   ] 유역 전체를 차지하였다.

❶ 진흥왕 ❷ 한강

대표 예제 10

자료와 같은 제도에 대한 설명으로 옳은 것을 보기 에서 고른 것은?

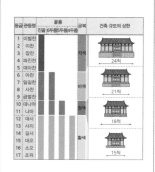

보기

ㄱ. 왕족은 이 제도의 대상이 아니다.

ㄴ. 이 신분 제도의 이름은 골품제이다.

ㄷ. 특정 계층은 자색 옷만 입을 수 있었다.

ㄹ. 일부 귀족들의 일상생활을 제한하였다.

① ㄱ, ㄴ   ② ㄱ, ㄷ   ③ ㄴ, ㄷ

④ ㄴ, ㄹ   ⑤ ㄷ, ㄹ

대표 예제 12

삼국 시대 (가) 사상에 대한 설명으로 가장 적절한 것은?

[(가)] 경전을 공부하여 나라에 충성할 것을 맹세한다. …… 시, 상서, 예기, 춘추전을 차례로 공부하기를 맹세하며 기간은 3년으로 한다.   – '임신서기석' –

① 오경박사를 통해 교육되었다.

② 사신도의 사상적 배경이 되었다.

③ 노리사치계가 일본에 전파하였다.

④ 백성의 정신적 통일을 위해 수용되었다.

⑤ 현세의 복을 비는 주술적인 성격이 짙었다.

대표 예제 13

제시문의 밑줄 친 '전쟁'에 대한 설명으로 옳은 것은?

> 신묘한 책략은 하늘의 이치를 다했고, 오묘한 계책은 땅의 이치를 꿰뚫었노라. 전쟁에 이겨 이미 공이 높으니 만족함을 알고 그만 두기를 바라노라.
>
> – 『삼국사기』 –

① 개로왕이 전사하였다.
② 수의 별동대가 패배하였다.
③ 연개소문의 정변을 구실로 발생하였다.
④ 전쟁 결과 신라가 한강 유역을 차지하였다.
⑤ 천리장성을 통해 외적의 공격을 막아내었다.

개념 가이드

고구려는 수의 침입을 수 차례 막아내었다. 특히 ❶ [　　　]은 우중문이 이끈 별동대를 살수에서 크게 격파하였는데, 이를 ❷ [　　　]이라고 한다.

❶ 을지문덕 ❷ 살수 대첩

대표 예제 14

다음은 7세기 중반 동아시아 정세를 그림으로 나타낸 것이다. 이에 대한 분석으로 가장 적절한 것을 |보기|에서 있는 대로 고른 것은?

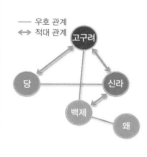

— 우호 관계
⟷ 적대 관계

┌─ 보기 ─
ㄱ. 김춘추가 군사 동맹을 성공시켰다.
ㄴ. 백제 성왕이 관산성을 공격하였다.
ㄷ. 고구려는 외적을 안시성에서 물리쳤다.
└─

① ㄱ　　　　② ㄴ　　　　③ ㄱ, ㄷ
④ ㄴ, ㄷ　　　⑤ ㄱ, ㄴ, ㄷ

개념 가이드

백제의 공격으로 위기에 처한 신라는 ❶ [　　　]를 보내 고구려와 동맹을 맺고자 하였으나 협상에 실패하고, 이후 당과 협상에 성공하여 ❷ [　　　]이 결성되었다.

❶ 김춘추 ❷ 나당 연합

대표 예제 15

밑줄 친 ㉠의 과정에 대한 설명으로 가장 거리가 먼 것은?

이 유물은 청주 운천동 신라 사적비로, ㉠ "삼한을 통합하니 나라가 넓어졌다."는 글이 새겨져 있어.

① 안승이 신라에 망명하였다.
② 기벌포에서 당의 수군이 패배하였다.
③ 백제군이 황산벌에서 신라군에게 패배하였다.
④ 고연무가 압록강 부근에서 당군에 맞서 싸웠다.
⑤ 고구려왕이 적군의 공격으로 평양성에서 전사하였다.

개념 가이드

신라는 나당 전쟁 과정에서 고구려와 백제의 유민들과 손을 잡았다. 그 결과 ❶ [　　　]과 ❷ [　　　]에서 당군을 상대로 승리를 거두면서 삼국 통일을 완성하게 되었다.

❶ 매소성 ❷ 기벌포

1 제시된 (가)~(다) 유물이 처음 등장한 시대에 대한 설명으로 가장 적절한 것은?

(가)　　　　　(나)　　　　　(다)

① (가) – 대부분 이동 생활을 하였다.
② (가) – 사냥 및 채집 활동을 하였다.
③ (나) – 평등한 사회였다.
④ (나) – 농경이 시작되었다.
⑤ (다) – 철제 농기구를 사용하였다.

Tip
신석기 시대에는 **❶**　　　　이 시작되었으며, 청동기 시대에는 **❷**　　가 본격적으로 보급되었다.

❶ 농경　❷ 벼농사

2 다음 정치 구조를 지닌 국가에 대한 설명으로 옳은 것은?

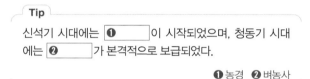

① '영고'라는 제천 행사를 열었다.
② 좌평을 비롯한 16관등제를 마련하였다.
③ 한강 유역 토착 세력이 건국에 참여하였다.
④ 박, 석, 김씨가 번갈아 가며 왕위에 올랐다.
⑤ 제가 회의에서 국가의 중요한 일을 결정하였다.

Tip
고구려는 10월에 **❶**　　　　이라는 제천 행사를 개최하였으며, 고구려에는 **❷**　　　라는 혼인 풍속이 있었다.

❶ 동맹　❷ 서옥제

3 다음 비석을 세운 국왕에 대한 설명으로 가장 적절한 것은?

왕은 백제를 공격해 아신왕의 항복을 받고, 신라에 침입한 왜를 물리쳐 신라를 도왔으며, 북으로 거란과 숙신을 치고 동부여를 복속시켰다.

① 옥저 및 동예를 정복하였다.
② 왕위 부자 계승을 확립시켰다.
③ '영락'이라는 연호를 사용하였다.
④ 평양으로 천도하여 왕권을 강화하였다.
⑤ 금관가야가 가야 연맹 맹주 지위를 잃게 하였다.

Tip
장수왕은 남진 정책을 실시하여 **❶**　　　　을 함락하고 **❷**　　　유역 전체를 차지하였다.

❶ 한성　❷ 한강

4 (가) 왕에 대한 설명으로 옳은 것을 | 보기 |에서 고른 것은?

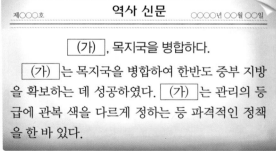
제○○○호　　　**역사 신문**　　　○○○○년 ○○월 ○○일

(가) , 목지국을 병합하다.

(가) 는 목지국을 병합하여 한반도 중부 지방을 확보하는 데 성공하였다. (가) 는 관리의 등급에 관복 색을 다르게 정하는 등 파격적인 정책을 한 바 있다.

| 보기 |
ㄱ. 관등을 정하였다.
ㄴ. 율령을 마련하였다.
ㄷ. 불교를 수용하였다.
ㄹ. 칠지도를 제작하였다.

① ㄱ, ㄴ
② ㄱ, ㄷ
③ ㄴ, ㄷ
④ ㄴ, ㄹ
⑤ ㄷ, ㄹ

Tip
백제의 경우 율령 반포는 **❶**　　　　이, 불교 수용은 **❷**　　　이 하였다.

❶ 고이왕　❷ 침류왕

5 다음은 삼국 시대를 배경으로 한 가상 뉴스이다. (가), (나) 왕에 대한 설명으로 옳은 것은?

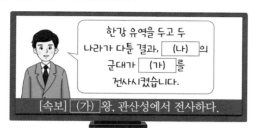

① (가) – 22담로를 설치하였다.
② (가) – 일본에 불교를 전파하였다.
③ (나) – 나당 동맹을 성립시켰다.
④ (나) – 국호를 '신라'로 정하였다.
⑤ (나) – 관리를 17등급으로 나누었다.

> **Tip**
> 성왕은 ❶ ▢ 로 수도를 옮기고 국호를 한때 '남부여'로 고쳤다. 또한 ❷ ▢ 를 장려하여 왕권을 강화하였다.
>
> ❶ 사비 ❷ 불교

6 선생님의 물음에 대한 대답으로 가장 적절한 것은?

 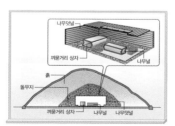

① 장군총이 대표적인 예입니다.
② 내부에 벽화를 그려 넣었습니다.
③ 신라 초기에 주로 만들어졌습니다.
④ 상대적으로 도굴에 약한 구조입니다.
⑤ 중국 남조의 영향을 받아 만들어졌습니다.

> **Tip**
> 백제의 ❶ ▢ 은 중국 남조의 영향을 받아 무덤 안을 벽돌로 쌓은 대표적인 ❷ ▢ 이다.
>
> ❶ 무령왕릉 ❷ 벽돌무덤

7 (가) 국가와 (나) 사상에 대한 설명으로 옳은 것은?

① (가)는 미륵사지 석탑을 조성하였다.
② (가)는 중앙 집권 국가로 성장하지 못하였다.
③ (나)는 불로장생을 추구하였다.
④ 임신서기석에는 (나)를 공부하겠다는 내용이 있다.
⑤ (가)는 삼국 중 가장 늦게 (나)를 공인하였다.

> **Tip**
> ❶ ▢ 는 국가를 통치하기 위한 수단으로 적극 활용되었으며, ❷ ▢ 는 신선 사상과 결합되어 주로 귀족 사회를 중심으로 전파되었다.
>
> ❶ 유교 ❷ 도교

8 (가) 보고서 발표 자료에 포함될 수 있는 내용으로 가장 적절한 것은?

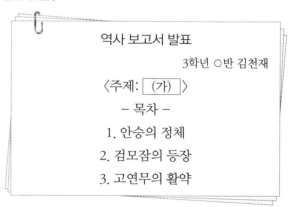

역사 보고서 발표

3학년 ○반 김천재

〈주제: (가) 〉

– 목차 –

1. 안승의 정체
2. 검모잠의 등장
3. 고연무의 활약

① 한성의 구조　　② 황산벌의 지형
③ 대야성의 위치　　④ 을지문덕의 전술
⑤ 백강 전투의 결과

> **Tip**
> 당이 평양에 ❶ ▢ 를 설치하여 해당 지역을 지배하려 하자, 검모잠은 한성에서 왕족 안승을 추대하여 ❷ ▢ 부흥 운동을 전개하였다.
>
> ❶ 안동도호부 ❷ 고구려

1 다음 유물들을 통해 추측할 수 있는 사실로 가장 적절한 것은?

① 철기가 보급되었다.
② 최초의 국가가 등장하였다.
③ 정착 생활이 일반화되었다.
④ 농기구 제작 방식이 정교해졌다.
⑤ 청동기가 한반도에서 독자적으로 제작되었다.

2 (가)가 있었던 국가에 대한 설명으로 옳은 것은?

솟대는 천군이 다스리던 (가) 에 세우던 것에서 유래하였다. 긴 장대 위에 새가 올라가 있는 형태로, 고대인이 새를 하늘과 땅을 연결해 주는 존재로 여기는 것과도 관련이 있다.

① 사출도가 있었다.
② 옥저를 복속시켰다.
③ 제정 분리 사회였다.
④ 민며느리제 풍속이 있었다.
⑤ '무천'이라는 제천 행사를 열었다.

3 (가) 왕에 대한 설명으로 옳은 것은?

(가) (은)는 신라에 지원군을 보냈었지?

맞아. 덕분에 신라는 왜군을 물리칠 수 있었고, 금관가야는 쇠퇴했어.

① 불교를 공인하였다.
② 울릉도를 복속시켰다.
③ 평양성에서 전사하였다.
④ 요동 지역을 차지하였다.
⑤ 수도를 평양으로 옮겼다.

4 한반도 정세가 지도와 같았을 때 있었던 일로 옳은 것을 보기 에서 고른 것은?

보기
ㄱ. 고국원왕이 전사하였다.
ㄴ. 나제 동맹이 체결되었다.
ㄷ. 백제가 전성기를 맞이하였다.
ㄹ. 진흥왕 순수비가 제작되었다.

① ㄱ, ㄴ   ② ㄱ, ㄷ   ③ ㄱ, ㄹ
④ ㄴ, ㄹ   ⑤ ㄷ, ㄹ

5 밑줄 친 '이 왕'에 대한 설명으로 옳은 것은?

이 왕은 누구일까요?

힌트1: 신라의 왕위 부자 상속을 진전시킴.
힌트2: 김씨 왕위 세습을 확립함.

① 왕호를 '마립간'으로 바꾸었다.
② 함경도 남부 지역을 차지하였다.
③ 인재 양성을 위해 태학을 세웠다.
④ 낙랑군과 대방군 지역을 병합하였다.
⑤ 거란과 숙신을 영향력 아래에 두었다.

6 다음은 어떤 왕에 대해 검색한 결과이다. (가)에 들어갈 내용으로 가장 적절한 것을 보기 에서 고른 것은?

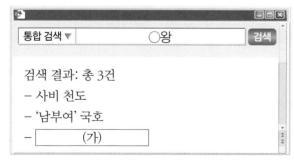

통합 검색 ▼   ○왕   검색

검색 결과: 총 3건
– 사비 천도
– '남부여' 국호
– _____(가)_____

보기
ㄱ. 5부와 5방 설치
ㄴ. 한강 하류 지역 일시 회복
ㄷ. 화랑도를 국가 조직으로 재편
ㄹ. 고령의 대가야 및 가야 연맹 정복

① ㄱ, ㄴ   ② ㄱ, ㄷ   ③ ㄴ, ㄷ
④ ㄴ, ㄹ   ⑤ ㄷ, ㄹ

7 (가), (나) 자료를 통해 추측할 수 있는 사실로 가장 적절한 것은?

(가) 수 양제는 따로 군대를 편성하여 평양성을 공격하였으나, 을지문덕이 살수에서 그 대부분을 물리쳤다. 그 뒤에도 수 양제는 매해 고구려를 침략하였으나 번번이 실패하였다.

(나) 당군은 요동성, 백암성 등을 차례로 함락시키고 안시성을 포위하였다. 그러나 성주와 백성들의 굳건한 저항으로 결국 안시성에서 물러났다. 이후에도 당 태종은 몇 차례 고구려를 침공하였으나, 별다른 성과는 없었다.

① 고구려는 지배층의 분열로 멸망하였다.
② 연개소문의 정변이 전쟁의 원인이었다.
③ 고구려가 신라를 도와 외적을 격퇴하였다.
④ 삼국 통일 과정에서 외세의 도움이 있었다.
⑤ 고구려의 항전은 중국의 한반도 침략을 저지하는 데 기여하였다.

8 다음은 삼국통일 과정에서 일어난 사건들을 기록한 역사 사건 카드이다. 카드들을 사건이 발생한 순서대로 옳게 나열한 것은?

A카드	B카드	C카드	D카드
황산벌 전투	웅진 도독부 설치	신라의 대야성 상실	매소성, 기벌포 전투

① A카드 → B카드 → C카드 → D카드
② A카드 → C카드 → D카드 → B카드
③ C카드 → A카드 → B카드 → D카드
④ C카드 → D카드 → B카드 → A카드
⑤ D카드 → C카드 → B카드 → A카드

1 다음은 선사 시대를 주제로 한 가상의 VLOG이다. (가)에 들어갈 내용으로 가장 적절한 것은?

#감성 움집
#따뜻한 물 한잔

VLOG

[댓글 모음]　　　　　　　　　　　댓글 총 3개
－ A: 움집 옆에 묶여있는 돼지가 귀여워요!
－ B: 빗살무늬 토기가 멋지게 빚어졌네요^^
－ C: 　　　　　　　(가)　　　　　　　

① 미송리식 토기에 담긴 쌀이 참 먹음직스러워 보이네요!

② 움집 안에 있는 곡식들은 반달 돌칼로 수확한 것들인가 봐요.

③ 움집 뒤로 보이는 거대한 고인돌은 이전 족장님의 무덤인가요?

④ 영상 마지막에 나오는, 사냥하러 출발하는 사람들의 모습이 정말 멋있어요!

⑤ 영상 중간에 나오는 멋진 토기는 명도전으로 얼마를 주면 살 수 있는 건가요?

Tip
신석기 시대에는 **❶**　　　　에 곡식을 보관하였으며, **❷**　　　　을 짓고 마을을 이루어 한곳에 정착하여 살았다.

❶빗살무늬 토기 ❷움집

2 (가) 국가에 대한 설명으로 가장 적절하지 않은 것은?

 내가 탐구한 이 인물은 기원전 3세기 말 진·한 교체기의 혼란을 틈타 무리를 이끌고 (가) 로 이주해 왔어.

그렇구나. 그 사람 중국의 연에서 온 것 맞지? 그럼 연나라 사람이라고 봐야겠네.

 꼭 그렇지만도 않아. 이 사람은 (가) 에 들어올 때 상투를 틀고 (가) 의 옷을 입고 있었대.

그렇다고 해서 (가) 계 사람이라고 단정 지을 수 있을까? 어쨌든 왕을 몰아내고 스스로 왕이 된 걸 보면 보통 사람은 아닌 것 같아.

① 노동력과 사유 재산을 중시하는 내용의 법 조항이 존재하였다.

② 선민사상을 가진 부족과 토템 부족의 연합으로 세워졌을 것이다.

③ 비파형 동검과 탁자식 고인돌의 분포를 통해 문화 범위를 추측할 수 있다.

④ 중국과 한반도 남쪽 국가들 사이에서 중계 무역을 통해 많은 경제적 이익을 챙겼다.

⑤ 철이 많이 생산되어 덩이쇠를 화폐처럼 사용하고, 철을 낙랑이나 일본에 수출하였다.

Tip
고조선은 사회 질서를 유지하기 위해 **❶**　　　　을 시행하였고, 한과 한반도 중남부의 진 사이에서 **❷**　　　　을 하였다.

❶8조법 ❷중계 무역

3 (가)는 역사 키워드 빙고의 규칙이다. (나)는 빙고 게임에 출제되는 문항이다. (가) 규칙과 (나) 문항에 따라 게임을 진행하였을 때, 3회만에 게임에서 승리하게 되는 빙고의 모양을 올바르게 고른 것은?

> (가) 1. 학습한 역사 개념 범위 내에서 빙고 칸을 각자 채운다.
> 2. 출제되는 문항의 정답에 해당하는 역사 키워드를 차례로 색칠한다.
> 3. 3빙고를 달성하면 게임에서 승리한다.
> (나) 1회: 부여의 제천 행사는?
> 2회: *보너스* 동예와 관련된 용어 모두 지우기
> 3회: 천군이 주관한 지역은?

①

영고	읍군	신지
민며느리제	무천	사출도
소도	족외혼	책화

②

족외혼	목지국	책화
읍차	가족 공동무덤	산지
소도	영고	계절제

③

삼로	무천	서옥제
민며느리제	동맹	변한
사출도	1책 12법	읍군

④

책화	계절제	마한
옥저	신지	세형 동검
제가 회의	목지국	연맹 왕국

⑤

연맹 왕국	소도	사출도
무천	진한	족외혼
동맹	서옥제	읍차

> **Tip**
> 부여에서는 12월에 ❶ [　　　]라는 제천 행사가, 동예에서는 10월에 ❷ [　　　]이라는 제천 행사가 열렸다.
>
> ❶ 영고 ❷ 동맹

4 (가), (나) 왕에 대한 설명으로 가장 적절한 것은?

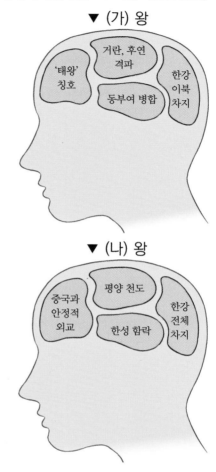

▼ (가) 왕

▼ (나) 왕

① (가) 왕은 왕위 부자 상속을 확립하였다.
② (가) 왕은 동해안으로 진출하여 옥저와 동예를 정복하였다.
③ (나) 왕은 낙랑군과 대방군 지역을 병합하였다.
④ (나) 왕은 중국의 전진에서 불교를 받아들여 사상적 통일을 도모하였다.
⑤ (가), (나) 왕 시기 고구려는 스스로 천하의 중심이라는 자부심을 지녔다.

> **Tip**
> ❶ [　　　]과 ❶ [　　　]을 거치며 고구려는 동북아시아 일대에서 가장 강력한 국가로 성장하여 중국의 남북조와 어깨를 나란히 할 수 있었다.
>
> ❶ 광개토 대왕 ❷ 장수왕

5 다음은 삼국의 어느 국가를 주제로 한 릴레이 역사 쓰기 활동 내용을 적은 모둠 활동지이다. (가), (나)에 들어갈 내용을 적절하게 쓴 학생을 ㅣ보기ㅣ에서 차례로 고르면?

〈릴레이 역사 쓰기〉

[주의 사항] 1. 학습한 내용을 포함하여 쓰기
　　　　　　 2. 실제 사건이 발생한 순서와 일치하도록 쓰기

고구려에서 내려온 사람들이 한강 유역의 토착 세력과 결합하여 나라를 세웠어요.

⇩

(가)

⇩

중국의 동진에서 불교를 받아들여 국가의 사상적 통합을 꾀하였어요.

⇩

(나)

⇩

국왕은 웅진성으로 피신하였지만, 결국 적군에 항복하면서 나라가 멸망하고 말았어요.

ㅣ보기ㅣ

천재 – 마한 전 지역을 차지하면서 영토가 크게 확장되었어요.
서진 – 국왕이 수도를 옮기고 중앙에 22부를 설치하면서 왕권을 강화하였어요.
미경 – 좌평을 비롯한 관리의 등급이 새로 정해지고, 율령의 기초적인 틀이 마련되었어요.

① (가) – 천재, (나) – 서진
② (가) – 천재, (나) – 미경
③ (가) – 서진, (나) – 미경
④ (가) – 서진, (나) – 천재
⑤ (가) – 미경, (나) – 천재

> **Tip**
>
> ❶　　　은 관등과 관복색을 새로 정하고, 율령을 마련하였다. ❷　　　은 사비로 수도를 옮기고 국호를 '남부여'로 고치면서 백제의 중흥을 꾀하였다.
>
> ❶ 고이왕　❷ 성왕

6 (가)에 들어갈 내용으로 적절하지 않은 것은?

천재: 강희야, 우리 삼국 시대 역사 인물 맞추기 게임할래?

강희: 그래, 재밌겠다. 문제 낸 사람이 맞춘 사람에게 햄버거를 사주는 거 어때?

천재: 좋아. 대신 인물에 대한 질문 기회나 힌트는 세 번까지만 가능하게 하자.

강희: 그래! 내가 문제를 내도 될까?

천재: 알겠어. 준비 됐니?

강희: 응. 준비됐어. 자, 이제 질문해볼래?

천재: 인물의 업적을 한 가지만 말해줄래?

강희: 이 사람은 율령을 반포하여 국가 체제를 정비했어.

천재: 음… 그런 사람이 너무 많아서 잘 모르겠는걸. 다른 업적으로는 뭐가 있니?

강희: 불교를 공인해서 사람들의 사상 통합을 꾀하였어.

천재: 아직 어떤 인물인지 확신은 안 생기는걸.

강희: 마지막 힌트를 줄게. (가) .

천재: 아하! 이제 알겠어.

① 상대등을 설치하였어.
② 황룡사를 창건하였어.
③ 금관가야를 정복하였어.
④ '건원'이라는 연호를 사용하였어.
⑤ 인재를 양성하기 위해 태학을 설립하였어.

> **Tip**
>
> 소수림왕, 고이왕, 법흥왕은 ❶　　　을 반포하고, 소수림왕, 침류왕, 법흥왕은 ❷　　　를 공인하는 등 중앙 집권 체제의 기반을 마련하였다.
>
> ❶ 율령　❷ 불교

7 천재가 받을 상품의 종류로 옳은 것은?

천재중학교 역사② 학습지　　○반 ○번 이름: 김천재

〈퀴즈 – 삼국의 문화에 대해 알고 있나요?〉

순번	문제	자신이 선택한 답	배점
1	서역과 삼국이 교류하였다는 대표적인 증거로, 서역에서 전해진 유물은?		1점
2	'백제의 미소'라고 불리는 바위에 조각한 불상은?		2점
3	돌을 벽돌 모양으로 다듬어 쌓은 신라의 석탑은?		2점
4	연꽃 등 불교의 상징과 삼신산 등 도교적인 요소가 함께 장식된 백제의 예술품은?		3점

[퀴즈 상품]

1점: 사탕 1개 　　/　　 2점: 사탕 2개
3점: 초코 과자 1개 　/　 4점: 초코 과자 2개
5점: 젤리 1봉 　　/　　 6점: 젤리 2봉
7점: 햄버거 세트 1개 　/　 8점: 치킨 1마리

① 사탕　　　　② 치킨　　　　③ 젤리
④ 초코 과자　　⑤ 햄버거 세트

Tip

백제 금동 대향로는 봉황 등 ❶[　　　]적인 요소와 연꽃 등 ❷[　　　]적인 요소가 함께 표현된 아름다운 공예품이다.

❶ 도교 ❷ 불교

---

8 제시된 핸드폰의 잠금을 해제하는 올바른 패턴을 고른 것은?

패턴 입력하여 잠금 해제하기

Ⓐ　　Ⓑ

Ⓒ　　Ⓓ

* 패턴 입력 방법
1. 아래 A~D 사건이 발생한 순서를 확인한다.
2. 핸드폰 화면에서 A~D 위치에 해당하는 점들을 A~D 사건 발생 순서에 따라 손가락으로 직선을 그리며 연결한다.

A: 김춘추가 군사 동맹 협상을 위해 당으로 건너갔다.
B: 연개소문이 정변을 일으키고 보장왕을 왕으로 세웠다.
C: 을지문덕이 수 양제의 별동대를 살수에서 크게 무찔렀다.
D: 안시성 성주와 백성들이 굳건한 저항으로 당 태종의 군대를 물리쳤다.

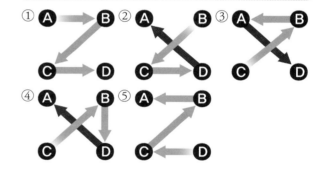

Tip

고구려는 수와의 전쟁에서는 ❶[　　　], 당과의 전쟁에서는 ❷[　　　] 등 중국을 상대로 크게 승리하여 중국 세력의 한반도 침략을 막아내었다.

❶ 살수 대첩 ❷ 안시성 싸움

발해의 건국
~ 고려의 생활과 문화

개념 1 남북국의 발전과 변화

(1) 통일 신라의 발전

왕권 강화	태종 무열왕(진골, 직계 왕위 계승) → 문무왕(삼국 통일) → 신문왕(김흠돌의 난 진압, 관료전 지급 및 녹읍 폐지, ❶ [ ] 설치 및 6두품 인재 양성, 통치 제도 개편)
통치 제도	• 중앙(왕권↑): 중시(집사부) 강화, 상대등(화백 회의) 축소 • 지방·군사(민족 융합): ❷ [ ] (지방 제도), 9서당 10정(군사 제도)

(2) 발해의 건국과 발전

발전	대조영(건국) → 무왕('인안' 연호 사용, 등주 선제 공격) → 문왕(당 문물·제도 수용, 상경 천도) → 선왕(최대 영토, '해동성국')
제도	중앙: ❸ [ ] (당+발해 독자) / 지방: 5경 15부 62주

▲ 발해의 영역

Quiz

행정 총괄 및 왕명 수행 기구로, 중시가 장관인 신라 최고 부서는?

❶ 국학 ❷ 9주 5소경 ❸ 3성 6부제

답 | 집사부

개념 2 남북국의 문화와 대외 관계

(1) 통일 신라와 발해의 문화

불교	• 인물: ❶ [ ] (일심 사상, 아미타 사상), 의상(화엄 사상, 관음 신앙), 혜초(『왕오천축국전』) • 문화재: 감은사, 불국사, 석굴암, 성덕대왕 신종
유교	• 교육 및 관리 선발: 국학(교육, 신문왕), 독서삼품과(선발, 원성왕) • 인물: 설총(이두 정리), 강수(외교 문서 작성), 최치원(빈공과 합격)
기타 (신라 말)	• ❷ [ ] : 경전 이해(교종) 대신 불성 깨달음 중시, 호족의 후원 • 풍수지리설: 지방의 중요성 부각, 호족의 정신적 기반
발해의 문화	❸ [ ] 문화 기반(계승) + 당 및 말갈 문화 융합

(2) 남북국의 대외 관계

통일 신라	↔ 당: 사신·유학생·승려 파견, 교역망(신라방·소·원, 청해진(장보고)) ↔ 일본: 문물 전파 및 원료 수입, 중계 무역 / ❹ [ ] (국제 무역항)
발해	↔ 당: 발해관 설치(사신), 수출(담비 가죽·말·약재), 수입(비단·공예품) ↔ 신라: ❺ [ ] (교역망) / ↔일본: 당·신라 견제 목적, 수입(면·비단·수은)

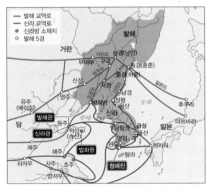

▲ 발해의 교통로와 교역품

Quiz

불성을 깨닫는 것을 중시한, 신라 말 호족의 환영을 받은 불교 사상은?

❶ 원효 ❷ 선종 ❸ 고구려 ❹ 울산항 ❺ 신라도

답 | 선종

개념 3 고려의 건국

건국	왕건이 궁예를 몰아내고 '고려' 국호로 건국, 송악 천도 → 신라의 항복 → 후백제 상대로 승리(후삼국 통일) + 발해 유민 수용
발전	• 태조(왕건): 빈민 구제(흑창), 호족 포섭(혼인, 왕씨 성 하사) 및 견제(사심관·기인 제도), 북진 정책(서경 중시), 『훈요 10조』 • 광종: ❶ [ ] (불법 노비 해방), ❷ [ ] (유교 인재 등용), 복색 지정, 연호 사용(광덕·준풍) 공신·호족 숙청 → 왕권 강화 • 성종: 최승로의 건의(❸ [ ]) 수용 및 국가 기본 체제 정비

▲ 고려의 건국과 후삼국 통일

Quiz

불법적으로 노비가 된 자를 해방한 제도는?

❶ 노비안검법 ❷ 과거제 ❸ 시무 28조

답 | 노비안검법

1-1 다음 정책들을 추진한 발해 국왕의 이름을 쓰시오.

> • 당·신라와의 관계 개선
> • 3성 6부제로 개편
> • 상경 용천부로 천도

풀이 | 발해 건국 초기 **❶**⎕⎕⎕ 때는 장문휴를 보내 산둥반도의 등주를 선제 공격하는 등 당과 적대 관계였으나, 이후 당과 친선 관계를 맺고 국가 발전의 기틀을 다지면서 **❷**⎕⎕⎕ 때에는 최대 영토를 확보하고 '해동성국'이라 불리게 된다.

❶무왕 ❷선왕 답 | 문왕

2-1 다음 유물(기행문)의 이름을 쓰시오.

혜초가 쓴 기행문으로, 혜초는 인도(천축국)와 중앙아시아 등을 돌아보고 각국의 종교와 문화를 이 기행문에 기록해 놓았다.

풀이 | 통일 이후 신라의 불교문화는 한층 성숙하였다. 또한 불교 교리에 대한 이해가 깊어졌고 불교 신앙이 민간에 본격적으로 유포되었다. 여기에는 일심 사상과 아미타 신앙을 제시한 **❶**⎕⎕⎕ 와 화엄 사상 및 관음 신앙을 정리한 **❷**⎕⎕⎕ 의 활약이 컸다.

❶원효 ❷의상 답 | 『왕오천축국전』

3-1 다음 자료의 명칭과, 이 자료를 남긴 왕을 각각 쓰시오.

> 제 1조 불교의 힘으로 나라를 세웠으므로 불교를 장려할 것.
> 제 2조 현재 세워진 절은 도선의 풍수 사상에 따라 지은 것이니, 함부로 더는 짓지 말 것.
> 제 4조 중국의 풍습은 억지로 따르지 말고, 거란의 언어와 풍습은 본받지 말 것.
> 제 5조 서경은 우리나라 지맥의 근본이 되니 석 달마다 가서 백 일 이상 머무를 것.
> 제 6조 연등회와 팔관회를 소홀히 하지 말 것.
> 제 10조 왕은 경전과 역사를 읽어 옛일을 거울삼아 오늘을 경계할 것.

풀이 | 후삼국을 통일한 태조는 통일에 도움을 주었으나 통일 이후에도 여전히 강성했던 **❶**⎕⎕⎕ 들을 포용 및 견제하면서 왕권을 안정시켰다. 또한 평양을 **❷**⎕⎕⎕ 으로 삼아 북진 정책을 추진하고, 발해를 멸망시킨 거란을 적대시하였다.

❶호족 ❷서경 답 | 훈요 10조, 고려 태조(왕건)

1-2 지도와 같은 체제를 마련한 왕이 시행한 정책을 **두 개** 고르면?

① 국학 설치   ② 불교 공인   ③ 율령 반포
④ 관료전 지급   ⑤ 상대등 설치

2-2 다음 유물과 관련이 가장 깊은 사상은?

① 교종   ② 도교   ③ 선종
④ 유학   ⑤ 풍수지리설

3-2 다음 글에 나와 있는 제도의 명칭을 고르면?

> 광종 7년(956)에 노비를 조사하여 옳고 그름을 분명히 밝히도록 명하였다.

① 녹읍   ② 9서당
③ 과거제   ④ 독서삼품과
⑤ 노비안검법

2주 1일 개념 돌파 전략 ❶

개념 4 고려의 정치 변화 및 대외 관계

(1) 문벌 사회의 동요

이자겸의 난 (1126)	이자겸(외척, 경원 이씨) 세력 ↑ → 인종의 제거 시도를 눈치 챈 이자겸이 척준경과 반란 → 진압(척준경 회유)
❶ 천도 운동	서경 세력(묘청·정지상, 금 정벌 주장)과 개경 세력(김부식, 금 사대 주장) 충돌 → 김부식의 관군이 묘청의 반란 진압

(2) 무신 정권의 성립과 농민·천민의 봉기

무신 정변	• 배경: 지배층 분열, 왕권 추락, 무신 차별 • 전개: 정중부·이의방 등이 문신 숙청 및 국왕 교체 • 결과: 중방(무신 회의 기구)의 최고 기구화
최씨 정권	• 정치 기반: ❷ [ ](최고 기구, 최충헌), 정방(인사, 최우) • 군사 기반(사병 집단): 도방, 삼별초
봉기	• 배경: 집권자 수탈 심화 및 지방 통제 약화, 신분 상승 기대 • 내용: 망이·망소이(공주 명학소), 김사미·효심(경상도), ❸ [ ](개경 노비)

(3) 고려의 대외 관계

송	친선, 수출(인삼), 수입(비단·약재·서적), 벽란도(예성강, 국제 무역항)
거란(요)	거란이 세 차례 침입 → 고려 승리, 나성·천리장성 건설
여진(금)	여진 세력 확대되며 충돌 → 여진 정벌(윤관의 ❹ [ ], 동북 9성) → 여진의 금 건국 및 요 멸망, 고려에 사대 요구

▲ 고려의 활발한 대외 무역

Quiz

최씨 무신 정권의 정치적 기반으로, 관리 인사를 담당한 기구는?

❶ 서경 ❷ 교정도감 ❸ 만적 ❹ 별무반

답 | 정방

개념 5 몽골의 간섭과 고려의 개혁

(1) 원 간섭기(대몽 항쟁 이후)

원 간섭기	• 영토 지배: 쌍성총관부(화주), 동녕부(서경), 탐라총관부(제주도) • 정치·경제·문화: ❶ [ ](내정 간섭) 설치, 왕실 격하, 공물(인삼·매) 및 환관·공녀 수탈, 문물 교류(몽골풍, 고려양) • ❷ [ ] 성장: 친원 세력+기존 문벌+무신 정권기 유력 가문, 음서로 권력 세습, 불법적 노비 및 대농장 소유 → 재정 악화

(2) 공민왕의 개혁 정치   배경: 원 쇠퇴 / 결과: 중단(홍건적·왜구 침략, 공민왕 제거)

자주 개혁	친원 세력(기철) 제거, 정동행성 축소, 쌍성총관부 공격(철령 이북 회복), 왕실 호칭 및 정치 제도 복구, 몽골풍 금지
내정 개혁	정방 폐지(인사권 복구), ❸ [ ] 설치(불법 토지·노비 복구), 성균관 정비(유학 교육 강화 및 정치 세력 양성)

▲ 공민왕의 영토 수복

Quiz

공민왕이 신돈을 등용하여 땅과 노비를 원상 복구시키고자 만든 기구는?

❶ 정동행성 ❷ 권문세족 ❸ 전민변정도감

답 | 전민변정도감

개념 6 고려의 생활과 문화

인쇄술 발달	목판 인쇄(초조대장경(vs 거란), ❶ [ ](vs 몽골)), 금속 활자(『직지』)
유학 발달	국자감(최고 교육 기관), 향교(지방 교육 기관), 사학(과거 대비, 관학 쇠퇴), 안향의 ❷ [ ] 전파(신진 사대부의 사상적 기반)

Quiz

성종 대에 설치된 국가 최고의 유학 교육 기관은?

❶ 『팔만대장경』 ❷ 성리학

답 | 국자감

4-1 (가)에 들어갈 인물의 명칭을 쓰시오.

> 노비 (가) 등 여섯 명이 … 노비들을 불러 모
> 아 말하기를 "무신 정변 이후에 높은 관직을 얻은
> 천한 노비가 많이 나왔으니 어찌 장군과 재상이 타
> 고나는 것이겠는가? 때가 오면 누구나 차지할 수
> 있다. … "라고 하였다.　　　　－ 「고려사」 －

풀이 | 특수 행정 구역이던 공주 명학소에서는 ❶ [　] 형제
가 봉기하였다. 또한 ❷ [　] 지역에서는 운문(청도)의 김사
미와 초전(울산)의 효심이 연합하여 세력을 확대하였다.

　　　　　　❶ 망이·망소이 ❷ 경상도　답 | 만적

5-1 (가), (나)에 들어갈 용어를 각각 쓰시오.

> 공민왕은 지도와 같이
> (가) 를 공격하여 철령
> 이북의 땅을 되찾았다.
> 또한 (나) 를 설치하여
> 권문세족이 불법적으로
> 빼앗은 토지를 원래의 주

인에게 돌려주고, 강제로 노비가 된 사람들을 양
인으로 풀어 주었다.

풀이 | 공민왕은 고려의 자주성을 회복하고자 노력하였다. 기
철 등 ❶ [　] 세력을 제거하고, ❷ [　] 을 축소하여 원
의 내정 간섭을 막았다. 또한 원의 간섭으로 바뀌었던 정치
제도와 왕실 호칭을 원래대로 되돌리고, 몽골식 풍습을 금지
하였다.

　❶ 친원 ❷ 정동행성　답 | (가) – 쌍성총관부, (나) – 전민변정도감

6-1 다음 특징을 지닌 인물과 그가 창시한 종파를 각각 쓰시
오.

> • 문종의 넷째 아들
> • 교종 중심으로 선종 통합
> • 교리 공부('교')와 실천적 수행('관')을 함께 해야
> 　한다는 '교관겸수' 제시

풀이 | 지눌은 ❶ [　] 을 중심으로 ❷ [　] 을 포용하고자
하였고, 불교의 세속화를 비판하며 불교 개혁 운동을 전개하였
다. 그리하여 고려 후기에 송광사를 중심으로 선종이 크게 일어
났다.

　　　　　　❶ 선종 ❷ 교종　답 | 의천, (해동) 천태종

4-2 지도에 나타난 사건의 결과는?

① 녹읍이 폐지되었다.
② 이자겸이 제거되었다.
③ 교정도감이 설치되었다.
④ 개경 세력이 승리하였다.
⑤ 무신 정권이 붕괴하였다.

5-2 지도와 같은 상황에서 등장한 고려의 새로운 세력은?

① 진골　　　　　② 권문세족
③ 문벌 귀족　　　④ 신진 사대부
⑤ 신흥 무인 세력

6-2 다음 유물의 명칭으로 옳은 것은?

① 「직지」　　　　　② 「팔만대장경」
③ 「초조대장경」　　④ 「상정고금예문」
⑤ 「무구정광대다라니경」

바탕 문제

신라 말 중앙 정치에 도전한 지방 세력으로, 스스로 '성주' 혹은 '장군'이라 부른 사람들은?

➡ 중앙 정치에 도전하는 지방 세력인 ❶ [　　　]은 신라 정부를 등진 농민들을 규합하고 성을 쌓아 근거지를 확보하면서 성장하였다. 후고구려를 세운 ❷ [　　　]와 후백제를 세운 견훤이 대표적이다.

답 | ❶ 호족 ❷ 궁예

1 (가), (나)에 들어갈 말로 옳은 것을 짝지은 것은?

견훤과 궁예는 모두 [(가)] 세력으로, 지도와 같이 신라로부터 독립해 새로운 나라를 세우는 데 성공하였다. 한편 골품제에 따라 관직 승진에 제한을 받았던 [(나)] 지식인은 [(가)] 세력과 손을 잡고 사회 개혁을 주도하였다.

　(가)　　　　(나)　　　　　　　　(가)　　　(나)
① 호족　　　성골　　　　　② 호족　　6두품
③ 호족　　　문벌 세력　　　④ 무신　　6두품
⑤ 무신　　　문벌 세력

바탕 문제

발해의 문화는 어느 국가의 영향을 크게 받았나?

➡ 계승 의식을 내세운 발해는 국호로 ❶ [　　　]를 뜻하는 '고려'를 종종 사용하였다. 이러한 발해는 ❶ [　　　] 문화를 기반으로 ❷ [　　　]의 문화를 받아들이고, 말갈의 문화를 융합하며 독자적인 문화를 이루었다.

답 | ❶ 고구려 ❷ 당

2 다음 유물을 통해 알 수 있는 사실로 가장 적절한 것을 | 보기 |에서 고르면?

일본 헤이조쿄터에서 발견된 목간으로, 22자가 적혀 있는 이 목간에는 발해에 파견된 일본 사신단을 '견고려사(遣高麗使)'로 표현하였다.

| 보기 |
ㄱ. 신라와 당은 적대 관계였다.
ㄴ. 발해와 일본이 문물을 교류하였다.
ㄷ. 발해는 고구려 계승 의식을 지녔다.
ㄹ. 고구려군이 신라를 도와 왜군을 격퇴하였다.

① ㄱ, ㄴ　　　　② ㄱ, ㄷ　　　　③ ㄴ, ㄷ
④ ㄴ, ㄹ　　　　⑤ ㄷ, ㄹ

바탕 문제

태조 왕건의 백성 구제 정책은?

➡ ❶ [　　　]을 낮추어 농민의 부담을 줄이고, 빈민 구제 기구인 ❷ [　　　]을 설치하여 흉년 때 곡식을 나누어 주고 가을에 갚게 하였다.

답 | ❶ 세금 ❷ 흑창

3 밑줄 친 '나'에 대한 설명으로 옳은 것은?

나는 고려를 건국하고 후삼국을 통일하면서 민족의 재통합을 이루었지.

① 거란을 적대시하였다.
② 과거제를 실시하였다.
③ 노비안검법을 시행하였다.
④ '광덕' 연호를 사용하였다.
⑤ 최승로의 '시무 28조'를 받아들였다.

바탕 문제

무신 정권의 지배 기구는?

➡ 무신 정변 초기, 이의방, 정중부, 경대승, 이의민이 집권하였던 시기에는 기존의 무신 회의 기구인 ❶ ⬜⬜⬜ 이 기존의 정치 기구를 대신하는 최고 권력 기관이었다. 그러나 최충헌이 권력을 잡은 후에는 비밀경찰 조직이었던 ❷ ⬜⬜⬜ 이 국가의 중요 정책을 결정하는 기구가 되었다.

답 | ❶ 중방 ❷ 교정도감

4 밑줄 친 '최씨 가문'의 정치적·군사적 기반을 옳게 짝지은 것은?

> 무신 정변 이후 무신들은 권력을 독차지하려고 싸움을 벌였다. 이 과정에서 최고 권력자가 자주 바뀌었고, 결국 최충헌이 권력을 잡은 후 4대 60여 년 동안 <u>최씨 가문</u>이 최고 권력자의 자리를 지켰다.

	정치적 기반	군사적 기반
①	정방	화랑도
②	정방	9서당 10정
③	집사부	삼별초
④	교정도감	삼별초
⑤	교정도감	별무반

바탕 문제

원 간섭기의 내정 간섭 기구와 특권 계층은?

➡ 원은 고려에 ❶ ⬜⬜⬜ 을 설치해 일본 원정을 추진하였는데, ❶ ⬜⬜⬜ 은 일본 원정 후에도 계속 남아 내정 간섭에 이용되었다. 한편 친원 세력, 기존 문벌 세력, 무신 정권기에 등장한 가문은 ❷ ⬜⬜⬜ 을 형성하면서 새로운 지배 세력으로 성장하였다.

답 | ❶ 정동행성 ❷ 권문세족

5 다음 풍습이 일반화되었던 시기의 고려에 대한 설명으로 적절하지 <u>않은</u> 것은?

나는 고려인이지만 북방 민족의 머리인 변발을 했지.

① 왕을 '전하'라고 불렀다.
② 사람들이 공녀로 끌려갔다.
③ 화주에 쌍성총관부가 설치되었다.
④ 왕자가 중국의 공주와 결혼하였다.
⑤ 서경 천도 후 금을 정벌하자는 운동이 일어났다.

바탕 문제

고려 시대의 혼인과 상속 관습은?

➡ 고려 시대에는 ❶ ⬜⬜⬜ 가 원칙이었으며, 같은 신분이나 계층끼리 결혼하는 경우가 많았다. 한편 부모의 재산은 아들과 딸을 구분하지 않고 ❷ ⬜⬜⬜ 하게 상속하였으며, 제사도 자녀가 돌아가며 나누어 맡았다.

답 | ❶ 일부일처제 ❷ 균등

6 다음은 고려 시대의 호적을 그림으로 나타낸 것이다. 그림을 통해 알 수 있는 역사적 사실로 가장 적절한 것은?

① 모계 중심의 사회였다.
② 여성의 관직 진출이 이루어졌다.
③ 재산은 아들에게 먼저 상속되었다.
④ 일반적으로 외가 쪽의 성씨를 따랐다.
⑤ 호적 기록 시 남녀의 지위를 동등하게 중시하였다.

전략 1   남북국의 통치 제도

- 신라의 통치 제도(신문왕 때 마련)
  - 9주 5소경: 확대된 영토에 맞게 9주 편성, 수도가 한쪽에 치우친 단점을 보완하기 위해 ❶ [   ] 설치
  - 9서당 10정: 삼국 백성들로 이루어진 중앙군(9서당), 주마다 1정(한주만 2정)씩 배치한 지방군(10정)
- 발해의 중앙 제도(문왕 때 마련)
  - 3성 6부제: 당의 3성 6부제를 독자적으로 변형 운영(❷ [   ] 중심 운영, 6부의 이원화 및 유교식 명칭)
  - 주자감: 유학 교육 기관

❶ 5소경 ❷ 정당성

필수 예제 1

(1) 지도에 나타난 지방 제도에 대한 설명으로 옳은 것은?

① 5경이 설치되었다.
② 무열왕 때 완성되었다.
③ 모든 주에 1정씩 배치되었다.
④ 말단 행정 구역에 지방관을 보냈다.
⑤ 수도가 한쪽에 치우친 단점을 보완하였다.

풀이 | (1) 5소경: 수도(금성)가 한쪽으로 치우쳐 있어서 생기는 단점을 보완하기 위해 지방의 주요 지역에 설치한 특별 행정 구역.
답 | ⑤

(2) 다음 제도에 대한 설명으로 옳은 것은?

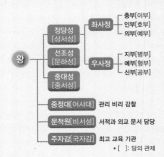

① 무왕 때 완성되었다.
② 불교문화가 반영되었다.
③ 고구려의 제도를 모방하였다.
④ 6부를 이원화하여 운영하였다.
⑤ 선조성이 최고 권력 기관이었다.

(2) 6부: 충(이)·인(호)·의(예)·지(병)·예(형)·신(공)부(유교에서 강조하는 덕목). 좌·우사정으로 이원화
답 | ④

1-1 다음 정책을 펼친 왕이 완성한 군사 제도에 대한 설명으로 옳은 것은?

| • 관료전 지급, 녹읍 폐지 | • 국학 설치 |

① 화랑도라고 불렸다.
② 나당 전쟁 승리에 기여하였다.
③ 지방군은 주마다 2정씩 배치되었다.
④ 민족 융합을 고려하여 중앙군을 구성하였다.
⑤ 중앙의 2군 6위와 지방의 주현군·주진군으로 이루어졌다.

1-2 밑줄 친 '왕'에 대한 설명으로 옳은 것은?

> 무왕의 뒤를 이은 왕은 당의 문물과 제도를 적극적으로 받아들였다. 또한 수도를 상경 용천부로 옮기고 중앙 정치 제도를 정비하는 등 국가 발전의 기틀을 다졌다.

① 최대 영토를 차지하였다.
② 5경 15부 62주를 완성하였다.
③ 장문휴를 보내 등주를 선제 공격하였다.
④ 통치기에 '해동성국'이라는 칭호를 얻었다.
⑤ 정당성 중심의 중앙 정치 제도를 마련하였다.

전략 2 통일 신라의 불교문화

- 원효: 일심 사상(모든 것이 한마음에서 비롯됨. → ❶ [＿＿＿＿＿] 사상(종파 대립 해결 노력)), 아미타 신앙('나무아미타불'만 외우면 극락 갈 수 있음 → 불교 대중화)
- 의상: 화엄 사상(모든 존재는 상호 의존적이며 조화 이룸 → 사회 통합), 신라 화엄종 개창(부석사 건립), 관음 신앙(관세음보살이 언제든지 부르면 도와줌 → 불교 대중화)
- 여러 불교 문화재: ❷ [＿＿＿＿＿] 3층 석탑(세계에서 가장 오래된 목판 인쇄물인 『무구정광대다라니경』 발견), 불국사 다보탑, 석굴암, 성덕대왕 신종(우리나라에서 가장 큰 종)

❶ 화쟁 ❷ 불국사

필수 예제 2

(1) 다음 신앙을 전파한 신라의 불교 사상가는?

> 누구나 '나무아미타불' 외우면 극락 갑니다~

① 원효   ② 의상   ③ 혜초
④ 강수   ⑤ 최치원

(2) 다음 문화재의 이름은?

① 분황사 탑
② 미륵사지 석탑
③ 불국사 3층 석탑
④ 쌍봉사 철감선사탑
⑤ 감은사지 3층 석탑

풀이 | (1) 통일 신라의 불교 사상가

원효	일심 사상, 화쟁 사상, 아미타 신앙
의상	화엄 사상(화엄종 개창), 관음 신앙
혜초	『왕오천축국전』 저술

답 | ①

(2) 통일 신라의 탑

답 | ③

▲ 불국사 3층 석탑   ▲ 불국사 다보탑   ▲ 감은사지 3층 석탑

2-1 (가) 사상가에 대한 설명으로 옳은 것은?

> (가) (은)는 낙산사(사진) 및 부석사를 중심으로 관음 신앙을 전파해 백성과 함께 호흡하려 하였다.

① 법명은 의상이다.
② 『왕오천축국전』을 썼다.
③ 호족들의 지지를 얻었다.
④ 풍수지리설을 주장하였다.
⑤ 아미타 신앙을 전파하였다.

2-2 다음 문화재에 대한 설명으로 옳은 것은?

▲ 『무구정광대다라니경』

① 혜초가 작성하였다.
② 승려의 인도 기행문이다.
③ 불국사 다보탑에서 발견되었다.
④ 발해의 대표적인 불교 문화재이다.
⑤ 세계에서 가장 오래된 목판 인쇄물이다.

전략 3 고구려 문화의 토대 위에 꽃핀 발해의 문화

- ❶ _____ 문화 계승: 기와, 온돌, 정혜 공주 무덤(굴식 돌방무덤), 정효 공주 무덤(천장 구조), 석등(연꽃무늬 장식), 이불병좌상
- ❷ _____ 문화 수용: 상경성(당 수도 장안 본뜸), 영광탑, 정효 공주 무덤(벽돌무덤)

❶ 고구려 ❷ 당

필수 예제 3

(1) 밑줄 친 ㉠에 해당하는 내용으로 가장 적절한 것은?

> 발해는 건국 초부터 고구려 계승 의식을 내세웠으며, ㉠이러한 사실은 여러 사료와 유물·유적에서 확인할 수 있다.

① 상경성의 구조
② 영광탑의 건축 양식
③ 집터 내 온돌의 흔적
④ 3성 6부의 조직 방식
⑤ 정효 공주 무덤 내 벽돌무덤 양식

(2) (가) 지역에 대한 설명으로 옳은 것을 | 보기 |에서 있는 대로 고른 것은?

> 문왕은 [(가)]로 수도를 옮기고 중앙 정치 제도를 정비하는 등 국가 발전의 기틀을 다졌다.

┌ 보기 ┐
ㄱ. 상경성이다.   ㄴ. 5경 중 하나이다.
ㄷ. 당의 장안성을 본떠 만들었다.

① ㄱ   ② ㄴ   ③ ㄱ, ㄷ
④ ㄴ, ㄷ   ⑤ ㄱ, ㄴ, ㄷ

풀이 | (1) 고구려 문화를 계승한 발해의 문화재

▲ 발해 기와   ▲ 집터에서 발굴된 온돌   ▲ 발해 석등   ▲ 이불병좌상

답 | ③

(2) 당의 영향을 받은 발해의 문화재

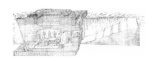

▲ 정효 공주 묘(벽돌무덤 구조)   ▲ 영광탑

답 | ⑤

3-1 밑줄 친 ㉠에 해당하는 문화재로 옳은 것은?

> 발해에서는 불교문화도 융성하였는데, 수도였던 상경성, 중경성, 동경성 지역에서 수많은 절터가 확인되었다. 절터에서 발굴된 ㉠불상, 석등, 탑을 통해 불교문화의 수준을 가늠할 수 있다.

①   ②   ③

④   ⑤

3-2 (가) 국가에 대한 설명으로 옳지 않은 것은?

> 옛 고구려 장수였던 대조영 등이 무리를 이끌고 동쪽으로 탈출하였는데, 추격하는 당군을 천문령에서 격파한 뒤 동모산에 도읍을 정하고 [(가)]를 세웠다.

① 교육 기관으로 주자감을 설치하였다.
② 정당성을 중심으로 중앙 정치 제도가 운영되었다.
③ 건국 초부터 당을 계승하고자 하는 의지를 밝혔다.
④ 당의 건축 기법을 이용하여 영광탑을 제작하였다.
⑤ 당의 벽돌무덤 양식을 적용하여 정효 공주 무덤을 조성하였다.

전략 4 고려의 통치 체제

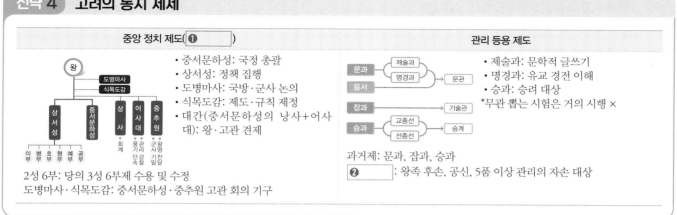

중앙 정치 제도(❶)	관리 등용 제도

• 중서문하성: 국정 총괄
• 상서성: 정책 집행
• 도병마사: 국방·군사 논의
• 식목도감: 제도·규칙 제정
• 대간(중서문하성의 낭사+어사대): 왕·고관 견제

2성 6부: 당의 3성 6부제 수용 및 수정
도병마사·식목도감: 중서문하성·중추원 고관 회의 기구

• 제술과: 문학적 글쓰기
• 명경과: 유교 경전 이해
• 승과: 승려 대상
*무관 뽑는 시험은 거의 시행 ✕

과거제: 문과, 잡과, 승과
❷   : 왕족 후손, 공신, 5품 이상 관리의 자손 대상

❶ 2성 6부 ❷ 음서

필수 예제 **4**

(1) 다음 제도에 대한 설명으로 가장 적절한 것은?

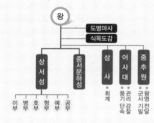

① 상서성이 최고 기관이다.
② 어사대는 비리 감찰 기관이다.
③ 식목도감은 국방 문제를 논의한다.
④ 도병마사는 각종 제도를 제정한다.
⑤ 중추원은 국가 재정의 회계를 맡는다.

풀이 | (1) 어사대: 관리 비리 감찰

답 | ②

(2) 다음 제도에 대한 설명으로 적절하지 <u>않은</u> 것은?

① 잡과에서는 기술관을 뽑았다.
② 승려도 과거를 볼 수 있었다.
③ 무관도 대체로 과거로 뽑았다.
④ 제술과는 제일 중요하게 여겼다.
⑤ 음서를 통해 과거 합격 없이 관직에 임명 가능하였다.

(2) **음서제:** 왕족 후손, 공신, 5품 이상 관리의 자손을 과거 합격 여부와 관계없이 관직에 임명하는 제도

답 | ③

4-1 다음 영역을 지닌 국가에 대한 설명으로 옳은 것은?

① 속현이 주현보다 많았다.
② 6부의 명칭이 유교적이었다.
③ 양계에 안찰사가 파견되었다.
④ 태학이 최고 교육 기관이었다.
⑤ 불교를 통치 이념으로 세웠다.

4-2 (가) 제도에 대한 설명으로 옳은 것은?

> (가) 는 중국의 후주에서 귀화한 쌍기의 건의로 시행하였다. 국왕은 이를 통해 자신에게 충성할 인물들을 뽑을 수 있었고, 이는 왕권 강화로 이어졌다.

① 성종이 처음 실시하였다.
② 독서삼품과라고도 불렸다.
③ 개인의 능력을 중시하였다.
④ 6두품 지식인들이 많이 합격하였다.
⑤ 시험과 상관없이 관직에 임명될 수 있는 제도였다.

1 밑줄 친 '왕'에 대한 설명으로 옳지 않은 것은?

> 왕이 … 말하였다. " … 이찬 군관은 … 반역자 김흠돌 등과 사귀면서 그들이 반역을 저지르려는 것을 알면서도 미리 알리지 않았다. …… 마땅히 반역자 무리들과 함께 내쳐 다음 사람들에게 경계로 삼고자 한다.……"

① 9주를 편성하였다.　　② 국학을 설치하였다.

③ 9서당을 정비하였다.　　④ 5소경을 완성하였다.

⑤ 관료전을 폐지하였다.

문제 해결 **전략**

신문왕은 관리들에게 ❶　　　　 을 지급하고, 귀족들의 경제적 기반인 ❷　　　　 을 폐지하여 귀족의 특권을 제한하려 하였다.

❶ 관료전 ❷ 녹읍

2 밑줄 친 ㉠을 뒷받침하는 근거를 |보기|에서 고른 것은?

> 발해는 유학을 통치 이념에 반영하였다. 또한 발해의 유학자 중에는 당에서 유학하여 빈공과에 합격한 사람이 많았고, 정혜 공주와 정효 공주의 묘지석에는 유교 경전의 내용이 인용되어 있었다. 이를 통해 ㉠ 발해의 유학 수준이 높았음을 알 수 있다.

┌ 보기 ┐
ㄱ. 6부의 명칭　　　　ㄴ. 시무 28조의 내용
ㄷ. 주자감의 교과 구성　　ㄹ. 임신서기석의 세련된 문장

① ㄱ, ㄴ　　　　② ㄱ, ㄷ　　　　③ ㄱ, ㄹ

④ ㄴ, ㄷ　　　　⑤ ㄷ, ㄹ

문제 해결 **전략**

발해는 문왕 때 중앙 행정 제도인 ❶　　　　 를 수용하였으나, 실정에 따라 독자적으로 변형하였다. 대표적으로 중대성 대신 ❷　　　　 을 최고 기관으로 하여 운영하였다.

❶ 3성 6부제 ❷ 정당성

3 (가) 인물에 대한 설명으로 옳은 것은?

> 〈오늘의 명언〉 "일즉다 다즉일(一卽多 多卽一)"
> '하나가 전체고, 전체가 하나다'라는 뜻으로, (가) 가 제시하였다. 이는 모든 존재가 상호 의존적 관계이면서 조화를 이루고 있다는 의미를 담고 있다. 이러한 화엄 사상은 통일 직후 신라 사회 통합에 큰 역할을 하였다.

① 관음 신앙을 전파하였다.

② 일심 사상을 제시하였다.

③ 교종을 중심으로 선종을 통합하고자 하였다.

④ 경전 이해보다 불성을 깨닫는 것을 중시하였다.

⑤ '나무아미타불'만 외우면 극락에 갈 수 있다고 주장하였다.

문제 해결 **전략**

원효는 '모든 것이 오직 한마음에서 비롯된다'는 ❶　　　　 사상을, 의상은 '하나가 전체요, 전체가 하나다.'라는 ❷　　　　 사상을 강조하였다.

❶ 일심 ❷ 화엄

4 (가) 문화재를 옳게 고른 것은?

(가) (은)는 참 아름다운 불교 문화재 같아.

8세기 중엽부터 만들어진 인공 석굴 사원인데, 본존불은 완벽한 비례감에서 오는 안정감과 균형미를 자랑하지.

①   ②   ③

④    ⑤

문제 해결 **전략**

8세기 중엽 창건된 것으로 추정되는 ❶ □□□ 는 부처가 사는 이상 세계를 표현하였다. 절 마당에는 석가탑이라고 불리는 ❶ □□□ 3층 석탑과 다보탑 이 있다. 한편, ❷ □□□ 은 8세기 중엽 부터 조성된 인공 석굴 사원으로 신라 의 건축술과 수학적 이해 수준을 보여 준다.

❶ 불국사 ❷ 석굴암

5 선생님의 질문에 대한 대답으로 가장 적절한 것은?

다음 문화재들의 공통점이 무엇인지 아니?

① 신라에서 제작되었어요.
② 도교 사상이 반영되었어요.
③ 불교 예술 양식을 따르고 있어요.
④ 고구려 문화의 영향을 많이 받았어요.
⑤ 지방 호족들의 지원을 받아 만들어졌어요.

문제 해결 **전략**

발해의 집터 유적에서는 ❶ □□□ 에 서 사용한 것과 같은 모양의 온돌이 많 이 발견되고 있으며, 기와지붕에 쓰이는 막새도 연꽃무늬를 새긴 ❶ □□□ 의 것과 유사하다. 한편 발해는 ❷ □□□ 의 문화를 받아들이기도 하였는데, 8세 기에 건설된 수도 상경성은 ❷ □□□ 의 수도 장안을 본떠 건설된 것이다.

❶ 고구려 ❷ 당

6 밑줄 친 ㉠으로 인한 결과로 옳은 것을 **두 가지** 고르면?

태조께서 나라를 통일하신 후 외관(지방관)을 두고자 하였으나, … 미처 할 겨를이 없었습니다. … ㉠청하오니, 외관을 두시옵소서.
– 최승로의 건의 사항 중 일부 –

① 12목에 지방관이 파견되었다.
② 소경에 중앙 귀족이 파견되었다.
③ 모든 군현에 수령이 존재하였다.
④ 부곡이 주현을 통해 중앙과 연결되었다.
⑤ 지방 행정의 중심지에 15부가 설치되었다.

문제 해결 **전략**

고려의 일반 행정 구역인 5도 아래에는 군현 등을 두어 지방관인 수령을 파견 하였는데, 지방관이 파견된 ❶ □□□ 보다 그렇지 않은 ❷ □□□ 이 더 많았 다.

❶ 주현 ❷ 속현

필수 체크 전략 ①

전략 1 거란의 고려 침입

- 1차 침입(993): 송과 대립하던 거란이 송과 우호 관계였던 고려 침략 → 서희와 소손녕의 담판 → 송과 관계 끊을 것을 약속하고 **❶** 획득
- 2차 침입(1010): 고려가 송과 친선 유지 → 강조의 정변을 구실로 침략 → 양규의 활약
- 3차 침입(1018): 강동 6주 반환 요구하며 침략 → 강감찬의 대승(**❷**, 1019)
- 결과: 고려·송·거란 간 세력 균형, 고려의 나성·천리장성 건설(북방 민족의 침략에 대비)

❶ 강동 6주 ❷ 귀주 대첩

필수 예제 1

(1) 다음 담판의 결과로 옳은 것은?

우리가 고구려의 후예요!

옛 고구려 땅을 내놓게.

① 발해가 멸망하였다.
② 여진이 거란을 멸망시켰다.
③ 고려가 강동 6주를 획득하였다.
④ 고려가 동북 9성을 돌려주었다.
⑤ 고려가 금의 사대 요구를 받아들였다.

풀이 | (1) 거란의 1차 침입: 서희의 담판 → 강동 6주 획득   **답 | ③**

(2) 다음 사건에 대한 설명으로 옳은 것은?

> 거란의 10만 대군이 침략하자, 고려는 강감찬의 군대를 압록강 부근에 배치시켰다. …… 강감찬의 군대는 귀주에 도착한 거란군을 공격하였고, 거란군은 거의 전멸하였다.

① 배경: 강조의 정변
② 배경: 금 건국 및 형제 관계 요구
③ 과정: 별무반 편성 및 출동
④ 결과: 천리장성 건설
⑤ 결과: 고려의 영토가 압록강까지 확대됨.

(2) 거란의 3차 침입: 귀주에서 강감찬이 활약(귀주 대첩)   **답 | ④**

1-1 고려 시대 (가) 지역에 대한 설명으로 옳은 것은?

① 별무반이 정벌하였다.
② 여진에게 반환되었다.
③ 쌍성총관부가 설치되었다.
④ 서희의 활약으로 획득하였다.
⑤ 망이·망소이가 봉기를 일으켰다.

1-2 다음 사건 이후에 발생한 |보기|의 사건 ㄱ~ㄷ을 일어난 순서대로 옳게 나열한 것은?

> 태조는 평양을 서경으로 삼아 북진 정책을 추진하였다. 그리고 발해를 멸망시킨 거란을 적대시하였다.

| 보기 |
ㄱ. 개경이 함락되었다.
ㄴ. 나성이 건설되었다.
ㄷ. 서희가 소손녕과 담판을 벌였다.

① ㄱ → ㄴ → ㄷ   ② ㄱ → ㄷ → ㄴ
③ ㄴ → ㄱ → ㄷ   ④ ㄴ → ㄷ → ㄱ
⑤ ㄷ → ㄱ → ㄴ

전략 2 대몽 항쟁의 전개

- 1차 침입(1231): 귀주성 전투(고려 승), 고려군 패배 → 최씨 정권이 몽골과 강화 후 **①** ⬚ 천도(항전 준비)
- 몽골의 재침입(1232~1259): 처인성 전투(김윤후 및 부곡민 활약, 몽골군 사령관 살리타 전사), 충주성 전투(김윤후 및 관노비 활약), 팔만대장경 제작(민심 결집 및 몽골 타도 염원)
- 몽골과의 강화: 고려 피해 ↑(영토 황폐화 및 인적 피해, 황룡사 9층 목탑 및 초조대장경 소실) + 최씨 정권의 부패 → 최씨 정권 붕괴 및 강화 → 무신 정권 붕괴 및 개경 환도(1270) → **②** ⬚ 의 항쟁 진압(1273)

① 강화도 **②** 삼별초

필수 예제 2

(1) (가), (나)에 들어갈 용어를 옳게 짝지은 것은?

> 최씨 정권은 대몽 항전을 위해 (가) 로 천도하고, 민심을 결집하고자 (나) 을 제작하였다.

	(가)	(나)
①	서경	「팔만대장경」
②	서경	「초조대장경」
③	벽란도	「팔만대장경」
④	강화도	「초조대장경」
⑤	강화도	「팔만대장경」

(2) 다음 지도와 같이 근거지를 이동한 군사 세력에 대한 설명으로 옳지 않은 것은?

① 별무반이라 불렸다.
② 배중손이 지휘하였다.
③ 개경 환도에 반대하였다.
④ 여몽 연합군에게 진압되었다.
⑤ 최씨 정권의 군사적 기반이었다.

풀이 | (1)

대몽 정책	의도
강화도 천도	개경과 근접, 몽골군 접근 어려움, 해로 통한 타 지역 이동 수월
팔만대장경 제작	민심 결집, 불교의 힘을 통해 효과적으로 대몽 항쟁 수행

답 | ⑤

(2) 삼별초의 특징

무신과의 관련성	최씨 무신 정권의 군사적 기반
몽골에 대한 태도	개경 환도에 반대(대몽 항쟁 지속)
대몽 항쟁 근거지	강화도 → 진도 → 제주도(배중손 지휘)

답 | ①

2-1 다음 전투에 대한 설명으로 옳은 것은?

살리타를 물리쳤다!

① 충주성에서 일어났다.
② 김윤후가 활약하였다.
③ 거란군이 퇴각하였다.
④ 정중부가 지휘하였다.
⑤ 정규군 간의 전투였다.

2-2 (가)에 들어갈 보기의 사건 ㄱ~ㄹ을 순서대로 나열한 것은?

칭기즈 칸의 몽골 통일 ⇨ (가) ⇨ 정동행성 설치

보기
ㄱ. 개경 환도   ㄴ. 강화도 천도
ㄷ. 귀주성 전투   ㄹ. 삼별초의 항쟁 진압

① ㄴ → ㄱ → ㄷ → ㄹ ② ㄴ → ㄷ → ㄱ → ㄹ
③ ㄴ → ㄷ → ㄹ → ㄱ ④ ㄷ → ㄴ → ㄱ → ㄹ
⑤ ㄷ → ㄴ → ㄹ → ㄱ

전략 3 신진 사대부의 성장

구분	권문세족	신진 사대부
관직 진출 방식	음서	❶ (공민왕의 개혁 과정에서 성장)
중국에 대한 태도	친원적	친명적
사상적 특징	불교에 우호적	❷ 중시
정치 성향	보수적	개혁적(권문세족 비리 및 불교 부패 비판)
대표 인물	기철	이색, 정몽주, 조준, 정도전

• 분열: 온건파(이색, 정몽주 등, 고려 전기 제도 회복 주장) vs 급진파(조준, 정도전 등, 새 왕조 건국 주장)

❶ 과거 ❷ 성리학

필수 예제 3

(1) 밑줄 친 ㉠에 대한 설명으로 가장 적절한 것은?

> 공민왕은 개혁을 지지할 세력을 확보하고자 성균관을 정비하면서 유교 교육을 강화하였다. 이러한 개혁에 힘입어 유교적 지식을 갖춘 ㉠새로운 정치 세력이 등장하였다.

① 문벌 귀족이라 불렸다.
② 친원적 성향을 지녔다.
③ 대표적인 인물로 기철이 있다.
④ 주로 과거를 통해 중앙에 진출하였다.
⑤ 대규모 농장을 불법적으로 소유하였다.

풀이 | (1) 신진 사대부의 특징: 관료 진출(과거)　　**답 | ④**

(2) 다음 두 인물을 아우르는 설명으로 가장 적절한 것은?

▲ 정도전　　　　▲ 정몽주

① 권문세족이다.
② 불교를 숭상하였다.
③ 조선 건국에 반대하였다.
④ 홍건적과 왜구의 침입을 격퇴하였다.
⑤ 개혁 방향을 놓고 의견이 충돌하였다.

풀이 | (2) 신진 사대부의 분열: 급진파 VS 온건파　　**답 | ⑤**

3-1 다음은 고려 지배층의 변화 과정이다. (가)~(다)에 대한 설명으로 옳은 것은?

전기	⇒	무신 정권	⇒	원 간섭기	⇒	말기
문벌		(가)		(나)		(다)

① (가)는 신진 사대부이다.
② (나)는 교정도감을 중심으로 활동하였다.
③ (나)는 공민왕의 개혁 과정에서 성장하였다.
④ (다)는 권문세족이다.
⑤ (다)는 불교의 부패를 비판하였다.

3-2 (가) 인물에 대한 설명으로 옳은 것을 |보기|에서 모두 고른 것은?

> [이달의 역사 인물: (가) (1342~1398)]
> – 호: 삼봉
> – 공민왕 때 과거에 급제함.
> – 이성계와 협력하여 새 왕조 건국을 주장함.

|보기|
ㄱ. 성리학을 중시하였다.
ㄴ. 온건파 신진 사대부였다.
ㄷ. 원과 계속 친하게 지낼 것을 강조하였다.

① ㄱ　　　② ㄴ　　　③ ㄱ, ㄷ
④ ㄴ, ㄷ　　　⑤ ㄱ, ㄴ, ㄷ

전략 4 고려의 불교 예술, 역사책 편찬

- 전기의 불상: 거대 석불(호족의 힘 과시, 논산 관촉사 석조 미륵보살 입상), 대형 철불(하남 하사창동 철조 석가여래 좌상)
- 후기의 불화: 화려한 불화(왕실·권문세족의 요구, 「수월관음도」)
- 석탑: 전기 – 송 영향(평창 월정사 8각 9층 석탑), 후기 – 원 영향(개성 경천사지 10층 석탑)
- 기타 불교 예술: 여주 고달사지 승탑, 안동 봉정사 극락전(가장 오래된 목조 건축물), 영주 부석사 무량수전(배흘림기둥)
- 전기의 역사서: 『❶   』(김부식, 가장 오래된 역사서, 유교적 합리주의 사관, 신라 계승 의식)
- 무신정변·대몽항쟁 이후 역사서(자주 의식 반영): 『❷   』(일연, 단군 신화~삼국, 불교사 중심, 설화·야사 및 전통문화 강조), 『제왕운기』(이승휴, 고조선~고려), 「동명왕편」(이규보, 고구려 주몽 찬양 시·이야기)

❶ 「삼국사기」 ❷ 「삼국유사」

필수 예제 4

(1) 다음 불상에 대한 설명으로 가장 적절한 것은?

① 고려 후기의 불상이다.
② 호족의 요구로 제작되었다.
③ 고려 시대의 대표적인 철불이다.
④ 원의 영향을 받은 불교 예술품이다.
⑤ 아름다운 비례와 균형미를 자랑한다.

풀이 | (1) 거대 석불: 논산 관촉사 석조 미륵보살 입상, 호족의 힘 과시

답 | ②

(2) (가)에 들어갈 용어로 옳은 것은?

(가) 는 우리나라에 전하는 가장 오래된 역사서로, 유교적 합리주의 사관과 신라 계승 의식을 표출하였다.

① 「직지」　② 「동명왕편」　③ 「삼국사기」
④ 「삼국유사」　⑤ 「제왕운기」

(2)

제목	저자	특징
『삼국사기』	김부식	우리나라에서 가장 오래된 역사서, 기전체, 유교적 합리주의 사관, 신라 계승 의식

답 | ③

4-1 (가) 문화재를 옳게 고른 것은?

[역사 탐구 보고서 – (가) 심층 탐구]
1. 제작 시기: 고려 시대 후기
2. 양식: 다층탑으로, 원의 영향을 크게 받음.
3. 위치: 개성 → 국립 중앙 박물관

① 　② 　③
④ 　⑤

4-2 (가)에 들어갈 내용으로 가장 적절한 것은?

천재: 무신 정변과 대몽 항쟁을 거치면서 자주 의식이 반영된 역사서들이 나타났어.
효연: 맞아. 일연 스님이 삼국의 이야기들을 모아 쓴 역사서가 대표적이야.
천재: 그 책에 대해 설명해줄 수 있니?
효연: 물론이지. 이 책은 (가) .

① '단군 이야기'를 수록하였어.
② 신라 계승 의식을 반영하였어.
③ 전설이나 설화는 싣지 않았어.
④ 국왕의 명령에 따라 편찬되었어.
⑤ 불교의 부패를 강하게 비판하였어.

1 밑줄 친 ⊙에 대한 설명으로 가장 적절한 것은?

> 서울시 관악구에 있는 낙성대는 고려군의 총사령관으로서 ⊙ 거란과의 싸움에서 큰 승리를 거둔 강감찬 장군이 태어난 곳이다. 태어날 때 '문곡성'이라는 별이 하늘에서 내려왔다고 해서 '낙성대'라고 불린다.

① 개경이 함락되었다.

② 서희가 활약하였다.

③ 거란의 2차 침입을 가리킨다.

④ 천리장성 건설의 계기가 되었다.

⑤ 황룡사 9층 목탑이 불타 사라졌다.

문제 해결 전략

거란은 서희의 담판 결과 고려에게 내어준 ❶ 　　　 를 반환할 것을 요구하며 고려를 침략하였으나, 강감찬이 이끄는 고려군이 거란군을 상대로 대승을 거두었다(❷ 　　　).

❶ 강동 6주 ❷ 귀주 대첩

2 (가)에 대한 설명으로 옳지 않은 것은?

> 고려 정부는 불교의 힘으로 (가) (을)를 물리치고자 이 경판을 제작하였습니다.

① 귀주성에서 퇴각하였다.　② 개경 환도를 요구하였다.

③ 윤관의 군대에 패배하였다.　④ 삼별초의 항쟁을 진압하였다.

⑤ 칭기즈 칸에 의해 통일되었다.

문제 해결 전략

무신 정권은 몽골이 침입하자 수도를 ❶ 　　　 로 옮겨 장기 항전을 준비하였다. 이후 무신 정권의 기반이었던 ❷ 　　　 는 몽골과의 강화 이후에도 대몽 항쟁을 계속 이어갔다.

❶ 강화도 ❷ 삼별초

3 (가) 전투에 대한 설명으로 옳은 것은?

> [역사 연극 – (가)]
>
> S#3. 성 안 관아 앞 공터
> 김윤후: 만일 힘써 싸울 수 있다면, 귀하고 천함을 가리지 않고 모두 관직을 줄 것이다. 그러니 너희는 믿어라!
> (김윤후, 관노비 문서들을 모두 불태운다.)

① 충주에서 발생하였다.

② 처인 부곡민들이 활약하였다.

③ 몽골군 대장 살리타가 사살되었다.

④ 고려와 몽골의 연합군이 승리하였다.

⑤ 고려가 최종적으로 승리하는 계기가 되었다.

문제 해결 전략

김윤후는 ❶ 　　　 에서 부곡민들과 함께 몽골군 대장 살리타를 사살하고, ❷ 　　　 에서 노비 문서를 불태우면서 노비들과 함께 성을 지켜냈다.

❶ 처인성 ❷ 충주성

4 (가)에 들어갈 말로 적절한 것을 ┃보기┃에서 고른 것은?

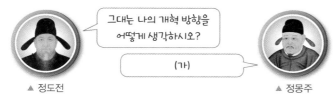

그대는 나의 개혁 방향을 어떻게 생각하시오?

(가)

▲ 정도전

▲ 정몽주

┌ 보기 ─────────────────────────
ㄱ. 고려 전기 제도를 회복하는 것이 어떻겠소?

ㄴ. 나도 불교를 숭상해야 한다고 생각하고 있소.

ㄷ. 명과 화친해야 한다는 그대의 생각에 찬성하오.

ㄹ. 고려 왕조를 없애고 새 왕조를 세워야 한다는 데에 동의하오.
└─────────────────────────────

① ㄱ, ㄴ　　　　② ㄱ, ㄷ　　　　③ ㄱ, ㄹ

④ ㄴ, ㄹ　　　　⑤ ㄷ, ㄹ

문제 해결 전략

신진 사대부는 공통적으로 **①**￼ 을 바탕으로 현실 정치에 참여하였다. 그러나 **②**￼ 를 유지할 것이냐, 없앨 것이냐에 따라 두 세력으로 의견이 나뉘었다.

① 성리학 **②** 고려 왕조

5 대화 내용과 관련이 가장 깊은 문화재를 **두 가지** 고르면?

고려 전기에는 어떤 불상이 만들어졌니?

대형 철불도 만들어졌고, 호족 세력이 자신의 힘을 과시하려고 거대 석불을 만들기도 했어.

① 　② 　③ 　④ 　⑤

문제 해결 전략

고려 전기의 **①**￼ 세력은 자신들의 힘을 과시하고자 거대 석불을 만들었다. 이는 고려 초에 **②**￼ 문화가 발달하였다는 것을 보여 주기도 한다.

① 호족 **②** 지방

6 다음은 철수의 역사 과목 정리 노트이다. ㉠~㉤ 항목 중 정리 내용이 옳은 것은?

고려의 역사서	『삼국유사』	『삼국사기』
㉠ 저자	김부식	일연
㉡ 편찬 시기	대몽 항쟁 이전	대몽 항쟁 이후
㉢ 역사관	불교사 중심	유교 사관
㉣ 전설 수록 여부	소극적	적극적
㉤ 기타 특징	신라 계승 의식	고조선 역사 수록

① ㉠　　② ㉡　　③ ㉢　　④ ㉣　　⑤ ㉤

문제 해결 전략

『삼국사기』는 **①**￼ 적 합리주의 사관에 따라, 『삼국유사』는 **②**￼ 사를 중심으로 기술되었다.

① 유교 **②** 불교

대표 예제 1

(가) 왕에 대한 설명으로 옳은 것은?

> 문무왕은 삼국을 통일한 뒤 부처의 힘을 빌려 왜의 침입을 막기 위해 절을 짓기 시작하였는데, 아들인 (가) 때 완성되어 '감은사'라 이름 지어졌다.

① 녹읍을 폐지하였다.

② 최초의 진골 출신 왕이다.

③ 독서삼품과를 실시하였다.

④ 김헌창의 난을 진압하였다.

⑤ 상대등의 역할을 강화하였다.

개념 가이드

신문왕은 귀족의 특권을 제한하고자 ❶ 을 폐지하고, 유학 교육 기관인 ❷ 을 설치하여 왕권을 강화하고자 하였다.

❶녹읍 ❷국학

대표 예제 2

다음 제도에 대한 설명으로 옳은 것을 |보기|에서 고른 것은?

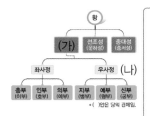

| 보기 |
ㄱ. 왕은 황제라고 불렸다.
ㄴ. (가)는 최고 권력 기관이다.
ㄷ. 고구려의 제도를 계승하였다.
ㄹ. (나)의 명칭에 불교의 덕목이 반영되었다.

① ㄱ, ㄴ   ② ㄱ, ㄷ   ③ ㄱ, ㄹ

④ ㄴ, ㄹ   ⑤ ㄷ, ㄹ

개념 가이드

발해의 3성 6부제는 ❶ 의 제도를 계승하면서도 실정에 따라 독자적인 모습을 띠었다. 6부의 명칭은 ❷ 에서 강조하는 덕목을 반영하였다.

❶당 ❷유교

대표 예제 3

제시문과 같은 상황이 나타났던 시기의 신라 사회의 모습으로 옳지 않은 것은?

> 어려서 아버지를 잃고 홀로 그 어머니를 봉양하였다. … 가난함을 이기지 못하여 부잣집에 가서 자신을 팔아 종이 되기로 하고 쌀 10여 섬을 얻었다.
> – 김부식, 『삼국사기』 –

① 호족이 성장하였다.

② 농민 반란이 일어났다.

③ 풍수지리설이 유행하였다.

④ 왕위 쟁탈전이 심화되었다.

⑤ 중앙의 지방 통제력이 강화되었다.

개념 가이드

중앙 정치에 도전하는 지방 세력인 ❶ 과 골품제에 따라 관직 승진에 제한을 받았던 ❷ 지식인은 서로 손을 잡고 신라 말 사회 개혁을 주도하였다.

❶호족 ❷6두품

대표 예제 4

(가) 문화재를 옳게 고른 것은?

 이 문서는 (가) (을)를 해체하여 복원할 때 발견되었는데, 세계에서 가장 오래된 목판 인쇄본이야.

①   ②   ③

④   ⑤

개념 가이드

불국사 3층 석탑은 ❶ 으로 불리기도 하였으며, 통일 신라 시기 3층 석탑의 전형적인 모습을 하고 있다. ❷ 은 목조 건축의 복잡한 형태를 표현한, 층수를 알기 힘든 구조이다.

❶석가탑 ❷불국사 다보탑

대표 예제 5

(가)의 대외 교류에 대한 설명으로 가장 적절한 것은?

> (가) 는 9세기 전반 요동 지방에서 만주와 연해주에 이르는 최대 영토를 확보하였다. 당에서는 (가) 를 가리켜 '바다 동쪽의 융성한 나라'를 뜻하는 '해동성국'이라고 불렀다.

① 완도에 청해진을 설치하였다.
② 울산항이 국제 무역항으로 번성하였다.
③ 일본 화엄종의 발전에 큰 영향을 주었다.
④ 담비 가죽과 말이 대표적인 수출품이었다.
⑤ 산둥 반도에 법화원을 설치하여 국제 교류를 활성화하였다.

개념 가이드

발해에는 신라로 통하는 ❶ [　　] 등 주변 국가와의 교통망이 있었다. 또한 산둥반도에는 발해 사신이 머물던 ❷ [　　] 이 있었다.

❶ 신라도 ❷ 발해관

대표 예제 6

다음 내용을 발표한 왕에 대한 설명으로 옳은 것은?

> 제1 조 불교의 힘으로 나라를 세웠으므로 불교를 장려할 것.
> 제4 조 중국의 풍습은 억지로 따르지 말고, 거란의 언어와 풍습은 본받지 말 것.
> 제5 조 서경은 우리나라 지맥의 근본이 되니 석 달마다 가서 백 일 이상 머무를 것.

① 불국사를 창건하였다.
② 수도를 철원으로 옮겼다.
③ 영토를 청천강까지 확대하였다.
④ 중앙군으로 9서당을 설치하였다.
⑤ 국학을 설치하여 인재를 양성하였다.

개념 가이드

고려 태조는 평양을 ❶ [　　] 으로 삼고 북진 정책을 추진하였다. 또한 후대 왕들에게 ❷ [　　] 를 남겼다.

❶ 서경 ❷ 훈요 10조

대표 예제 7

(가) 제도를 도입한 고려 국왕에 대한 설명으로 옳은 것은?

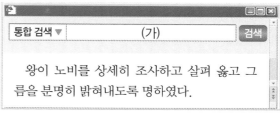

> 왕이 노비를 상세히 조사하고 살펴 옳고 그름을 분명히 밝혀내도록 명하였다.

① 흑창을 설치하였다.
② 과거제를 시행하였다.
③ 국자감을 설치하였다.
④ 기인 제도를 도입하였다.
⑤ '대흥'이라는 연호를 사용하였다.

개념 가이드

광종은 호족이 불법으로 노비 삼은 사람들을 해방하는 ❶ [　　] 과 자신에게 충성할 인재를 등용하는 ❷ [　　] 를 통해 왕권을 강화하였다.

❶ 노비안검법 ❷ 과거제

대표 예제 8

선생님의 질문에 대한 대답으로 옳지 <u>않은</u> 것은?

이 지방 제도에 대해 설명해볼까요?

① 고려의 지방 제도였어요.
② 동계에 병마사가 파견되었어요.
③ 경상도에는 군과 현이 설치되었어요.
④ 국경 지역에는 2개의 정이 설치되었어요.
⑤ 향·부곡·소의 행정은 향리가 담당하였어요.

개념 가이드

고려는 전국을 경기와 일반 행정 구역인 ❶ [　　] , 군사 행정 구역인 ❷ [　　] 로 나누었다.

❶ 5도 ❷ 양계

대표 예제 9

(가) 인물에 대한 설명으로 옳은 것은?

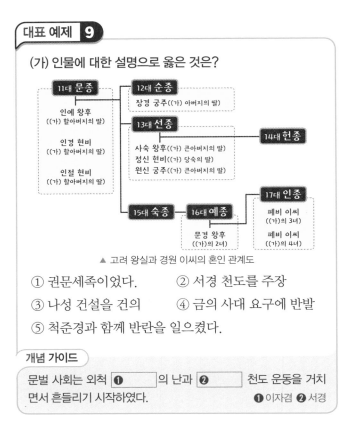

▲ 고려 왕실과 경원 이씨의 혼인 관계도

① 권문세족이었다.　　② 서경 천도를 주장

③ 나성 건설을 건의　　④ 금의 사대 요구에 반발

⑤ 척준경과 함께 반란을 일으켰다.

개념 가이드

문벌 사회는 외척 ❶[　　　]의 난과 ❷[　　　] 천도 운동을 거치면서 흔들리기 시작하였다.

❶ 이자겸 ❷ 서경

대표 예제 11

제시된 가상의 기사의 (가), (나)에 대한 설명으로 옳은 것은?

제○○○호　　　　역사 신문　　　○○○○년 ○○월 ○○일

고려, (가) (을)를 쌓다!

오늘 왕은 윤관의 건의에 따라 군사를 보내 (나) (을)를 정벌하고 (가) (을)를 쌓아 동북 지방을 고려의 영토로 삼았다고 발표했다.

① (가)는 강동 6주이다.

② 거란은 (가)의 반환을 요구하였다.

③ (나)는 몽골족이다.

④ (나)는 요를 멸망시켰다.

⑤ (나)는 강조의 정변을 구실로 고려를 침략하였다.

개념 가이드

윤관은 ❶[　　　]을 이끌고 여진 정벌에 성공한 후 ❷[　　　]을 설치하였다.

❶ 별무관 ❷ 동북 9성

대표 예제 10

(가), (나) 시기에 대한 설명으로 옳은 것을 ┃보기┃에서 고른 것은?

	(가)		(나)	
무신 정변		최씨 집권		무신 정권 붕괴

┃보기┃
ㄱ. (가): 정방에서 인사를 담당하였다.
ㄴ. (가): 중방이 최고 권력 기관화되었다.
ㄷ. (나): 교정도감이 설치되었다.
ㄹ. (나): 서경 천도 운동이 진압되었다.

① ㄱ, ㄴ　② ㄱ, ㄷ　③ ㄴ, ㄷ　④ ㄴ, ㄹ　⑤ ㄷ, ㄹ

개념 가이드

최씨 무신 정권기에는 최고 권력 기구인 ❶[　　　]과 인사 담당 기구인 ❷[　　　]이 정권의 정치적 기반이 되었다.　❶ 교정도감 ❷ 정방

대표 예제 12

제시된 삽화의 (가)에 대한 설명으로 옳은 것은?

우리 (가) 제국의 사신이 죽었다!!

사신 저고여를 고려놈들이 죽였구나!!

① 금을 건국하였다.

② 발해를 멸망시켰다.

③ 처인성에서 패배하였다.

④ 별무반에 의해 토벌되었다.

⑤ 전쟁 후 고려·송과 세력 균형이 이루어졌다.

개념 가이드

❶[　　　]는 사신의 죽음을 구실로 고려를 침략하였으며, 고려는 1차 침입 이후 수도를 ❷[　　　]로 옮겨 항전을 준비하였다.

❶ 몽골 ❷ 강화도

대표 예제 13

(가), (나)에 대한 설명으로 옳은 것은?

> 원은 고려에 (가) (을)를 설치해 일본 원정을 추진하며 많은 물자와 군인을 요구하였다. 또한 화주에 (나) (을)를 두고 고려 영토의 일부를 직접 지배하였다.

① (가)는 쌍성총관부이다.
② (가)는 내정 간섭에 이용되었다.
③ (가)는 일본 원정 종료와 함께 사라졌다.
④ (나)는 동녕부이다.
⑤ (나)가 있던 지역은 평화적으로 고려에 반환되었다.

개념 가이드

화주에 설치된 ❶ 는 고려 영토의 일부를 직접 지배하다가, ❷ 즉위 시기에 고려의 공격을 통해 사라졌다.

❶ 쌍성총관부 ❷ 공민왕

대표 예제 15

(가) 인물에 대한 설명으로 가장 적절한 것은?

정답은 (가) 입니다.

> 힌트1: 수행 방법으로 정혜쌍수를 주장함.
> 힌트2: 선종을 중심으로 교종을 포용하고자 함.

① 문종의 아들이었다.
② 해동 천태종을 창시하였다.
③ 아미타 신앙을 전파하였다.
④ 『왕오천축국전』을 저술하였다.
⑤ 불교의 세속화를 비판하며 수선사 결사를 조직하였다.

개념 가이드

❶ 은 교종을 중심으로 선종을, ❷ 은 선종을 중심으로 교종을 포용하고자 하였다.

❶ 의천 ❷ 지눌

대표 예제 14

(가)에 들어갈 내용으로 옳은 것을 |보기|에서 고른 것은?

왕께서는 어떤 일을 하셨나요?

저는 정동행성을 축소하여 원의 내정 간섭을 막았습니다. 그리고 (가) .

| 보기 |
ㄱ. 기철을 제거하였습니다.
ㄴ. 전민변정도감을 설치하였죠.
ㄷ. 권문세족의 지지를 얻었습니다.
ㄹ. 쿠빌라이와 약속을 맺었습니다.

① ㄱ, ㄴ   ② ㄱ, ㄷ   ③ ㄱ, ㄹ
④ ㄴ, ㄷ   ⑤ ㄴ, ㄹ

개념 가이드

공민왕은 ❶ 을 설치하여 ❷ 이 불법적으로 빼앗은 토지를 원래의 주인에게 돌려주었다.

❶ 전민변정도감 ❷ 권문세족

대표 예제 16

다음은 어떤 역사서를 대상으로 한 가상의 책 광고이다. 해당 역사서에 대한 설명으로 옳은 것은?

> 지금까지 이런 책은 없었다!
> 고려가 열광한 바로 그 책!
>
> 철저히 사실 중심으로
> 삼국의 역사를 기록한다!
> 가장 오래되고 가장 믿을만한 역사서!

① 일연이 저술하였다.
② 무신 집권기에 저술되었다.
③ 단군의 건국 이야기가 기록되었다.
④ 고려 시대까지의 역사를 기록하였다.
⑤ 유교적 합리주의 사관에 따라 쓰였다.

개념 가이드

김부식이 편찬한 역사서인 ❶ 는 ❷ 적 합리주의 사관과 신라 계승 의식을 표출하였다.

❶ 『삼국사기』 ❷ 유교

1 밑줄 친 '황상'에 대한 설명으로 옳은 것은?

> 아아, 공주는 대흥(문왕 때 연호) 56년(792) 여름 6월 9일 임진일에 외제에서 사망하니, 나이는 36세였다. … 황상은 조회를 파하고 크게 슬퍼하여, 정침에 들어가 자지 않고 음악도 중지시켰다. – 정효 공주 묘비 –

① 5소경을 설치하였다.
② 집사부를 강화시켰다.
③ 상경으로 천도하였다.
④ 등주를 선제 공격하였다.
⑤ 지방 제도를 완성시켰다.

Tip
문왕은 수도를 ❶   으로 옮기고, 중앙 행정 제도인 ❷   등 당의 발달한 문물과 제도를 받아들이는 등 국가 발전의 기틀을 다졌다.

❶ 상경 ❷ 3성 6부제

2 (가) 인물에 대한 설명으로 가장 적절한 것은?

> (가) (은)는 이 사찰을 창건한 것으로 알려졌다. 이 사찰의 '무량수전'은 배흘림기둥과 안정감 있는 모습으로 유명하다.

① 화엄 사상을 정립하였다.
② 일심 사상을 제시하였다.
③ 풍수지리설을 유행시켰다.
④ 지방 호족의 후원을 받았다.
⑤ 교종을 중심으로 선종을 통합하려 하였다.

Tip
❶   은 "하나가 전체요, 전체가 하나다."라는 ❷   사상을 강조하였으며, 관음 신앙을 전파하였다.

❶ 의상 ❷ 화엄

3 제시문과 관련된 설명으로 옳은 것은?

> [(가)]에서 사신과 함께 낙타 50마리를 보냈다. ㉠왕은 [(가)](이)가 일찍이 발해를 … 멸망시켰으니, … 친선을 맺을 이웃으로 삼을 수 없다고 생각하였다. …… 사신 30명을 섬으로 유배 보내고, 낙타는 만부교 아래에 매어두니 모두 굶어 죽었다.

① (가)는 동북 9성을 돌려받았다.
② (가)의 침략을 계기로 초조대장경이 제작되었다.
③ 밑줄 친 ㉠은 과거제를 실시하였다.
④ 밑줄 친 ㉠은 불교 행사를 축소하였다.
⑤ 밑줄 친 ㉠은 '광덕' 연호를 사용하였다.

Tip
태조는 옛 고구려의 땅을 되찾기 위해 ❶   을 서경으로 삼아 북진 정책을 추진하였다. 또 발해를 멸망시킨 ❷   을 적대시하였다.

❶ 평양 ❷ 거란

4 다음 주장을 반영한 정책으로 가장 적절한 것은?

> 불교를 믿는 것은 자신을 다스리는 근본이고, 유교를 행하는 것은 나라를 다스리는 근원입니다. 자신을 다스리는 것은 실로 내세를 위한 바탕이며, 나라를 다스리는 일은 오늘의 급선무입니다. 오늘은 지극히 가깝고 내세는 지극히 먼데, 가까운 것을 버리고 먼 것을 구하는 일은 또한 잘못이 아니겠습니까?

① 정방을 설치하였다.
② 성균관을 정비하였다.
③ 성리학을 수용하였다.
④ 국자감을 마련하였다.
⑤ 수선사 결사 운동을 추진하였다.

Tip
최승로는 ❶   를 제시하여 불교는 개인 수양을 위해, ❷   는 국가 통치를 위해 필요하다고 주장하였다.

❶ 시무 28조 ❷ 유교

5 (가)에 대한 설명으로 옳지 않은 것은?

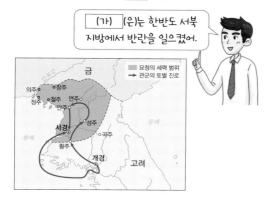

(가) (은)는 한반도 서북 지방에서 반란을 일으켰어.

① 금 정벌을 요구하였다.

② 연호를 '천개'로 하였다.

③ 서경 천도를 추진하였다.

④ 풍수지리설을 강조하였다.

⑤ 천리장성 축조를 건의하였다.

Tip

묘청, 정지상 등 ❶_____ 세력은 ❷_____ 을 정벌할 것을 주장하였다.

❶ 서경 ❷ 금

6 (가), (나)에 대한 설명으로 옳은 것은?

재천이에게

안녕? 난 지금 제주도에 와 있어. 현재 방문하고 있는 곳은 애월에 있는 항파두리 유적이야. [(가)] 가 외적이었던 [(나)] 에 맞서 마지막까지 싸운 곳이라고 해. 너도 나중에 꼭 가보길 바랄게.

① (가)는 최고 권력 기관이었다.

② (가)는 최충헌에 의해 조직되었다.

③ (가)는 강화도 천도에 반대하였다.

④ (나)는 귀주성 전투에서 패배하였다.

⑤ (나)의 사대 요구를 이자겸이 수용하였다.

Tip

박서가 이끄는 고려군은 ❶_____ 에서, ❷_____ 가 이끄는 고려군은 처인성과 충주성에서 몽골군을 물리쳤다.

❶ 귀주성 ❷ 김윤후

7 다음 인물들의 공통점으로 옳은 것을 ㅣ보기ㅣ에서 고른 것은?

[기철] 공녀로 보낸 동생이 원 황실의 황후가 됨.	[윤수] 매를 이용해 왕의 총애를 얻고 응방을 관리하게 됨.	[조인규] 몽골어에 뛰어나 원 황제 앞에서 통역함.

┌ 보기 ┐
ㄱ. 농장을 경영하였다.
ㄴ. 기존 문벌 세력 출신이었다.
ㄷ. 불교 사원에 우호적인 태도를 보였다.
ㄹ. 호족의 노비를 조사하는 정책에 반대하였다.

① ㄱ, ㄴ   ② ㄱ, ㄷ   ③ ㄱ, ㄹ

④ ㄴ, ㄷ   ⑤ ㄴ, ㄹ

Tip

권문세족은 주로 ❶_____ 를 통해 관직에 진출하였고, 권력을 이용해 불법적으로 대규모 ❷_____ 을 만들었다.

❶ 음서 ❷ 농장

8 (가) 종교에 대한 설명으로 가장 적절한 것은?

 태조는 왜 연등회와 팔관회를 소홀히 하지 말라 했을까?

 (가) 를 중시했기 때문이야.

① 안향에 의해 소개되었다.

② 신진 사대부의 지지를 받았다.

③ 이 종교 관련 내용이 과거 시험의 과목으로 포함되었다.

④ 성균관을 정비하여 교육을 강화하였다.

⑤ 『삼국사기』 저술의 사상적 바탕이 되었다.

Tip

태조는 ❶_____ 와 팔관회 같은 불교 행사를 중시하였고, 광종은 과거제에 승려를 대상으로 한 ❷_____ 를 설치하였다.

❶ 연등회 ❷ 승과

1 제시된 가상 인터뷰의 밑줄 친 '왕'에 대한 설명으로 옳은 것은?

왕께서는 유학 교육 기관인 국학을 설치하셨는데요, 그 이유가 무엇인가요?

유학을 정치 이념으로 삼아 왕권을 강화하고자 하였습니다.

① 고려에 항복하였다.

② 삼국을 통일하였다.

③ 서경을 중시하였다.

④ 관료전을 지급하였다.

⑤ 반란군에 피살되었다.

2 (가) 국가에 대한 설명으로 옳은 것은?

▲ 동모산

옛 고구려 장수였던 대조영 등이 무리를 이끌고 동쪽으로 탈출하여, 추격하는 당군을 천문령에서 격파한 뒤 동모산에 도읍을 정하고 (가) 를 세웠다(698).

① 고려에 멸망하였다.

② 전국을 9주로 나누었다.

③ 고구려 계승 의식을 내세웠다.

④ 중앙군으로 9서당을 편성하였다.

⑤ 중앙 행정 조직으로 2성 6부제를 갖추었다.

3 (가)에 들어갈 용어로 옳은 것은?

완도에 (가) (을)를 설치해서 해적을 소탕합시다!

① 청해진   ② 울산항   ③ 신라방
④ 벽란도   ⑤ 법화원

4 다음은 후삼국 시대에 일어난 사건들을 기록한 역사 사건 카드이다. 카드들을 사건이 발생한 순서대로 옳게 나열한 것은?

A 카드	B 카드	C 카드	D 카드
철원 전도	신라의 항복	고려의 건국	후백제의 멸망

① A카드 → B카드 → C카드 → D카드

② A카드 → C카드 → B카드 → D카드

③ C카드 → A카드 → B카드 → D카드

④ C카드 → A카드 → D카드 → B카드

⑤ C카드 → B카드 → D카드 → A카드

5 다음은 고려 시대 특정 시기 최고 집권자들의 이름을 나열한 것이다. ㉠ 인물들이 속한 세력에 대한 설명으로 옳은 것을 |보기|에서 고른 것은?

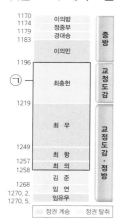

1170	이의방	
1174	정중부	중방
1179	경대승	
1183		
	이의민	
1196		교정도감
㉠	최충헌	
1219		
	최 우	교정도감 · 정방
1249		
	최 항	
1257	최 의	
1258		
1268	김 준	
1270. 2.	임 연	
1270. 5.	임유무	

▨ 정권 계승 ▨ 정권 탈취

┌─ 보기 ─────────────┐
ㄱ. 권문세족이라 불렸다.
ㄴ. 정동행성을 설치하였다.
ㄷ. 삼별초를 군사적 기반으로 삼았다.
ㄹ. 교정도감을 최고 권력 기구화하였다.
└──────────────────┘

① ㄱ, ㄷ   ② ㄱ, ㄹ   ③ ㄴ, ㄷ
④ ㄴ, ㄹ   ⑤ ㄷ, ㄹ

6 (가)~(다)에 들어갈 내용으로 가장 적절한 것은?

학습한 내용을 정리해볼까요?

[고려와 거란의 전쟁]
1차: (가)
2차: (나)
3차: (다)

① (가): 고려가 강동 6주를 획득하였다.
② (나): 고려가 강화도로 천도하였다.
③ (나): 강감찬이 귀주에서 활약하였다.
④ (다): 서희가 소손녕과 담판을 벌였다.
⑤ (다): 윤관의 별무반이 적군을 토벌하였다.

7 (가)에 들어갈 내용으로 가장 적절한 것은?

┌─────── 인물 카드 ───────┐
	• 이름: 김윤후
	• 국적: 고려
	• 직업: 승려
	• 활동 시기: 대몽 항쟁기
	• 활약: (가)
└────────────────────────┘

① 귀주 대첩 승리
② 동북 9성 획득
③ 묘청의 난 진압
④ 삼별초의 항쟁 주도
⑤ 몽골군 총사령관 살리타 사살

8 (가)에 대한 설명으로 옳은 것은?

저는 고려에 (가) (을)를 처음 소개했습니다. (가) (은)는 심성 수양을 중시하는 실천적인 학문이었죠.

▲ 안향

① 서경 천도의 근거가 되었다.
② 무신 정권의 지지를 받았다.
③ 『삼국유사』 저술의 바탕이 되었다.
④ 신진 사대부의 사상적 기반이었다.
⑤ 장려 및 발전을 위해 국자감이 설치되었다.

1 제시된 게임의 정답으로 옳은 것은?

독	품	국	장	과
도	문	서	한	학
열	민	?	삼	무
대	빈	는	국	휴
수	의	과	공	왕

[게임 방법]
1. 아래 퀴즈들을 순서대로 푼다.
2. 퀴즈의 정답에 해당하는 글자들을 위 표에서 모두 지운다.
3. 위 표에서 남는 글자들을 조합하여 질문을 만든다.
4. 질문에 대한 정답을 말하면 게임 승리!

〈퀴즈〉
㉠ 신문왕이 세운 유학 교육 기관은?
㉡ 신라 최초의 진골 출신 왕은?
㉢ 발해 무왕 시기 산둥 반도의 등주를 공격한 사람은?
㉣ 원성왕이 실시한 관리 등용 제도는?
㉤ 당에서 유학생에게 실시한 과거는?

① 서울　　② 베트남　　③ 원숭이
④ 파인애플　　⑤ 스마트폰

Tip
무왕은 ❶[　　　]을 견제하기 위해 장문휴를 보내 ❷[　　　]의 등주를 선제 공격하였다.
❶ 당 ❷ 산둥 반도

2 총 점수가 높은 학생 순으로 옳게 나열한 것은?

[활동 방법]
1. 수업의 핵심 키워드 5개를 적는다.
2. 다음 규칙에 따라 키워드별로 점수를 부여한다.
   – 선생님이 의미를 불러주는 키워드와 순서가 모두 일치: 10점
   – 선생님이 의미를 불러주는 키워드만 일치하고 순서는 다름: 5점
   – 선생님이 말하지 않은 키워드: 0점
3. 총 점수가 높은 학생이 승리한다.

순번	선생님이 불러준 키워드
1	발해에서 신라로 이어진 교역로
2	모든 것이 오직 한마음에서 비롯된다는 불교 사상
3	도성, 주택, 무덤 등을 만들 때 자연의 형세를 관찰하여 좋은 조건의 땅을 구하기 위한 사상
4	자기가 본래 가진 불성을 깨닫는 것을 강조한 신라 말 새로운 불교 사상
5	스스로 '성주', '장군'이라 부른 지방 유력자

순번	가영의 키워드	나영의 키워드	다영의 키워드
1	교종	풍수지리설	울산항
2	관음 신앙	화엄 사상	아미타 신앙
3	신라도	청해진	호족
4	선종	6두품	풍수지리설
5	호족	일심 사상	6두품

① 가영 – 나영 – 다영　　② 가영 – 다영 – 나영
③ 나영 – 가영 – 다영　　④ 다영 – 가영 – 나영
⑤ 다영 – 나영 – 가영

Tip
신라 말에는 불성을 깨닫는 것을 중시한 새로운 불교 사상인 ❶[　　　]과 지방의 중요성을 깨닫게 한 ❷[　　　]이 유행하였다.
❶ 선종 ❷ 풍수지리설

3 선생님이 제시한 과제의 결과물로 가장 적절한 것은?

남북국 시대의 문화재를 주제로 상품을 기획해볼까요?

제품 제작에 영감을 준 유물	실제 제작된 제품 설명
①	신라 왕릉에서 발굴된 돌사자상 모양의 주전자
②	당 불상의 특징을 담은 이불병좌상 모양의 초콜릿
③	당의 영향을 받은 발해 기와 모양의 찻잔 받침 접시
④	고구려 문화의 영향을 받은 발해 석등 모양의 침실용 램프
⑤	목판 인쇄물이 발견된 부분에서 향이 뿜어져 나오는 불국사 다보탑 모양의 디퓨저

> **Tip**
>
> 발해는 건국 초부터 ❶ ⬜ 계승 의식을 내세웠으며, 이러한 사실은 여러 사료와 유물·유적에서 확인할 수 있다.
>
> ❶ 고구려

4 (가) 인물에 대한 설명으로 가장 적절한 것은?

[활동명] 역사 인물 얼굴 지도 그리기
[활동 방법]
 1. 말풍선: 해당 인물이 했을 법한 생각 쓰기
 2. 눈: 해당 인물이 봤을 법한 장면 쓰기
 3. 코: 해당 인물이 맡았을 법한 냄새 쓰기
 4. 귀: 해당 인물이 들었을 법한 소리 쓰기
 5. 입: 해당 인물이 했을 법한 말 쓰기
〈역사 인물 얼굴 지도〉
주제: (가)

① 흑창을 설치하였다.
② '훈요 10조'를 남겼다.
③ 과거제를 실시하였다.
④ 2성 6부제를 완성하였다.
⑤ 사심관 제도를 도입하였다.

> **Tip**
>
> 광종은 후주에서 귀화한 쌍기의 건의로 ❶ ⬜ 적 지식과 능력을 갖춘 새로운 인재를 등용하기 위해 ❷ ⬜ 를 실시하였다.
>
> ❶ 유교 ❷ 과거제

5 목표 및 조건에 맞게 사건 ❶~❼을 배치한 도표는?

[목표] START에서 출발하여 END에 도착하기
[조건] 1. 표의 모든 칸을 다 지나야 함.
　　　2. 칸 이동은 상하좌우만 가능함.
　　　3. 한번 지난 칸은 다시 지날 수 없음.
　　　4. 사건 ❶~❼은 플레이어가 마음대로 배치할 수 있으나, 한 칸에 1개 사건만 배치 가능함.
　　　5. 사건이 발생한 순서대로만 이동 가능함.
　　　6. 첫 칸과 마지막 칸은 무조건 각각 'START', 'END'임.
[사건] ❶ 서희와 소손녕이 담판을 함.
　　　❷ 이자겸과 척준경이 왕실에 위협을 가함.
　　　❸ 윤관이 여진을 정벌한 후 해당 지역에 성을 쌓음.
　　　❹ 서경 세력이 서경 천도를 주장하며 반란을 일으킴.
　　　❺ 무신들이 많은 문신들을 죽이고 새로운 왕을 내세움.
　　　❻ 최충헌의 사노비가 신분 해방을 목적으로 봉기를 일으킴.
　　　❼ 강감찬이 이끄는 고려군이 거란군을 상대로 대승을 거둠.

①
START	❶	❼
❷	❻	❸
❹	❺	END

②
START	❸	❹
❶	❺	❻
❼	❷	END

③
START	❹	❷
❻	❺	❸
❶	❼	END

④
START	❶	❼
❸	❺	❻
❷	❹	END

⑤
START	❶	❼
❹	❷	❸
❺	❻	END

Tip
경원 이씨 가문으로, 인종과 예종에게 딸들을 시집보내며 막강한 권력을 행사하였던 ❶ [　　　] 은 ❷ [　　　] 의 사대 요구를 수용하였다.

❶ 이자겸 ❷ 금(여진)

6 다음 가상 역사 드라마의 편성 순서를 역사 사건이 일어난 순서대로 옳게 나열한 것은?

[역사 드라마 "고려의 시련" 편성 순서]	
(가) 회	"수도를 옮겨선 안 돼!" 배중손과 삼별초의 힘겨운 투쟁이 시작되었다.
(나) 회	갑작스런 몽골 사신 사망 사건? 몽골은 고려에 그 책임을 묻고자 한다.
(다) 회	고려와 몽골의 일본 토벌 대작전. 정동행성은 그 목적을 과연 이룰 수 있을까?
(라) 회	박서가 이끄는 고려군은 몽골군을 물리칠 계획을 세운다. 그런데 일이 쉽게 풀리지만은 않는다.
(마) 회	왕이 변발을 벗어던졌다! 고려는 과연 철령 이북을 차지할 수 있을까? 피비린내 나는 정치 투쟁이 왕을 기다리고 있다.

① (가) – (나) – (마) – (라) – (다)
② (나) – (라) – (가) – (다) – (마)
③ (다) – (나) – (가) – (라) – (마)
④ (라) – (가) – (다) – (마) – (나)
⑤ (마) – (나) – (가) – (라) – (다)

Tip
무신 정권의 군사적 기반이었던 ❶ [　　　] 는 ❷ [　　　] 환도 결정에 반대하여 대몽 항쟁을 지속하였다.

❶ 삼별초 ❷ 개경

7 다음 3단계 ○× 퀴즈의 정답으로 옳은 것은?

단계	제품 설명
1	 위 문화재는 고려 말 권문세족의 지원을 받아 제작되었다.
2	 위 문화재는 세계에서 가장 오래된 목판 인쇄물을 제작하는 데 사용되었다.
3	위 문화재는 고려 전기에 송의 영향을 받아 만들어졌다.

1단계	○			×		
2단계	○		×	○		×
3단계	○ ×	○	×	○ ×	○	×
정답	감 귤	배	포도	딸기 수박	참외	사과

① 배   ② 포도   ③ 딸기

④ 참외   ⑤ 사과

> **Tip**
> 고려 전기에는 월정사 8각 9층 석탑처럼 [❶   ]의 영향을 받은 석탑을 만들었으나, 고려 후기에는 경천사 10층 석탑과 같이 [❷   ]의 영향을 받은 석탑을 만들었다.
>
> ❶ 송 ❷ 원

8 김천재가 제출한 답지의 내용으로 옳은 것은?

김천재 학생, 30점을 획득하셨습니다!

번호	문항 내용(고려의 생활과 문화)
1	해동 천태종을 창시한 사람은?
2	김부식이 유교적 입장에서 편찬한 역사서는?
3	선정과 지혜를 함께 닦아야 한다는 불교 수행 방법은?
4	안향에 의해 소개된, 심성 수양을 중시하는 실천적인 새로운 유학은?
5	8개의 계율을 하루 동안 엄격히 지키는 불교 의식으로, 토속 신에 대한 제사도 함께 지낸 고려의 국가적 불교 행사는?

*정답 시 문항당 10점 획득, 오답 시 문항당 0점 획득

①
번호	제출 답안	번호	제출 답안
1	지눌	4	성리학
2	『삼국사기』	5	팔관회
3	교관겸수		

②
번호	제출 답안	번호	제출 답안
1	의천	4	성리학
2	『삼국사기』	5	연등회
3	돈오점수		

③
번호	제출 답안	번호	제출 답안
1	의천	4	성리학
2	『삼국사기』	5	팔관회
3	정혜쌍수		

④
번호	제출 답안	번호	제출 답안
1	지눌	4	훈고학
2	『삼국유사』	5	연등회
3	교관겸수		

⑤
번호	제출 답안	번호	제출 답안
1	의천	4	성리학
2	『삼국사기』	5	팔관회
3	교관겸수		

> **Tip**
> 해동 천태종을 창시한 [❶   ]은 불교 수행 방법으로 이론적 교리 체계 공부와 실천적 수행을 함께 해야 한다는 '교관겸수'를 제시하였다.
>
> ❶ 의천

전편 마무리 **전략**

핵심 개념 1 고조선과 고대의 여러 나라

핵심 개념 2 삼국의 발전

핵심 개념 3 남북국의 발전

핵심 개념 4 고려의 위기와 극복

1

(가), (나)에 대한 설명으로 옳은 것은?

> (일연이) 스스로 서술하기를 "… 제왕이 장차 일어날 때 하늘의 명령에 응하거나 예언을 받아 반드시 평범한 사람과 다른 점이 있고 난 뒤에야 큰 변화를 타고 권력을 잡고 큰 일을 이룰 수 있는 것이다. … 삼국의 시조가 모두 신비로운 데서 나왔다는 것이 어찌 괴이하다 할 수 있겠는가! …"라고 하였다. … 환인의 아들 환웅이 널리 인간을 이롭게 하고자 태백산 신단수 아래로 내려왔다. … 곰과 호랑이가 사람이 되길 원하므로, 환웅은 쑥, 마늘을 주어 100일간 굴에서 견디게 하였다. 이를 지킨 곰은 여자로 변하여 환웅과 혼인해 아들을 낳았으니 그가 단군왕검이다. 단군왕검은 아사달에 수도를 정하고 (가) (이)라는 나라를 세웠다.
>
> – 『 (나) 』 –

① (가)는 철기 문화를 바탕으로 건국되었다.

② (가)는 매년 12월마다 '영고'라는 행사를 열었다.

③ (가)는 사회 질서를 유지하기 위해 8개의 법 조항을 제정하였다.

④ (나)는 우리나라에 전하는 가장 오래된 역사서이다.

⑤ (나)는 유교적 입장을 바탕으로 역사를 서술하였다.

Tip

우리 역사상 최초의 국가인 ❶ 은 사회 질서를 유지하기 위해 ❷ 을 시행하였다.

❶ 고조선 ❷ 8조법

2

다음 가상의 사진전에서 주요 전시품들을 보고 온 학생의 감상평으로 가장 적절한 것을 |보기|에서 고른 것은?

> **[천재 역사박물관 사진전]**
> – 주제: 고대인들이 남긴 고분 벽화
> – 기간: 20□□. □□. □□. ~ △△. △△.
> – 주요 전시품: 아래의 총 3개 사진
>
>
>

보기

ㄱ. 일본 예술에 영향을 준 벽화를 본 게 인상 깊었어.

ㄴ. 돌무지덧널무덤에서 발견된 유물들을 보니 신기했어.

ㄷ. 신라 사람들의 생활과 사상을 엿볼 수 있어서 좋았어.

ㄹ. 신분에 따라 사람 크기를 다르게 그린 것 같아 흥미로웠어.

① ㄱ, ㄴ   ② ㄱ, ㄹ   ③ ㄴ, ㄷ

④ ㄴ, ㄹ   ⑤ ㄷ, ㄹ

Tip

고구려 고분 벽화는 ❶ 가 퍼지면서 연꽃 등 관련 장식 무늬가 유행하였다. 후기에는 ❷ 의 영향을 받아 「사신도」를 벽면 전체에 그려 넣기도 하였다.

❶ 불교 ❷ 도교

3

밑줄 친 ㉠, ㉡ 시기에 대한 설명으로 적절하지 <u>않은</u> 것은?

역사서에 따라 신라의 역사를 구분하는 방법이 다릅니다. 아래 표를 함께 볼까요?

〈『삼국유사』에 따른 시대 구분〉

박혁거세 ~ 지증왕	법흥왕 ~ 진덕여왕	무열왕 ~ 혜공왕	선덕왕 ~ 경순왕
상고 (불교 수용 이전)	㉠ 중고 (불교식 왕호 사용)	하고 (불교 쇠퇴)	

〈『삼국사기』에 따른 시대 구분〉

박혁거세 ~ 지증왕	법흥왕 ~ 진덕여왕	무열왕 ~ 혜공왕	선덕왕 ~ 경순왕
상대 (성골 왕)		㉡ 중대 (무열왕계 진골 왕)	하대 (내물왕계 진골 왕)

① ㉠: 화랑도가 국가 조직으로 개편되었다.
② ㉠: 백제에 대야성 등 40여 성을 빼앗겼다.
③ ㉡: 국학이 설치되었다.
④ ㉡: 화백 회의의 권한이 강화되었다.
⑤ ㉡: 지방군이 10정으로 재편성하였다.

4

밑줄 친 ㉠~㉢의 공통점으로 가장 적절한 것을 |보기|에서 있는 대로 고른 것은?

• 낙양의 꽃, 건주의 차, … ㉠ 고려 비색 … 모두 천하제일 인데 다른 곳에서는 따라 하고자 해도 도저히 할 수 없는 것들이다.

– 송나라 태평노인, 『수중금』 –

• ㉡ 도기의 빛깔이 푸른 것을 고려인은 비색이라고 하는데, 근년의 만듦새는 솜씨가 좋고 빛깔도 더욱 좋아졌다. 술그릇의 형상은 오이 같은데 위에 작은 뚜껑이 있는 것이 연꽃에 엎드린 오리의 형태를 하고 있다. 주발·접시·술잔·사발·꽃병·탕잔(湯琖)도 만들 수 있었다.

– 서긍, 『선화봉사고려도경』 –

• 나무를 베어 남산이 빨갛게 되었고
불을 피워 연기가 해를 가렸지
㉢ 푸른 자기 술잔을 구워내
열에서 우수한 하나를 골랐구나
선명하게 푸른 옥빛이 나니
　　　　　…
이제 알겠네 술잔 만든 솜씨는
하늘의 조화를 빌려왔나 보구려
가늘게 꽃무늬를 놓았는데
묘하게 화가의 솜씨와 같구나

– 이규보, 『동국이상국집』 –

보기

ㄱ. 분청사기라고 불렸다.

ㄴ. 12세기 중반부터는 상감법이 사용되었다.

ㄷ. 최대 교역항인 울산항을 통해 수출하였다.

① ㄱ ② ㄴ ③ ㄱ, ㄴ

④ ㄴ, ㄷ ⑤ ㄱ, ㄴ, ㄷ

5

(가), (나)는 고구려에서 있었던 사건이다. (가), (나) 사건 사이에 있었던 일로 옳은 것은?

> (가) 왕이 … 길에서 앉아 우는 자를 보았다. "무슨 까닭으로 우는가?"라고 물으니 … "신은 매우 가난하여 늘 품팔이를 하여 어머니를 봉양했는데, 올해는 흉년이 들어 품팔이할 곳이 없어서 한 되의 곡식도 얻을 수 없기에 우는 것일 따름입니다."라고 하였다. 왕이 … 내외의 담당 관청에 명하여 홀아비, 과부, 고아, 홀로 사는 노인, 병들고 가난하여 스스로 살아갈 수 없는 사람들 등을 널리 찾아 구제하였다. 매년 봄 3월부터 7월까지는 관청의 곡식을 내어 백성 가구의 많고 적음에 따라 차등이 있게 식량을 주어 대여하게 하고, 겨울 10월에 이르러 갚게 하였다.　　 － 『삼국사기』 －
>
> (나) 진의 왕 부견이 사신과 승려 순도를 보내 불상과 불경을 주었다. 왕이 사신을 보내 감사를 표시하고 토산물을 바쳤다. … 태학을 설립하여 자제들을 교육하였다. … 처음으로 율령을 반포하였다. … 처음으로 초문사를 창건하여 순도를 머무르게 하였다. 또 이불란사를 창건하여 승려 아도를 머무르게 하였다. 이것이 해동 불교의 시작이다.　　 － 『삼국사기』 －

① 고국원왕이 전사하였다.

② 백제가 사비로 천도하였다.

③ 고구려가 국내성으로 천도하였다.

④ 광개토왕이 내물왕을 도와 왜군을 격퇴하였다.

⑤ 백제와 신라가 고구려에 맞서 동맹을 체결하였다.

> **Tip**
>
> 고구려는 위기를 극복하기 위해 국가 체제를 정비하였다. ❶ ☐ 은 태학을 설치하고 ❷ ☐ 을 반포하였으며, 불교를 수용하였다.
>
> ❶ 소수림왕　❷ 율령

6

(가)~(다) 제도가 시행되던 시기의 해당 국가에서 일어난 사건으로 옳은 것은?

> • (가) (은)는 귀족 관료에게 '녹(봉급)'으로 지급되는 '읍(토지)'을 말하는데, 한 읍이 (가) (으)로 지정되면 그곳의 백성들은 국가를 대신해 귀족 관료에게 조세를 내야 했다. 그뿐만 아니라 귀족 관료는 해당 지역 백성들의 노동력도 징발할 수 있어서 상당한 영향력을 행사할 수 있었다. 또한 유사시에 해당 지역 백성들을 사병으로 동원할 수 있었다.
>
> • (나) (은)는 귀족 관료에게 지급한 토지로, 일정한 크기의 토지를 지급한 후 (가) (와)과 달리 수조권(해당 토지를 경작하는 농민으로부터 조세를 거둘 수 있는 권리)만 부여하였다.
>
> • (다) (은)는 모든 관리에게 18개의 등급에 따라 곡식을 수확할 수 있는 땅(전지)과 땔감을 채취할 수 있는 땅(시지)의 수조권을 지급한 것이다. 관리가 사망하면 받은 땅을 국가에 반납하는 것이 원칙이었다.

① (가): 3성 6부제가 시행되었다.

② (가): 9서당 제도가 완성되었다.

③ (나): 과거제가 시행되었다.

④ (나): 상경성이 새로운 수도가 되었다.

⑤ (다): 윤관의 별무반이 여진을 정벌하였다.

> **Tip**
>
> 신문왕은 ❶ ☐ 을 폐지하고 관료전을 지급하였는데, 이는 귀족들의 경제적 기반을 약화하고 ❷ ☐ 을 한층 강화하려는 의도였다.
>
> ❶ 녹읍　❷ 왕권

7

다음 지도를 보고 물음에 답하시오.

(1) 지도에 나타난 전쟁으로 인한 결과를 서술하시오.

(2) (1)의 전쟁으로 인한 결과의 의의와 한계를 각각 한 가지씩 서술하시오.

8

다음 지도를 보고 물음에 답하시오.

(1) 쌍성총관부를 탈환한 왕이 누구인지 쓰시오.

(2) (1)의 왕이 추진한 반원 자주 정책 두 가지를 서술하시오.
 (단, 쌍성총관부 탈환에 관한 내용은 작성하지 말 것)

(3) (1)의 왕이 추진한 내정 개혁 두 가지를 서술하시오.

Tip

신라의 삼국 통일은 ❶ [   ] 이북의 땅은 회복하지 못하였다는 한계가 있지만, 삼국의 백성을 하나로 아우른 우리 역사상 ❷ [   ] 이라는 점에서 의미가 크다.

❶ 대동강 ❷ 최초의 통일

Tip

공민왕은 ❶ [   ] 을 축소하여 원의 내정 간섭을 막았으며, ❷ [   ] 을 설치하여 권문세족의 경제적 기반을 약화하였다.

❶ 정동행성 ❷ 전민변정도감

1 밑줄 친 '우리'에 대한 설명으로 가장 적절한 것은?

우리는 주로 이런 집을 짓고 살거나 동굴, 바위 그늘에서 지냈지.

▲ 공주 석장리 막집

① 슴베찌르개를 사용하였다.

② 대부분 정착 생활을 하였다.

③ 목축 생활을 하기도 하였다.

④ 가락바퀴로 옷을 지어 입었다.

⑤ 갈판과 갈돌을 이용하여 곡식을 갈았다.

2 (가) 국가에 대한 설명으로 옳은 것을 ㅣ보기ㅣ에서 고른 것은?

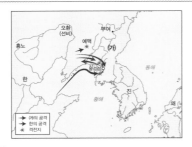

　　(가) (은)는 한과 한반도 남부 소국 사이 무역로를 독점하며 한과 갈등을 빚게 되었다. 점차 강성해지는 (가) 에 불안을 느낀 한 무제는 결국 (가) 을(를) 침공하였다.

┌─ 보기 ─┐

ㄱ. '왕' 칭호를 사용하였다.

ㄴ. 1책 12법을 시행하였다.

ㄷ. 청동기 문화를 바탕으로 건국되었다.

ㄹ. 국가의 중요한 일은 제가 회의에서 처리하였다.

① ㄱ, ㄴ　　　② ㄱ, ㄷ　　　③ ㄱ, ㄹ

④ ㄴ, ㄷ　　　⑤ ㄷ, ㄹ

3 선생님의 질문에 대한 대답으로 가장 적절한 것은?

아래 풍속을 지닌 나라에 대해 설명해볼까요?

　　가뭄이나 장마가 계속되어 오곡이 영글지 않으면, 그 허물을 왕에게 돌려 "왕을 마땅히 바꾸어야 한다."라고 하거나 "죽여야 한다."라고 하였다. … 정월 (12월)에 지내는 제천 행사는 나라의 큰 행사로, 매일 마시고 먹고 노래하고 춤춘다. … 이때는 죄인을 처벌하거나 감옥에 가두지 않고 풀어 주었다.

– 진수, 「삼국지」 「위서」 동이전 –

① 소도에서 제사가 열렸어요.

② 가족 공동 무덤 풍습이 있었어요.

③ 여러 가(加)가 사출도를 다스렸어요.

④ '동맹'이라는 제천 행사를 개최하였어요.

⑤ 신랑이 서옥에서 지내는 풍속이 있었어요.

4 (가) 국가와 밑줄 친 ㉠에 대한 설명으로 옳은 것은?

역사 신문

제○○○호　　　　　　　○○○○년 ○○월 ○○일

(가) , 위기를 극복할 것인가?

(가) 는 얼마 전 북쪽의 공격으로 수도가 잠시 함락되고, 남쪽의 공격으로 국왕이 전사하는 유례없는 일들을 겪었다. 어제 ㉠새 국왕이 율령을 반포하였는데, 과연 (가) 가 위기를 극복하고 삼국 중 최강자로 성장할 수 있을지 주목된다.

① (가)는 삼한에서 시작되었다.

② (가)는 민며느리제라는 풍속을 지녔다.

③ ㉠은 6좌평 등 관등을 마련하였다.

④ ㉠은 병부를 설치하여 군권을 장악하였다.

⑤ ㉠은 태학을 설립하여 인재를 양성하였다.

5 밑줄 친 ㉠의 내용으로 옳은 것을 | 보기 |에서 고른 것은?

[POST CARD]
김천재에게 –
천재야 안녕? 난 지금 중국 지린성 지안에 와 있어. 왼쪽 사진은 장수왕이 ㉠아버지의 업적을 기록한 비석이야. 높이가 6.39m나 되더라구. 사진만 봐도 엄청 큰 게 느껴지지? 너도 나중에 꼭 직접 와서 보길 바라.
– 김예은이 –

┌ 보기 ┐
ㄱ. 옥저를 정복하였다.
ㄴ. 동부여를 병합하였다.
ㄷ. '영락' 연호를 사용하였다.
ㄹ. 낙랑군과 대방군 지역을 흡수하였다.

① ㄱ, ㄴ   ② ㄱ, ㄷ   ③ ㄱ, ㄹ
④ ㄴ, ㄷ   ⑤ ㄷ, ㄹ

6 (가)에 들어갈 내용으로 가장 적절한 것은?

3학년 수행평가   3학년 ○반 김재천
[역사 인물 가상 인터뷰: 백제 ○○왕을 만나다!]
학생: 안녕하세요. 최근에 관리의 등급을 새로이 정하셨다고 들었습니다.
왕: 네, 맞습니다. 그리고 저는 6품 이상은 자주색 옷을 입고 은꽃으로 관(모자)을 장식하게 하고, 11품 이상은 붉은색 옷을 입게 하고, 16품 이상은 푸른색 옷을 입게 하는 등 관리의 복색도 정하였습니다.
학생: 또 어떤 일들을 하셨나요?
왕: | (가) |

① 불교를 수용하였습니다.
② 수도를 웅진으로 옮겼습니다.
③ 22담로에 왕족을 파견하였습니다.
④ 율령의 기초적인 틀을 마련하였습니다.
⑤ 신라와 혼인을 통해 동맹을 강화하였습니다.

7 밑줄 친 ㉠~㉤ 중 옳은 것의 개수는?

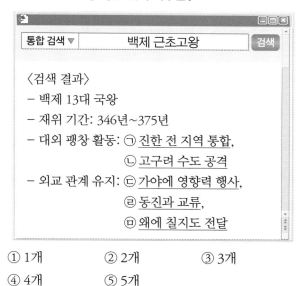

통합 검색 ▼ | 백제 근초고왕 | 검색

〈검색 결과〉
– 백제 13대 국왕
– 재위 기간: 346년~375년
– 대외 팽창 활동: ㉠진한 전 지역 통합,
　　　　　　　　㉡고구려 수도 공격
– 외교 관계 유지: ㉢가야에 영향력 행사,
　　　　　　　　㉣동진과 교류,
　　　　　　　　㉤왜에 칠지도 전달

① 1개   ② 2개   ③ 3개
④ 4개   ⑤ 5개

8 (가) 왕에 대한 설명으로 옳은 것은?

① 울릉도 지역을 복속시켰다.
② 김씨 왕위 세습을 확립하였다.
③ 왕의 칭호를 '왕'으로 바꾸었다.
④ 나라 이름을 '신라'로 정하였다.
⑤ 화랑도를 국가 조직으로 재편하였다.

9 (가) 국가에 대한 설명으로 옳은 것을 「보기」에서 고른 것은?

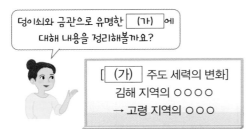

덩이쇠와 금관으로 유명한 (가) 에 대해 내용을 정리해볼까요?

[(가) 주도 세력의 변화]
김해 지역의 ○○○○
→ 고령 지역의 ○○○

┌ 보기 ┐
ㄱ. 철을 화폐처럼 사용하였다.
ㄴ. 스에키 토기 제작에 영향을 주었다.
ㄷ. 삼한의 소국인 사로국에서 출발하였다.
ㄹ. 5세기경 중앙 집권 국가로 발전하였다.

① ㄱ, ㄴ   ② ㄱ, ㄷ   ③ ㄴ, ㄷ
④ ㄴ, ㄹ   ⑤ ㄷ, ㄹ

10 삼국의 (가), (나) 사상에 대한 설명으로 가장 적절한 것은?

왼쪽 사진은 백제 금동 대향로로, 당시의 수준 높은 공예 기술을 보여줘. 또한 (가) 사상이 반영된 연꽃 등과 (나) 사상이 반영된 봉황, 용, 상상의 동물 등이 표현되어 있어 당시 사람들의 이상 세계를 알 수 있지.

① (가)는 불로장생을 추구하였다.
② (가)는 초기에 주술적인 성격이 짙었다.
③ 강서 고분의 현무 그림이 대표적인 (가) 문화재이다.
④ (나)는 국가 통치 수단으로 적극 활용되었다.
⑤ 백제는 (나)를 수용하여 중앙 집권 체제를 강화하였다.

11 다음 자료의 사건이 있었던 시기를 (가)~(마)에서 옳게 고른 것은?

김춘추가 고구려에 들어가 도움을 요청하자, 고구려왕은 한때 고구려가 차지하였던 죽령 이북의 땅을 돌려달라고 하였다. 김춘추가 이를 거절하자 옥에 가두었다. … 토끼의 간 이야기를 들은 김춘추는 고구려왕에게 '귀국하면 선덕 여왕에게 청해 한강 유역의 땅을 돌려주겠다'라는 내용의 편지를 보내, 결국 풀려날 수 있었다.
– 「삼국사기」 요약 –

(가)	(나)	(다)	(라)	(마)
관산성 전투	대야성 전투	황산벌 전투	계림도독부 설치	

① (가)   ② (나)   ③ (다)
④ (라)   ⑤ (마)

12 (가)~(다)에 대한 설명으로 가장 적절한 것은?

대규모 군대 백강 파견

(가) 부흥군이 (나) (과)와 맞선 가운데, (다) 가 (가) 부흥군을 지원하는 대규모 군대를 백강으로 파견하였습니다.

뉴스 속보 **백강에서 전투가 벌어지다!**

① (가): 천리장성을 쌓았다.
② (가): 도침이 다시 일으키고자 하였다.
③ (나): 진흥왕의 공격으로 동맹이 깨졌다.
④ (다): 신라에 병합되었다.
⑤ (다): 고연무가 옛 수도를 회복하였다.

13 다음 법 조항이 있었던 국가의 이름을 쓰고, 두 번째와 세 번째 조항을 통해 알 수 있는 해당 국가의 사회적 특징 두 가지를 서술하시오.

> • 사람을 죽인 자는 즉시 죽인다.
> • 남에게 상처를 입힌 자는 곡식으로 갚는다.
> • 도둑질한 자는 노비로 삼는다. 용서를 받으려면 50만 전을 내야 한다.
>
> – 반고, 「한서」 「지리지」 –

14 제시된 자료를 읽고 물음에 답하시오.

왼쪽의 비석은 한반도에 있는 유일한 고구려 비석으로, ㉠ 5세기 고구려가 한강 유역 전역을 지배하였음을 보여 준다.

(1) 밑줄 친 ㉠을 가능하게 한 왕의 이름을 쓰고, 이 왕이 새로 옮긴 수도의 위치를 쓰시오.

(2) 밑줄 친 ㉠으로 인해 백제가 입은 피해를 서술하시오.

15 다음 지도는 어느 국가의 수도가 이동하는 과정이다. 물음에 답하시오.

(1) (가)~(다)의 명칭을 차례로 쓰시오.

(2) 수도를 (나)에서 (다)로 옮긴 국왕을 쓰시오.

(3) (2)의 왕의 국가 체제 정비 내용 두 가지를 서술하시오.(단, 수도 이동은 제외할 것)

16 밑줄 친 '왕'이 누구인지 쓰고, 왕의 국가 체제 정비 내용과 영토 확장 내용을 각각 한 가지씩 서술하시오.
(단, 불교 공인은 제외할 것.)

> 이차돈이 "저의 목을 베어 사람들의 논의를 진정시키십시오."라고 하였다. 왕이 말하기를, " … 죄 없는 사람을 죽이는 것은 옳지 않다."라고 하였다. 이차돈이 대답하기를, " … 신은 비록 죽어도 여한이 없습니다."라고 하였다. … 목을 베자, … 피의 색깔이 우윳빛처럼 희었다. 사람들이 … 다시는 불교에서 행하는 일을 헐뜯지 않았다.
>
> – 「삼국사기」 –

적중 예상 전략 | 2회

1 (가), (나) 국가에 대한 설명으로 가장 적절한 것은?

> 부여씨와 고씨가 망한 다음에 김씨의 (가) 가 남에 있고, 대씨의 (나) 가 북에 있으니 이것이 남북국이다.
>
> – 유득공, 「 (가) 고」 –

① (가)는 전국을 15부로 나눴다.
② (가)는 독서삼품과를 통해 관리를 선발하였다.
③ (나)는 수도에 9서당을 배치하였다.
④ (나)는 주자감을 설치하여 유학을 가르쳤다.
⑤ (나)는 일본과 적대적인 관계를 유지하였다.

2 다음 사건이 발생한 시기에 볼 수 있었던 모습이 <u>아닌</u> 것은?

> 나라 안 모든 주와 군에서 공물과 부세를 보내지 않아, 창고가 텅텅 비어 나라 재정이 궁핍해졌다. 왕이 사신을 보내 독촉하니 곳곳에서 도적이 벌떼처럼 일어났다. 이때 원종과 애노 등이 사벌주에서 반란을 일으켰다.
>
> – 『삼국사기』 –

① 스님들이 승탑을 제작하는 모습
② 유학생들이 빈공과에 합격하여 기뻐하는 모습
③ 집사부와 중시가 막강한 권한을 행사하는 모습
④ 호족이 성을 쌓아 스스로 장군이라고 부르는 모습
⑤ 6두품 관료가 골품제에 불만을 느끼고 관직을 그만두는 모습

3 밑줄 친 '이 사람'에 대한 설명으로 옳은 것은?

> 이 사람은 무애(거침없이 자유로움)라고 이름 지은 도구를 가지고 노래(무애가)를 부르고 다녔어.

> 그 결과 가난한 사람들과 산골에 사는 사람들까지도 모두 '나무아미타불'을 부르게 되었대.

① '일심 사상'을 제시하였다.
② 신라 화엄종을 개창하였다.
③ 선종 중심으로 교종을 포용하려 하였다.
④ 인도 및 중앙아시아를 다녀온 기행문을 썼다.
⑤ 관음 신앙을 전파하여 불교 대중화에 기여하였다.

4 (가)의 모습으로 옳은 것은?

> 정답은 (가) 입니다.

> 힌트1: 발해에서 만들어져 오늘날까지 남겨진 불상임.
> 힌트2: 고구려 불상의 특징을 담고 있음.

①  ②  ③

④  ⑤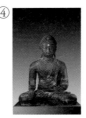

5 밑줄 친 '왕'에 대한 설명으로 옳은 것을 [보기]에서 고른 것은?

왕께서는 호족들을 어떤 방식으로 다루실 생각이신가요?

호족들은 사심관으로 임명하여 출신 지역을 관리하게 하고, 그 자제들은 수도에서 출신 지역의 일에 자문하게 할 것입니다.

┌─ 보기 ──────────────────────
ㄱ. 국자감을 설치하였다.
ㄴ. 철원에서 송악으로 수도를 옮겼다.
ㄷ. 지방의 12목에 지방관을 파견하였다.
ㄹ. 청천강 ~ 영흥만 지역까지 영토를 확장하였다.
└──────────────────────────

① ㄱ, ㄴ   ② ㄱ, ㄷ   ③ ㄱ, ㄹ
④ ㄴ, ㄷ   ⑤ ㄴ, ㄹ

6 다음 사건이 발생하였던 시기를 (가)~(마) 중에서 고르면?

┌──────────────────────────
  이자겸은 … 셋째 딸을 왕에게 바칠 것을 강하게
 요청하고 … 권세와 총애가 나날이 커져 … 왕태자
 와 동등한 예우를 받았다. …… 왕은 … 이자겸을 체
 포하여 먼 곳으로 유배 보내고자 하였다. - 「고려사」 -
└──────────────────────────

(가)	(나)	(다)	(라)	(마)
	요 침입	묘청의 서경 천도 운동	무신 정변	몽골의 침입

① (가)   ② (나)   ③ (다)
④ (라)   ⑤ (마)

7 (가), (나) 세력에 대한 설명으로 가장 적절한 것은?

(가) (이)가 주장한 서경 천도는 고려의 자주성을 지키기 위해 반드시 해야 하는 것이었어요.

그렇게 되면 당시 고려 백성들만 더 힘들었을 겁니다. (나) 의 주장에 따르는 것이 맞다고 생각해요.

① (가): 독자 연호 사용을 주장하였다.
② (가): 『삼국사기』의 대표 저자도 포함되었다.
③ (가): 금과의 외교 문제를 평화적으로 해결하고자 하였다.
④ (나): 정지상이 중심 인물이었다.
⑤ (나): 풍수지리설의 영향을 받았다.

8 다음은 역사 연극 대본이다. (가)~(다)에 대한 설명으로 가장 적절한 것은?

┌──────────────────────────
 ○○○: 그대 나라는 옛 신라 땅에서 일어났고, 고구
  려의 옛 땅은 (가) 것인데 그대들이 차지
  하였소. 또 (가) 와 국경을 접하고 있는
  데도 바다를 건너 (나) (을)를 섬기기 때문
  에 오늘 출병한 것이오.
 ◇◇: 아니오. 우리나라는 고구려를 이어받았소. 그
  래서 나라 이름도 고려라고 한 것이오. … 압
  록강 안팎도 원래 우리 땅인데, 지금 (다)
  (이)가 그 땅을 훔쳐 살면서 길을 막고 있으니,
  당신들에게 가는 것이 바다를 건너기보다 어
  렵소. … (다) (을)를 쫓아내고 우리의 옛 땅
  을 돌려주어 길을 만들면 서로 사신이 오갈 수
  있을 것이오.
└──────────────────────────

① (가)와의 전쟁에서 윤관이 활약하였다.
② (가)를 무력으로 토벌한 후 강동 6주를 확보하였다.
③ (나)는 주로 울산항을 통해 고려와 교류하였다.
④ (다)는 발해를 멸망시켰다.
⑤ (다)는 고려에 동북 9성 반환을 요구하였다.

9 (가) 전투에 대한 설명으로 가장 적절한 것은?

> 김윤후는 일찍이 백현원에 있다가 1232년에 몽골이 침입하자 [(가)] (으)로 피란하였다. …… 몽골군에 맞서 싸웠다. 이 전투에서 김윤후는 몽골군 장수 살리타를 사살하였다.

① 삼별초가 주도하였다.
② 부곡민들이 활약하였다.
③ 몽골의 첫 침입 때 일어났다.
④ 김윤후가 노비 문서를 불태웠다.
⑤ 개경 환도의 결정적인 계기가 되었다.

10 (가) 시기에 대한 설명으로 옳은 것을 ㅣ보기ㅣ에서 있는 대로 고른 것은?

왕실 용어의 변화	
(가) 전	(가)
조, 종	충○왕
폐하	전하
태자	세자

> ┌ 보기 ┐
> ㄱ. 동녕부가 존재하였다.
> ㄴ. 고려가 독립국으로 유지되었다.
> ㄷ. 소주, 만두가 고려에 소개되었다.

① ㄱ ② ㄷ ③ ㄱ, ㄷ
④ ㄴ, ㄷ ⑤ ㄱ, ㄴ, ㄷ

11 밑줄 친 ㉠~㉣에 대한 설명으로 가장 적절한 것은?

> **땅 뺏기고 노비가 된 제 억울함을 풀어주세요!**
>
> 청원일: 130○.○○.○○. 참여 인원: ○○○명
> • 청원 답변
> 최근 ㉠힘 있는 자들이 토지를 불법으로 빼앗고, 노비로 만드는 경우가 빈번하게 일어나고 있습니다. 정부는 이러한 문제를 해결하려고 ㉡새로운 관청을 만들었습니다. 또한 ㉢유학 교육 기관을 정비하여 ㉣정부의 개혁에 동참할 새로운 사람들을 확보하고 있습니다.

① ㉠은 문벌 세력이라고 불렸다.
② ㉡은 광종에 의해 설치되었다.
③ ㉢은 문헌공도이다.
④ ㉣은 크게 두 세력으로 분열하였다.
⑤ ㉣은 홍건적과 왜구를 격퇴하는 과정에서 성장하였다.

12 밑줄 친 '이 책'에 대한 설명으로 옳은 것은?

왼쪽 사진은 '복' 자가 새겨진 활자이다. 이러한 활자는 활자들을 미리 만든 후 필요할 때마다 아래 사진처럼 동으로 만든 틀에 배열한 후 책을 인쇄할 수 있다는 장점이 있었다. 청주 흥덕사에서 인쇄한 이 책도 이러한 방식으로 제작되었다.

① 이규보가 저술하였다.
② 합천 해인사에 보관되어 있다.
③ 현재 세계에서 가장 오래된 금속 활자 인쇄본이다.
④ 송과 거란의 대장경을 참고하여 완성한 책이다.
⑤ 효과적으로 대몽 항쟁을 수행하고자 제작하였다.

13 다음 자료를 읽고 물음에 답하시오.

> 〈가상 역사 드라마 – "신라의 아침"〉
> S#12. 신라 경주의 궁궐 조회 모습
> ㉠왕: 아버지 왕께서 일찍이 삼국을 통일하였으나, 우리나라의 지방 제도는 미숙한 상태요. 그래서 ㉡통일 후 넓어진 영토에 맞게 지방 제도를 바꾸려 하오. 그대들의 생각은 어떻소?
> 신하: 지당하신 말씀이옵니다.

(1) 밑줄 친 ㉠이 누구인지 쓰고, 밑줄 친 ㉡에 따라 전국이 몇 개의 주로 재편되었는지 쓰시오.

(2) 밑줄 친 ㉠이 지방의 주요 지역에 설치한 특별 행정 구역을 무엇이라 하는지 쓰고, 이를 설치한 목적을 서술하시오.

14 다음 자료를 읽고 물음에 답하시오.

> 쌍기는 후주 사람으로, 왕이 그의 재주를 아낀 나머지 후주 황제에게 표를 올려 그를 관료로 삼겠다고 요청한 후 발탁하여 관직에 임용하였다. …… 과거제의 설치를 처음으로 건의하였다.
> – 『고려사』 –

(1) 밑줄 친 '왕'이 누구인지 쓰시오.

(2) 밑줄 친 '왕'의 왕권 강화 정책 두 가지를 서술하시오. (단, 과거제 실시는 제외할 것)

15 다음 지도를 보고 물음에 답하시오.

(1) 군사 행정 구역을 지도에서 모두 찾아 쓰고, 일반 행정 구역에 파견된 지방관의 명칭을 쓰시오.

(2) 주현과 속현의 차이를 서술하시오.

(3) 고려가 속현을 행정적으로 어떻게 다스렸는지 그 내용을 아래 제시어를 포함하여 서술하시오.

> • 중앙　　　• 향리

16 다음 가상 대화를 보고 물음에 답하시오.

선생님께서는 어떤 일들을 하셨나요?

여러 사건으로 약해진 왕권을 회복하시려는 임금님의 명령에 따라 책을 편찬하였습니다. 듣자 하니, 현재 전하는 한국의 역사서 중 가장 오래되었다고 하더군요.

(1) 밑줄 친 '책'의 제목을 쓰시오.

(2) 밑줄 친 '책'의 특징 두 가지를 서술하시오. (단, 가장 오래된 역사서라는 내용은 제외할 것.)

자기주도 중학 사회 개념 기초서

2021 신간

중등 사회의 성공적인 입문서!

시작은 **하루 사회**
시리즈

완벽한 기초력 향상	1·6·5·4 프로젝트	흥미로운 시각 자료
교과서의 필수 핵심 개념만 간추려서 쉽게 익히는 교재로 중등 사회·역사 기초력 향상!	하루 6쪽, 주 5일, 4주 완성으로 단기간에 체계적으로 끝내자! 매일매일 공부 습관 형성에도 GOOD!	만화, 삽화, 마인드맵 등의 다채롭고 재미있는 비주얼 요소로 중등 사회·역사 필수 개념을 쏙쏙!

사회 과목도 절대 놓치지 마! "시작은 하루 사회" 예비 중1~중3(사회 ①, 사회 ②, 역사 ①, 역사 ②)

book.chunjae.co.kr

교재 내용 문의 ····················· 교재 홈페이지 ▶ 중학 ▶ 교재상담

교재 내용 외 문의 ················· 교재 홈페이지 ▶ 고객센터 ▶ 1:1문의

발간 후 발견되는 오류 ············ 교재 홈페이지 ▶ 중학 ▶ 학습지원 ▶ 학습자료실

중간고사 기말고사
고득점을 예약하자!

중학전략
역사②
BOOK 2

천재교육

역사전략

고득점을 예약하는 내신 대비서

중학전략
역사 ②

시험에 잘 나오는
개념BOOK 2

천재교육

종화전력
역사 ❷

개념BOOK 2
시험에 잘 나오는

개념 BOOK 하나면

역사 공부 끝!

go! go!

시 정부는 독립운동의 구심점 역할을 하였다.

19 **1** (1) 신간회 (2) 봉오동 전투 (3) 의열단 **2** ⑤ **3** 강연회와 연설회를 개최하여 민족의식을 고취하였고, 광주 학생 항일 운동을 지원하였다.

20 **1** (1) ○ (2) ○ **2** ① **3** (1) 남한 만의 단독 선거 (2) 김규식은 김구식과 함께 통일 정부 수립을 위해 북측의 지도자와 만나 남북 협상을 시도하였으나 성과를 거두지 못하였다.

차례

하편서 삼정이 문란해졌다.

11 1 (1) ○ (2) × (3) × (4) ○ 2 ③
3 (1) 공명첩 (2) 공명첩은 이름을 쓰는 곳을 비워 둔 관직 임명장으로, 돈이나 곡물을 납부한 사람에게 발급하였다. 조선 후기 국가 재정 확보를 위해 정부가 발행하였는데, 일부 부유한 농민과 상민들은 돈이나 곡식을 내고 공명첩을 사서 신분 상승을 꾀하였다.

12 1 (1) 통신사 (2) 연행사 (3) 서학
2 ④ 3 (1) 「곤여만국전도」 (2) 중국을 세계의 중심으로 여기던 기존의 성리학적 세계관에서 벗어나게 하여 조선인의 세계관 확대에 기여하였다.

13 1 (1) (ㄴ) (2) (ㄷ) (3) (ㄱ) (4) (ㄹ) 2 ⑤
3 농업 중심 개혁론은 토지 제도를 개혁하고 자영농을 육성하여 농민 생활을 안정시켜야 한다고 주장하였고, 상공업 중심 개혁론은 상공업 진흥과 청과의 교류를 통한 선진 문물 수용을 주장하였다.

14 1 (1) 진경산수 (2) 김홍도 (3) 주시체
2 ② 3 풍속화

15 1 (1) 한글 소설 (2) 판소리 2 ③

3 조선 후기 사회·경제적 변화 속에서 서민들이 정치력과 사회적 지위가 향상되었으며 서당 보급과 한글 사용으로 서민 의식이 성장하였다. 이에 따라 서민들이 문화 생활을 즐기게 되면서 서민 문화가 발달하였다.

16 1 (ㄴ) → (ㄷ) → (ㄱ) → (ㄹ) 2 ②
3 갑신정변과 동학 농민 운동에서는 공통적으로 신분제 폐지를 주장하였으며, 이는 갑오개혁 때 실현되었다.

17 1 항일 의병 운동 2 ③
3 일제의 국권 침탈에 맞서 무력으로 저항하는 항일 의병 운동이 일어났다. 초기에는 위정척사 사상을 가진 유생들이 주도하였으나 점차 신돌석, 홍범도와 같은 평민 의병장이 등장하는 등 여러 계층이 의병 운동에 참여하였다.

18 1 (1) 3·1 운동 (2) 문화 통치 (3) 민주 공화제 2 ③ 3 1919년에 일어난 3·1 운동은 전 민족이 참여한 최대 규모의 독립운동으로 국외로 확산되었으며, 우리 민족의 독립 의지를 전 세계에 알렸다. 3·1 운동을 계기로 통일된 독립운동을 전개하기 위해 중국 상하이에서 대한민국 임시 정부를 수립하였다. 대한민국 임시

빈출도 ①②③

1 조선의 국가 기틀 마련

○ 개념 노트

- 태조: 사병 혁파, 6조 직계제 실시, 호패법 실시
- 세종: 집현전 설치, 경연 실시, 4군 6진 개척
- 세조: 집현전·경연 폐지, 의정부 권한 약화
- 성종: 홍문관 설치, 경연 실시, 『경국대전』 완성

개념 필수 자료

(가) 유교 이념을 품은 한양

▲ 사직단 ▲ 경복궁 근정전 ▲ 숭례문 ▲ 종묘

≫ 한양은 유교 이념에 따라 건설되었다. 경복궁 중심으로 왼쪽에는 종묘를 두고, 오른쪽에는 사직단을 세웠다. 또 한양 성곽에 설치된 4개의 대문에는 유교에서 인간이 갖추어야 하는 '인의예지'의 덕목을 따라 이름을 붙였다.

(나) 호패

이름: 김홍
과거에 합격한 해: 기유(1729년)
태어난 해: 계사년(1773년)
과거 종류: 문과

≫ 호패는 조선 시대에 16세 이상의 남자가 가지고 다녔던 일종의 신분증이다. 호패에는 이름, 출생 연도 등 인적 사항이 적혀 있는데, 신분에 따라 호패에 적는 내용이 달랐다.

자료 해석

새로운 국가 기틀 마련을 위해 도읍한 한양은 나라의 중앙에 위치하고 ❶□□이 흘러 교통이 편리하였으며, 주변이 산으로 둘러싸여 방어에도 유리하였다. 조선은 ❷□□을 바탕으로 한양의 주요 건축물 이름을 정하였다. 그리고 여러 제도와 이름을 마련하여 유교 국가로서의 기틀을 마련하였다.

답 ❶ 한강 ❷ 유교

1 1 (1)-ⓒ (2)-ⓔ (3)-ⓗ (4)-ⓒ
2 ③ 3 (1) 훈폐법 (2) 세금 징수
외 군역 부과의 기초 자료를 마련하
기 위해서였다.

2 1 (1) 의정부 (2) 3사 (3) 이조 (4)
승정원 2 ① 3 (1) 사헌부, 사
간원, 홍문관 2 ① 3 (1) 사헌부는
관리의 비리를 감찰하였고, 사간원은
국왕의 잘못을 간언하는 일을 하였다. 홍문
관은 정책 자문에 응하였으며, 홍문
관은 정책 자문에 응하였으
며, 경연과 중요 문서 작성을 담당하
였다.

3 1 (1) 서원 (2) 동인 2 ③ 3 (1) 사
원 ⓒ 향약 (2) 서원에서는 덕망
높은 유학자에 대한 제사를 지내고
성리학을 연구하였으며, 또한 지방 양
반의 자제를 교육하였다.

4 1 (1) ○ (2) × (3) ○ 2 ②
3 (1) 중우기 (2) 조선은 백성의 생활
을 안정시키고 나라를 부강하게 하
기 위해 과학 기술 발전에 힘썼다.

5 1 (1) ○ (2) × (3) ○ 2 ⑤
3 백자

6 1 (1) 이순신 (2) 의병 (3) 정유재란
(4) 훈련도감 2 ③ 3 노비 문서
가 소실되고 진정에서 공을 세워 신
분이 상승되고 전정에서 공을 세워 신

나는 등 신분 질서가 동요되었다. 또
한 왜군은 도자기, 서적 등의 문화를
약탈하였고 불국사, 경복궁·사고 등
이 불에 타 없어졌다.

7 1 (1) 광해군 (2) 중립 외교 (3) 인조
반정 2 ① 3 (1) 중립 외교 정
책 (2) 후금과의 전쟁을 피하기 위해
서이다.

8 1 (1) 비변사 (2) 훈련도감 (3) 영정법
2 ④ 3 대동법, 점점마다 토지 기
준으로 쌀, 베, 면포, 동전 등을 거두
는 방식으로 변화되었다.

9 1 (1) 탕평책 (2) 규장각 (3) 수원
2 ③ 3 탕평 정치, 탕평 정치는 왕
권이 강화된 왕이 영향
력을 일시적으로 억누른 것에 불
과하였다. 탕평 정치는 정치 권력이
왕과 그 주변의 소수 정치 집단에 집
중되면서 사후 세도 정치가 출현하
는 배경이 되었다.

10 1 (1) 세도 (2) 삼정 2 ② 3 세
도, 세도 정치 시기에는 세도 가문이
국정을 주도하면서 왕권이 약화되었
고, 정치 기강이 문란해져 매관매직
이 성행하였으며, 과거 시험에서 부
정이 저질러졌다. 또한 이러한 과정
에서 관리가 된 이들이 백성을 수탈

---

1 다음 왕들의 업적을 바르게 연결하시오.

(1) 태종 • • ⓒ 직전법 실시
(2) 세종 • • ⓒ 훈폐법 실시
(3) 세조 • • ⓒ 사림 세력 등용
(4) 성종 • • ⓒ 훈민정음 창제

2 (가)를 보고 홍보 소책자를 만들 때, 들어갈 내용으로 옳지 않은 것은?

① 조선의 정종, 경복궁
② 불길이 되어 준 한강
③ 불교 덕목을 따서 이름 붙인 4대문
④ 역대 왕들과 왕비의 신주를 모시는 종묘
⑤ 도시와 국가의 신에게 제사를 지내던 사직단

3 (가)를 보고 물음에 답하시오.

[서술형]

(1) 제시된 신문을 실시한 목적을 쓰시오.

(2)(1)의 제도를 가지고 다녀내 한 제도를 사용하시오.

1 다음 설명이 맞으면 ○표, 틀리면 ✕표 하시오.

(1) 모스크바 3국 외상 회의에서 신탁 통치 실시가 결정되자, 이를 둘러싸고 좌우익의 대립이 심화되었다. ( )

(2) 여운형과 김규식은 분단을 막기 위해 좌우 합작 운동을 전개하였다. ( )

2 (가), (나)에 대한 설명으로 옳은 것은?

(가) 남북 협상	(나) 좌우 합작 운동

① (가)-통일 정부 수립을 위해 추진되었다.

② (가)-모스크바 3국 외상 회의의 결과 개최되었다.

③ (나)- 신탁 통치 결정에 찬성하였다.

④ (나)- 김규식이 참여하였다.

⑤ (가) – (나) 순으로 전개되었다.

3 다음 자료를 보고 물음에 답하시오.

답사 보고서

장소: 제주 4·3 평화 공원 및 기념관

조사 내용: 제주 4·3 사건은 (가)에 반대하여 제주도의 좌익 세력과 일부 제주도민들이 주도한 것으로, 이를 진압하는 과정에서 무고한 많은 민간인이 희생되었다.

(1) (가)에 해당하는 내용을 쓰시오.

(2) (가)에 반대하여 김규식 한 일과 그 결과를 서술하시오.

---

2 중앙 정치 기구

○ 개념 노트

- **의정부:** 최고 정치 기구, 영의정, 좌의정, 우의정 등이 합의를 통해 국정 총괄
- **6조:** 이조, 호조, 예조, 병조, 공조, 행정을 나누어 맡아 집행
- **3사:** 언론 기능 담당, 권력 독점과 관리의 부정 방지, 사헌부, 사간원, 홍문관

개념 필수 자료

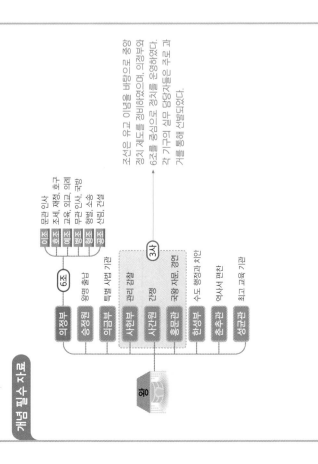

조선은 유교 이념을 바탕으로 중앙 정치 제도를 정비하였으며, 의정부와 6조를 중심으로 정치를 운영하였다. 각 기구의 실무 담당자들은 주로 과거를 통해 선발되었다.

자료 해석

3사는 다음의 기관들로 구성되었다.

❶		관리의 비행과 비리 감찰, 풍속 교정
사간원		왕이 올바른 정치를 하도록 일깨움.
❷		왕의 정치 자문, 경연 주관, 주요 문서 작성

답 ❶ 사헌부 ❷ 홍문관

20 대한민국 정부 수립

빈출도 ①〉②〉③

개념 노트

5·10 총선거

남한만의 총선거(우리나라 최초의 민주 선거) → 제헌 국회 구성

제헌 국회

제헌 헌법 공포 → 대통령 중심제를 기반으로 한 민주 공화정 채택

대한민국 정부 수립

초대 대통령 이승만, 유엔이 한반도 유일의 합법 정부로 승인

개념 필수 자료

8·15 광복
민족의 독립운동과 연합국의 승리

⬇

국토 분단
38도선을 경계로 미군과 소련군 주둔

⬇

통일 정부 수립 노력의 좌절
모스크바 3국 외상 회의 → 미소 공동 위원회 결렬 → 한국
문제 유엔에 이관 → 가능한 지역에서 총선거 실시 결정 →
남북 협상(실패)

⬇

대한민국 정부 수립
5·10 총선거 → 제헌 국회 구성 → 대한민국 정부 수립

1946년에 제1차 회의가 결렬되
고 이후 1947년에 다시 열렸으나
큰 성과를 내지는 못함

자료 해석

유엔이 결정한 남한 단독 선거가 실시되어(5·10 총선거) ❶ ▢▢▢ 국회가 구성되었
고, 이승만을 대통령으로 하는 ❷ ▢▢▢▢ 정부가 수립되었다. 38도선 이북에서도 김일
성을 수상으로 북한 정권이 수립되어 한반도는 분단되었다.

답ㅣ❶ 제헌 ❷ 대한민국

핵심 개념 체크

1 빈칸에 들어갈 조선의 중앙 정치 기구를 쓰시오.

(1) ( )은/는 국정을 총괄하는 최고 기구로, 3정승의 합의를 통해 정책
을 결정하였다.

(2) ( )은/는 국정을 구성하는 사헌부, 사간원, 홍문관은 권력의 집중과 부정을
방지하는 역할을 하였다.

(3) ( )은/는 국왕 직속의 사법 기구로 반역죄, 강상죄 등 중대한 범죄
를 저지른 죄인을 다스렸다.

(4) ( )은/는 왕명 출납을 담당하는 국왕의 비서 기관이었다.

2 다음에서 설명하는 기구를 개념 필수 자료에서 고르면?

· 조선 태종 때 설치되었다.
· 조선 시대 최고 통치 기구였다.
· 3정승의 합의로 정책을 결정하였다.

① 의정부 ② 승정원 ③ 사헌부 ④ 사간원 ⑤ 홍문관

3 다음 글을 읽고 물음에 답하시오.

서술형

조선은 권력의 독점과 부정을 막기 위해 여론 기능을 담당하는 ㉠ 3사
를 두었다.

(1) 밑줄 친 ㉠에 해당하는 정치 기구 세 개를 쓰시오.

(2) (1)에 쓴 정치 기구의 역할을 각각 서술하시오.

1 빈칸에 들어갈 알맞은 말을 쓰시오.

(1) 비타협적 민족주의 세력과 사회주의 세력이 연대하여 조직한 ( )은/는 광주 학생 항일 운동을 지원하기도 하였다.

(2) 1920년 6월 홍범도가 이끄는 대한 독립군이 일본군을 격파한 전투는 ( )이다.

(3) 중일 전쟁이 일어나자 김원봉은 ( )을/를 조직하여 항일 투쟁을 전개하였다.

2 다음 단체들의 공통점으로 옳은 것은?

· 의열단   · 한인 애국단

① 국내에서 실력 양성 운동을 전개하였다.

② 봉오동 전투와 청산리 대첩에서 활약하였다.

③ 중일 전쟁 이후 항일 투쟁을 위해 조직되었다.

④ '건국 강령'을 발표하고 새로운 국가 수립을 준비하였다.

⑤ 일제의 주요 기관과 관리를 대상으로 폭탄 투척 등 의거 활동을 하였다.

3 [서술형] (가) 강령을 가졌던 단체의 주요 활동을 서술하시오.

---

3 사림 세력의 성장

○ 개념 노트

형성	고려 말 정몽주, 길재 등의 학문적 전통을 이어받은 지방의 유학자들
특징	도덕과 의리를 바탕으로 하는 왕도 정치와 향촌 자치 주구, 정치 운영에서 왕권과 신권의 조화 강조
정계 진출	성종이 훈구 세력을 견제하기 위해 김종직 등 사림 세력 등용 → 주로 3사의 관리로 임명되어 훈구 세력의 권력 독점과 비리 비판, 개혁 요구
사림 세력의 성장 기반	· 서원: 덕망 있는 유학자에 대한 제사, 성리학 연구, 지방 양반의 자제 교육 → 서원을 중심으로 성리학 보급, 정치에 대한 여론 형성 · 향약: 사림 세력이 주도하여 만든 향촌 자치 규약(향촌의 공동체 조직 + 유교 윤리), 향촌 사회의 질서 유지, 풍속 교화

개념 필수 자료

(가) 사림의 계보도

(나) 소수 서원

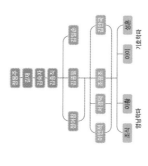

》 소수 서원이 시초는 백운동 서원이다. 백운동 서원은 중종 때 주세붕이 세운 우리나라 최초의 서원이었다. 이후 명종으로부터 '소수 서원'이라는 이름의 현판을 받아 우리나라 최초의 사액 서원이 되었다. '사액'이란 왕이 서원의 이름이 적힌 현판을 하사하는 것을 말한다.

》 사림 세력은 고려 말 조선 건국에 협력하지 않고, 향촌에서 성리학을 연구하며 후진 양성에 힘쓰던 하지들을 계승한 사람들이다. 사림 세력은 선조 때 중앙 정치의 주도권을 장악하였으나, 동인(영남학파)과 서인(기호학파)으로 나뉘었다.

자료 해석

사림은 향촌에 ❶ □□□을 세워 덕망 높은 유학자를 기리고 지방 양반의 자제를 교육하였다. 이처럼 ❶ □□□을 기반으로 성리학 이념을 향촌에 널리 보급하고, 향촌에서 정치 여론을 형성하였다. 또한 사림은 향촌에 지치 규약인 ❷ □□을 만들어 보급하였다. 이를 통해 지방민을 교화하고 통제하면서 향촌 사회의 주도권을 강화해 나갔다.

답 ❶ 서원 ❷ 향약

○ 개념 노트

개념 필수 자료

1920년대	• 국내: 물산 장려 운동, 6·10 만세 운동, 신간회 창립, 광주 학생 항일 운동 • 국외: 봉오동 전투, 청산리 대첩, 3부 성립
1930년대 이후	무장 독립 투쟁: 한인 애국단(이봉창, 윤봉길), 독립군 통합, 조선 의용대, 한국 광복군

개념 필수 자료

(가) 강령

• 우리는 정치적·경제적 각성을 촉구함.
• 우리는 단결을 공고히 함.
• 우리는 기회주의를 일체 부인함.

» 신간회는 자치론을 기회주의로 배척하고 안건 독립을 주장하는 비타협적 민족주의 세력과 사회주의 계열이 연대하여 조직한 일제 강점기 최대 규모의 정치·사회 단체이다.

(나) 1930~1940년대 국외(중국 지역)에서 전개된 독립운동

자료 해석

중일 전쟁이 일어나자 **❶** 은 조선 의용대를 조직하고 항일 투쟁을 전개하였다. 조선 의용대의 대부분은 적극적으로 항일 투쟁을 하고자 하였고, 이들은 **❷** 지방으로 이동하여 활동하던 독립운동가들과 힘을 합하여 조선 독립 동맹을 결성하고, 조선 의용군을 편성하였다. 일부 병력은 한국 광복군에 편입되어 무장 투쟁을 계속하였다.

답 ❶ 김원봉 ❷ 화베이

핵심 개념 체크

1 밑줄 안의 내용 중 알맞은 말을 골라 O표 하시오.

(1) 사림은 (서원, 서당)에서 덕망 높은 유학자의 제사를 지내고, 성리학을 연구하며 양반 자제들을 교육하였다.

(2) (동인, 서인)은 이황과 조식의 학문을 계승하였다.

2 (가)와 같은 제도를 가진 세력에 대한 설명으로 옳은 것은?

① 중종 때부터 정치에 진출하였다.
② 훈구 세력을 공격하여 사화를 일으켰다.
③ 도덕과 의리에 바탕을 둔 왕도 정치를 지향하였다.
④ 네 차례의 사화 이후 정치 활동에서 완전히 밀려났다.
⑤ 건국 초기부터 의정부와 6조에 등용되어 국가 운영을 주도하였다.

3 <서술형> 다음 삽화를 보고 물음에 답하시오.

서원

사림들이 마침내 선조 때 다시 정계로 진출하여 중앙 정계의 주도권을 잡았지.

사림 세력이 내 차례의 사화로 큰 타격을 입어 왕에에도 불구하고 선조 대에 정치적 진출이 세력으로 성장할 수 있었던 것은 (㉠)와/과 (㉡)을/를 중심으로 향촌 사회에서 꾸준히 세력을 키웠기 때문이야.

(1) ㉠과 ㉡에 들어갈 용어를 쓰시오.

(2) ㉠에서 행한 일을 세 가지 서술하시오.

1 괄호 안의 내용 중 알맞은 말을 골라 ○표 하시오.

(1) (을사늑약 , 3·1 운동)을 계기로 대한민국 임시 정부가 수립되었다.

(2) 3·1 운동 이후 일제는 이른바 (무단 통치 , 문화 통치)로 통치 방식을 바꾸었다.

(3) 대한민국 임시 정부는 (민주 공화제 , 입헌 군주제)를 채택하였다.

2 (가)와 관련된 사건의 배경에 해당하는 것을 보기에서 고른 것은?

보기
ㄱ. 대한민국 임시 정부 수립
ㄴ. 일본에서의 2·8 독립 선언
ㄷ. 고종 황제의 서거와 독살설
ㄹ. 광주 학생 항일 운동의 전개

① ㄱ, ㄴ ② ㄱ, ㄷ ③ ㄴ, ㄷ ④ ㄴ, ㄹ ⑤ ㄷ, ㄹ

3 서술형 제시된 자료와 관련된 운동의 역사적 의의에 대해 서술하시오.

우리는 이에 우리 조선이 독립한 나라임과 조선 사람이 자주적인 민족임을 선언한다. 이로써 세계 만국에 알리어 인류 평등의 큰 도의를 분명히 하는 바이며, 이로써 자손만대에 깨우쳐 일러 민족의 독자적 생존의 정당한 권리를 영원히 누려 가지게 하는 바이다. － 「기미 독립 선언서」－

빈출도 ❶ ❷ ❸

4 조선 전기 과학 기술의 발달

○ 개념 노트

천문과 역법	『천상열차분야지도』(태조 때 별자리를 관측하여 만든 천문도), 『칠정산』(세종 때 중국과 이슬람의 역법을 참고하여 한성을 기준으로 천체의 움직임을 관측하여 편찬한 역법서)
의학	『향약집성방』(우리나라에서 자라는 약재와 질병 소개), 『의방유취』(의학 백과사전)
농업 기술	『농사직설』(우리나라의 풍토에 맞는 농사법 정리), 측우기(세종 때 발명, 전국 각지의 강수량 파악 → 중앙에 대비)
활자 인쇄술	인쇄술의 발달로 성리학 관련 서적 간행, 보급 활발

개념 필수 자료

(가) 세종 때 만들어진 과학 기구

▲ 간의 행성과 별의 위치, 고도, 방위 등을 측정하는 데 사용된 천체 관측기구이다.

▲ 앙부일구 해의 그림자를 보며 시간을 측정한 해시계이다.

자격루 장영실 등이 발명한 물시계이다. 자동으로 시간을 알려 주는 장치를 갖추었으며, 밤에도 시간을 알 수 있게 되었다.

(나) 측우기

▲ 측우기

세계 최초로 만든 강우량 측정 기구로, 서울뿐만 아니라 각 지방에도 설치하였다. 측우기로 강우량을 파악하여 가뭄과 홍수로 인한 농민의 피해를 줄이고자 하였으며, 풍흉에 대비하게 하였다.

자료 해석

조선은 백성의 삶을 안정시키고자 농업과 의학도 중시하였다. 세종 때 『농사직설』을 편찬하였고, ❶ 를 만들어 각 지역의 강우량을 파악하고 풍흉에 대비하였다. 또한 우리나라에서 자라는 ❷ 를 활용한 치료법을 제시하는 『향약집성방』을 편찬하였고, 의학을 집대성하여 『의방유취』도 간행하였다.

답 | ❶ 측우기 ❷ 약재

18 3·1운동

빈출도 ❶〉❷〉❸
3·1운동

◎ 개념 노트

• 3·1운동

배경	윌슨의 민족 자결주의, 2·8 독립 선언, 밀입 강정 고조 등
의미	최대 규모의 거족적 민족 운동
영향	대한민국 임시 정부 수립, 일제의 식민 통치 방식 변화, 중국의 5·4 운동 및 인도의 독립 운동에 영향

• 대한민국 임시 정부의 수립

수립	각지의 임시 정부를 상하이의 대한민국 임시 정부로 통합, 삼권 분립과 민주 공화제 헌법 제정
활동	외교 활동, 연통제와 교통국 운영, 독립 공채 발행, 의연금 모금

개념 필수 자료

(가) 전 민족적인 항일 운동

(나) 대한민국 임시 정부 수립의 계기 마련

한성 정부(1919.4) / 상하이 / 경성 / 블라디보스토크 / 대한 국민 의회(1919.3) / 대한민국 임시 정부 / 대통령: 이승만 / 국무총리: 이동휘

》 독립 운동가들은 3·1 운동을 계기로 독립운동을 보다 조직적으로 전개하기 위해 1919년 9월 상하이에 통합된 대한민국 임시 정부를 수립하였다.

자료 해석

1919년에 일어난 3·1운동은 전 민족이 참여한 최대 규모의 독립운동으로 국외로 확산되었으며, 우리 민족의 독립 의지를 전 세계에 알렸다. 3·1운동을 계기로 독립 운동을 전개하기 위해 중국 ❶ 에서 ❷ 를 수립하였다. 독립 운동의 구심점 역할을 하였다.

답 ❶ 상하이 ❷ 대한민국 임시 정부

핵심 개념 체크

1 다음 설명이 맞으면 O표, 틀리면 X표를 하시오.

(1) 세종 때 우리나라의 풍토에 맞는 농사 방법을 정리하여 『농사직설』을 편찬하였다.

(2) 세종 때 세계 최초의 우량 측정 기구인 앙부일구가 만들어졌다.

(3) 『향약집성방』에서는 우리나라에서 자라는 약재와 질병 치료법을 소개하였다.

2 개념 자료의 (가)와 같은 기구들이 발명된 배경으로 가장 적절한 것은?

① 양반 문화가 발달하였다.
② 천문학이 농사에 도움을 주었다.
③ 서양의 과학 기술이 전래되었다.
④ 사림 세력이 정치 주도권을 장악하였다.
⑤ 제도가 정비되고 서적 편찬이 활발해졌다.

3 서술형
다음 자료를 보고 물음에 답하시오.

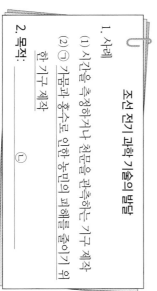

조선 전기 과학 기술의 발달

1. 사례
(1) 시간을 측정하거나 천문을 관측하는 기구 제작
(2) ③ 기후와 홍수로 인한 농민의 피해를 줄이기 위...
2. 목적:
한 기구 제작 ⓛ

(1) 밑줄 친 ③에 해당하는 기구의 이름을 쓰시오.

(2) ⓛ에 들어갈 내용을 서술하시오.

핵심 개념 체크

1 다음의 빈칸 ㉠에 들어갈 국권 수호 운동을 쓰시오.

(㉠)
- 무력을 통한 적극적인 항일 투쟁
- 을미의병 → 을사의병 → 정미의병

2 왼쪽 그림과 관련된 의병에 대한 설명으로 옳은 것을 보기에서 고른 것은?

보기
ㄱ. 신돌석 등 평민 의병장이 활약하였다.
ㄴ. 해산된 군인들이 합류하여 전투력이 크게 향상되었다.
ㄷ. 이인영을 총대장으로 하는 13도 창의군이 결성되었다.
ㄹ. 전국 의병 부대가 연합하여 시도한 서울 진공 작전이 성공하였다.

① ㄱ, ㄴ ② ㄱ, ㄷ ③ ㄴ, ㄷ ④ ㄴ, ㄹ ⑤ ㄷ, ㄹ

3 (가) 운동에 대해 참여 계층을 중심으로 서술하시오.

서술형

일제가 자행한 을미사변과 단발령 시행에 반발하여 (가) 운동이 전개되었다. 초기에는 유인석 등 양반 유생들이 주도하였으나 을사늑약이 체결된 이후에는 신돌석 같은 평민 의병장도 등장하였다.

빈출도 ❶ > ❷ > ❸

5 조선 전기의 예술

○ 개념 노트

문학	김시습의 「금오신화」, 정철의 「관동별곡」
회화	강희안의 고사관수도, 안견의 몽유도원도, 사군자 유행
공예	분청사기, 백자
건축	궁궐, 향교, 성문 건축 중심, 서원 건축 활발, 정원과 정자

개념 필수 자료

▲ 「몽유도원도」

세종의 셋째 아들인 안평 대군의 꿈에 서본 무릉도원을 화원인 안견에게 설명하여 그리게 한 것

조선 전기에는 유교 윤리를 바탕으로 한 양반 중심의 문화가 발달하였다. 양반 사대부의 정신세계를 표현한 그림이 유행하였으며, 양반 사대부의 취향에 걸맞은 도자기가 제작되었다.

▲ 분청사기 철화 어문 병
▲ 백자 철화 끈무늬 병

자료 해석

조선 초에는 고려 말부터 사용된 ❶ [　　]이 유행하였다. 소박한 무늬와 다양한 모양이 이 유행하였다. 소박한 무늬와 다양한 모양의 ❶ [　　]는 전국적으로 만들어져 궁중과 관청에서 널리 사용되었다. 백자는 처음에는 왕실에서 주로 사용했지만 점차 사대부로 퍼져 나갔다. 담백하고 깨끗한 이름으로 담백하고 깨끗한 이름으로 ❶ [　　]는 유럽에 등 양반 사대부의 취향에 맞았기 때문이다. 하지만 대부분 일반 백성들은 비싼 백자를 사용할 수 없었다. 이들은 흙으로 구운 옹기를 이용하였다.

답 ❶ 분청사기

17 항일 의병 운동

◯ 개념 노트

을미의병(1895)	을미사변과 단발령이 원인, 유생 중심
을사의병(1905)	을사늑약이 원인, 신돌석 등 평민 의병장 활약
정미의병(1907)	고종 강제 퇴위와 군대 해산이 원인

개념 필수 자료

대한 제국의 군대가 해산되자 의병 운동은 더욱 거세졌다(1907). 이때 의병은 유생과 농민, 해산된 군인뿐만 아니라 포수, 학생 등 각 계층이 참여한 전국적인 항일 운동으로 발전하였다.

자료 해석

일제는 헤이그 특사 파견을 구실로 고종을 강제로 퇴위시키고, 대한 제국의 ❶ 을/를 해산하였다. 그리고 대한 제국을 강제 병합하였다. 일본의 국권 침탈에 대항하여 항일 운동이 각계각층에서 다양하게 전개되었다. ❷ 을/를 조직하여 무력으로 일제에 저항하였고, 안중근 등 일부 독립운동가들은 의열 투쟁을 벌였다.

답 ❶군대 ❷의병

핵심 개념 체크

1 다음 설명이 맞으면 ◯표, 틀리면 ✕표를 하시오.
(1) 조선 전기에는 분청사기가 유행하였다.
(2) 「고사관수도」는 문인 화가인 안견이 그린 그림이다.
(3) 16세기 이후에는 선비들의 취향에 맞게 고상한 분위기를 풍기는 백자가 유행하였다.

2 개념 필수 자료를 제시하면서 '조선 전기의 문화를 소개하는 소책자에 들어갈 내용으로 옳지 않은 것은?
① 김인자 등 개량된 금속 활자가 만들어졌다.
② 양반 사대부의 지조를 표현한 사군자화가 유행하였다.
③ 앞 천문도를 기반으로 「천상열차분야지도」가 제작되었다.
④ 백성의 농업에 도움을 주고자 「농사직설」을 편찬하였다.
⑤ 조선 초기에는 백자가 유행하였으나 16세기 이후에는 분청사기가 유행하였다.

3 다음의 밑줄 친 도자기에 해당하는 자기가 무엇인지 쓰시오.
조선 전기에도 유교 윤리를 바탕으로 한 양반 중심의 문화가 발달하였다. 양반 사대부의 정신세계를 표현한 그림이 유행하였으며, 양반 사대부의 취향에 걸맞은 도자기가 제작되었다.

핵심 개념 체크

1 사건을 일어난 순서대로 나열하시오.

⊙ 갑신정변   ⓒ 강화도 조약   ⓒ 임오군란   @ 동학 농민 운동

2 밑줄 친 '개혁'의 내용으로 옳은 것은?

동학 농민군은 각지에 자치적 민정 기구인 집강소를 설치하여 행정과 치안을 담당하면서 <u>개혁</u>을 추진해 나갔다.

① 탕평비 건립
② 조세 제도 개편
③ 삼정이정청 설치
④ 평안도 지역 차별 철폐
⑤ 시전 상인의 특권 폐지

서술형
3 다음 자료를 보고 갑신정변과 동학 농민 운동에서 공통으로 주장한 개혁 내용 및 이러한 주장이 법적으로 실현된 시기를 서술하시오.

• 문벌을 폐지하고 평등한 사회를 만든다.
— 갑신정변 14개조 정강 중 —

• 노비 문서를 소각한다.
— 동학 농민 운동의 폐정 개혁안 중 —

빈출도 ① ② ③

6 임진왜란의 발발과 영향

○ 개념 노트

• **왜란의 배경**: 조선의 국방력 약화, 일본의 전국 시대 통일
• **왜란의 전개**: 일본군 침략 → 수군과 의병의 활약 + 명의 원군과 관군 승리 → 휴전 협상 전개 및 결렬 → 정유재란 → 종결
• **왜란의 결과**
  • 조선: 인구 감소, 재정 악화, 신분제 동요, 문화재 소실
  • 일본: 에도 막부 수립, 조선의 선진 문화 도입→조선과 국교 재개, 통신사 파견
  • 중국: 명의 쇠퇴, 여진의 성장(후금 건국)

개념 필수 자료

(가) 왜란의 전개 과정

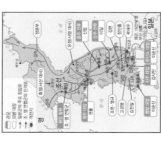

(나) 의병을 모으는 격문

섬 오랑캐가 쳐들어왔다.……중이란 마땅히 나라를 위해 죽는 것이니, 무기를 들고 군량을 모으며, 말에 올라타 앞장서 전쟁터로 달려가자. 가까이 정기를 던지고 논밭에서 일어나 능력이 되는 데까지 오직 충의로 돌아가라.
— 고경명, 「제봉선생집」 —

자료 해석

임진왜란 초기 육지에서는 패전을 거듭하였다. 그러나 수군과 의병의 활약으로 조선이 본격적으로 반격에 나서고, 명이 지원군을 파병함으로써 전세가 역전되었다.

조선의 관군이 연이어 패배하자 전직 관리, 유생자, 승려 등 온 지역 농민들이 모여 의병을 일으켰다. 의병은 익숙한 지리를 활용한 전술로 작은 병력으로도 일본군에 큰 타격을 주었다.

임진왜란 초기 조선은 한양을 점령당하였고 선조는 의주로 피란하였다. 그러나 연이어 패배하던 조선은 ❶ 의 승리와 ❷ 의 활약, 명의 지원군 등 전세를 역전하였다.

답 ❶ 수군 ❷ 의병

14 역사❷•BOOK 2

16 갑신정변, 동학 농민 운동

- 갑신정변(1884): 김옥균 등 일부 개화파가 우정총국에서 정변을 일으킴(민씨 정권 폐지, 학교 설립 등 추장) → 근대 국가를 수립하려 하였으나 실패

- 동학 농민 운동(1894)

봉기	전봉준이 이끄는 농민들이 전라도에서 봉기
주장	• 신분제 폐지, 조세 제도 개혁, 외세 배격 등 주장 • 전라도 일대에 집강소를 설치하고 개혁 추진 • 기존의 낡은 체제 변혁 시도
결과	일본군에 의해 진압

핵심 필수 자료

(가) 갑신정변 정강

2. 문벌을 폐지하여 인민 평등의 권리를 제정하고, 능력에 따라 관리를 등용한다.

12. 국가의 재정은 모두 호조에서 관할하게 한다.

13. 대신과 참찬은 의정소에서 회의하여 정사를 결정한 뒤 왕에게 아뢰어 정령을 공포하여 집행한다.

(나) 동학 농민군의 개혁안

- 탐관오리를 모두 쫓아낼 것
- 임금의 눈을 가리고 권세를 팔며 국가를 농락하는 무리를 모두 쫓아낼 것
- 민간인을 잡역에 동원하는 일을 줄일 것

> 동학 농민 운동은 밑으로는 사회 개혁을 추구한 반봉건 운동이자, 밖으로는 외세의 침략을 막아내려 한 반외세 운동이었다. 이들의 요구는 갑오개혁에 일부 반영되었다.

자료 해석

갑신정변 당시 급진 개화파는 ❶ 을 발표하여 자주적인 근대 국가를 건설하려 하였다. 이러한 내용 중 일부는 이후 ❷ _____ 에 반영되었다.

답 ❶ 정강 ❷ 갑오개혁

핵심 개념 체크

1 다음 물음에 답하시오.

(1) 외세의 간섭 없이 조선이 수군을 이끌며 불리했던 전쟁 양상을 바꾸는 데 기여했던 인물은?

(2) 외세의 간섭 없이 전주 곳곳에서 유생과 전직 관리 등을 중심으로 지역 농민들이 힘을 합해 결성한 군대는?

(3) 외세의 간섭 없이 일본이 제의한 휴전 회담이 결렬된 이후 일본이 조선을 다시 침략한 사건은?

(4) 외세의 간섭 없이 휴전 회담이 이루어지는 동안 조선 정부가 중앙군을 정비하면서 설치한 군은?

2 (나)와 관련 있는 사람들에 대한 설명으로 옳은 것은?

① 명과 연합하여 왜성의 적군에서 승리하였다.
② 전쟁에서 무기를 세워 대부분 신분이 상승하였다.
③ 향토 지리에 밝은 점을 이용하여 일본군에 맞섰다.
④ 일본에 포로로 끌려가 일본 문화 발전에 기여하였다.
⑤ 무오, 사진, 단포, 한산도 등지에서 일본군을 무찔렀다.

3 (서술형) (가)가 끼친 영향을 세 가지 이상 서술하시오.

1 괄호 안의 내용 중 알맞은 말을 골라 ○표 하시오.

(1) 조선 후기 문화에서는 『춘향전』, 『흥부놀부전』 등의 (사설시조 , 한글 소설)이/가 크게 유행하였다.

(2) (판소리 , 탈춤)은/는 소리꾼이 북 장단에 맞추어 노래와 말로 이야기를 풀어 가는 것이다.

2 (가)와 같이 조선 후기에 풍속이 변화하게 된 배경으로 옳은 것은?
① 성리학이 발달하였다.
② 천주교가 전래되었다.
③ 성리학적 질서가 강화되었다.
④ 서민의 의식 수준이 높아졌다.
⑤ 상품 화폐 경제가 발달하였다.

서술형
3 (나)와 같이 조선 후기에 서민 문화가 발달하게 된 배경을 서술하시오.

빈출도 ❶ ❷ ❸

7 광해군의 중립 외교와 인조 반정

개념 노트
- 광해군의 전후 복구 사업: 성곽과 무기 수리, 동의보감 편찬, 토지 대장, 호적 정리
- 중립 외교: 명과 후금 사이에서 세력 균형 유지(실리 추구)
- 인조 반정: 서인 세력이 광해군 축출 → 인조 추대

개념 필수 자료

(가) 광해군의 전후 복구책

· 토지 대장과 호적 정리
· 성곽과 무기 수리
· 군사 훈련 강화
· 『동의보감』 편찬
· 창덕궁 중건 실시

» 이 왕은 선조의 뒤를 이어 왕위에 오른 후 전쟁 피해를 복구하기 위해 노력하였으며, 명과 후금 사이에서 중립 외교 정책을 펼쳤다.

(나) 광해군의 중립 외교

(임금이) 도원수 강홍립에게 타일러 명령을 내리기를 "예조 요동으로 건너간 군사 1만 명은 정예병이니 …… 명 장수의 말을 그대로 따르지만 말고 오직 패하지 않을 방도를 마련하는 데에 힘쓰라.

『광해군일기』, 누르하치에게 항복하는 강홍립의 모습이 그려져 있다.

>> 명이 조선에 지원병을 요청하자, 광해군은 강홍립과 군사를 파견하면서 강홍립에게 상황에 따라 실리적으로 대처하도록 명령을 내렸다. 조·명 연합군이 사르후 전투에서 후금에 크게 패하자, 강홍립은 광해군의 명령에 따라 남은 병력을 이끌고 후금에 투항하였다.

자료 해석

광해군 ❶ [____] 정책은 명에 대한 의리를 중시한 서인 세력의 반발을 샀다. 더구나 광해군이 왕권 안정에 위험이 되는 영창 대군을 죽이고 인목 대비를 폐하면서, 광해군이 유교 윤리를 어겼다는 비판이 일어났다. 결국 서인 세력에 의해 광해군이 쫓겨나고 인조가 왕위에 올랐다[❷____].

답 | ❶ 중립 외교 ❷ 인조반정

16 역사❷ · BOOK 2

15 생활과 문화의 새로운 양상

○ 개념 노트

• 생활 문화의 변화

배경	양난 이후 성리학적 사회 질서 강화
주요 변화	제사와 상속, 적장자 위주로 변화, 여성의 지위 하락(정절 강조)

• 서민 문화의 발달

문학	• 한글 소설: 지배층 향호, 현실 사회의 모순을 비판 • 사설시조: 형식에 얽매이지 않고 감정을 솔직하게 표현
공연	• 판소리: 인물까지 표현한 넓은 계층이 향유하는 문화로 발전 • 탈춤: 현실 사회의 모순, 서민 정서를 풍자적으로 표현

개념 필수 자료

(가) 조선 후기 재산 상속

부모 자식 간의 정과 도리는 아들이나 딸이나 차이가 없지만 딸은 부모가 살아 있을 때에 봉양하는 도리가 없고 죽은 뒤에도 제사를 지내는 예가 없으니 어찌 재산을 이들과 똑같하게 나누어 주겠느냐, 딸에게는 3분의 1만 주어도 정과 도리에 비추어 볼 때 조금도 잘못된 일이 아니다.
– 「부안 김씨 종중 고문서」, 18쪽 –

≫ 조선 후기에는 남자 중심, 장자(맏아들) 중심의 상속제가 자리 잡았다. 균분적 상속과 재산 상속에서 제사 등에 드는 비용을 우대받고 딸과 다른 아들들은 점차 적은 몫을 받게 되었다.

(나) 서민 문화의 발달 – 탈춤

양반: 나는 사대부의 자손일세.
선비: 아니 뭐라고, 사대부? 나는 팔대부의 자손일세.
양반: 아니, 팔대부? 팔대부는 또 뭐야?
선비: 팔대부는 사대부의 갑절이지.
– '안동 하회 별신굿 탈놀이' 대사 중에서 –

≫ 탈춤은 임시 지배층의 양반이나 위선이나 힘없이 간은 사회 모순을 비판하거나 풍자하였다. 이러한 풍자와 해학은 탈춤, 봉산탈춤 등이 대표적이다.

핵심 개념 체크

1 빈칸에 들어갈 알맞은 말을 쓰시오.

(1) 선조의 뒤를 이어 즉위한 (　　　　)은/는 북인 정권과 함께 전쟁 피해 복구에 힘썼다.

(2) 광해군이 명과 후금 사이에서 (　　　　)을/를 펼친 결과, 조선은 후금과의 충돌을 피할 수 있었다.

(3) 광해군이 영창 대군을 살해하고 인목 대비를 유폐하자 서인은 이를 구실로 (　　　　)을 일으켜 광해군을 몰아내고 새 왕을 추대하였다.

2 (가) 삼화와 관련된 국왕이 실시한 정책으로 옳지 않은 것은?

① 전함과 실시
② 성곽과 무기 수리
③ 「동의보감」 편찬
④ 중립 외교 정책 실시
⑤ 토지 대장과 호적 정리

3 (나)를 읽고 물음에 답하시오.

〔서술형〕
(1) 윗글과 관련 있는 광해군의 외교 정책을 쓰시오.

(2) 광해군이 위와 같은 외교 정책을 실시한 목적을 서술하시오.

핵심 개념 체크

1 다음 물음에 답하시오.

(1) 조선 후기에 새롭게 등장한 것으로, 중국의 산수화를 모방하던 기존의 산수화에서 벗어나 우리나라의 아름다운 경치를 사실적으로 그렸던 화풍은?

(2) 풍속화의 대표적인 화가로 「씨름」, 「서당」 등의 작품을 남긴 인물은?

(3) 김정희가 우리나라와 중국의 금석문의 금석체를 두루 연구하여 독창적으로 만들어 낸 서체는?

2 다음 그림에 나타난 화풍에 대한 설명으로 옳은 것은?

① 김홍도, 신윤복이 개척한 화풍이다.

② 우리나라의 자연을 사실적으로 그렸다.

③ 서민의 소망을 담은 장식적인 그림이다.

④ 서민의 미적 감각에 맞춘 자유로운 표현이 특징이다.

⑤ 중국의 영향을 받아 성리학적 이상 세계를 표현하였다.

3 다음 그림과 같은 화풍의 명칭을 쓰시오.

▲ 김홍도의 「씨름」　▲ 김홍도의 「서당」　▲ 신윤복의 「단오풍정」

---

8 조선 후기 통치 체제의 변화

빈출도 ①②③

• **비변사 기능 강화**: 국방 문제를 협의하는 임시 회의 기구였던 비변사가 최고 협의 기구가 됨, 의정부와 6조의 기능 축소, 왕권 약화

• **군사 제도의 개편** – 5군영(중앙군)과 속오군(지방군)으로 개편

5군영	• 훈련도감: 해란 중에 설치, 삼수병으로 구성된 직업 군인 • 어영청, 총융청, 수어청, 금위영 설치로 5군영 완비
속오군	양반부터 노비까지 포함, 평상시 생업 종사, 유사시 전투 참여

• **조세 제도의 개편**

전세	영정법	풍흉에 관계없이 일정액 징수(1결당 4두)
공납	대동법	토지 결수 기준으로 쌀, 옷감, 동전 등으로 징수(1결당 12두) → 공인 이 등장하여 상품 화폐 경제 발달에 기여, 농민 부담 감소, 조세 운영 인정
군역	균역법	군포 부담을 1년 2필에서 1필로 줄임, 부족분은 결작미, 선무군관포 등으로 충당

개념 필수 자료

(가)의 기능 강화

요즈음 큰 일이건 작은 일이건 비변사에서 모두 다룹니다. 의정부는 한갓 이름뿐이고 6조는 할 일을 모두 빼앗기고 말았습니다. 이름은 변방 방비(비변)를 위해 설치했다고 하면서 과거나 비빈 간택까지도 모두 여기서 처리합니다. - 「효종실록」 -

16세기 초 중종 때 임시로 설치된 비변사는 ㉠ 널을 가지며 구성원이 3정승을 비롯한 고위 관원들로 확대되었으며, 군사 문제뿐만 아니라 모든 국정을 총괄하는 최고 정치 기구가 되었다. 이에 따라 의정부와 6조의 기능이 축소되고 왕권이 약해졌다.

(나) A의 실시

▲ A의 확대 과정

자료 해석

집집마다 토산물을 납부하였는데 방납의 폐단이 갈수록 심화되었다. 정부는 이를 바로잡기 위해 토지를 기준으로 쌀, 옷, 베, 면포, 동전 등을 거두는 ❶　　　을 실시하였다. ❶　　　이 실시되면서 국가에 필요한 물품을 조달하는 ❷　　　이 등장하였다.

답 ❶ 대동법 ❷ 공인

14 조선 후기 예술의 발달

개념 노트
- **진경산수화**: 조선의 산천 모습을 그대로 묘사(정선)
- **풍속화**: 도시민과 농민의 일상적 모습 표현(김홍도, 신윤복)
- **한문학**: 박지원(「양반전」, 「허생전」) → 양반 계층 풍자
- **추사체(김정희)**: 독특한 개성과 정서가 담긴 글씨체

개념 필수 자료

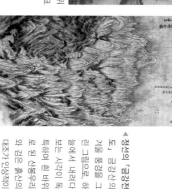

▶ 정선의 「인왕제색도」, 서울의 인왕산을 그린 그림으로, 비 온 뒤 안개 속에 심긴 바위 봉우리의 웅장한 수묵이 비 그린 뒤의 인왕산 아래 실감나게 표현되었다.

▶ 정선의 「금강전도」, 금강산의 모습을 겨울 풍경으로 한 그림으로, 그 위에서 내려다본 시점이다. 특히 한 봉우리의 둥근 산봉우리와 겨울 산들이 웅장한 대조가 인상적이다.

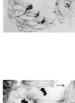
▶ 김홍도의 「씨름」

▶ 김홍도의 「서당」

▶ 신윤복의 「단오풍정」

자료 해석

조선 후기에는 우리나라의 자연을 직접 보고 그리는 ❶ ( ) 가 등장하였는데, 대표적인 화가로는 정선이 있었다. 또 이 시기에는 당시 사람들의 삶의 모습을 생생하게 담은 ❷ ( )가 유행하였는데, 대표적인 화가로는 김홍도, 신윤복 등이 있었다.
답 | ❶ 진경산수화 ❷ 풍속화

핵심 개념 체크

1 빈칸에 들어갈 알맞은 말을 쓰시오.
(1) ( )은/는 국방 문제를 처리하기 위한 임시 회의 기구였으나, 왜란을 거치면서 최고 정치 기구가 되었다.
(2) 임진왜란 중 중앙군이 제 기능을 발휘하지 못하자, 조선은 신수방으로 구성된 ( )을 설치하였다.
(3) 인조 때에는 중앙에 관제상이 진체를 토지 1결당 4두로 내게 하는 ( )을/를 실시하였다.

2 (가) 기구에 대한 설명으로 옳지 않은 것은?
① 중종 때 처음 설치되었다.
② 왜란 이후 최고 통치 기구가 되었다.
③ 구성원이 고위 관원으로 확대되었다.
④ 의정부와 6조의 기능 강화에 영향을 미쳤다.
⑤ 왜란과 왜구의 침입에 대비하기 위해 설치되었다.

3 〔서술형〕 A의 명칭을 쓰고, 이 제도가 시행되면서 공물을 납부하는 방식이 어떻게 변화되었는지 서술하시오.

9 탕평 정치의 실시

● **영조의 탕평책과 개혁 정치**

탕평책	붕당을 가리지 않고 온건한 인재 등용, 서원 정리, 이조 전랑 권한 축소, 탕평비 건립
개혁 정책	• 민생 안정: 균역법 실시, 악형 금지, 신문고 부활 • 문물 정비: 속대전, 동국문헌비고 편찬

● **정조의 탕평책과 개혁 정치**

탕평책	노론, 소론뿐만 아니라 남인까지 등용(적극적 탕평책)
개혁 정책	• 왕권 강화: 규장각 개편, 초계문신제 실시, 장용영 설치, 화성 건설 • 민생 안정: 신해통공 실시, 노비 처벌 완화, 금난전권 폐지 • 문물 정비: 동문휘고, 탁지지, 대전통편 편찬

개념 필수 자료

영조는 탕평의 의지를 밝히고자 성균관 입구에 탕평비를 세웠는데, '두루 사귀고 치우치지 않는 것은 군자의 공정한 마음이요, 치우쳐서 두루 사귀지 못하는 것은 소인의 사사로운 마음이다.'라고 새겨져 있다.

붕당의 폐단이 요즈음보다 심한 적이 없었다. 처음에는 사문(유교)에 소란을 일으키더니, 지금은 한쪽 사람을 모조리 역적으로 몰고 있다. ……근래에 들어 그 사람을 임용할 때 모두 붕당에 속한 사람들만 등용하고고자 한다. …… 관리의 임용을 담당하는 부서에서는 탕평의 정신을 받들어 사람들을 거두어 쓰라.
  - 「영조실록」 -

영조는 붕당 정치의 폐해를 바로잡고 왕권을 강화하고자 탕평 정치를 시행하였다. 그러나 영조의 탕평책이 붕당 정치의 폐단을 근본적으로 해결한 것은 아니었다. 붕당 간의 다툼이 겉으로 드러나지 않았을 뿐이었다.

자료 해석

세도 정치 시기에 군정의 문란이 심화되어 군포를 내야 하는 농민이 늘어나자 ❶ [   ]를 넘어 있는 농민에게 군포를 대신 내게 하였다. 심지어 군역의 대상이 아닌 ❷ [   ]와 죽은 사람의 군포까지 징수하여 백성의 고통이 가중되었다.

답 | ❶ 탐관오리 ❷ 어린아이

핵심 개념 체크

1 각 인물과 관련된 것을 옳게 연결하시오.

(1) 유득공 •   • ㉠ 「택리지」
(2) 안정복 •   • ㉡ 「발해고」
(3) 이중환 •   • ㉢ 「동사강목」
(4) 신경준 •   • ㉣ 「훈민정음운해」

2 다음 지도에 대한 설명으로 옳은 것은?

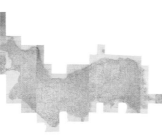

① 이중환이 제작하였다.
② 조선 전기에 만들어졌다.
③ 좌표로 백리척이 사용되었다.
④ 청을 왕래하는 사신들을 통해 유입되었다.
⑤ 산맥, 하천, 도로망 등이 자세히 표시되어 있다.

3 (가)와 (나)를 읽고, 각각의 핵심 주장을 서술하시오.
[서술형]

13 새로운 사상과 학문의 유행

실학의 대두

농업 중심 개혁론

유형원	균전론(신분에 따른 토지의 차등 분배)
이익	한전론(영업전의 매매 제한)
정약용	여전론(마을 단위로 공동 경작과 분배)

상공업 중심 개혁론

박지원	수레, 선박, 화폐 사용 강조, 열하일기 저술
박제가	청과 통상 확대, 소비 강조, 북학의 저술
홍대용	지구 자전설 주장, 문벌 제도 폐지 주장

국학의 발달

역사

안정복	『동사강목』(단군 조선에서 고려까지 역사 정리)
유득공	『발해고』(발해를 우리의 역사로 인식)

지리

이중환	『택리지』(지방의 지리 환경, 생활 모습 등 소개)
김정호	『대동여지도』(산맥, 하천, 포구, 도로망 표기)

언어

신경준	『훈민정음운해』(한글의 원리를 그림으로 설명)
유희	『언문지』(한글의 우수성을 연구)

개념 필수 자료

(가) 농업 중심 개혁론

토지 제도가 바로잡히면 모든 일이 제대로 될 것이다. 백성은 일정한 직업을 갖게 되고, 군사 행정에서는 도망간 사람을 찾는 폐단이 없어질 것이며, 이 일어질 것이고, 모두 자기 직업을 찾게 될 것이므로, 민심이 안정되고 풍속이 도타워질 것이다.

– 『유형원, 반계수록』 –

(나) 상공업 중심 개혁론

재물은 비유하자면 샘과 같은 것이다. 우물은 퍼내면 차고 버려두면 말라 버린다. 그러므로 비단을 입지 않아서 나라에 비단 짜는 사람이 없게 되면 여공이 쇠퇴하며, ……수공업자가 기술을 익히지 않으면 기예가 사라진다.

– 『박제가, 북학의』 –

---

1 다음 물음에 답하시오.

(1) 영조와 정조가 붕당 정치의 폐해를 바로잡고 왕권을 강화하고자 펼쳤던 정책은?

(2) 완론는 왕실 도서관이었으나, 정조가 정책 자문 기구로 삼아 왕권을 뒷받침 인재를 양성했던 곳은?

(3) 정조가 자신의 정치적 이상을 실현하기 위해 만들었던 도시는?

2 필수 자료에 제시된 비샬을 세운 국왕의 업적으로 옳은 것은?

① 『속대전』, 『탁지지』 등을 편찬하였다.
② 국왕의 친위 부대인 장용영을 두었다.
③ 신문고를 부활시켜 백성의 억울함을 풀어 주었다.
④ 규장각을 개편하여 개혁 추진의 중심 기구로 삼았다.
⑤ 금난전권을 폐지하여 자유로운 상업 활동을 허용하였다.

3 서술형

왼쪽의 필수 자료에서 말하는 문제점을 해결하기 위해 영조와 정조가 시행했던 정치를 쓰고, 이 정치가 지닌 한계점을 서술하시오.

1 빈칸에 들어갈 알맞은 말을 쓰시오.

(1) 조선은 에도 막부의 요청으로 국교를 재개한 후 일본에 ( )을/를 파견하였다.

(2) 병자호란 이후 조선과 청 사이에 조공, 책봉 관계가 수립되면서 조선은 청에 ( )을/를 파견하였다.

(3) 조선은 중국을 오가던 사신을 통해 17세기 초부터 천주교와 서양 문물, 즉 ( )을/를 받아들였다.

2 A 경로를 통해 파견된 사절단에 대한 설명으로 옳은 것을 | 보기 |에서 고른 것은?

보기
ㄱ. 북학파 형성에 영향을 주었다.
ㄴ. 일본 쇼군의 권위를 높여 주었다.
ㄷ. 임진왜란 이후 파견이 중단되었다.
ㄹ. 조선의 선진 문물을 전달하는 역할을 하였다.

① ㄱ, ㄴ ② ㄱ, ㄷ ③ ㄴ, ㄷ ④ ㄴ, ㄹ ⑤ ㄷ, ㄹ

서술형
3 다음 설명 내용을 읽고 물음에 답하시오.

서양 선교사 마테오 리치가 제작한 세계 지도로, 유럽과 아프리카, 아메리카 대륙이 상세하게 그려져 있다.

(1) 위 지도의 명칭을 쓰시오.

(2) 위 지도가 조선인의 세계관에 미친 영향을 서술하시오.

---

10 세도 정치와 삼정의 문란

○ 개념 노트

• 세도 정치: 순조, 헌종, 철종이 3대 60여 년간 안동 김씨, 풍양 조씨 등이 소수 가문이 권력을 독점 → 비변사를 비롯한 주요 관직과 군영 장악 → 각종 부정부패 발생(매관매직 성행, 과거제 문란)

• 삼정의 문란

구분	본래의 규정	실제 시행 내용(삼정의 문란)
전세	토지 1결당 20말 정도를 징수	온갖 명목을 덧붙여 수탈
군포	1년에 베 1필	규정 이상의 부량을 징수, 어린이, 노인, 사망자 등에게도 군포를 징수
환곡	봄에 관청에서 빌린 곡식을 가을에 갚는 제도	고리대처럼 운영(폐단이 가장 심각)

개념 필수 자료

(가) 세도 가문의 권력 독점 (나) 삼정의 문란

세도 정치 시기에는 안동 김씨 등 6개의 세도 가문이 고위직에 해당하는 비변사 당상을 대략 40% 정도 차지하였다. 이들의 권력 독점으로 세도 가문에 속하지 못한 양반들과 지방 양반들의 주요 관직 진출은 더욱 어려워졌다.

총 285명
안동 김씨 37명
대구 서씨 19명
풍양 조씨 17명
연안 이씨 17명
반남 박씨 12명
나주 김씨 12명
기타 성씨 171명

삼정 중에서도 환곡의 폐해가 가장 심하였다. 환곡은 본래 굶주린 백성에게 먹을거리를 빌려주는 구휼 제도였다. 그러나 관리들이 부족한 양밖으로 환곡 제도를 운영하면서 곡식을 받지 못하고 이자만 내는 농민도 생겨났다.

자료 해석

세도 정치 시기에 군정의 문란이 심화되어 군포를 내지 못하는 농민이 늘어나자 죽은 사람의 군포까지 징수하여 백성의 고통이 가중되었다.

❶ 대상이 아닌 [ ] ❷ [ ] 에 속하는 농민에게 모자란 군포를 대신 내게 하였다. 심지어 군역의

답 | ❶ 탐관오리 ❷ 어린아이

12 교류를 통한 새로운 문물의 전래

• 청으로 간 연행사
- 연행사: 조선 후기 청의 수도인 연경(베이징)에 파견된 사신
- 조공 무역: 조선의 연행사는 청에 조공을 바치고 답례품을 받아옴 → 청의 선진 문물과 서양 문물 수용

• 서학의 전래
- 서학: 천주교뿐만 아니라 수학, 천문학, 세계 지도, 과학 기술 등 서양의 문물을 이르는 말 → 연행사 일행에 의해 서학이 전래
- 영향: 조선인들의 세계관 확대

• 일본으로 간 통신사
- 통신사의 파견: 에도 막부의 요청으로 국교 재개
- 일본에 끼친 영향: 막부의 권위 과시, 일본 문화 발전에 기여

개념 필수 자료

통신사는 일본에서 소중한 손님으로 대접받는다는 의미였어요. 이 이름은 매번 다르게 요청될 때마다 일본 소규모 통신사 행렬을 지어 여러 지역에서 보낸 사신이라는 의미였는데, 소규모 통신사 행렬을 지어 여러 지역에서 보낸 사신이라는 의미였는데, 통신사는 외교 사절의 역할뿐만 아니라 조선의 선진 문화를 전하는 역할도 하여 일본 문화 발전에 큰 영향을 끼쳤다.

자료 해석

연행사는 세계 지도, 자명종, 천리경 등의 서양 문물을 조선에 소개하였다. 중국에 온 서양인 선교사 마테오 리치가 만든 「곤여만국전도」는 유럽과 아프리카는 물론, 아메리카 대륙까지 상세하게 그려져 있어 조선인의 세계관 확대에 기여하였다. 『천주실의』는 이후 조선의 천주교 포교에 활용되었다.

핵심 개념 체크

1 빈칸에 들어갈 알맞은 말을 쓰시오.

(1) 정조가 죽은 뒤 나이 어린 순조가 즉위하면서 왕실과 혼인 관계를 맺은 일부 가문이 정권을 장악하는 ( ) 정치가 전개되었다.

(2) 세도 정치 시기에는 탐관오리들의 수탈이 심화되면서 조세의 기문이 되는 ( )이/가 문란해졌다.

2 다음 삽화에서 설명하고 있는 것은?

군포
남편과 아이의 군포를 모두 내시오.
아니, 아이가 태어나지도 않았는데 군포라니요?

① 전정의 문란
② 군정의 문란
③ 환곡의 문란
④ 공납
⑤ 결작

3 [서술형] ⊙에 들어갈 말을 쓰고, ⊙ 정치 시기에 나타난 폐단을 서술하시오.

⊙ 정치 시기에는 안동 김씨, 풍양 조씨 등 6개의 ⊙ 가문이 고위직에 해당하는 비변사 당상을 대략 40% 정도 차지하였다.

1 다음 설명이 맞으면 ○표, 틀리면 X표 하시오.

(1) 조선 후기에 모내기법이 보급으로 쌀과 보리의 이모작이 가능해져 농업 생산량이 크게 늘어났다. ( )

(2) 조선 후기에 농업이 발달하면서 대다수의 농민들이 부농으로 성장하였다. ( )

(3) 조선 후기 상업 활동이 활발해지자 시전 상인이 가지고 있던 금난전권이 더욱 강화되었다. ( )

(4) 조선 후기에는 장인들이 자유롭게 물건을 만들어 장시에서 판매하는 민영 수공업이 발달하였다. ( )

2 조선 후기에 그림과 같은 농업의 영향으로 옳은 것을 보기에서 고른 것은?

┌─ 보기 ────────────────
ㄱ. 농업 생산량이 줄어들었다.
ㄴ. 김매는 노동력을 크게 줄여 주었다.
ㄷ. 벼와 보리의 이모작이 가능해졌다.
ㄹ. 대다수의 농민들이 부농중으로 성장하였다.
└─────────────────────

① ㄱ, ㄴ ② ㄱ, ㄷ ③ ㄴ, ㄷ ④ ㄴ, ㄹ ⑤ ㄷ, ㄹ

3 (나)를 보고 물음에 답하시오.

(1) 이 자료의 명칭을 쓰시오.

(2) (나) 자료를 참고로 조선 후기 신분제의 동요에 대해 설명하시오.

---

11 조선 후기 경제와 사회 변동

● 조선 후기 경제 변화

• 농업의 발달: 모내기법의 전국적 보급(노동력 절감, 이모작 가능), 상품 작물 재배 (인삼, 담배, 목화 등)→일부는 부농중으로 성장, 일부는 임노동자가 됨

• 상공업의 발달: 장시의 전국적 확대, 보부상의 활동 증가, 화폐 유통 증가로 상평 통보가 널리 이용

• 수공업의 발달: 민영 수공업과 민간 광업 발달

● 신분제의 동요

• 상민과 노비의 성장: 공명첩(이름이 비어 있는 관직 임명장)과 납속책으로 양반 신분 획득, 노비종모법 시행, 공노비 해방으로 국가 재정 확충

• 양반층의 분화: 일당 독재로 상당수 양반 몰락, 신분제 동요로 양반 수의 증가 →일부 양반의 경제적 몰락

• 중인과 서얼의 신분 상승 노력: 전문 기술과 부를 통한 신분 상승, 서얼의 과거 응시 자격 요구

개념 필수 자료

(가) 농업의 발달

▲ 「경직도」의 모내기 모습

▲ 김홍도의 「담배 썰기」

(나) 신분제의 동요

자료 해석

조선 후기에 경제 활동으로 부유해진 일부 농민이나 상인은 ❶ □□□ 을 구입하거나 족보를 사서 양반중으로 성장하는 경우가 많아졌다. 노비도 군공을 세우거나 ❷ □□□ 을 통해 노비 신분에서 벗어나는 경우가 늘었다. 신분제가 동요하면서 국가에 세금을 내는 상민의 수가 점차 줄어들자 영조 때에는 노비종모법을 시행하였다.

답 ❶ 족보 ❷ 공명첩

중학전략
역사②

BOOK 2

이 책의 구성과 활용

이 책은 3권으로 이루어져 있는데 본책인 BOOK1, 2의 구성은 아래와 같아.

주 도입

본격적인 본문 학습에 앞서, 재미있는 만화를 살펴보면서 이번 주에 공부할 내용을 확인할 수 있습니다.

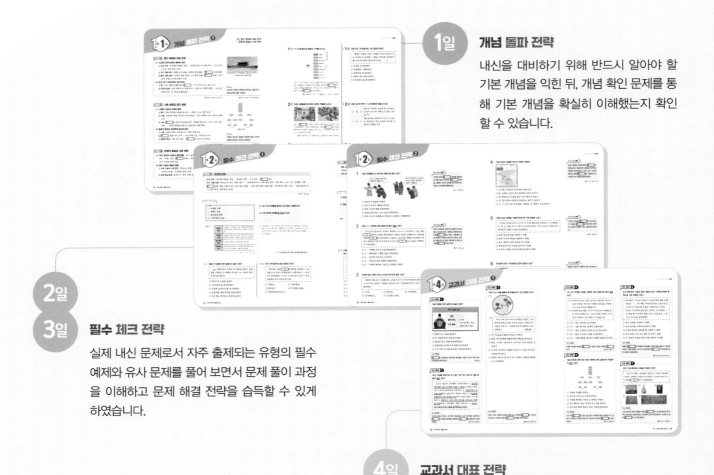

1일 개념 돌파 전략

내신을 대비하기 위해 반드시 알아야 할 기본 개념을 익힌 뒤, 개념 확인 문제를 통해 기본 개념을 확실히 이해했는지 확인할 수 있습니다.

2일 3일 필수 체크 전략

실제 내신 문제로서 자주 출제되는 유형의 필수 예제와 유사 문제를 풀어 보면서 문제 풀이 과정을 이해하고 문제 해결 전략을 습득할 수 있게 하였습니다.

4일 교과서 대표 전략

교과서의 핵심 개념을 다루는 주제를 대표 예제로 엄선하여 수록하였으며, 많은 문제를 풀어 보면서 문제에 대한 적응력을 높일 수 있도록 하였습니다.

부록 **시험에 잘 나오는 개념BOOK**

학교 시험에 자주 나오는 출제 포인트를 제시하고 필수 자료와 해석을 넣어 철저히 분석하였으며, 바탕 예제를 수록하여 기본 개념과 다양한 유형의 문제를 접해 볼 수 있도록 하였습니다.

주 마무리 코너

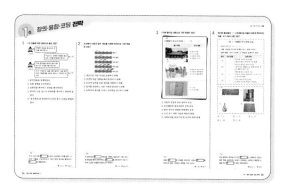

누구나 합격 전략

내신 유형에 맞춘 기본 연습 문제를 풀어 보면서 학습에 대한 자신감을 가질 수 있습니다.

창의·융합·코딩 전략

융복합 사고력과 창의력을 키우는 문제를 풀어 보면서 다양한 문제에 대한 적응력을 높일 수 있습니다.

권 마무리 코너

중간고사/기말고사 마무리 전략

중요한 주제를 엄선하여 단원을 마무리하고 최종 정리할 수 있도록 하였습니다.

신유형·신경향·서술형 전략

새롭게 등장한 유형 문제, 시대 흐름을 반영한 경향성 문제를 다루었으며, 서술형 문제를 풀어 보면서 철저하게 내신을 대비할 수 있도록 하였습니다.

적중 예상 전략

학습한 내용을 최종 평가해 보는 코너로 2회에 걸쳐 제공하여, 스스로 자기 실력을 가늠해 볼 수 있도록 하였습니다.

정답과 해설

각 문제에 대한 기본 개념과 자료 분석, 쌍둥이 문제 등 자세한 풀이를 담았습니다. 특히 적중 예상 전략 해설에는 다시 한번 문제를 수록하고 출제 의도, 선택지 분석, 개념이나 용어 등을 제시하여 빈틈없이 해당 주제를 숙지할 수 있도록 구성하였습니다.

이 책의 차례

1주 조선의 성립과 발전 ~ 사회 변화와 농민의 봉기

1주 1일 개념 돌파 전략 ❶

개념 1 통치 체제와 대외 관계

(1) 조선의 건국과 통치 체제의 정비

① **조선 건국**: 이성계의 위화도 회군 → 과전법 실시 등 개혁 추진 → 조선 건국 (1392), 한양 천도(1394)

② **국가 기틀 마련**: 호패법 실시(태종), 집현전 설치(세종), 『❶_____』 완성(성종)

③ **통치 체제 정비**: 의정부(정책 결정), 6조(정책 집행), ❷_____(언론), 과거 (관리 선발), 8도에 관찰사 파견

(2) 조선 전기 사대교린의 대외 관계

① **명**: 조공·책봉 관계를 맺고 ❸_____ → 국가 안정 도모, 실리 추구

② **여진과 일본**: 교린 정책(우호 관계 유지 + 토벌 등 강경책 병행) → 4군 6진 개척(여진), 쓰시마섬 토벌(일본)

▲ 경복궁(조선의 으뜸 궁궐)

Quiz
조선에서 권력이 한쪽에 치우치는 것을 막기 위해 설치한 언론 기관은?

❶ 경국대전 ❷ 3사 ❸ 사대

답 | 3사(사헌부, 사간원, 홍문관)

개념 2 사림 세력과 정치 변화

(1) 사림의 성장과 사화의 발생

① **훈구**: 세조 즉위에 도움을 준 공신 → 대토지 소유, 권력 독점

② **사림**: 지방에서 학문 연구와 교육에 힘씀 → 훈구 세력의 비리 비판 및 개혁 주장

③ **사화**: ❶_____이 정치적 탄압을 받아 피해를 받음(무오·갑자·기묘·을사 사화) → 서원과 향약을 바탕으로 향촌에서 세력 확대

(2) 붕당의 형성과 성리학적 질서의 확산

① **서원**: 유학자 제사, 성리학 연구, 양반 자제 교육

② ❷_____: 향촌 자치 규약 → 유교 덕목 보급, 사회 질서 유지

③ **붕당의 형성**: 사림 내부 갈등 → ❸_____과 서인으로 갈라짐

정몽주
길재
김숙자
김종직
정여창　김굉필　김일손
이언적　서경덕　조광조　김안국
조식　이황　　이이　성혼
영남학파　　　　기호학파
▲ 사림의 계보

Quiz
사림이 정치적·학문적 입장에 따라 나뉘어 형성한 집단을 가리키는 용어는?

❶ 사림 ❷ 향약 ❸ 동인

답 | 붕당

개념 3 문화의 발달과 사회 변화

(1) 유교 윤리의 보급과 훈민정음: 유교 윤리 전파 → 『삼강행실도』 편찬, 『소학』·『가례』 보급 / ❶_____ 창제 → 백성의 생각을 글로 쉽게 표현, 국가의 통치 이념을 쉽게 전달

(2) 과학 기술과 예술의 발달

① **과학 기술과 서적 편찬**: 『칠정산』(역법), 앙부일구·❷_____(시간 측정), 『농사직설』(농법), 『조선왕조실록』 편찬

② **양반 중심 문화**: 분청사기·백자 유행, 안견의 「몽유도원도」 등

▲ 『훈민정음』 해례본

Quiz
16세기 이후 유행한 자기로, 내면의 수양을 중시한 시대 분위기를 표현한 자기는?

❶ 훈민정음 ❷ 자격루

답 | 백자(순백자)

1-1 ㉠~㉢에 들어갈 알맞은 기구를 쓰시오.

풀이 | 조선은 국왕과 신하가 조화를 이루는 유교 정치를 지향하였다. 정승들이 의정부에 모여 정책을 결정하면 **❶** 를 중심으로 정책을 집행하였다. 또한 유교적 소양을 갖춘 인재를 선발하기 위해 **❷** 를 실시하였다.

❶ 6조 ❷ 과거 답 | ㉠ – 의정부, ㉡ – 3사, ㉢ – 성균관

2-1 다음 그림들을 참고하여 서원의 역할을 쓰시오.

풀이 | **❶** 와 사림의 갈등이 심해지면서 네 차례의 사화가 발생하였다. 사화로 피해를 받은 사림은 **❷** 과 향약을 통해 향촌 사회에서 세력을 키워 나갔고, 선조 때부터 중앙 정치의 주도권을 잡게 되었다.

❶ 훈구 ❷ 서원 답 | 유학자 제사, 성리학 연구, 양반 자제 교육

3-1 다음과 같은 목적을 가지고 제작·반포한 문화유산을 쓰시오.

나라 말씀이 중국과 달라 문자와 서로 통하지 않는다. 이런 이유로 백성이 말하고자 하는 바가 있어도 마침내 제 뜻을 펴지 못하는 사람이 많다. 내 이를 가엾게 여겨 새로 스물여덟 글자를 만드니⋯⋯.

풀이 | **❶** 은 일반 백성들도 쉽게 배울 수 있도록 독창적이고 과학적인 문자인 훈민정음을 만들어 반포하였다. 훈민정음 덕분에 백성은 자기의 뜻을 쉽게 글로 표현할 수 있었고, 국가는 백성들에게 통치 이념을 쉽게 전달할 수 있었다.

❶ 세종 답 | 훈민정음

1-2 다음 빈칸 ㉠에 들어갈 가장 알맞은 말은?

세종은 국왕과 신하가 조화를 이루는 유교적 이상 정치를 추구하였다. 세종은 학자를 양성하여 학문 연구와 정책 자문에 힘쓰도록 (　㉠　)

① 조선을 건국하였다.
② 호패법을 시행하였다.
③ 집현전을 설치하였다.
④ 위화도에서 회군하였다.
⑤ 『경국대전』을 완성하였다.

2-2 다음 도표의 빈칸 ㉠, ㉡에 알맞은 말을 쓰시오.

(㉠)	세조의 즉위에 도움을 준 공신들이 중심이 된 정치 세력으로 중앙 정치를 주도
(㉡)	왕도정치를 내세우며 주로 3사 관리로 임명되어 권력 독점과 비리를 비판하고 개혁을 주장

3-2 조선에서 유교 윤리를 사회에 널리 보급하기 위해 했던 노력으로 옳은 것은?

① 『칠정산』을 편찬하였다.
② 역대 국왕의 역사를 정리하였다.
③ 시간을 측정하는 기구를 만들었다.
④ 조선의 풍토에 맞는 농사법을 정리하였다.
⑤ 『삼강행실도』를 훈민정음으로 번역하였다.

개념 4 왜란·호란의 발발과 영향

(1) 임진왜란

① 전개: 일본군이 명 정벌을 구실로 조선 침략 → 한성 함락 → 선조는 의주까지 피란 → **❶** 이 이끄는 수군의 승리, 의병의 활약, 명의 지원군 참전 → 정유재란 → 도요토미 히데요시 사망 후 일본군 철수

② 영향: 조선의 국토 황폐화, 신분 질서 동요, 문화재 소실 / 일본에서는 에도 막부 수립 / 명의 국력 약화 및 **❷** 이 세력 확대

(2) 병자호란

① 배경: 광해군의 중립 외교 → 인조반정 이후 후금을 배척

② 호란의 발발: 정묘호란 → 주화론과 척화론 간의 대립 → 병자호란 → 인조가 남한산성에서 항전 → 삼전도에서 항복 → 효종은 **❸** 추진

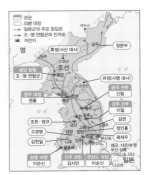

▲ 임진왜란의 주요 전투

Quiz

임진왜란 당시 유생들과 농민들이 자발적으로 결성한 군대는?

❶ 이순신 **❷** 여진족 **❸** 북벌

답 | 의병

개념 5 조선 후기 정치 변동

(1) 통치 체제의 변화와 붕당 정치의 전개

① 통치 체제의 변화: **❶** 기능 강화, 5군영 정비, 영정법·대동법·균역법 시행

② 붕당 정치의 전개와 변질: 선조 때 붕당 정치 시작 → 현종 때의 예송과 숙종 때의 환국을 거치며 붕당 간 대립 심화 → **❷** 책 제기

(2) 탕평책의 실시

① 영조의 개혁: 탕평비 건립, 균역법 실시, 신문고 부활, 『속대전』 편찬

② 정조의 개혁: 규장각·장용영 설치, 수원 화성 건설, 『대전통편』 편찬

(3) 세도 정치의 전개: 순조·헌종·철종 60여 년 동안 안동 김씨·풍양 조씨 등 왕실의 외척 가문이 권력을 장악 → 왕권 약화, 정치 기강 문란(매관매직 등 부정부패), 삼정의 문란 → 농민 생활 파탄

▲ 수원 화성

Quiz

정조가 개혁 정치를 뒷받침할 관리를 길러내기 위해 개편한 정치 기구는?

❶ 비변사 **❷** 탕평

답 | 규장각

개념 6 사회 변화와 농민의 봉기

(1) 조선 후기 경제 활동의 변화: **❶** (이앙법) 확산, 상품 작물 재배, 장시 확대, 공인과 사상의 활동, 상평통보 유통

(2) 신분제의 변동: 잔반으로 몰락한 양반 등장, 납속과 공명첩을 이용한 신분 상승, 공노비 해방 → 양반 증가, 상민·천민 감소

(3) 농민 봉기

① **❷** 의 난: 세도 가문의 수탈과 서북(평안도) 지역 차별에 반발하며 봉기

② 임술 농민 봉기: 삼정의 문란에 저항하며 진주에서 봉기 시작 → 삼남 지방을 중심으로 전국 곳곳으로 확산

▲ 「상평통보」

Quiz

사회적 권위나 경제적 재력을 확보하지 못해 보잘것없어진 양반을 일컫는 말은?

❶ 모내기법 **❷** 홍경래

답 | 잔반

4-1 임진왜란이 지도의 ㉠과 ㉡에 끼친 영향을 쓰시오.

풀이 | ❶[　　　　]을 겪은 조선은 토지가 황폐해지고 경복궁을 비롯한 많은 문화재가 불탔다. 반면 일본은 약탈해 간 조선의 문화재와 포로로 끌고 간 기술자, 학자들을 이용하여 문화 발전의 기반을 마련하였다.

❶ 임진왜란　답 | ㉠ – 명의 국력이 약해지고 여진족이 성장, ㉡ – 에도 막부 수립

4-2 빈칸 ㉠에 들어갈 알맞은 말은?

> 명이 쇠약해지자 여진족이 성장하여 후금을 세웠다. 이에 광해군은 명과 후금 사이에서 (　㉠　)을/를 펼쳐 후금과의 충돌을 피하였다.

① 정묘호란　　　　② 임진왜란
③ 병자호란　　　　④ 중립 외교
⑤ 북벌 운동

5-1 다음 비석의 내용이 설명하는 정책을 쓰시오.

> 두루 사귀고 치우치지 않는 것은 군자의 공평무사한 마음이요, 치우쳐서 두루 사귀지 못하는 것은 소인의 사사로운 마음이다.

풀이 | 예송과 ❶[　　　　]을 거치며 붕당 정치는 크게 변질되었다. 숙종은 붕당 간 대립을 조정하기 위해 탕평책을 제기하였으나 실현하지 못하였고 이후 영조와 ❷[　　　　] 때 탕평책이 시행되었다.

❶ 환국 ❷ 정조　답 | 탕평책

5-2 왼쪽의 비석을 건립한 국왕이 시행한 정책은?

① 균역법 실시
② 영정법 도입
③ 규장각 개편
④ 공노비 해방
⑤ 수원 화성 건설

6-1 다음 자료에서 설명하는 농사법을 쓰시오.

> 김매기의 노력을 더는 것이 첫째요, 두 땅의 힘으로 하나의 모를 서로 기르는 것이 둘째이며, 좋지 않은 것은 솎아내고 싱싱하고 튼튼한 것을 고를 수 있는 것이 셋째이다.

풀이 | 조선 후기에는 모내기법(이앙법)이 널리 퍼졌고 일부 농민은 장시에 내다 팔 목적으로 인삼, 담배, 채소 등 ❶[　　　　]을 재배하였다. 장시가 전국적으로 확대되고 사상들이 나타나면서 ❷[　　　　] 같은 화폐도 널리 쓰이게 되었다.

❶ 상품 작물 ❷ 상평통보　답 | 모내기법(이앙법)

6-2 왼쪽 자료의 농사법이 널리 보급되었던 시기에 볼 수 있는 모습으로 옳지 않은 것은?

① 상평통보로 거래하는 상인
② 모내기법을 금지하는 관리
③ 청과 무역을 준비하는 상인
④ 남의 땅을 빌려 농사짓는 농민
⑤ 장시에 팔기 위해 인삼을 재배하는 농민

바탕 문제

이성계와 신진 사대부 세력이 고려 말 어지러운 토지 제도를 바로잡기 위해 실시한 정책은?

➡ ❶ 　　　　 으로 권력을 장악한 이성계는 ❷ 　　　　 을 실시하여 혼란해진 토지 제도를 바로잡았다.

답 | ❶ 위화도 회군 ❷ 과전법

1 다음 자료의 빈칸 ㉠, ㉡에 들어갈 말로 알맞은 것은?

> 요동 정벌에 반대하던 이성계는 (㉠) 이후 권력을 장악하고 신진 사대부 세력과 함께 개혁을 추진하였다. 이후 이성계는 새로운 왕조를 세우고 (㉡)으로 도읍을 옮겼다.

	㉠	㉡
①	집현전 설치	한양
②	과전법 실시	개성
③	과전법 실시	한양
④	위화도 회군	한양
⑤	위화도 회군	개성

바탕 문제

사림이 정치적 탄압을 받아 화를 입은 사건을 부르는 말은?

➡ 사림이 훈구 세력을 비판하자 훈구 세력은 사림을 공격하였다. 이처럼 사림이 큰 피해를 겪은 사건을 ❶ 　　　　 라고 한다. 사림은 ❷ 　　　　 과 향약을 바탕으로 향촌 사회에서 꾸준히 세력을 키웠다.

답 | ❶ 사화 ❷ 서원

2 다음과 같은 대화를 나누고 있는 정치 세력을 가리키는 말로 알맞은 것은?

드디어 우리도 중앙 정계에 진출했습니다. 많은 동료들이 저처럼 3사의 관리가 되었다지요?

맞습니다. 우리도 김종직 선배님을 도와 도덕과 의리를 바탕으로 바른 정치를 해봅시다.

① 사림　　　　② 훈구　　　　③ 권문세족

④ 세도 가문　　⑤ 신진 사대부

바탕 문제

조선에서 각 국왕의 통치 기록을 모아 편찬한 역사책은?

➡ 조선에서는 국왕이 죽으면 실록청을 설치하고 ❶ 　　　　 을 편찬하였다. 왕이라고 해도 함부로 그 내용을 보거나 고칠 수 없었다.

답 | ❶『조선왕조실록』

3 다음과 같은 내용이 담긴 서적은?

> 농사는 천하의 근본이다. (지역마다) 풍토가 같지 않으므로 곡식을 심고 가꾸는 법도 각각 지역마다 적합한 방법이 있으니, 옛 책들을 그대로 사용할 수 없다.

①『칠정산』　　　　　　②『농사직설』

③『경국대전』　　　　　④『삼강행실도』

⑤『조선왕조실록』

임진왜란이 중국에 미친 영향은?

➡ 조선에 무리하게 원군을 파병했던 ❶[   ]이 쇠퇴하고 만주에서 ❷[   ]이 세력을 키워 후금을 세웠다.

답 | ❶ 명 ❷ 여진족

4 다음 지도에서 설명하는 전쟁과 관련 있는 것은?

보기
ㄱ. 북벌론
ㄴ. 위화도 회군
ㄷ. 에도 막부 수립
ㄹ. 이순신과 수군의 활약

① ㄱ, ㄴ　　② ㄱ, ㄹ　　③ ㄴ, ㄷ
④ ㄴ, ㄹ　　⑤ ㄷ, ㄹ

조선 후기 권력을 잡은 붕당이 급격하게 바뀌는 현상을 나타내는 말은?

➡ 현종 때 상복 입는 기간을 둘러싼 ❶[   ]이 일어나 남인과 서인 간에 치열한 대립이 벌어졌고, 숙종 때에는 ❷[   ]이 여러 차례 발생하여 붕당의 대립이 더욱 심해졌다.

답 | ❶ 예송 ❷ 환국

5 (가), (나) 문화유산을 남긴 국왕들이 공통으로 실시한 정책은?

(가) 　　　　(나)

① 탕평책을 실시하였다.
② 세도 정치가 전개하였다.
③ 남한산성으로 피란을 갔다.
④ 신문고를 다시 설치하였다.
⑤ 규장각을 개편하여 인재를 양성하였다.

홍경래의 난이 발생하게 된 원인은?

➡ ❶[   ] 지역에 대한 차별과 관리들의 과도한 수탈이 원인이 되었다. 홍경래의 난은 실패했으나 이후 농민 봉기에 영향을 주었다. 1862년 삼남 지방을 중심으로 삼정의 문란에 저항하는 농민 봉기가 곳곳에서 발생하였는데, 이를 ❷[   ]라고 한다.

답 | ❶ 서북(평안도) ❷ 임술 농민 봉기

6 다음 자료와 관련된 사건에 대한 설명으로 옳은 것은?

조정에서는 서쪽 땅을 버림이 더러운 흙과 다름없다. 권세 있는 집의 노비들도 보면 평안도 놈이라 일컫는다. …… 권세 있는 신하들의 간악한 짓이 날로 심해져 김조순, 박종경의 무리가 국가 권력을 제멋대로 하니 …… 이곳 평안도에서 병사를 일으켜 백성을 구하고자 한다.

① 삼남 지방까지 확대되었다.
② 홍경래가 봉기를 주도하였다.
③ 진주에서 처음 봉기가 시작되었다.
④ 공노비가 해방되는 계기가 되었다.
⑤ 이 사건 이후 삼정의 문란이 해결되었다.

전략 1 **조선의 건국**

- **조선 건국**: 이성계의 위화도 회군 ➜ 과전법 시행 ➜ 조선 건국 ➜ ❶ [   ] 천도
- **국가 기틀 마련**: 태조(조선 건국, 한양 천도) ➜ 태종(왕자의 난 이후 권력 장악, 사병 혁파, 호구 조사, 호패법 시행) ➜ ❷ [   ] (경연 강화, 집현전 설치, 훈민정음 창제) ➜ 세조(경연 폐지, 왕권 강화, 『경국대전』 편찬 시작) ➜ 성종(홍문관 설치, 경연 재개, 『경국대전』 완성)

❶ 한양 ❷ 세종

필수 예제 1

보기
ㄱ. 호패법 시행
ㄴ. 위화도 회군
ㄷ. 훈민정음 창제
ㄹ. 『경국대전』 완성

(1) 보기의 사건들을 일어난 순서대로 나열하시오.

(2) ㄹ의 역사적 의의를 한 가지 쓰시오.

풀이 (1)

위화도 회군	1388년 이성계가 요동 정벌에 반대하며 위화도에서 군대를 돌려 개경으로 돌아옴
호패법 시행	1406년 태종 때 16세 이상 양인 남자들에게 신분증인 호패를 가지고 다니게 함
훈민정음 창제	1446년 세종이 훈민정음을 반포함
『경국대전』 완성	세조 때 편찬하기 시작하여 몇 차례 수정을 거친 후 1485년 성종 때 완성함

답 | ㄴ - ㄱ - ㄷ - ㄹ

(2) 『경국대전』은 조선 왕조의 기본 법전으로 유교를 통치 이념으로 삼은 조선의 각종 제도, 법률 등이 담겨 있다. 『경국대전』이 완성되면서 조선은 고려보다 더욱 발전된 중앙 집권적 통치 체제를 갖출 수 있었다.

답 | 유교 중심의 국가 통치 질서를 확립하였다.

1-1 밑줄 친 인물에 대한 설명으로 옳은 것은?

그는 위화도에서 회군한 후 권력을 잡았다. 과전법을 시행하는 등 개혁을 추진한 그는 1392년 새로운 왕조를 열었다.

① 한양으로 도읍을 옮겼다.
② 『경국대전』을 완성하였다.
③ 국경에 4군과 6진을 설치하였다.
④ 집현전을 세워 학자를 양성하였다.
⑤ 정도전을 제거하고 왕위에 올랐다.

1-2 빈칸 ㉠에 들어갈 말로 알맞은 것은?

세조께서 처음 [㉠]의 편찬을 명하셨으나 완성을 보지 못하고 승하하셨다. 이제 과인이 그 뜻을 이어 완성하였으니 우리 조선의 통치 질서가 정비되었음을 널리 알리도록 하라.

① 『속대전』　　　　② 『경국대전』
③ 앙부일구　　　　④ 『조선왕조실록』
⑤ 『천상열차분야지도』

전략 2 통치 체제와 대외 관계

- 제도 정비: 중앙 정치는 의정부와 6조를 중심으로 운영, 사헌부·사간원·홍문관에서 언론 기능 담당, 지방은 8도로 나누어 관찰사 파견, 모든 군현에 수령 파견, ❶[   ]에 합격한 관리가 정치 주도
- 대외 관계: 명−사대 관계, 주변국(여진, 일본 등) ❷[   ] 관계

❶ 과거 ❷ 교린

필수 예제 2

(1) 관리들의 비리를 감찰하는 언론 기능을 담당하던 기구를 ⌐보기⌐에서 골라 쓰시오.

(2) 정승들이 모여 국정을 총괄하고 정책을 결정하던 기구를 ⌐보기⌐에서 골라 쓰시오.

| ⌐ 보기 ⌐ |
| ㄱ. 의정부   ㄴ. 집현전   ㄷ. 사헌부   ㄹ. 호패법 |

풀이 (1)

3사	사헌부	관리들의 비리 감찰
	사간원	국왕에게 올바른 정치를 건의
	홍문관	정책 자문, 경연 담당

답 | ㄷ

(2)

의정부	세 명의 정승이 합의하여 정책 결정
집현전	세종이 설치, 학자들의 연구 기관
호패법	태종이 시행, 16세 이상 남성이 신분증인 호패를 지니게 함

답 | ㄱ

2-1 다음 내용들을 활용하여 역사 신문을 제작할 때 기사 제목으로 가장 적절한 것은?

> - 모든 관원을 감찰하며, 풍속을 바로 잡고 원통한 일을 풀어준다.
> - 간쟁하고 정사의 잘못을 논의하는 일을 관장한다.
> - 궁궐 내의 경서를 관리하고 왕의 자문에 대비한다. 경연을 담당한다.

① 이제 조선의 행정 실무는 6조에서
② 이성계 장군, 위화도에서 전격 회군
③ 새로운 왕조의 수도, 한양으로 결정
④ 국정을 총괄하는 기구로 의정부 설치
⑤ 올바른 정치를 위한 소통, 3사를 방문하다.

2-2 다음 지도와 같이 행정 구역이 정비되었던 시기에 대한 설명으로 옳지 않은 것은?

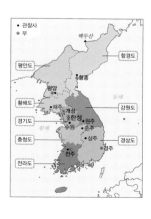

① 호패법을 실시하였다.
② 명과 사대 관계를 확립하였다.
③ 권문세족이 권력을 독점하였다.
④ 과거를 통해 관리를 선발하였다.
⑤ 언론 기관으로 3사를 설치하였다.

전략 3 사림 세력과 정치 변화

- ❶ [   ] 세력의 권력 독점과 부정부패 → 사림의 정계 진출 → 훈구와 사림 대립 → 사화 발생 → 서원과 향약을 기반으로 사림 세력 확대 → 사림이 정치 주도권 차지 → ❷ [   ] 형성

❶ 훈구 ❷ 붕당

필수 예제 3

(1) 향촌 사회에서 그림과 같은 역할을 담당하였던 자치 규약은?

(2) 그림에서 설명하는 자치 규약을 향촌에 보급하는 데 앞장섰던 정치 세력은?

풀이 | (1) 향약의 주요 덕목

덕업상권	좋은 일은 서로 권한다.
예속상교	예의 바른 풍속으로 서로 교류한다.
과실상규	잘못을 서로 경계한다.
환난상휼	어려운 일은 서로 돕는다.

답 | 향약

(2) '향약'은 중국 송나라에서 향촌 전체를 교화하고 선도할 목적으로 만든 향촌 자치 규약이다. 주자는 향촌 교화를 목적으로 자기의 의견을 반영한 새로운 향약을 만들었는데, 사림은 주자의 향약을 우리나라 실정에 맞게 변형해 시행하고자 하였다.

답 | 사림

3-1 다음과 같은 역사적 사실을 가리키는 말은?

> - 연산군과 훈구 세력이 『사초』에 실린 김종직의 글을 문제 삼아 사림 세력을 공격하였다.
> - 조광조가 급진적인 개혁을 추진하자 훈구 세력이 거세게 반발하여 조광조를 비롯한 사림 세력을 제거하였다.

① 사화   ② 붕당   ③ 서원
④ 북벌   ⑤ 향약

3-2 제시문의 빈칸 ㉠에 들어갈 말로 가장 적절한 것은?

> 사림 내부의 갈등은 이조 전랑을 임명하는 문제를 두고 더욱 커졌다. 이조 전랑은 하급 관리와 3사의 관리를 추천할 수 있었고, 자신의 후임자를 추천할 수 있었다. 사림은 서로 자신과 가까운 인물을 이조 전랑에 임명하고자 하고 이로 인해 ㉠ .

① 서인이 정변을 일으켰다.
② 네 차례 사화가 일어났다.
③ 사림이 처음 정계에 진출하였다.
④ 동인과 서인으로 붕당이 형성되었다.
⑤ 훈구 세력이 중앙 정치의 주도권을 잡았다.

전략 4 문화 발달과 사회 변화

- 다양한 서적 편찬: ❶ [   ] 창제, 『조선왕조실록』, 『삼강행실도』, 『농사직설』 등
- 과학 기술의 발달: 「천상열차분야지도」, 『칠정산』, 앙부일구, 측우기 등
- 양반 중심 문화 유행: 분청사기와 ❷ [   ] 제작, 안견 – 「몽유도원도」

❶ 훈민정음 ❷ 백자

필수 예제 4

(1) 다음 유물을 제작한 목적을 쓰시오.

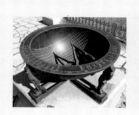 

풀이 | (1) 조선 전기 조정은 과학 기술의 발전을 적극적으로 지원하였다. 세종 때에는 앙부일구, 자격루를 만들어 시간을 측정하였다. 앙부일구는 종묘 남쪽 거리에 설치하여 오가는 사람들이 시간을 확인할 수 있게 하였다.

답 | 시간을 측정하기 위해

(2) 빈칸 ㉠, ㉡에 들어갈 알맞은 말을 쓰시오.

조선에서는 백성의 삶을 안정시키기 위해 농업 기술 발전에 힘썼다. 강우량을 측정하는 (㉠)를 만들어 농업에 도움을 주었고, (㉡)을 편찬해 우리나라의 풍토에 맞는 농사법을 정리하였다.

(2)

측우기	강우량을 설치하기 위해 서울과 각 지방에 설치
『농사직설』	각 지역의 경험 많은 농부에게 자기 고장에 맞는 농사법을 물어보고 그 내용을 정리하여 편찬함

답 | ㉠ 측우기, ㉡ 『농사직설』

4-1 다음 자료와 관련된 유물로 가장 적절한 것은?

하늘의 운행을 관찰하는 천문학은 국왕의 권위와 연결되었고, 농사에도 큰 영향을 미쳤다. 그 때문에 조선에서는 천문학을 매우 중시하였다.

① 『소학』　　　　　② 분청사기
③ 『동의보감』　　　④ 「천상열차분야지도」
⑤ 「혼일강리역대국도지도」

4-2 '조선 전기 과학 기술과 예술의 발달'을 주제로 탐구 보고서를 작성하기 위한 활동으로 옳지 않은 것은?

① 『칠정산』의 편찬 목적과 특징을 알아본다.
② 앙부일구와 자격루의 작동 원리를 비교한다.
③ 「천상열차분야지도」의 제작 목적을 조사한다.
④ 「몽유도원도」에 담긴 양반의 정신 세계를 살펴본다.
⑤ 상감 청자의 제작 기법과 대표적인 유물을 조사한다.

1 다음 자료들을 보고 분석한 내용으로 옳은 것은?

조선 사신들이 명의 황제께 문안 올립니다.

우리 조선군이 쓰시마섬에 온 이유는 왜구를 토벌하기 위함이오.

① 일본에 조공품을 바쳤다.

② 여진으로부터 책봉을 받았다.

③ 명과 사대 관계를 확립하였다.

④ 일본을 몰아내고 4군 6진을 개척하였다.

⑤ 명과 우호적 관계를 유지하면서 강경책도 병행하였다.

문제 해결 전략

조선은 명과 ❶ [　] 관계를 확립하는 한편 일본, 여진과는 ❷ [　] 정책을 시행해 우호적 관계를 유지하면서도 때로는 강경책을 병행하였다.

❶ 사대 ❷ 교린

2 다음 ㉠, ㉡ 세력에 대한 설명으로 옳지 <u>않은</u> 것은?

> 연산군을 몰아내고 중종이 왕위에 오르자 이 과정에서 공을 세운 ㉠ 세력이 권력을 장악하였다. 중종은 이들을 견제하고자 조광조를 비롯한 ㉡ 을 등용하였다. 조광조는 급진적인 개혁을 추진하면서 중종이 왕위에 오를 때 부당하게 공신이 된 ㉠ 들의 공훈을 삭제하자고 주장하였다.

① ㉠ – 사화를 일으켜 ㉡을 탄압하였다.

② ㉠ – 현량과를 시행할 것을 주장하였다.

③ ㉡ – 동인과 서인으로 나뉘었다.

④ ㉡ – 성종 때 처음 정계에 진출하였다.

⑤ ㉡ – 서원과 향약을 기반으로 세력을 키웠다.

문제 해결 전략

세조가 왕위에 오를 때 도움을 준 공신들이 하나의 정치 세력을 이루었는데, 이를 ❶ [　] 라고 한다. 지방에서 유학 공부와 교육에 힘쓰며 도덕과 의리를 바탕으로 한 왕도 정치를 추구한 세력을 ❷ [　] 이라고 한다.

❶ 훈구 ❷ 사림

3 다음과 같은 내용이 담긴 조선의 역사서로 옳은 것은?

> 태종이 말을 타고 사냥할 때, 노루를 쏘다가 거꾸러져 말에서 떨어졌으나 다치지는 않았다. (태종은) 좌우를 보며 "사관에게 알리지 마라."라고 말하였다.

① 『소학』　　② 『칠정산』　　③ 『경국대전』

④ 『삼강행실도』　　⑤ 『조선왕조실록』

문제 해결 전략

세종 때 한양에서 관측한 자료를 바탕으로 역법서인 ❶ [　] 을 제작하였다. 세조 때 편찬하기 시작한 ❷ [　] 이 성종 때 완성되면서 조선의 통치 규범을 확립하였다.

❶ 『칠정산』 ❷ 『경국대전』

4 다음 자료의 내용을 바르게 이해한 사람은?

① 갑: 제1차 왕자의 난에 관한 내용이네.
② 을: 국왕이 삼전도에서 항복한 이후의 일이야.
③ 병: 한양으로 도읍을 옮긴 것이 원인이 되었지.
④ 정: 정도전과 이방원이 충돌하는 계기가 되었어.
⑤ 무: 이 사건 이후 과전법을 시행하는 등 개혁이 추진되었어.

문제 해결 전략

요동 정벌에 반대하였던 ❶ 는 위화도에서 회군하여 최영을 제거하고 정권을 장악하였다. 이후 신진 사대부 세력과 함께 ❷ 을 시행하여 어지러운 토지 제도를 정비하였다.

❶ 이성계 ❷ 과전법

5 다음과 같은 정책을 시행한 목적으로 가장 적절한 것은?

조선은 전국을 8도로 나누어 각 도에 관찰사를 파견하고, 도 아래에는 부·목·군·현을 두어 수령이 다스리게 하였다. 또한 조선은 고려와 달리 대부분의 고을에 수령을 파견하였다.

① 중앙 집권 통치를 강화하기 위해
② 붕당 사이의 대립을 완화하기 위해
③ 훈구 세력의 권력 독점을 막기 위해
④ 백성들의 군포 부담을 덜어주기 위해
⑤ 유교적 소양을 갖춘 관리를 양성하기 위해

문제 해결 전략

조선은 전국을 ❶ 로 나누었다. 각 도에는 ❷ 를 파견하여 군현에 파견된 수령을 지휘·감독하게 하였다.

❶ 8도 ❷ 관찰사

6 제시문의 빈칸 ㉠에 들어갈 알로 알맞은 것은?

㉠ 이란 정권을 잡은 사람이 정치적·학문적 입장에 따라 형성한 집단이다. 선조 때 사림이 동인과 서인으로 나뉘면서 ㉠ 이 형성되었다. ㉠ 은 서로의 차이를 인정하면서도 건전한 비판과 상호 견제를 바탕으로 정치를 이끌어 나갔다. 이처럼 서로의 뜻이 다르더라도 상대를 인정하고, 서로 논쟁하여 답을 찾으려 하는 ㉠ 정치는 조선의 유교적 이상 정치의 모습이었다.

① 붕당　② 서원　③ 향약
④ 탕평책　⑤ 집현전

문제 해결 전략

붕당은 정치적·학문적 의견 차이에 따라 형성되었다. ❶ 은 주로 이황과 조식을 따르는 영남 지역 사림이 많았고, ❷ 은 주로 이이와 성혼을 따르는 경기·충청 지역의 사림이 많았다.

❶ 동인 ❷ 서인

전략 1 왜란과 호란의 발발

- **임진왜란의 극복:** 이순신과 수군의 활약, **❶** [　　] 결성, 명의 지원군 참전 → 휴전 협상 진행 중 군사제도 개편 및 무기와 성곽 강화 → 정유재란 → 도요토미 히데요시 사망으로 일본군 철수
- **병자호란의 전개:** 청의 군신 관계 요구 → 외교적으로 문제 해결(=**❷** [　　]론) ⇔ 청과 전쟁 주장(척화론) → 청의 침략 → 인조가 삼전도에서 항복

❶ 의병 ❷ 주화

필수 예제 1

(1) 제시문의 빈칸 ㉠, ㉡에 들어갈 알맞은 말을 쓰시오.

- 임진왜란이 일어나자 여러 지역에서 (㉠)이 결성되었다. 이들은 익숙한 지리를 활용한 전술로 일본군에게 타격을 주었다.
- (㉡)이 철수하던 일본군을 노량에서 무찌르면서 전쟁은 끝이 났다.

풀이 | (1)

의병	• 곽재우 등 유생들이 농민들을 모아 조직 • 승려들도 승병을 결성하여 참전
이순신과 수군	• 옥포, 당포, 한산도, 명량, 노량 해전 등 • 전라도 곡창 지대를 지켜내고 일본군의 보급로 차단

답 | ㉠ 의병, ㉡ 이순신

(2) 빈칸 ㉠, ㉡에 들어갈 알맞은 말을 쓰시오.

이 비석은 (㉠) 때 조선을 침략한 청 태종이 자신의 공덕을 기록하여 세우도록 한 비석이다. (㉡)으로 피신했던 인조는 삼전도에서 청 태종에게 항복하였다.

(2) 병자호란이 일어나자 인조는 남한산성으로 피신하였다. 상황이 어려워지자 청과 화의하자는 주화파의 주장이 힘을 얻었다. 인조는 삼전도에서 청 태종에게 세 번 절하고 아홉 번 머리를 조아리며 항복하였다.

답 | ㉠ 병자호란, ㉡ 남한산성

1-1 밑줄 친 전쟁에 대한 설명으로 옳지 <u>않은</u> 것은?

> 도요토미 히데요시는 일본의 혼란한 전국 시대를 통일하고 권력을 잡았다. 그는 불만 세력의 관심을 밖으로 돌리고 대륙으로 진출하고자 <u>전쟁</u>을 일으켰다. 명을 공격하러 가기 위한 길을 빌려달라는 구실을 내세우며 일본군이 부산을 공격하면서 <u>전쟁</u>이 시작되었다.

① 곽재우가 의병을 일으켰다.
② 명이 조선에 지원군을 보냈다.
③ 인조는 남한산성으로 피신하였다.
④ 경복궁, 불국사 등 문화재가 소실되었다.
⑤ 이순신이 이끈 수군이 한산도에서 승리하였다.

1-2 다음 논쟁이 일어나게 된 원인으로 가장 적절한 것은?

> 저들의 병력은 강하니 일단 화의를 합시다.
>
> 명이 우리를 도왔으니 끝까지 저들과 맞서 싸워 의리를 지킵시다.

① 훈련도감이 설치되었다.
② 에도 막부가 수립되었다.
③ 효종이 북벌을 준비하였다.
④ 청이 조선에 군신 관계를 요구하였다.
⑤ 서인이 정변을 일으켜 인조를 왕으로 추대하였다.

- 조선 후기 체제 개편: **❶** [   ] 기능 강화, 5군영 정비, 속오군 설치, 대동법·영정법·균역법 도입
- 붕당 정치의 변질: **❷** [   ] 논쟁 → 환국 → 붕당의 대립 심화 → 탕평책 제기

❶ 비변사 ❷ 예송

필수 예제 2

> 보기
> ㄱ. 예송 논쟁   ㄴ. 균역법 시행   ㄷ. 훈련도감 설치   ㄹ. 병자호란 발생

(1) 보기의 ㄱ~ㄹ을 시기순으로 바르게 나열하시오.

(2) ㄴ을 실시한 국왕이 누구인지 쓰시오.

풀이 (1)

훈련도감	임진왜란 중 일본군에 맞서기 위해 새롭게 설치한 중앙군
병자호란	1636년 청 태종이 조선에 군신 관계를 요구하며 침략함.
예송	현종 때 왕실에서 상복을 입는 기간을 두고 서인과 남인 사이에 벌어진 논쟁
균역법	영조 때 도입한 법으로 1년에 2필 내던 군포를 1필로 줄여줌.

답 | ㄷ → ㄹ → ㄱ → ㄴ

(2) 조선 후기 군역은 직접 군대에 가는 대신 군포를 내는 방식이었다. 1년에 베 2필을 내던 군포가 백성들에게 부담이 되자 영조는 1년에 군포 1필을 내도록 하는 균역법을 시행하였다.

답 | 영조

2-1 다음 자료에서 설명하는 제도로 알맞은 것은?

> 대동법 실시 지역
> (연도: 실시 시기)
> 잉류 지역
> 백두산
> 함경도
> 평안도
> 1708년(숙종)
> 황해도
> 1623년(인조)
> 1608년(광해군)
> 경기도   강원도
> 동해
> 황해   충청도
> 1651년(효종)
> 전라도   경상도
> 1658년(효종)
> 1678년(숙종)
> 제주도

> 이 제도는 집마다 토산물을 부과하던 공물 납부 방식을 바꾸었다. 이 제도가 시행되면서 토지를 기준으로 쌀, 무명, 베, 동전 등을 내게 되었다.

① 영정법   ② 대동법   ③ 균역법
④ 탕평책   ⑤ 조운제

2-2 빈칸 ㉠에 들어갈 말로 옳은 것은?

> 유배 중이었던 서인 출신 김만중은 정실부인을 내쫓은 둘째 부인을 비판하는 내용의 소설 『사씨남정기』를 썼어요. 이는 당시 서인 출신 왕비를 쫓아낸 남인 출신 희빈 장씨를 비판한 것이죠. 김만중이 살던 숙종 때에는 서인과 남인 간의 권력 쟁탈이 벌어지며 정국을 주도하는 붕당이 급격히 바뀌는 [㉠]이 여러 차례 발생했어요.

① 환국   ② 예송   ③ 향약
④ 서원   ⑤ 금난전권

전략 3 영조와 정조의 탕평 정치

- **①** ___의 탕평 정치: 탕평파 육성, 탕평비 건립, 균역법 시행, 신문고 재설치, 『속대전』·『동국문헌비고』 편찬 → 붕당 간의 대립 억제, 왕권 강화
- **②** ___의 탕평 정치: 능력 있는 인재 등용, 규장각 개편, 장용영 설치, 수원 화성 건설, 『대전통편』 편찬, 서얼과 노비에 대한 차별 완화 → 정조가 죽은 뒤 정치 세력 사이에 극심한 대립 → **③** ___가 등장

❶ 영조 **❷** 정조 **❸** 세도 정치

필수 예제 3

(가) 백성의 억울함을 풀어주고자 신문고를 다시 설치하였다.
(나) 수원에 화성을 건설하고 정치적·군사적 기능을 부여하여 자신의 정치적 이상을 실현할 수 있는 상징적인 도시로 만들려 하였다.

(1) (가), (나)를 시행한 국왕이 누구인지 각각 쓰시오.

(2) (가), (나)를 시행한 국왕들이 공통으로 시행한 정책을 쓰시오.

풀이 | (1)

신문고	• 백성들의 억울한 일을 직접 해결해 줄 목적으로 궁궐 밖에 설치한 북 • 태종 때 처음 설치되었다가 폐지된 후 영조가 다시 설치
수원 화성	정조가 자신의 개혁 정치를 실현할 새로운 중심지로 수원에 화성을 건설

답 | (가) – 영조, (나) – 정조

(2) 영조와 정조는 탕평책을 시행하였다. 탕평책은 권력이 어느 한쪽에 치우치지 않고 붕당 사이의 균형을 이루려는 것으로, 붕당 간 대립을 줄이고 왕권을 강화하려는 목적에서 추진되었다. 영조는 탕평책을 지지하는 탕평파를 중심으로 인재를 등용하였다. 정조는 각 붕당의 주장의 옳고 그름을 가리는 적극적인 탕평책을 실시하였다.

답 | 붕당 간 대립을 줄이기 위해 탕평책을 시행하였다.

3-1 빈칸에 들어갈 검색어로 옳은 것은?

통합 검색 ▼		검색

1793년(정조 17)에 왕권 강화를 위해 설치한 군영으로 국왕 호위를 전담하였다. 궁성뿐만 아니라 수원 화성에도 배치되었다.

① 신문고 　② 속오군 　③ 장용영
④ 규장각 　⑤ 훈련도감

3-2 다음 그림과 같은 폐단이 나타나던 시기에 대한 설명으로 옳은 것은?

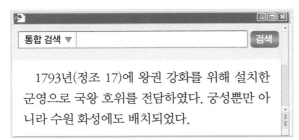

① 왕권이 위축되었다.
② 붕당이 형성되었다.
③ 『속대전』이 편찬되었다.
④ 수원 화성이 건설되었다.
⑤ 예송 논쟁이 발생하였다.

전략 4 사회 변화와 농민 봉기

- 상품 화폐 경제의 발달: 모내기법 확산, 상품작물 재배, 장시 확대, 공인과 사상(私商)의 활동, 상평통보 유통, 수공업 장인들도 자유롭게 물품 제작
- 신분제 동요: ❶◻◻◻의 수 증가, 상민과 천민의 수 감소 ➡ 양반 중심 신분제가 흔들림
- 농민 봉기: ❷◻◻◻의 난과 임술 농민 봉기

❶ 양반 ❷ 홍경래

필수 예제 4

(1) 다음 그림에 등장하는 논농사 방법을 쓰시오.

(2) 그림에 나타난 농사법이 널리 확산된 이후 농촌 사회가 어떻게 분화되었는지 쓰시오.

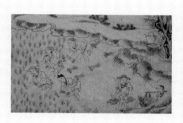

풀이 | (1) 그림은 조선 후기 김홍도가 그린 「누숙경직도」이다. 그림에 등장하는 사람들은 모판에서 키운 볍씨를 논에 옮겨 심는 모내기를 하고 있다.

답 | 모내기법(이앙법)

(2) 조선 후기 논농사에 모내기법이 전국적으로 보급되었다. 모내기법 시행으로 잡초 뽑는데 드는 노동력이 줄어들었고, 쌀과 보리의 이모작도 가능해져 농업 생산량이 크게 늘었다. 그리하여 일부 농민은 부농으로 성장하여 더욱 많은 토지를 경작하였으나 대다수는 남의 땅을 빌려 농사를 짓거나 머슴, 광산 노동자 등 품팔이로 생계를 유지하였다.

답 | 일부 농민은 부농으로 성장하였으나 많은 농민들은 소작농이 되거나 품팔이로 생계를 유지하였다.

4-1 다음 자료를 활용한 탐구 주제로 가장 적절한 것은?

이름 쓰는 곳

① 상평통보의 유통
② 모내기법의 확산 배경
③ 조선 후기 신분제의 변동
④ 영조와 정조의 개혁 정치
⑤ 삼정의 문란과 농민 봉기

4-2 다음 두 사건의 공통점으로 옳은 것은?

> • 홍경래의 난　　• 임술 농민 봉기

① 봉기가 전국적으로 확대되었다.
② 탕평책이 제기되는 계기가 되었다.
③ 삼정의 문란이 근본적으로 해결되었다.
④ 국왕의 중립 외교 정책에 반대하여 일어났다.
⑤ 세도 정치 시기 관리들의 수탈이 원인이 되어 일어났다.

1 다음 다큐멘터리에 포함될 장면으로 적절하지 <u>않은</u> 것은?

> 다큐멘터리 기획안
>
> 〈주제 – 조선 후기 통치 제도의 변화〉
>
> 기획 의도: 왜란과 호란을 겪은 후 조선이 어떻게 나라를 재정비해나갔
> 는지 정치, 경제, 군사 등 다방면에 나타난 통치 제도의 변
> 화를 살펴본다.

① 훈련도감에서 근무하는 군인들

② 상대 붕당을 격렬하게 비난하는 서인과 남인

③ 노비와 함께 속오군에 속한 것을 싫어하는 양반

④ 비변사에 모여 국가의 중대사를 논의하는 대신들

⑤ 훈구 세력이 일으킨 사화로 관직에서 물러나는 사람들

문제 해결 전략

양란 이후 조선에서는 ❶ ☐ 가 최고 권력 기구가 되었고, 원래 중앙 정치의 핵심 기구였던 ❷ ☐ 와 6조의 기능은 축소되었다.

❶ 비변사 ❷ 의정부

2 밑줄 친 국왕의 재위 기간 있었던 사실로 옳은 것은?

> 『동의보감』은 허준이 중국과 우리나라의 의학 서적을 정리하여 편찬한 책으로 2009년 유네스코 세계 기록 유산으로 등재되었다. 선조 때 편찬하기 시작한 이 책은 <u>이 국왕</u> 때 완성되었다. 이 시기 조선은 임진왜란의 피해를 복구하기 위해 토지 대장과 호적을 정리하고 무너진 성곽과 무기 등을 수리하였다.

① 조광조가 현량과 실시를 주장하였다.

② 명과 후금 사이에서 중립 외교를 펼쳤다.

③ 서인 세력의 지지를 얻어 왕위에 올랐다.

④ 청 태종이 직접 군대를 이끌고 조선을 침략하였다.

⑤ 환국이 일어나 서인이 물러나고 남인이 정권을 차지하였다.

문제 해결 전략

광해군의 중립 외교는 ❶ ☐ 세력의 반발을 불러왔다. 또 그가 영창대군을 죽이고 인목 대비를 유폐하자 서인은 유교 윤리를 저버린 국왕이라고 비판하였다. 이를 구실로 서인은 ❷ ☐ 를 일으켰다.

❶ 서인 ❷ 인조 반정

3 빈칸 ⊙에 들어갈 말로 알맞은 것은?

> 임진왜란이 일어나자 일본군은 조선군보다 우세한 전술과 무기를 활용하여 빠르게 진격해왔다. 이에 조선 정부는 대대적인 군사 제도 개편이 필요하다고 판단하였고, 마침내 ⊙ 을 설립하였다.

① 의병 　　　② 수어청 　　　③ 실록청

④ 장용영 　　　⑤ 훈련도감

문제 해결 전략

조선 후기 새롭게 군사 제도가 개편되었다. 중앙군은 훈련도감을 시작으로 ❶ ☐ 체제를 갖추었고, 지방군으로는 양반부터 노비까지 포함된 ❷ ☐ 을 편성하였다.

❶ 5군영 ❷ 속오군

4 |보기|의 사건들을 일어난 순서대로 바르게 나열한 것은?

> |보기|
> ㄱ. 북벌 정책을 추진하였다.
> ㄴ. 선조가 의주로 피란을 갔다.
> ㄷ. 여진족이 후금을 건국하였다.
> ㄹ. 광해군을 몰아내고 인조를 왕으로 추대하였다.

① ㄱ → ㄴ → ㄷ → ㄹ   ② ㄱ → ㄷ → ㄹ → ㄴ
③ ㄴ → ㄷ → ㄹ → ㄱ   ④ ㄴ → ㄹ → ㄷ → ㄱ
⑤ ㄷ → ㄹ → ㄱ → ㄴ

> **문제 해결 전략**
>
> 임진왜란 이후 명이 쇠약해지고 여진족이 성장하여 **❶** 을 세웠다. 광해군은 명과 후금 사이에서 **❷** 를 펼쳐 안정을 도모하였다. 인조와 서인 정권은 후금을 배척하고 명을 가까이하였고, 그 결과 두 차례의 호란이 일어났다.
>
> ❶ 후금 ❷ 중립 외교

5 다음에서 설명하는 제도에 대한 설명으로 옳은 것은?

> • 광해군 때 처음 시행
> • 공납의 폐단을 극복하기 위해 도입
> • 경기도에서 처음 시행한 후 100년에 걸쳐 전국으로 확대

① 쌀, 옷감, 동전 등으로 납부하였다.
② 1년에 2필씩 내던 군포를 1필로 줄였다.
③ 붕당 간 대립을 줄이고 왕권을 강화하였다.
④ 양반부터 노비까지 모두 포함된 군사 제도였다.
⑤ 풍년이나 흉년에 상관없이 전세를 고정하였다.

> **문제 해결 전략**
>
> 조선 조정은 세금 걷는 제도를 개편하여 백성들의 생활을 안정시키고 재정을 확대하려 하였다. 광해군은 공납의 폐단을 고치기 위해 **❶** 을 시행하였고, 인조는 **❷** 을 도입하여 전세를 고정하였다. 영조 때에는 **❸** 을 실시하여 군역 부담을 줄여주었다.
>
> ❶ 대동법 ❷ 영정법 ❸ 균역법

6 자료를 보고 (가)에 들어갈 내용을 추론한 것으로 가장 적절한 것은?

수행평가 보고서 주제: 조선 후기 ((가))	
핵심 키워드	조사 내용
# 잔반	양반층의 분화
# 유득공 # 박제가 # 이덕무 # 규장각 검서관	중인층의 변동
# 납속 # 공명첩 # 족보 위조 # 도망 노비	상민·천민층의 변화

① 신분제의 동요   ② 탕평 정치의 등장
③ 양반 문화의 발달   ④ 상품 화폐 경제의 발전
⑤ 삼정의 문란과 농민 봉기

> **문제 해결 전략**
>
> 붕당 정치가 변질하면서 중앙 정치에서 밀려난 양반들은 향촌 사회에서 겨우 위세를 유지하거나 농민과 처지가 다를 바 없는 **❶** 으로 몰락하였다. 반면 부유해진 농민이나 상인들은 **❷** 을 구입하여 양반 신분을 얻었다.
>
> ❶ 잔반 ❷ 공명첩

대표 예제 1

다음 인물에 대한 설명으로 옳은 것은?

역사 인물 카드	

성명	○○○
출생 연도	1335년
주요 활동	• 고려 말 왜구 격퇴 • 위화도에서 회군

① 한양으로 도읍을 옮겼다.
② 두 차례 왕자의 난을 일으켰다.
③ 새로운 왕조 개창에 반대하였다.
④ 집현전을 설치하여 학자를 양성하였다.
⑤ 나이 어린 조카를 몰아내고 왕위에 올랐다.

개념 가이드

❶ 은 집현전을 설치하여 학자들이 학문 연구와 정책 자문에 참여하도록 하였다.
❶ 세종

대표 예제 2

조선 시대를 배경으로 한 다음 가상 역사 일기의 내용 중 옳지 않은 것은?

오늘도 열심히 공부했다. 아버지께서 ① 과거에 합격해야 높은 관직에 오를 수 있다고 하셨기 때문이다. 과거에 합격하신 아버지는 ② 사헌부에서 관리를 감찰하는 일을 하고 계신다. 형은 ③ 성균관에 입학하여 유교 경전을 공부하고 있다. 형과 나는 훌륭한 ④ 관찰사가 되어 중앙 정치를 주도하고 정책을 결정하자고 약속했다. 옆집 승욱이는 ⑤ 장군이 되고 싶어 무과 시험을 준비한다고 한다.

개념 가이드

조선의 중앙 정치는 세 명의 정승들이 모여 정책을 결정하는 ❶ 와 결정된 정책을 집행하는 ❷ 를 중심으로 운영하였다.
❶ 의정부 ❷ 6조

대표 예제 3

자료 (가), (나)를 활용한 탐구활동으로 가장 적절한 것은?

(가)

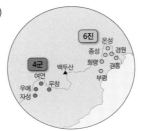

(나)

여진 10여 인이 와서 토산물을 바쳤다. 그들에게 후하게 음식을 먹이라 명하고, 의복과 관, 신발을 주었으니, 이렇게 후하게 대접하는 것이 전례였다.
– 「세종실록」 –

① 쓰시마섬을 토벌한 목적을 조사한다.
② 명과 사대 관계를 체결하게 된 배경을 알아본다.
③ 제포, 부산포, 염포에서 이루어진 무역 내용을 살펴본다.
④ 조선에 귀순하여 실제로 관직과 토지를 하사받은 인물을 찾아본다.
⑤ 위화도 회군 이후 정치 주도 세력이 어떻게 변화했는지 파악한다.

개념 가이드

자료 (가)는 북쪽의 여진을 몰아내고 개척한 ❶ 이 표시된 지도이다. 조선은 여진과 ❷ 관계를 유지하였다.
❶ 4군 6진 ❷ 교린

대표 예제 4

(가), (나) 주장을 내세운 세력에 대한 설명으로 옳지 <u>않은</u> 것은?

> (가) 도덕과 의리로 바른 정치를 이끌어야 합니다. 온갖 비리를 저지르던 부패한 대신들을 처벌하고 조선의 정치를 개혁합시다.
>
> (나) 나라에 공을 세운 우리가 국가로부터 특혜를 받는 것은 당연합니다. 그런 우리를 3사에서 사사건건 비판하니 더는 참을 수가 없습니다.

① (가) – 왕도 정치를 강조하였다.

② (가) – 성종 때 처음 정계에 진출하였다.

③ (가) – 세조 즉위에 도움을 준 공신들이었다.

④ (나) – 많은 토지와 노비를 소유하였다.

⑤ (나) – 상대 세력을 제거하기 위해 사화를 일으켰다.

개념 가이드

(가)를 주장한 세력은 ❶ [ ], (나)를 주장한 세력은 ❷ [ ] 이다.

❶사림 ❷훈구

대표 예제 5

다음 자료와 관련 있는 정치 세력에 대한 설명으로 적절하지 <u>않은</u> 것은?

```
정몽주
길재
김숙자
김종직
정여창 ─ 김굉필 ─ 김일손
이언적 서경덕 조광조 김안국
조식 이황    이이 성혼
영남학파    기호학파
```

① 사화로 피해를 겪었다.

② 동인과 서인으로 나뉘게 되었다.

③ 서원과 향약을 기반으로 세력을 키웠다.

④ 선조 때부터 중앙 정치의 주도권을 잡았다.

⑤ 정도전과 함께 새로운 왕조 건설에 앞장섰다.

개념 가이드

선조 때 ❶ [ ]은 남아 있는 훈구 세력에 대한 처리를 두고 입장이 나뉘었고, 마침내 동인과 서인으로 갈라져 ❷ [ ]을 형성하였다.

❶사림 ❷붕당

대표 예제 6

조선 정부에서 다음과 같은 내용이 담긴 서적을 편찬한 목적으로 가장 적절한 것은?

> • 최누백이 15살 때 아버지가 호랑이에게 해를 당해 죽었다. …… 최누백은 아버지를 해친 호랑이를 잡아 죽이고 아버지를 호법산 서쪽에 장사 지냈다.
> • 자로는 가난하게 살았지만, 효성이 지극하였다. 그는 매일 백 리 밖에서 쌀을 나르고 돈을 벌어, 그 돈으로 부모님을 봉양하였다.

① 통치 규범을 마련하기 위해

② 유교 윤리를 사회에 보급하기 위해

③ 일식과 월식을 예측할 때 사용하기 위해

④ 우리 말을 소리 나는 대로 표기하기 위해

⑤ 각 지방의 실정과 풍속 등을 정리하기 위해

개념 가이드

세종은 ❶ [ ]을 창제하여 백성들이 쉽게 글을 배울 수 있도록 하였다. 성종 때에는 조선의 기본 법전인 ❷ [ ]이 완성되어 통치 규범이 정립되었다.

❶훈민정음 ❷『경국대전』

대표 예제 7

빈칸 ㉠에 해당하는 유물로 적절한 것은?

> 조선 전기에는 성리학의 영향으로 외적인 화려함보다는 내면의 수양을 중시하였고, 이러한 분위기가 반영된 [㉠]이/가 유행하였다.

①

②  ③ ④

⑤

개념 가이드

고려 청자의 제작 전통을 계승한 ❶ [ ]는 조선에 들어와 독자적인 양식으로 발전하였고 성리학이 널리 보급되면서 소박한 느낌의 ❷ [ ]가 인기를 끌었다.

❶분청사기 ❷백자

대표 예제 **8**

제시된 삽화와 관련된 전쟁 중 일어난 사실로 옳은 것은?

① 북벌론이 제기되었다.

② 국왕은 남한산성으로 피신했다.

③ 명은 조선에 군사 지원을 요청하였다.

④ 조선에서 주화론과 척화론이 대립하였다.

⑤ 이순신과 수군이 한산도 전투에서 승리하였다.

개념 가이드

임진왜란이 일어나자 선조는 의주까지 피란을 갔다. 전국 각지에서
❶ [   ]이 결성되어 향토 지리에 적절한 전술을 사용하여 일본
군과 맞서 싸웠고, ❷ [   ]도 지원군을 보냈다.　❶ 의병 ❷ 명

대표 예제 **9**

빈칸 ㉠에 들어갈 역사적 사실로 옳은 것은?

> 서인이 정변을 일으켜 인조를 왕으로 추대하였다.

↓

> ㉠

↓

> 삼전도에서 굴욕적인 화의를 맺었다.

① 북벌 정책을 추진하였다.

② 청 태종이 조선을 침략하였다.

③ 여진의 누르하치가 후금을 세웠다.

④ 강홍립이 이끄는 군대를 명에 파견하였다.

⑤ 명을 공격한다는 구실을 내세우며 일본군이 조선
　을 침략하였다.

개념 가이드

후금이 명을 위협하자 명은 조선에 지원군을 요청하였다. 광해군은
❶ [   ]이 이끄는 군대를 파견하면서 상황에 따라 적절히 대처
하도록 하였다.　❶ 강홍립

대표 예제 **10**

다음 가상의 역사 기사를 읽고 파악한 내용으로 옳은 것을
보기에서 고른 것은?

제○○○호　　**역사 신문**　　○○○○년 ○○월 ○○일

조세 제도가 변하다!

드디어 공납의 폐단을 극복하기 위한 새로운
법안이 도입되었다. 기존의 공납은 집마다 토산
물을 공물로 내야 했기 때문에 가난한 백성들에
게 큰 부담이 되었다. 이번에 새로 시행하게 된
법은 공물 납부 기준을 바꾸었다. 이 법안이 시행
되면 토지가 적거나 없는 백성들은 공물의 부담
이 많이 줄어들 것으로 예측된다.

보기

ㄱ. 쌀, 옷감, 동전 등으로 납부하였다.

ㄴ. 토지를 기준으로 세금을 부과하였다.

ㄷ. 1년에 2필을 내던 세금을 1필로 줄여주었다.

ㄹ. 풍년과 흉년에 관계없이 토지 1결당 4두씩 세금
　을 부과하였다.

① ㄱ, ㄴ　　　② ㄱ, ㄷ　　　③ ㄴ, ㄷ

④ ㄴ, ㄹ　　　⑤ ㄷ, ㄹ

개념 가이드

인조 때 도입된 ❶ [   ]은 풍흉에 상관없이 토지 1결당 4두씩
토지세를 내도록 하였다. 영조 때에는 백성의 군역 부담을 줄여주
기 위해 1년에 1필씩 군포를 내도록 하는 ❷ [   ]을 시행하였
다.

❶ 영정법 ❷ 균역법

대표 예제 **11**

다음 자료를 읽고 당시 상황을 추론한 것으로 적절한 것은?

> 붕당의 폐단이 요즈음보다 심한 적이 없었다. 처음에는 사문(유교)에 소란을 일으키더니, 지금은 한쪽 사람을 모조리 역적으로 몰고 있다. …… 근래에 들어 그 사람을 임용할 때 모두 같은 붕당의 사람들만 등용하고자 한다.

① 국왕이 탕평책을 추진하였다.

② 새롭게 훈련도감을 설치하였다.

③ 국왕의 주도로 북벌 정책이 추진되었다.

④ 명의 국력이 약해지고 여진이 세력을 키웠다.

⑤ 정치 기강이 문란해져 매관매직이 성행하였다.

개념 가이드

영조는 탕평책을 추진하면서 자신의 의지를 널리 알릴 수 있게 성균관에 ❶ ⬚ 를 세웠다. 영조의 뒤를 이은 ❷ ⬚ 는 적극적인 탕평책을 실시하였다.

❶ 탕평비 ❷ 정조

대표 예제 **12**

다음 자료를 읽고 나눈 대화의 내용으로 옳지 <u>않은</u> 것은?

> 이 시기에는 안동 김씨 등 6개의 권세 있는 가문이 고위직에 해당하는 비변사 당상의 대략 40%를 차지하였다. 이들이 관직을 독점하면서 여기에 속하지 못한 양반들과 지방에 있는 양반들은 주요 관직에 진출하기가 더욱 어려워졌다.

① 이 시기에는 왕권이 크게 약해졌어.

② 순조, 헌종, 철종 시기에 일어난 일이야.

③ 이런 문제를 해결하기 위해 탕평책이 추진되었지.

④ 탐관오리들의 수탈로 백성들의 생활이 매우 어려워졌겠어.

⑤ 정치 기강이 문란해지면서 매관매직 같은 비리도 나타났어.

개념 가이드

순조, 헌종, 철종 3대 60여 년 간 ❶ ⬚ 가 이어졌다. 이 시기 정치 기강이 문란해지고, 탐관오리들은 농민을 수탈하여 ❷ ⬚ 의 문란이 매우 극심해졌다.

❶ 세도 정치 ❷ 삼정

대표 예제 **13**

(가), (나)는 19세기에 일어난 사건에 관한 자료이다. (가), (나)와 관련된 사건에 대한 설명으로 옳지 <u>않은</u> 것은?

> (가) 임술년 2월 19일, 진주의 백성 수만 명이 머리에 흰 수건을 두르고 손에는 몽둥이를 들고 무리를 지어 진주 읍내에 모여 서리들의 가옥 수십 호를 불태우고 부수었다. …… 병사가 해산하고자 장시에 나가니 백성이 그를 둘러싸고 재물을 횡령한 일, 아전들이 세금을 강제로 걷은 일들을 문책하였다.
>
> (나) 조정에서는 서쪽 땅을 버림이 더러운 흙과 다름없다. 권세 있는 집의 노비들도 보면 평안도 놈이라 일컫는다. …… 지금 나이 어린 임금이 위에 있어서 권신배의 간악한 짓이 날로 심해져 김조순, 박종경의 무리가 국가 권력을 제멋대로 하니 …… 이곳 평안도에서 병사를 일으켜 백성을 구하고자 한다.

① (가) 사건 이후 봉기가 전국적으로 확산되었다.

② (가) 사건은 탐관오리의 수탈과 삼정의 문란이 원인이 되어 발생하였다.

③ (나) 사건은 홍경래가 주도하였다.

④ (나) 사건 이후 삼정이정청이 설치되어 삼정의 문란이 해결되었다.

⑤ (가)와 (나) 사건을 계기로 농민들의 사회 의식이 성장하게 되었다.

개념 가이드

(가)는 진주 농민 봉기에 관한 자료이다. 진주에서 일어난 농민 봉기는 임술 농민 봉기로 확대되었다. (나)는 ❶ ⬚ 에 관한 자료이다.

❶ 홍경래의 난

1 밑줄 친 국왕의 재위 기간 중 있었던 사실로 옳지 <u>않은</u> 것은?

> 태종의 뒤를 이은 <u>국왕</u>은 집현전을 설치하여 학자를 양성하였고, 경연을 열어 신하들과 정책을 토론하였다. 또한 국방, 경제, 과학 기술, 문화 등 여러 방면에서 국가를 발전시키고자 노력하였다.

① 훈민정음을 반포하였다.

②『칠정산』을 편찬하였다.

③『경국대전』이 완성되었다.

④ 장영실이 자격루를 제작하였다.

⑤ 왕과 신하가 조화를 이루는 유교 정치를 실현하고자 노력하였다.

> **Tip**
> 태종의 뒤를 이은 ❶⬚은 왕과 신하가 조화를 이루는 유교적 이상 정치를 실현하고자 하였다. 그는 ❷⬚을 설치하여 젊고 유능한 관리를 양성하고 정책에 자문하도록 하였다.
> ❶ 세종 ❷ 집현전

2 빈칸에 들어갈 기구명들이 알맞게 짝지어진 것은?

> 조선에서는 국왕과 신하들이 함께 조화를 이루는 유교적 이상 정치를 지향하였다. 이를 위해 조선에서는 3사를 만들어 운영하였다. 3사는 관리의 부정부패를 감찰하는 ⬚㉠⬚, 국왕이 바른 정치를 하도록 일깨우는 ⬚㉡⬚, 정책 자문과 경연을 담당하는 ⬚㉢⬚으로 구성되었다.

	㉠	㉡	㉢
①	사헌부	사간원	홍문관
②	사간원	사헌부	홍문관
③	사헌부	홍문관	사간원
④	사간원	홍문관	사헌부
⑤	홍문관	사간원	사헌부

> **Tip**
> 성종은 집현전을 계승한 ❶⬚을 설치하여 경연을 담당하게 하였다.
> ❶ 홍문관

3 다음 자료를 해석한 내용으로 옳은 것은?

① 예송 논쟁을 나타낸 그림이다.

② 훈구 세력이 등장하게 되었다.

③ 사화가 일어나는 원인이 되었다.

④ 사림이 정계에 진출하는 계기가 되었다.

⑤ 동인과 서인으로 나뉘어 붕당이 형성되었다.

> **Tip**
> 네 차례의 ❶⬚로 피해를 겪은 사림은 향촌에서 ❷⬚과 향약을 기반으로 세력을 확대하였고 선조 때 정치 주도권을 장악하였다.
> ❶ 사화 ❷ 서원

4 다음 자료에서 설명하는 서적에 대한 설명으로 옳은 것은?

> 사관이 기록한 사초와 각종 행정 기록 등을 모아 편찬 역사서이다. 역사 기록물로서의 중요성을 인정받아 1997년에 유네스코 세계 기록 유산으로 등재되었다.

① 조선의 통치 규범을 확립하였다.

② 각 국왕 대의 역사를 기록하였다.

③ 가정에서 지켜야 할 예법을 정리하였다.

④ 글과 그림으로 유교 윤리를 설명하였다.

⑤ 한글의 창제 원리와 사용법이 담겨 있었다.

> **Tip**
> 조선 조정은 각 국왕 대의 역사를 기록한 ❶⬚, 유교 윤리를 쉽게 설명한 ❷⬚ 등 다양한 서적을 편찬하였다.
> ❶『조선왕조실록』 ❷『삼강행실도』

5 보기의 사건들을 일어난 순서대로 바르게 나열한 것은?

> **보기**
> ㄱ. 이순신이 한산도에서 일본군을 물리쳤다.
> ㄴ. 일본군의 공격으로 동래성이 함락되었다.
> ㄷ. 도쿠가와 이에야스가 에도 막부를 열었다.
> ㄹ. 휴전 회담이 결렬되어 일본이 다시 침략했다.

① ㄱ → ㄴ → ㄷ → ㄹ

② ㄱ → ㄷ → ㄴ → ㄹ

③ ㄴ → ㄱ → ㄷ → ㄹ

④ ㄴ → ㄱ → ㄹ → ㄷ

⑤ ㄷ → ㄴ → ㄹ → ㄱ

> **Tip**
> 임진왜란 초기 조선군은 서양식 신무기인 ❶[   ]을 이용한 일본군에게 패배하였으나, ❷[   ]이 이끄는 수군은 옥포, 한산도 등 바다에서 일본군을 물리쳤다.
> ❶ 조총 ❷ 이순신

6 다음은 어떤 인물의 주요 활동을 시기별로 나타낸 것이다. 이 인물에 대한 설명으로 옳은 것은?

시기	주요 활동
1592년	전쟁이 일어나자 세자로 책봉되어 민심을 수습하고 전투를 지휘함.
1608년	왕위에 올라 전후 복구 사업에 힘씀.
1613년	이복동생인 영창대군을 유배함.
1618년	인목 대비를 덕수궁에 유폐함.
1623년	정변이 일어나 왕위에서 폐위됨.

① 북벌 정책을 추진하였다.

② 탕평 정치를 시행하였다.

③ 서인 세력의 지지를 받아 왕위에 올랐다.

④ 명과 후금 사이에서 중립 외교를 펼쳤다.

⑤ 전쟁이 일어나 남한산성으로 피신하였다.

> **Tip**
> 명은 ❶[   ] 때 조선에 무리하게 원군을 파견하여 국력이 쇠약해졌고, 만주에서 여진족이 성장하여 ❷[   ]을 세웠다.
> ❶ 임진왜란 ❷ 후금

7 밑줄 친 임금의 재위 기간에 있었던 사실로 옳지 않은 것은?

> 이곳은 창덕궁 후원에 있는 주합루입니다. 2층으로 지어진 이 누각은 임금이 신하들이 함께  학문과 정책을 논의하던 규장각 건물로 활용하기 위해 지었습니다.

① 수원에 화성을 건설하였다.

② 친위 부대인 장용영을 설치하였다.

③ 중앙군으로 훈련도감을 설치하였다.

④ 서얼 출신을 규장각 검서관에 등용하였다.

⑤ 붕당을 가리지 않고 능력 있는 인재를 두루 등용하였다.

> **Tip**
> 정조는 ❶[   ]을 개편하여 정책 자문 기구로 삼았고, 친위 부대인 ❷[   ]을 설치하여 왕권을 뒷받침하는 군사 기반으로 삼았다.
> ❶ 규장각 ❷ 장용영

8 조선 후기 경제 활동의 변화를 주제로 한 보고서를 작성할 때 참고할 자료로 적절한 것을 보기에서 고른 것은?

> **보기**
> ㄱ. [엽전]   ㄴ. [앙부일구]   ㄷ. [석조물]   ㄹ. [지도]
> ▲ 조선 후기 상업과 유통

① ㄱ, ㄴ   ② ㄱ, ㄹ   ③ ㄴ, ㄷ

④ ㄴ, ㄹ   ⑤ ㄷ, ㄹ

> **Tip**
> 조선 후기 상업이 발달하면서 ❶[   ] 같은 화폐가 전국적으로 유통되었다. 또 개성의 ❷[   ], 의주의 만상 등 대규모 상업 활동을 벌이는 상인이 출현하기도 하였다.
> ❶ 상평통보 ❷ 송상

1 제시된 도표의 빈칸 ㉠에 들어갈 역사적 사실로 옳은 것은?

> 나라 이름을 '조선'이라 정하고 한양을 수도로 정하였다.

↓

> ㉠

↓

> 『경국대전』을 완성하여 유교적 통치 질서를 확립하였다.

① 과전법을 시행하였다.
② 병자호란이 일어났다.
③ 일본군이 동래성을 함락하였다.
④ 이성계가 위화도에서 회군하였다.
⑤ 집현전을 설치하여 학자를 양성하였다.

2 다음 자료에서 설명하는 제도에 대한 설명으로 옳은 것은?

> 조선에서는 인재를 등용하기 위해 이 제도를 시행하였다. 음서나 천거도 있었지만, 이 제도를 통해야만 높은 관직에 오를 수 있었고 정치를 주도할 수 있었다.

① 천민도 응시할 수 있었다.
② 관리의 추천을 받는 제도였다.
③ 문과와 무과, 잡과로 나뉘었다.
④ 국경 지역의 긴급한 상황을 전달하였다.
⑤ 유학자를 제사 지내고, 성리학을 연구하였다.

3 ㉠에 대한 설명으로 옳은 것은?

> 최초의 ㉠ 은 중종 때 주세붕이 세운 것으로, 명종 때 소수 ㉠ 으로 이름이 바뀌고 토지, 노비, 서적 등을 받았다. 사림은 ㉠ 을 세움으로써 향촌 사회에서 지위를 높일 수 있었고, 지방의 여론을 모아 정치적 결속을 다질 수 있었다.

① 관리의 잘못을 감찰하였다.
② 훈구 세력의 기반이 되었다.
③ 조선의 최고 교육 기관이었다.
④ 『실록』을 편찬하는 일을 담당하였다.
⑤ 유학자의 제사를 지내고 성리학을 연구하였다.

4 밑줄 친 글자에 대한 설명으로 옳은 것은?

> 나라의 말씀이 중국과 달라 문자와 서로 통하지 않는다. 이 때문에 백성이 말하고자 하는 바가 있어도 제 뜻을 펴지 못하는 사람이 많다. 내 이를 가엾게 여겨 새로 스물여덟 글자를 만드니 …….

① 성종 때 완성되었다.
② 훈민정음이라고 불렸다.
③ 서원에서 이 글자를 가르쳤다.
④ 『경국대전』은 이 글자로 작성되었다.
⑤ 양반 지배층을 중심으로 널리 사용되었다.

5 다음 자료를 읽고 파악한 내용으로 옳은 것은?

> 1637년 1월 14일(피란 32일째)
>
> 김신국이 양식을 마련했는데 하루 양식으로 군병은 세 홉씩 줄이고 백관은 다섯 홉씩 줄여도 오히려 다음 달까지 닿지 못하니, 오랫동안 도적에게 싸인 바라. 어떻게 될지 모르겠다.
>
> – 『산성일기』 –

① 명은 조선에 지원군을 보내주었어.
② 인조반정이 일어나는 계기가 되었어.
③ 서양식 신무기인 조총을 처음 접하게 되었지.
④ 국왕이 남한산성으로 피신했을 당시 상황을 나타내고 있어.
⑤ 휴전 회담이 결렬되어 일본이 다시 침략했을 때 일어난 일이군.

7 ㉠에 들어갈 기구로 가장 적절한 것은?

> 오늘에 와서 큰일이건 작은 일이건 모두 ㉠ 에서 처리합니다. 의정부는 한갓 이름뿐이고, 6조는 할 일을 모두 빼앗겼습니다. 이름은 변방의 방비를 담당하는 것이라고 하면서 과거에 대한 판정, 왕비와 세자빈을 간택하는 일까지도 모두 여기에서 합니다.

① 비변사　　② 성균관　　③ 집현전
④ 홍문관　　⑤ 훈련도감

6 제시된 삽화와 관련된 사건이 조선 후기의 정치에 미친 영향으로 옳은 것은?

선왕(효종)께서 적장자가 아니므로 대비께서는 1년 동안 상복을 입으셔야 합니다.

선왕을 장자의 예로 대우해서 대비께서는 3년 동안 상복을 입으셔야 합니다.

서인　　남인

① 붕당 간 대립이 심해졌다.
② 사화가 일어나 사림이 큰 피해를 겪었다.
③ 조광조가 '현량과'를 실시할 것을 주장하였다.
④ 훈구 세력을 견제하기 위해 사림을 등용하였다.
⑤ 서인이 정변을 일으켜 새로운 국왕을 추대하였다.

8 다음 농사법에 대한 설명으로 옳은 것을 |보기|에서 고르면?

> 이 농사법을 사용하는 데에는 세 가지 이유가 있다. 김매기의 노력을 더는 것이 첫째요, 두 땅 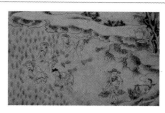 의 힘으로 하나의 모를 서로 기르는 것이 둘째이며, 좋지 않은 것은 솎아내고 싱싱하고 튼튼한 것을 고를 수 있는 것이 셋째이다.

| 보기 |
ㄱ. 볍씨를 논에 직접 뿌렸다.
ㄴ. 모내기법에 관한 설명이다.
ㄷ. 벼와 보리의 이모작이 가능해졌다.
ㄹ. 조선 전기에 전국적으로 보급되었다.

① ㄱ, ㄴ　　② ㄱ, ㄷ　　③ ㄴ, ㄷ
④ ㄴ, ㄹ　　⑤ ㄷ, ㄹ

1 (가) 인물에 대한 설명으로 옳은 것은?

▲ 정도전

> 현명한 재상을 중심으로 정치를 해야 합니다.

> 아닙니다. 강력한 국왕을 중심으로 나라를 운영해야 합니다. ─(가)

▲ 정도전

> 막내 왕자님을 세자로 삼아 새로운 나라 조선을 만들 것입니다.

> 조선 건국에 큰 공을 세운 왕자인 나를 배제하고 이복동생을 세자로 삼다니. 가만있지 않겠소. ─(가)

① 훈민정음을 창제하였다.
② 북벌 정책을 추진하였다.
③ 집현전을 폐지하고 경연을 폐지하였다.
④ 왕자의 난을 일으켜 반대파를 제거하고 왕위에 올랐다.
⑤ 『경국대전』을 완성하여 조선의 통치 규범을 확립하였다.

> **Tip**
> 조선 건국 직후 **❶** 은 태조 이성계의 지지를 받아 나라의 기틀을 구상하였으나, 정치 운영 방식을 둘러싸고 **❷** 과 충돌하였다.
>
> ❶ 정도전 ❷ 이방원

2 조선에서 다음과 같은 제도를 시행한 목적으로 가장 적절한 것은?

평상시
적의 출현
적의 접근
적의 침범
적과 접전

① 세금으로 거둔 곡식을 운송하기 위해
② 국경의 위급 상황을 빠르게 알리기 위해
③ 유교적 능력을 갖춘 관리를 선발하기 위해
④ 물자를 운반하고 다른 지역과 통신하기 위해
⑤ 유학자의 제사를 지내고 성리학을 연구하기 위해

> **Tip**
> 조선에서는 **❶** 제도를 시행해 세금으로 거둔 곡식을 물길을 통해 운반하였고, **❷** 를 정비하여 국경 지역의 긴급한 상황을 전달하고자 하였다.
>
> ❶ 조운 ❷ 봉수제

3 (가)에 들어갈 내용으로 가장 적절한 것은?

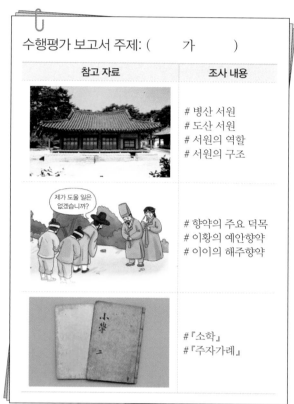

수행평가 보고서 주제: (　가　)

참고 자료	조사 내용
	# 병산 서원 # 도산 서원 # 서원의 역할 # 서원의 구조
제가 도울 일은 없겠습니까?	# 향약의 주요 덕목 # 이황의 예안향약 # 이이의 해주향약
小學 二	#『소학』 #『주자가례』

① 사림의 성장과 유교 윤리의 보급

② 임진왜란과 병자호란의 전개 과정

③ 붕당 정치의 변화와 탕평책의 등장

④ 조선 전기 과학 기술과 예술의 발달

⑤ 사대교린을 중심으로 한 조선의 대외 관계

Tip

사림은 ❶□□□로 피해를 겪었지만 서원과 ❷□□을 기반으로 향촌 사회에서 세력을 키워 나갔다.

❶ 사화　❷ 향약

4 제시된 홍보물의 ㄱ~ㄹ에 들어갈 유물이 바르게 짝지어진 것을 | 보기 |에서 고른 것은?

20□□ 박물관 역사 문화 교실

· 일시: 20□□. △. ○ ~ △. ○

· 내용: 박물관 전시와 연계한 역사·문화 이야기

· 참여 방법: 강의 시간에 □□박물관 홈페이지 접속

강의	전시 유물	강의 주제
1강	ㄱ	꿈속에 거닐던 복숭아밭 「몽유도원도」에 담긴 이상 세계
2강	ㄴ	한글로 풀어쓴 역사 이야기 『훈민정음 해례본』을 통해 살펴본 세종 대왕의 애민 정신
3강	ㄷ	백자에 펼친 선비의 기상 분청사기에서 백자까지, 조선 전기 도자기의 변화
4강	ㄹ	천문, 하늘의 뜻을 읽다. 조선의 독자적 역법서 『칠정산』

| 보기 |

ㄱ.　ㄴ.　ㄷ.　ㄹ.

① ㄱ, ㄴ　② ㄱ, ㄷ　③ ㄴ, ㄷ

④ ㄴ, ㄹ　⑤ ㄷ, ㄹ

Tip

고려 말부터 제작된 자기인 ❶□□□□는 소박하고 자연스러운 멋을 보여주며, 16세기 이후에는 소박하고 깨끗한 느낌을 주는 ❷□□가 많이 제작되었다.

❶ 분청사기　❷ 백자

5 자료의 (가), (나)에 들어갈 장면으로 옳지 <u>않은</u> 것은?

[다큐멘터리 제목]

탕탕평평의 정치를 꿈꾼 조선의 임금들

목차	참고 자료	주요 장면
제1부 영조, 조선을 다시 일으켜 세우다.		(가)
제2부 정조, 조선의 개혁과 대통합을 위하여		(나)

① (가) – 탕평비를 세울 것을 명하는 임금

② (가) – 신문고가 다시 설치되어 기뻐하는 백성들

③ (가) – 거중기를 사용하여 수원 화성을 건설하는 정약용

④ (나) – 규장각에서 일하는 젊은 관리들

⑤ (나) – 장용영의 군사 훈련을 지켜보는 임금

6 다음 자료에서 설명하는 문화유산에 대한 설명으로 옳은 것은?

[세계문화유산 탐방]

새로운 정치를 꿈꾸던 도시, 수원 화성

수원 화성은 일제 강점기와 6·25 전쟁을 거치며 크게 훼손되었다. 그러나 성을 쌓은 직후 발간된 『화성성역의궤』에 기록된 방법을 토대로 복원에 성공하였다. 수원 화성은 현대에 복원된 건축물임에도 문화재적 가치를 인정받아 1997년 세계문화유산에 등재되었다.

▲ 복원된 장안문

▲ 『화성성역의궤』 속 장안문

① 임진왜란을 계기로 축조되었다.

② 북벌을 추진하기 위해 건설되었다.

③ 예송 논쟁이 일어나는 원인이 되었다.

④ 정조가 개혁 정치의 중심지로 삼고자 하였다.

⑤ 조선 왕실 조상의 위패를 보관해두는 곳이었다.

Tip

영조는 ❶[　　　]을 시행하여 붕당 간 대립을 줄이려 하였다. 정조는 영조의 정책을 계승하여 붕당과 관계없이 인재를 등용하였고, 수원에 ❷[　　　]을 건설하여 개혁 정치의 중심지로 삼으려 하였다.

❶탕평책 ❷화성

Tip

정조는 ❶[　　　]에 화성을 건설하여 새로운 개혁 정치의 중심지로 삼으려 하였고, 친위 부대인 ❷[　　　]을 한성과 화성에 배치하였다.

❶수원 ❷장용영

7 다음 수행평가 주제에 해당하는 역할극 대본으로 적절하지 <u>않은</u> 것은?

완성된 대본을 발표해 봅시다.

〈수행 평가〉

'조선 후기 다양한 삶의 모습'을 주제로 역할극 대본 만들기

① 갑: 우리 서얼에 대한 관직 제한을 없애달라는 상소를 올립시다.

② 을: 장사해서 모은 돈으로 공명첩을 사 드디어 양반 신분을 얻었으니 이제 떵떵거리며 살 수 있겠지.

③ 병: 양반의 권위는 모두 사라지고 농민과 다를 바 없는 처지가 되었으니 누가 날 양반으로 인정하겠는가.

④ 정: 옆집 옥련이는 주인 나리께 돈을 바치고 양인이 되었다던데, 난 언제쯤 이 고달픈 노비 신세에서 벗어나려나.

⑤ 무: 전민변정도감을 이용해 우리 권문세족의 농장과 노비를 빼앗으려는 개혁을 추진하다니, 더는 참을 수가 없군.

Tip
조선 후기 부유해진 일부 농민이나 상인들은 ❶□□□을 사들여 양반 신분을 얻었다. 반면 중앙 정치에서 밀려나 향촌에서 겨우 위세를 유지하거나 농민과 다를 바 없는 처지인 ❷□□으로 몰락하는 양반들도 있었다.

❶ 공명첩 ❷ 잔반

8 제시된 대화의 빈칸 ㉠에 들어갈 말로 가장 적절한 것은?

드디어 난리가 났네.

나 평서대원수 홍경래는 조선을 바로잡을 뜻을 가지고 일어서 백성들을 구할 것이다. 나를 따라 성문을 활짝 열고 우리 군대를 맞이하라.

㉠

① 또다시 환국이 일어날 모양이야.

② 일본군이 벌써 한양까지 점령했다니 큰일이야.

③ 진주에서 시작된 봉기가 우리 마을까지 퍼졌군.

④ 오랫동안 우리 평안도를 차별해 왔으니 더는 참을 수 없지.

⑤ 일본이 물러난 지 얼마 되지 않았는데 이번엔 청과 전쟁이 일어나다니.

Tip
❶□□□는 관리들의 수탈과 서북 지역 차별에 반대하며 난을 일으켰다. 유계춘은 ❷□□에서 농민들을 조직하여 봉기하였고, 이후 삼남 지방을 중심으로 봉기가 확산하였다.

❶ 홍경래 ❷ 진주

2주 학문과 예술의 새로운 경향 ~ 평화 통일을 위한 노력

2주 1일 개념 돌파 전략 ❶

개념 1 학문과 예술의 새로운 경향

(1) 연행사와 통신사의 활동
  ① 연행사: 청에 파견, 청의 문물 소개·천주교 및 서양 과학 기술 전래
  ② ❶   : 일본에 파견, 일본과 문화 교류·일본에 대한 정보 수집

(2) 새로운 사상과 학문의 유행
  ① 새로운 사상: 서학 수용 → 과학 기술 발달/ 천주교 전래/ 동학 창시
  ② 실학의 발달: 농업 중심 사회 개혁론(유형원, 이익, 정약용 등), 상공업 중심
    사회 개혁론(홍대용, 박지원, 박제가 등), ❷   연구 활발(조선의 역사,
    지리, 언어 연구)

(3) 조선 후기의 예술: 진경산수화(정선 – 「인왕제색도」), 풍속화(❸   , 신윤
    복), 민화 제작 / 백자와 청화백자 유행 / 김정희–추사체

▲ 중국에서 가져온 자명종과 천리경

Quiz
조선 후기 사회 문제 해결을 모색하는 과정에서 등장한 현실 개혁론은?

❶통신사 ❷국학 ❸김홍도

답 | 실학

개념 2 생활과 문화의 새로운 양상

(1) 조선 후기 가족 제도의 변화: 성리학적 질서 강화 → 부계 중심 가족 제도 강
    화, 혼인 후 여자가 곧바로 남자 집에서 생활, 족보 기재 방식 변화(아들 먼저
    기재), 재산 상속에서 장남 우대, 장남이 제사 주관, 아들이 없으면 ❶
    를 들이는 것이 일반적

(2) ❷   문화의 발달: 한글 소설, 사설시조, 판소리, 탈춤 등

❶양자 ❷서민

Quiz
평시조보다 사설이 길고 형식이 자유로웠던 시조 양식은?

답 | 사설시조

개념 3 국민 국가의 수립

(1) 근대 국민 국가 수립 운동
  ① 국민 국가 수립 노력: 흥선대원군의 통치 → 개항 → 개화 정책의 추진과 반
    발(위정척사 운동, 임오군란) → 갑신정변 → 동학 농민 운동 → 갑오개혁
    → 독립협회 활동 → ❶   수립
  ② 국권 수호 운동: 항일 의병 운동, 애국 계몽 운동(신민회 등)

(2) 항일 민족 운동
  ① 1910년대: ❷   (전국적 만세 시위) → 대한민국 임시 정부 수립
  ② 1920년대: 국내 – 물산장려운동, 6·10 만세운동, 신간회, 광주 학생 항일
    운동 / 국외 – 봉오동·청산리 전투 등
  ③ 1930년대 이후: 국외 – 조선 의용대(김원봉), 한인 애국단·한국 광복군(김
    구) / 국내 – 조선 건국 동맹(여운형)

(3) 대한민국 정부 수립: 38선을 기준으로 미국과 소련이 한반도 분할 → 신탁 통
    치를 둘러싼 갈등 → 통일 정부 수립 노력(좌우 합작 운동, 남북협상) →
    ❸   → 대한민국 정부 수립

▲ 대한민국 임시 정부에서 발행한 독립 공채

Quiz
전봉준을 중심으로 동학 교도들과 농민들이 지배층의 수탈에 맞서 저항한 사건은?

❶대한 제국 ❷3·1운동 ❸5·10 총선거

답 | 동학 농민 운동

1-1 ㉠, ㉡에 들어갈 사절단의 명칭을 쓰시오.

풀이 | 병자호란 이후 조선은 청에 당한 치욕을 씻고 청을 정벌하자는 **①** 을 추진하였으나, 실행에 옮기지 못하였다. 청의 세력이 더욱 커지자 조선은 **②** 를 파견하여 청의 발달한 문물을 받아들였다.

① 북벌 **②** 연행사   답 | ㉠ – 연행사, ㉡ – 통신사

2-1 다음은 조선 후기에 가족 제도가 변화된 모습을 나타낸 표이다. 빈칸 ㉠에 내용을 쓰시오.

조선 전기	조선 후기
자녀가 돌아가면서 제사를 지냄.	장남이 제사를 지냄.
재산은 자녀들에게 균등하게 물려줌.	㉠
태어난 순서대로 족보에 기록함.	남자 위주로 족보에 기록함.

풀이 | 조선 후기 **①** 이 일상생활에까지 영향을 주면서 부계 중심의 가족 제도가 강화되었다. 제사는 **②** 이 담당하게 되었고, 재산 상속에서도 장남이 다른 자녀들보다 우대되었다.

① 성리학 **②** 장남   답 | 재산 상속에서 장남을 우대함.

3-1 다음과 같은 선언서를 발표한 민족 운동이 무엇인지 쓰시오.

> 오늘 우리는 조선이 독립국이며, 조선인이 자주적인 민족임을 선언한다. 이로써 세계 만국에 알리어 인류 평등의 대의를 분명히 하며, 자손만대에 깨우쳐 자주와 독립을 유지하는 올바른 민족의 권리를 영원히 누리도록 한다.

풀이 | 1919년 3월 1일 민족 대표 33인은 종로에서 독립 선언서를 발표하였고, 탑골 공원에서는 학생과 시민들이 만세 시위를 벌이며 **①** 이 시작되었다. 3·1 운동을 계기로 중국 상하이에 **②** 가 수립되었다. 대한민국 임시 정부는 삼권 분립에 기초한 민주 공화제 정부였다.

① 3·1 운동 **②** 대한민국 임시정부   답 | 3·1 운동

1-2 지도에 제시된 ㉠에 대한 설명으로 옳은 것은?

① 동학을 조선에 소개하였다.

② 쇼군의 요청으로 파견되었다.

③ 정부의 개화 정책에 반발하였다.

④ 서양의 과학 기술을 조선에 소개하였다.

⑤ 서민들의 일상생활을 소재로 한 작품을 그렸다.

2-2 다음 도표의 빈칸 ㉠, ㉡에 알맞은 서민 문화 사례를 쓰시오.

(㉠)	소리꾼이 고수의 장단에 맞추어 노래와 말로 긴 이야기를 풀어나가는 음악이다.
(㉡)	탈을 쓰고 하는 가면극으로, 양반 사회를 비판하는 내용이 많았다.

3-2 대한민국 임시 정부에 대한 설명으로 옳은 것은?

① 집강소를 설치하였다.

② 신분제를 폐지하였다.

③ '대한국 국제'를 반포하였다.

④ 삼권 분립 체제를 갖추었다.

⑤ 김옥균, 서재필, 박영효 등이 주도하였다.

개념 4 자본주의와 사회 변화

(1) 개항과 식민지 경제

① 개항 이후: 개항 → 일본 상인의 침탈, 임오군란 → 청 상인 침투, 아관 파천 → 열강의 이권 침탈 심화 / 방곡령, ❶◻◻◻◻의 황무지 개간권 수호, 국채 보상 운동

② 식민지 경제 정책: ❷◻◻◻ 사업(1910), 산미 증식 계획(1920), 국가 총동원법(1938)

(2) 국가 주도 경제 성장 '한강의 기적'

① 경제 성장: 경제 개발 5개년 계획 → 비약적 경제 발전 → 외환 위기 → 신자유주의 정책

② 사회 변화: 도시와 ❸◻◻ 사이의 격차 심화, 도시 빈민 문제, 노동 운동 활성화, 대중문화 발전

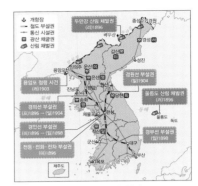
▲ 열강의 이권 침탈

Quiz
나라의 빚을 갚기 위해 전개되었던 성금 모금 운동은?

❶ 보안회 ❷ 토지 조사 ❸ 농촌

답 | 국채 보상 운동

개념 5 민주주의의 발전

(1) 헌법의 탄생

① 민주 공화제 지향: 대한민국 임시 헌장, 대한민국 임시 헌법에 반영

② ❶◻◻◻◻: 임시정부 법통 계승, 민주 공화정과 주권 재민 규정

(2) 민주주의의 발전: 이승만의 독재 정치 → ❷◻◻◻ → 5·16 군사 정변 → 박정희의 독재 정치(유신 체제)에 반대하는 민주화 운동 전개 → 박정희 사망 후 신군부 세력의 쿠데타 → ❸◻◻◻ → 전두환 정부의 독재 → 6월 민주 항쟁 → 민주주의의 확산

▲ 제헌 헌법 초안

Quiz
1987년 대통령 직선제 개헌과 전두환 정부 퇴진을 요구하며 전개된 시위는?

❶ 제헌 헌법 ❷ 4·19 혁명 ❸ 5·18 민주화 운동

답 | 6월 민주 항쟁

개념 6 평화 통일을 위한 노력

(1) 분단과 6·25 전쟁

① 남북의 분단: 남한에 대한민국 정부 수립, 북한에 조선 민주주의 인민 공화국 수립

② 6·25 전쟁: 북한의 남침 → 국군이 낙동강 부근까지 후퇴 → ❶◻◻◻ 참전 → 인천 상륙 작전 → 국군과 유엔군이 압록강 유역까지 진출 → 중국군 개입 → 정전 협정 체결

(2) 통일을 위한 노력: ❷◻◻◻ 발표(1972), UN 동시 가입 및 남북 기본 합의서(1991), 총 3차례 남북 정상 회담(1차 회담 – 6·15 남북 공동 선언)

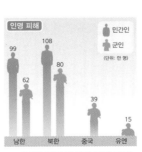
▲ 6·25 전쟁 당시의 인명 피해

Quiz
1950년 북한의 남침으로 시작된 전쟁은?

❶ 유엔군 ❷ 7·4 남북 공동 성명

답 | 6·25 전쟁

4-1 다음 자료와 관계있는 경제적 구국운동이 무엇인지 쓰시오.

> 국채 1,300만 원은 바로 우리 대한의 존망에 직결된 것이라. 갚으면 나라가 존재하고, 갚지 못하면 나라가 망하는 것은 대세가 반드시 그렇게 이르는 것이다. …… 2천만 민중이 3개월 동안 담배를 끊고 그 대금으로 1인당 매달 20전씩 징수하면 1,300만 원이 될 수 있다.

풀이 | 을사늑약 체결을 전후하여 일제의 경제 침탈이 본격화하자, 이에 맞서 경제적 자립을 이루어 나라를 지키려는 움직임이 나타났다. 일제가 황무지 개간을 구실로 국유지를 빼앗으려 하자, ❶ [   ]를 중심으로 반대 운동이 일어났다. 대한 제국이 일제에 많은 빚을 지게 되자 국민의 성금을 모아 나라의 빚을 갚자는 ❷ [   ]이 전개되었다.

❶ 보안회 ❷ 국채 보상 운동 답 | 국채 보상 운동

4-2 빈칸에 들어갈 말로 알맞은 것은?

> 대한 제국의 국권을 빼앗은 일제는 근대적 토지 소유권을 확립하고 세금 부담을 공평히 한다는 명분을 내세워 ㉠ [   ]을 실시하였다.

① 방곡령
② 국가 총동원법
③ 토지 조사 사업
④ 산미 증식 계획
⑤ 경제 개발 5개년 계획

5-1 ㉠에 해당하는 사건을 쓰시오.

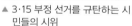
▲ 3·15 부정 선거를 규탄하는 시민들의 시위

▲ ㉠이 일어나 '독재 정권 타도'를 외치며 시위하는 학생들

풀이 | 1960년 정부통령 선거에서 ❶ [   ] 정부가 부정선거를 저지르자 여러 곳에서 부정선거를 비난하는 시위가 열렸다. 시위에 참여했다 실종된 ❷ [   ]의 시신이 마산 앞바다에서 발견되면서 국민의 분노가 폭발하였고, 4·19 혁명이 일어나게 되었다.

❶ 이승만 ❷ 김주열 답 | 4·19 혁명

5-2 좌측에 제시된 ㉠ 사건 이후 나타난 변화로 옳은 것?

① 6·25 전쟁이 일어났다.
② 국가 총동원법이 제정되었다.
③ 사사오입 개헌이 통과되었다.
④ 이승만 정부의 독재가 이어졌다.
⑤ 장면을 국무총리로 하는 정부가 구성되었다.

6-1 다음 자료와 같이 전개되었던 사건을 쓰시오.

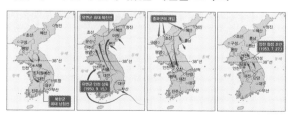

풀이 | 북한의 남침으로 6·25 전쟁이 시작되었다. 전쟁 초기 국군은 북한군의 공세에 밀려 낙동강 유역까지 후퇴하였으나 ❶ [   ] 작전을 계기로 전세를 역전시키고, 서울을 되찾았다.

❶ 인천 상륙 답 | 6·25 전쟁

6-2 다음 도표의 빈칸 ㉠, ㉡에 알맞은 남북한 합의 문서를 쓰시오.

(㉠)	분단 이후 최초로 발표된 통일을 위한 남북한 간의 합의. 자주·평화·민족적 대단결 원칙 수립
(㉡)	분단 이후 처음 진행된 남북 정상회담에서 발표한 선언

바탕 문제

조선 후기 실증적인 방법으로 학문을 연구하고 실생활의 문제를 해결할 것을 주장했던 학문 경향은?

➡ ❶ □□□ 은 크게 농업 중심의 개혁론과 상공업 중심의 개혁론으로 나뉘었다. 상공업 중심의 개혁을 주장한 사람들은 청과 교류하여 선진 문물을 받아들일 것을 주장하여 ❷ □□□ 라고 불렸다.

답 | ❶ 실학 ❷ 북학파

1 밑줄 친 내용에 대해 나눈 대화로 적절하지 <u>않은</u> 것은?

> 양 난 이후 조선 사회는 사회·경제적으로 큰 변화를 겪고 있었다. 이에 따라 나타난 각종 사회 문제를 해결하기 위해 <u>새로운 경향의 학문과 사회 개혁론</u>이 등장하였다.

① '사람이 곧 하늘'이라는 주장을 내세웠어.
② 정약용, 박지원, 박제가 등이 대표적인 학자야.
③ 조선의 역사, 지리, 언어 연구에 관심을 가졌지.
④ 토지 제도를 개혁하고 자영농을 육성하자고 주장하기도 했지.
⑤ 청과의 교류를 통해 선진 문물을 수용하자는 주장도 내세웠어.

바탕 문제

조선 후기 재산 상속에서 나타난 변화 모습은?

➡ ❶ □□□ 이 일상생활에까지 영향을 주게 되면서 재산 상속 방식도 바뀌었다.
조선 전기에는 균등하게 재산을 나누어 주었으나, 조선 후기에는 딸들이 상속 대상에서 제외되었으며 ❷ □□□ 에게 거의 모든 재산을 물려주었다.

답 | ❶ 성리학 ❷ 장남

2 다음은 조선 후기 가족 제도에 나타난 변화를 정리한 표이다. 표의 내용 중 옳지 <u>않은</u> 것은?

	구분	내용
①	제사	장남이 제사를 도맡아 지냄
②	혼인	여자가 곧바로 남자 집에서 생활
③	상속	장남이 다른 자녀들보다 우대받음
④	족보	성별 관계없이 태어난 순서대로 기록
⑤	양자	아들이 없으면 양자를 들여 집안을 계승

바탕 문제

우리나라 역사상 최초로 시행된 선거로 국회의원을 선출한 선거는?

➡ 5·10 총선거로 구성된 국회에서는 ❶ □□□ 을 제정하고 대통령으로 이승만을 선출하였다. 마침내 1948년 8월 15일 ❷ □□□ 정부가 수립되었다.

답 | ❶ 제헌 헌법 ❷ 대한민국

3 다음과 같은 상황에서 통일 정부를 수립하기 위해 전개되었던 활동으로 옳은 것은?

> 모스크바 3국 외상 회의에서 미·소 공동위원회 개최와 최고 5년간 신탁 통치 등이 결정되었다. 국내에 신탁 통치 소식이 알려지자 찬성과 반대로 의견이 나뉘어 대립이 심해졌다. 미소 공동 위원회가 결렬되자 남한에서 이승만을 중심으로 단독 정부 수립론이 제기되었다.

① 갑신정변   ② 갑오개혁
③ 5·10 총선거   ④ 동학 농민 운동
⑤ 좌우 합작 운동

일본 내 식량 부족 문제를 해결하기 위해 1920년부터 조선에서 쌀 생산을 늘리려 했던 정책은?

➡ ❶ [ ] 계획이 실시된 결과 쌀 생산량은 늘어났으나 늘어난 생산량보다 더 많은 양이 ❷ [ ]으로 유출되어 농민의 생활이 어려워졌다.

답 | ❶ 산미 증식 ❷ 일본

4 다음 자료들과 관계 있는 일제의 식민지 경제 정책으로 옳은 것은?

① 국채 보상 운동
③ 토지 조사 사업
⑤ 경제 개발 5개년 계획

② 산미 증식 계획
④ 자유 무역 협정

1980년 신군부가 물러날 것과 민주화를 요구하며 광주 시민들이 전개한 민주화 운동은?

➡ ❶ [ ]을 중심으로 한 신군부 세력이 권력을 장악하자 이에 맞서 민주화를 요구하는 시위가 일어났다. 광주에서 일어난 시위를 신군부가 폭력적으로 진압하자 ❷ [ ] 운동이 일어나 많은 광주 시민들이 희생되었다.

답 | ❶ 전두환 ❷ 5·18 민주화

5 │ 보기 │의 사건들을 일어난 순서대로 바르게 나열한 것은?

┌─ 보기 ┌
ㄱ. 4·19 혁명
ㄴ. 6월 민주 항쟁
ㄷ. 5·16 군사 정변
ㄹ. 5·18 민주화 운동

① ㄱ → ㄴ → ㄷ → ㄹ
② ㄱ → ㄷ → ㄹ → ㄴ
③ ㄴ → ㄷ → ㄹ → ㄱ
④ ㄴ → ㄹ → ㄷ → ㄱ
⑤ ㄷ → ㄹ → ㄱ → ㄴ

제1차 남북 정상 회담 결과 발표된 남북한 합의 문서는?

➡ 제1차 남북 정상 회담 결과 ❶ [ ]을 발표하였고, 이후 ❷ [ ] 공단 건설, 이산가족 상봉 등이 이루어졌다.

답 | ❶ 6·15 남북 공동 선언 ❷ 개성

6 다음 자료와 같은 내용을 담아 발표한 남북한 합의 문서에 대한 설명으로 옳은 것은?

통일을 위한 남측의 연합제 안과 북측의 낮은 단계의 연방제 안이 서로 공통성이 있으니, 앞으로 이 방향에서 통일을 지향해 나갑시다.

① 정전 협정의 내용이다.
② 냉전 체제를 더욱 강화시켰다.
③ 1차 남북 정상 회담에서 발표되었다.
④ 남북한이 UN에 동시에 가입하는 계기가 되었다.
⑤ 분단 이후 남과 북이 처음으로 합의한 문서였다.

전략 1 실학의 발달

- **등장 배경**: 성리학이 현실 사회 문제에 대한 해결 방안을 제시하지 못함. → 현실 문제를 해결하려는 실증적·실용적 학문 경향으로 ❶ ▢ 등장
- **농업 중심 개혁**: ❷ ▢ 제도 개혁과 자영농 육성 강조, 유형원·이익·정약용 등
- **상공업 중심 개혁**: ❸ ▢ 발전과 기술 혁신 강조, 청 문물 수용 주장, 홍대용·박지원·박제가 등

❶ 실학 ❷ 토지 ❸ 상공업

필수 예제 1

┌ 보기 ┐
- 유형원   • 이익   • 정약용
└─────────────┘

(1) 당시 조선의 현실을 개혁하기 위해 | 보기 | 의 인물들이 내세운 공통된 주장을 쓰시오.

(2) 정조의 명으로 수원 화성 건축에 참여한 인물이 누구인지 | 보기 | 에서 골라 쓰시오.

풀이 | (1)

농업 중심 개혁론	유형원	신분에 따라 토지를 지급하자고 주장
	이익	최소한의 생계 유지를 위한 토지(영업전)를 지급하고 매매를 금지하자고 주장
	정약용	마을 단위로 토지 공동 소유·공동 경작 주장

답 | 토지 제도를 개혁하여 자영농을 육성하고자 하였다.

(2) 정약용은 정조의 명을 받아 수원 화성 건설에 참여하였다. 정약용은 서양의 과학 기술을 적용한 거중기를 만들어 화성을 쌓는 데 필요한 건축 비용과 시간을 크게 줄였다.

답 | 정약용

1-1 밑줄 친 인물에 대한 설명으로 옳은 것은?

제시된 자료는 홍대용이 제작한 천체 관측 기구인 혼천의입니다. 그는 청에 왕래하면서 얻은 지식을 토대로 지전설을 주장하였습니다.

① 동학을 창시하였다.
② 갑신정변을 주도하였다.
③ 추사체라는 서체를 만들었다.
④ 상공업 발전과 기술 혁신을 강조하였다.
⑤ 서민들의 일상을 소재로 풍속화를 그렸다.

1-2 교사의 질문에 대한 학생의 답으로 가장 적절한 것은?

조선 후기에는 조선의 역사, 언어, 지리 등을 연구하는 국학이 발달했어요. 조선 후기 국학 연구가 활발히 진행된 배경은 무엇일까요?

① 서민들이 문화의 주체로 성장하였어요.
② 성리학이 일상생활에까지 영향을 주었어요.
③ 세도 정치가 전개되어 왕권이 위축되었어요.
④ 일본에 통신사가 파견되어 새로운 문물이 유입되었어요.
⑤ 실학자들이 우리 전통과 현실에 관심을 가지고 연구하였어요.

전략 2 예술과 문화의 변화

- 새로운 회화 경향의 등장: 우리나라 경치를 사실적으로 그리는 **❶** 　　　　, 김홍도·신윤복의 풍속화, 이름 없는 화가들이 남긴 민화 등
- 서민 문화 발달: **❷** 　　　　 소설과 사설시조 유행, 장시에서 판소리와 탈춤 공연이 열림

❶ 진경산수화 ❷ 한글

필수 예제 2

(1) 다음 두 그림의 특징이 무엇인지 쓰시오.

풀이 | (1) 제시된 그림은 정선의 「금강전도」와 「인왕제색도」이다. 정선은 우리나라의 자연을 사실적으로 묘사한 진경산수화를 그린 대표적 화가이다.

답 | 우리나라의 경치를 사실적으로 묘사하였다.

(2) 제시문의 빈칸 ㉠, ㉡에 들어갈 알맞은 말을 쓰시오.

> 조선 후기 서민층이 새로운 문화의 주체로 성장하면서 『춘향전』, 『흥부전』 같은 (㉠)이 유행하였고, 사설이 길고 형식이 자유로운 (㉡)도 널리 유행하였다.

(2)

한글 소설	• 『춘향전』, 『홍길동전』, 『흥부전』 등 • 한글 소설 대여점과 이야기꾼 등장
사설시조	• 형식에 구애받지 않음. • 서민들의 감정을 솔직하게 표현

답 | ㉠ 한글 소설, ㉡ 사설시조

2-1 다음 자료들을 활용한 탐구활동으로 가장 적절한 것은?

① 조선 후기 민화의 활용 사례를 조사한다.
② 김홍도와 신윤복의 작품세계를 비교한다.
③ 산수화에 나타난 새로운 경향을 찾아본다.
④ 연행사의 이동 경로와 활동 내용을 살펴본다.
⑤ 조선 시대 도자기 양식의 변천 과정을 정리한다.

2-2 다음 제시된 개념을 활용한 역사 수업 주제로 가장 적절한 것은?

> • 탈춤　• 판소리　• 사설시조　• 한글 소설

① 실학의 등장 배경
② 서민 문화의 발달
③ 양반 중심 문화의 등장
④ 근대 국민 국가의 수립 과정
⑤ 성리학의 보급과 가족 제도의 변화

전략 3 동학 농민 운동과 갑오개혁

- **동학 농민 운동**: 전봉준의 주도로 고부 농민 봉기 → ❶ [   ] 설치, 개혁안 제시 → 일본군과 관군의 공격으로 실패 → 반봉건적이고 반외세적 성격은 이후 민족 운동에 영향
- **갑오개혁**: 일본의 강요로 김홍집을 중심으로 한 정부 구성 → ❷ [   ] 폐지 등 근대적 개혁 추진

❶ 집강소 ❷ 신분제

필수 예제 3

1894년 전봉준을 중심으로 농민들과 동학교도들이 탐관오리의 수탈에 맞서 (㉠)을 일으켰다. 농민군은 각지에 집강소를 설치하여 탐관오리 처벌, 봉건적 신분 차별 폐지 등 개혁을 추진하였다. 한편 (㉠) 중에 조선에 파견된 일본군은 경복궁을 무력으로 점령하고 ㉡ 김홍집을 중심으로 한 새로운 정부를 구성하여 개혁을 강요하였다.

(1) 빈칸 ㉠에 들어갈 알맞은 말을 쓰시오.

(2) 밑줄 친 ㉡ 개혁 당시 추진된 개혁 내용을 한 가지 쓰시오.

풀이 | (1) 개항 이후 탐관오리의 수탈, 외국 상인의 침탈 등으로 사회 불안이 심해지면서 동학을 믿는 농민들이 많아졌다. 전라도 고부에서 군수 조병갑의 수탈에 맞서 전봉준의 주도로 농민 봉기가 일어나면서 동학 농민 운동이 시작되었다.

답 | ㉠ 동학 농민 운동

(2) ㉡은 갑오개혁이다. 김홍집 내각은 군국기무처를 중심으로 개혁을 추진하였다. 이때 신분제 폐지, 근대적 내각 제도 구성, 왕실과 국가의 사무와 재정 분리, 과거제 폐지, 재정의 단일화 등 근대적 개혁이 추진되었다.

답 | 신분제 폐지, 근대적 내각 제도 구성, 과거제 폐지 등

3-1 밑줄 친 사건으로 옳은 것은?

'녹두장군'이라는 별명을 가지고 있었던 전봉준은 전라도 고부에서 군수의 횡포에 맞서 봉기하였다. 고부 농민 봉기는 이 사건의 출발점이 되었다.

① 갑오개혁　　② 갑신정변
③ 동학 농민 운동　　④ 애국 계몽 운동
⑤ 물산 장려 운동

3-2 ㉠에 들어갈 학생의 대사로 가장 적절한 것은?

학생 1: 이 그림은 군국기무처에서 회의하는 모습이야. 군국기무처에서는 다양한 개혁이 추진되었지.

학생 2: [㉠   ].

① 대한 제국에서 추진한 개혁이야.
② 청의 강요로 개혁이 추진되었어.
③ 반봉건적이고 반외세적 성격을 지녔어.
④ 신분제가 폐지되는 개혁이 추진되었어.
⑤ 동학 농민 운동이 일어나는 계기가 되었어.

전략 4 대한민국 정부 수립

- 광복 후 38도선 경계로 미국과 소련의 분할 점령 → 모스크바 3국 외상 회의 → 신탁 통치를 둘러싸고 대립 심화 → 분단을 막기 위해 여운형, 김규식 등이 ❶_____ 운동 전개
- 남한 단독 선거 결정 → 김구, 김규식 등이 남북한 지도자 연석회의 참여(남북 협상) → 5·10 총선거 → 대한민국 정부 수립 (대통령 ❷____, 민주 공화국 규정)

❶ 좌우 합작 ❷ 이승만

필수 예제 4

보기

ㄱ. 5·10 총선거
ㄴ. 좌우 합작 운동
ㄷ. 한국광복군 창설
ㄹ. 미국과 소련의 분할 점령

(1) 보기의 ㄱ~ㄹ을 시기순으로 바르게 나열하시오.

(2) ㄱ 결과 구성된 국회에서 한 일을 한 가지 쓰시오.

풀이 (1)

한국광복군	1940년 대한민국 임시정부에서 창설한 부대로 태평양 전쟁이 일어나자 연합군의 일원으로 참전함.
미국과 소련의 분할 점령	1945년 일제가 패망한 후 38도선을 기준으로 북측엔 소련, 남측엔 미국이 군대를 주둔시킴.
좌우 합작 운동	1946년 여운형과 김규식 등이 통일 정부를 수립하기 위해 전개한 운동
5·10 총선거	1948년 5월 10일 남한에서 진행된 선거

답 | ㄷ → ㄹ → ㄴ → ㄱ

(2) 5·10 총선거를 통해 우리 역사상 처음으로 국회의원이 선출되었다. 국회에서는 제헌 헌법을 제정하고 국호를 대한민국으로 정하였다. 이후 대통령으로 선출된 이승만은 1948년 8월 15일 대한민국 정부 수립을 선포하였다.

답 | 제헌 헌법 제정, 국호를 대한민국으로 결정, 이승만을 대통령으로 선출 등

4-1 다음 자료를 분석한 학생의 발표 내용으로 가장 적절한 것은?

> 드디어 민주 공화국을 세우다!
>
> 1948년 8월 15일 대통령 이승만은 정부 수립을 선포하였다. 선거를 통해 구성된 국회에서는 헌법을 제정하였고 ……

① 6·25 전쟁 이후 일어난 일이네.
② 대한민국 임시 정부가 수립되었어.
③ 모든 권한이 황제에게 집중되었지.
④ 5·10 총선거 결과 수립된 정부야.
⑤ 신탁 통치를 둘러싼 논쟁이 벌어지게 되겠어.

4-2 다음 헌법을 제정한 국회에 대한 설명으로 옳은 것은?

> 제헌 헌법
>
> 제1조 대한민국은 민주공화국이다.
> 제2조 대한민국의 주권은 국민에게 있고 모든 권력은 국민으로부터 나온다.

① 방곡령을 선포하였다.
② 3·1 운동을 계기로 수립되었다.
③ 이승만을 대통령으로 선출하였다.
④ 좌우 합작 운동의 결과 구성되었다.
⑤ 국호를 '대한 제국'으로 정하였다.

1 다음 삽화 자료를 보고 분석한 내용으로 옳은 것은?

일본에서 가져온 것인데 한번 재배해 보자꾸나.

아이고, 감사합니다.

① 북학파에 영향을 주었어.
② 천주교 관련 서적도 함께 전해졌지.
③ 임진왜란이 일어나는 원인이 되었어.
④ 국학 연구가 활발해지는 계기가 되었군.
⑤ 통신사의 활동으로 새로운 문물이 도입되기도 했어.

문제 해결 전략

조선은 청에 ❶ [   ]를 파견하고 일본에는 ❷ [   ]를 파견하여 교류하였다. 이들 사절단의 활동을 통해 조선에 새로운 문물이 전래되었다.

❶ 연행사 ❷ 통신사

2 다음 문화유산들이 제작된 시기에 볼 수 있는 모습으로 옳지 <u>않은</u> 것은?

① 김정희가 추사체라는 서체를 만들었다.
② 안견이 「몽유도원도」에 이상 세계를 표현하였다.
③ 서민들의 소망을 담고 있는 민화가 많이 그려졌다.
④ 신윤복이 양반의 생활 모습을 소재로 한 그림을 그렸다.
⑤ 우리나라 경치를 사실적으로 그리는 작품이 등장하였다.

문제 해결 전략

조선 후기에는 흰 바탕 위에 푸른색으로 그림을 그린 다양한 형태의 ❶ [   ]가 유행하였다. ❷ [   ]는 「씨름」, 「서당」 등 서민들의 생활 모습을 생동감 있게 표현한 풍속화를 그렸다.

❶ 청화 백자 ❷ 김홍도

3 족보 기재 방식이 다음과 같이 변화하게 된 원인으로 가장 적절한 것은?

① 통신사가 파견되었다.
② 세도 정치가 시작되었다.
③ 서민 문화가 발달하였다.
④ 삼정의 문란이 심해졌다.
⑤ 성리학적 질서가 강화되었다.

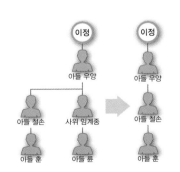

이정 | 이정
아들 우양 | 아들 우양
아들 철손 · 사위 임계종 → 아들 철손
아들 훈 · 아들 륜 | 아들 훈

문제 해결 전략

조선 후기 성리학의 영향으로 가족 제도에 변화가 나타났다. 제사는 ❶ [   ]이 도맡아 지냈고, 아들이 없으면 ❷ [   ]를 들이는 것이 일반적이었다.

❶ 장남 ❷ 양자

4 밑줄 친 내용에 해당하는 사례로 옳지 <u>않은</u> 것은?

> 조선 후기에는 모내기법이 전국적으로 퍼지면서 농업 생산력이 향상되었다. 그리고 상업이 활발해지면서 전국에 장시가 늘어나는 등 상품 화폐 경제가 발달하였다. 이에 따라 서민층의 경제력이 향상되었고, 서당 교육이 확대되면서 <u>서민층이 새로운 문화의 주체로 성장하여 서민 문화가 발달하였다.</u>

① 탈춤　　　　　② 판소리　　　　　③ 추사체

④ 사설시조　　　　⑤ 한글 소설

5 다음 수행평가 보고서의 ㉠~㉢에 들어갈 인물이 알맞게 짝지어진 것은?

수행평가 보고서 주제: 근대 국민 국가 수립 운동

핵심 키워드	조사 내용
# (㉠) # 서광범 # 박영효	갑신정변의 전개
# (㉡) # 김홍집 # 군국기무처 # 홍범14조	동학 농민 운동과 갑오개혁
# (㉢) # 「독립신문」 # '대한국 국제' # 고종 황제	독립 협회와 대한 제국

	㉠	㉡	㉢
①	김옥균	전봉준	서재필
②	김옥균	서재필	전봉준
③	전봉준	김옥균	서재필
④	전봉준	서재필	김옥균
⑤	서재필	김옥균	전봉준

6 ㉠을 해결하기 위한 탐구 활동으로 옳은 것은?

> 역사 답사계획서
>
> 　　광복으로 가는 길, 대한민국 임시정부
>
> • 답사 장소: 상하이 대한민국 임시정부 유적지
> • 사전 활동: ㉠ 임시 정부의 수립 과정과 활동 내용 조사

① 신간회가 결성된 배경을 조사한다.

② 동학 농민 운동의 성격을 파악한다.

③ 토지 조사 사업의 결과를 알아본다.

④ 연통제와 교통국을 운영한 목적을 살펴본다.

⑤ 5 · 10 총선거 이후 정부가 수립되는 과정을 정리한다.

전략 1　식민지 경제 정책

- 1910년대: ❶ [　] 사업(일본인 토지 소유 증가), 회사령 제정(총독 허가를 받아야 회사 설립)
- 1920년대: 산미 증식 계획(증산된 양보다 많은 양이 일본에 유출), 회사령 폐지
- 1930년대 이후: 한반도를 병참 기지화, ❷ [　] 법 ➡ 인적, 물적 자원 수탈

❶ 토지 조사 ❷ 국가 총동원

필수 예제 1

보기

ㄱ. 국채 보상 운동
ㄴ. 국가 총동원법
ㄷ. 토지 조사 사업
ㄹ. 산미 증식 계획

(1) 보기의 ㄱ~ㄹ을 시기순으로 바르게 나열하시오.

(2) ㄷ이 시행된 결과 나타난 변화를 한 가지 쓰시오.

풀이 | (1)

국채 보상 운동	1907년 대구에서 시작된 운동으로, 국민의 성금을 모아 나라의 빚을 갚으려는 모금 운동
토지 조사 사업	1910~1918년 일제가 근대적 토지 소유권을 확립하고 세금 부담을 공평히 한다는 명분으로 시행
산미 증식 계획	1920년부터 실시한 정책으로 쌀의 생산량을 늘려 일본으로 유출하려는 목적으로 시행
국가 총동원법	전쟁에 필요한 인적·물적 자원을 수탈하기 위해 1938년 일제가 제정한 법

답 | ㄱ - ㄷ - ㄹ - ㄴ

(2) 토지 조사 사업을 통해 조선 총독부는 토지 소유자가 직접 정해진 기간 내에 신고한 토지만 소유지로 인정하였다. 그 결과 조선 총독부의 토지 소유와 지세 수입이 증가하였다. 반면 많은 농민이 토지를 잃고 소작농이 되었고, 지주의 권한은 강화되었으나 소작농은 조상 대대로 인정받던 경작권을 잃었다.

답 | 총독부의 토지 소유와 지세 수입 증가, 많은 농민이 소작농으로 전락, 소작농의 경작권 상실 등

1-1 자료에서 나타난 문제를 해결하기 위해 일제가 실시한 정책으로 옳은 것은?

> 일본 내 쌀 소비는 연간 약 6,500만 석인데 생산량은 약 5,800만 석을 넘지 못해 …(중략)… 장래 쌀의 공급은 계속 부족해질 것이고, 따라서 지금 쌀 생산을 늘리는 계획을 수립하여 일본의 식량 문제를 해결하는 것이 시급한 일이다.

① 방곡령　　　　　② 산미 증식 계획
③ 물산 장려 운동　④ 토지 조사 사업
⑤ 항일 의병 운동

1-2 '일제 강점기 식민지 경제 정책'을 주제로 역할극 대본을 작성하려고 할 때 등장인물로 적절하지 않은 것은?

① 방곡령 시행에 항의하는 일본 상인
② 일본군 '위안부'로 강제 동원된 여성
③ 제기와 놋그릇을 빼앗아 가는 일본인 경찰
④ 군인으로 징병되어 전쟁터에 끌려가는 청년
⑤ 토지 조사 사업 실시를 알리는 총독부 관료

전략 2 민주주의의 성장

- **4·19 혁명**: 이승만 정부의 독재, 3·15 부정 선거 → 부정 선거를 비판하는 시위 → 김주열 학생 시신 발견 → 4월 19일 대대적인 시위 → **❶** [ ]이 물러남, 장면을 국무총리로 하는 정부 출범
- **박정희 정부**: **❷** [ ]을 일으켜 정권 장악 → 한·일 국교 정상화, 베트남 파병 → 유신 헌법을 제정하여 독재 체제 구축 → 유신 반대 운동 → 내부 갈등으로 박정희 피살

❶ 이승만 ❷ 5·16 군사 정변

필수 예제 **2**

(㉠)은 국회에서 자신을 반대하는 세력이 커지자 6·25 전쟁 중인 1952년 국회의원들을 위협하여 대통령 직선제로 헌법을 바꾸었다. 재선에 성공한 (㉠)은 초대 대통령에 한해 중임 제한을 적용하지 않도록 헌법을 개정하여 장기 독재를 꾀하였다.

(1) 빈칸 ㉠에 들어갈 알맞은 인물을 쓰시오.

(2) ㉠이 물러나는 원인이 된 민주화 운동이 무엇인지 쓰시오.

풀이 | (1) 대한민국의 초대 대통령으로 선출된 이승만은 장기 독재를 위해 여러 차례 헌법을 개정하였다. 1952년 이승만은 경찰과 군대를 동원하여 국회의원들을 위협하며 대통령 선거 방식을 직선제로 바꾸었다(발췌 개헌). 1954년에는 초대 대통령은 여러 번 대통령에 선출될 수 있도록 헌법을 바꾸었다(사사오입 개헌).

답 | 이승만

(2) 이승만 정권의 독재 정치와 부정부패에 대한 불만이 고조되는 상황에서 1960년 3월 15일 진행된 정·부통령 선거에서 대대적인 선거 부정이 발생하였다. 이를 계기로 4·19 혁명이 일어나 이승만은 대통령직에서 물러나게 되었다.

답 | 4·19 혁명

2-1 다음 사건이 일어나게 된 배경으로 알맞은 것은?

4월 19일, 수십만 명의 시위대가 서울 거리를 가득 메웠고, 부산·대구·광주·대전 등 대도시에서도 대규모 시위가 발생하였다. 4월 19일에 시작된 시위는 4월 26일 이승만이 대통령직에서 물러나고 하와이로 망명하면서 막을 내렸다.

① 제헌 헌법이 공포되었다.
② 베트남 전쟁에 국군을 파병하였다.
③ 정·부통령 선거에서 부정이 일어났다.
④ 신군부가 불법적으로 군대를 동원하였다.
⑤ 대학생 박종철이 경찰의 고문으로 사망하였다.

2-2 밑줄 친 '정부'에 대한 설명으로 옳은 것은?

<u>이 정부</u>는 경제 발전을 위한 재정을 마련하려고 한일 국교 정상화와 베트남 파병을 추진하였어요.

① 4·19 혁명으로 붕괴되었다.
② 5·18 민주화 운동을 진압하였다.
③ 정·부통령 선거에서 부정이 일어났다.
④ 5·16 군사 정변을 일으켜 정권을 잡았다.
⑤ 분단 이후 처음으로 남북 정상 회담이 진행되었다.

전략 3 민주주의의 발전

- 5·18 민주화 운동: 박정희 정권 붕괴 후 신군부 세력이 권력 장악 ➡ ❶[＿＿＿＿]에서 민주화 요구 시위 발생 ➡ 신군부의 폭력적 진압으로 많은 광주 시민들이 희생 ➡ 전두환 정권의 억압적인 통치
- 6월 민주 항쟁: ❷[＿＿＿＿]이 경찰의 고문을 받다가 사망 ➡ 대통령 직선제를 요구하는 대규모 시위 ➡ 대통령 직선제 개헌 약속(6·29 민주화 선언)

❶ 광주 ❷ 박종철

필수 예제 3

(1) 제시문에서 설명하는 사건이 무엇인지 쓰시오.

> 5월 18일 광주에서 학생들이 시위를 벌이자 신군부가 무자비하게 진압하였다. 이후 시민들은 신군부 퇴진과 민주주의 회복을 요구하며 광주 전역에서 시위를 벌였다.

풀이 | (1) 전두환을 중심으로 한 신군부 세력이 불법적으로 군대를 동원하여 권력을 장악하자 광주에서 신군부 퇴진과 민주화를 요구하며 시위가 일어났다. 신군부는 공수부대를 동원하여 시위를 폭력적으로 진압하였다. 광주 시민들이 시민군을 조직하여 맞서자 공수부대는 시민들을 향해 집단 발포하였다.

답 | 5·18 민주화 운동

(2) 6월 민주 항쟁 이후 대통령 선거 방식이 어떻게 변화했는지 쓰시오. (단, 대통령 선출 방식이 꼭 들어가야 함.)

(2) 전두환 정부가 박종철 고문 사망 사건의 진상을 은폐하려 하고 개헌을 거부하는 조치를 발표하자 전국 각지에서 대규모 시위가 전개되었다. 그 결과 당시 대통령 후보였던 노태우는 대통령 직선제 개헌을 약속하는 선언을 하였고 이후 5년 담임의 대통령 직선제 개헌이 이루어졌다.

답 | 5년 단임의 대통령을 국민의 직접 선거(직선제)로 선출

3-1 (가)에 들어갈 말로 옳은 것은?

> 1987년 6월, 박종철 고문치사 사건을 계기로 대통령 직선제 개헌을 요구하며 일어난 역사적 사건은?

한국사 퀴즈 대회

① 4·19 혁명 　② 10·26 사태
③ 6월 민주 항쟁 　④ 5·16 군사 정변
⑤ 5·18 민주화 운동

3-2 다음 자료와 관련된 민주화 운동이 일어나게 된 배경으로 옳은 것은?

> 우리는 왜 총을 들 수밖에 없었는가? 그 대답은 너무나 간단합니다. 너무나 무자비한 만행을 더 이상 보고 있을 수만 없어서 너도나도 총을 들고 나섰던 것입니다. …… 계엄당국은 18일 오후부터 공수부대를 대량 투입하여 시내 곳곳에서 학생, 젊은이들에게 무차별 살상을 자행하였으니!
> – 「광주 시민군 궐기문」, 1980년 5월 25일 –

① 북한군이 남침하였다.
② 3·15 부정 선거가 일어났다.
③ 대통령 직선제 개헌이 이루어졌다.
④ 박종철이 경찰의 고문으로 사망하였다.
⑤ 신군부 세력이 비상 계엄을 전국으로 확대하였다.

전략 4 6·25 전쟁

- **전개 과정**: 북한군 남침 → 국군은 낙동강 유역까지 후퇴, 유엔군 참전 → 인천 상륙 작전 성공, 서울 수복 → 38도선을 넘어 압록강까지 진출 → ❶ ⬚⬚⬚ 개입 → 서울 함락(1·4 후퇴) → 서울을 다시 찾은 후 38선 일대에서 치열한 전투가 벌어짐. → 정전 협정 체결
- **영향**: 분단이 굳어져 감, 남북한의 독재 강화, 미국과 소련을 중심으로 한 ❷ ⬚⬚⬚ 체제 강화

❶ 중국군 ❷ 냉전

필수 예제 4

(가) → 북한군의 남침

(나) → 국군·유엔군의 진격

(1) (가), (나) 지도에 나타난 전쟁이 무엇인지 쓰시오.

(2) 이 전쟁에서 전선이 (가)에서 (나)로 바뀌는 데 큰 역할을 한 작전의 명칭을 쓰시오.

풀이 | (1) 제시된 지도는 6·25 전쟁의 전개 과정을 나타낸 것이다. 1950년 6월 25일 북한군의 남침으로 전쟁이 시작되었다.

답 | 6·25 전쟁

(2) 6·25 전쟁 초기 국군은 낙동강 유역까지 후퇴하였다. 유엔군이 참전하고 국군과 유엔군이 인천 상륙 작전을 성공시키면서 전세가 역전되었다.

답 | 인천 상륙 작전

4-1 다음 자료를 활용한 탐구 주제로 가장 적절한 것은?

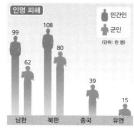
인명 피해

① 임오군란의 영향
② 남북 대화의 시작
③ 6·25 전쟁이 남긴 피해
④ 유신 독재와 민주화 운동
⑤ 통일 정부 수립을 위한 노력

4-2 6·25 전쟁에 대한 설명으로 옳은 것을 ㅣ보기ㅣ에서 고른 것은?

> ┌ 보기 ┐
> ㄱ. 유엔군이 참전하였다.
> ㄴ. 일본의 무조건 항복으로 끝났다.
> ㄷ. 38도선 부근에서 치열한 전투가 벌어졌다.
> ㄹ. 한반도를 전쟁을 위한 병참 기지로 삼았다.

① ㄱ, ㄴ   ② ㄱ, ㄷ   ③ ㄴ, ㄷ
④ ㄴ, ㄹ   ⑤ ㄷ, ㄹ

1 다음 자료와 관련된 경제적 구국 운동이 벌어진 시기로 옳은 것은?

> 국채 1,300만 원은 바로 우리 대한의 존망에 직결된 것이라. 갚으면 나라가 존재하고, 갚지 못하면 나라가 망하는 것은 대세가 반드시 그렇게 이르는 것이다. …… 2천만 민중이 3개월 동안 담배를 끊고 그 대금으로 1인당 매달 20전씩 징수하면 1,300만 원이 될 수 있다.

① 1894년 갑오개혁 ② 1905년 을사늑약 ③ 1910년 토지 조사 사업 ④ 1920년 산미 증식 계획 ⑤ 1938년 국가 총동원법 1945년 광복

2 밑줄 친 사업의 결과로 옳은 것은?

> 헌병 경찰: 이 사업은 토지 소유권을 보호하고 세금 부담을 공평히 하기 위해 실시하는 것이니, 토지 소유자는 정해진 기간 내에 반드시 토지를 신고하시오!

① 공출 제도가 실시되었다.
② 일본으로 쌀이 많이 유출되었다.
③ 조선 총독부의 토지 소유가 증가하였다.
④ 청 상인과 일본 상인의 경쟁이 더욱 치열해졌다.
⑤ 회사를 설립할 때 조선 총독의 허가를 받아야 했다.

3 보기의 사건을 일어난 순서대로 바르게 나열한 것은?

> **보기**
> ㄱ. 이승만이 대통령직에서 물러났다.
> ㄴ. 광주에서 계엄군이 시민군을 진압하였다.
> ㄷ. 대학생 박종철이 경찰의 고문으로 사망하였다.
> ㄹ. 초대 대통령의 중임 제한을 없애도록 헌법이 개정되었다.

① ㄱ → ㄴ → ㄷ → ㄹ
② ㄷ → ㄱ → ㄹ → ㄴ
③ ㄷ → ㄹ → ㄴ → ㄱ
④ ㄹ → ㄱ → ㄴ → ㄷ
⑤ ㄹ → ㄱ → ㄷ → ㄴ

4 다음 노래 가사의 배경이 된 역사적 사건에 대한 설명으로 옳지 <u>않은</u> 것은?

> 보슬비가 소리도 없이 이별 슬픈 부산 정거장
> 잘 가세요 잘 있어요 눈물의 기적이 운다
> 한 많은 피난살이 설움도 많아 그래도 잊지 못할 판자집이여
>
> – 「이별의 부산 정거장」 –

① 중국군이 참전하였다.

② 북한군의 남침으로 시작되었다.

③ 남북한의 분단이 굳어지게 되었다.

④ 냉전 체제가 완화되는 계기가 되었다.

⑤ 국군과 유엔군이 인천상륙작전에 성공하였다.

문제 해결 전략

6·25 전쟁을 일으킨 북한군은 3일 만에 서울을 점령하였고 국군은 **❶** 유역까지 후퇴하였다. 국군과 유엔군은 인천상륙작전에 성공하여 압록강 유역까지 진출하였으나 **❷** 의 참전으로 다시 서울을 빼앗기고 후퇴하였다.

❶ 낙동강 **❷** 중국군

5 밑줄 친 민주주의 운동에 대한 설명으로 옳은 것은?

> "시간이 없는 관계로 어머님을 뵙지 못하고 떠납니다. 지금 저의 모든 친구, 그리고 대한민국 모든 학생은 우리나라의 민주화를 위하여 피를 흘립니다."

이 편지는 이승만 정권의 독재 정치에 저항하며 일어난 민주주의 운동에 참여한 중학교 2학년 학생이 어머니께 남긴 마지막 편지입니다.

① 북한의 남침으로 시작되었다.

② 유신 헌법에 저항하며 일어났다.

③ 광주 시민들의 주도로 전개되었다.

④ 신군부 세력이 쿠데타를 일으킨 원인이 되었다.

⑤ 이후 장면을 국무총리로 하는 정부가 출범하였다.

문제 해결 전략

4·19 혁명으로 이승만이 물러난 후 새롭게 **❶** 을 총리로 한 정부가 구성되었다. 그러나 **❷** 를 중심으로 한 군인 세력이 정변을 일으켜 권력을 잡자, 또다시 독재 정치가 이어졌다.

❶ 장면 **❷** 박정희

6 다음 자료를 읽고 분석한 내용으로 옳은 것은?

> 첫째, 통일은 외세에 의존하거나 외세의 간섭을 받음이 없이 자주적으로 해결하여야 한다.
> 둘째, 통일은 서로 상대방을 반대하는 무력행사에 의거하지 않고 평화적으로 실현하여야 한다.
> 셋째, 사상과 이념, 제도의 차이를 초월하여 우선 하나의 민족으로서 민족적 대단결을 도모하여야 한다.

① 김구, 김규식 등이 주도하였다.

② 남한 단독 정부 수립을 주장하였다.

③ 개성 공단이 건설되는 배경이 되었다.

④ 남한과 북한의 정상이 만나 발표하였다.

⑤ 분단 이후 최초로 통일을 위해 합의한 내용이다.

문제 해결 전략

1970년대 냉전 체제가 완화되는 등 국제 정세가 변화하자 한반도에서도 평화를 정착하기 위한 노력이 나타났다. 1972년 7월 4일 남북한 당국은 **❶** 을 발표하여 자주·**❷**·민족대단결이라는 3대 통일 원칙에 합의하였다.

❶ 7·4 남북 공동 성명 **❷** 평화

대표 예제 **1**

㉠과 ㉡에 대한 설명으로 옳은 것은?

> • ㉠ 은/는 전통적인 민간 신앙과 유교·불교·도교의 교리가 합쳐진 것으로, '사람이 곧 하늘'이라는 인내천 사상을 내세웠다.
> • ㉡ 은/는 모든 인간이 하느님 앞에서 평등하며 내세에서 영생을 누린다고 주장하여 중인, 평민, 천민, 여성 사이에서 빠르게 퍼졌다.

① ㉠ – 최제우가 창시하였다.
② ㉠ – 연행사를 통해 전래되었다.
③ ㉡ – 서양 세력의 침투를 경계하였다.
④ ㉡ – 조선의 역사, 지리, 언어를 연구하였다.
⑤ ㉠, ㉡ – 정부의 지원을 받아 널리 확산되었다.

개념 가이드

㉠은 ❶ ⬚⬚⬚ 이고, ㉡은 ❷ ⬚⬚⬚ 이다.　　❶동학 ❷천주교

대표 예제 **2**

조선 후기를 배경으로 한 다음 가상 역사 일기의 내용 중 적절하지 <u>않은</u> 것은?

> 어제 아버지의 장례가 끝이 났다. ① <u>혼인을 하고 바로 남편 집으로 떠났던 누나도,</u> ② <u>아들이 없는 숙부님 댁에 양자로 갔던 막내 남동생도</u> 장례에 참석하기 위해 돌아왔다. 아버지는 ③ <u>자식들 모두에게 재산을 공평하게 나누어 주셨다.</u> 앞으로 아버지 ④ <u>제사는 장남인 큰 형님이 도맡아 지내기로 하였다.</u> 아버지의 짐을 정리하다 보니 얼마 전 새로 간행된 우리 집안 족보가 나왔다. 새 ⑤ <u>족보는 예전과 달리 아들을 중심으로 기재되어 있었다.</u>

개념 가이드

❶ ⬚⬚⬚ 이 일상생활에까지 영향을 미치면서 가족 제도에도 변화가 나타났다. 재산 상속에서는 ❷ ⬚⬚⬚ 이 다른 자녀들보다 우대받았다.　　❶성리학 ❷장남

대표 예제 **3**

다음 전시 홍보 포스터의 빈칸 (가), (나)에 들어갈 자료로 알맞은 것을 |보기|에서 고른 것은?

> **손뼉치며 감탄하네**
> **〈김홍도와 신윤복의 눈에 담긴 조선의 사람들〉**
> 상설전시관 2층 서화관
> 20⬚⬚. △. ○ ~ △. ○
>
> | (가) | (나) |
> | --- | --- |
> | | |

보기

ㄱ.　　ㄴ.

ㄷ.　　ㄹ.

① ㄱ, ㄴ　　② ㄱ, ㄹ　　③ ㄴ, ㄷ
④ ㄴ, ㄹ　　⑤ ㄷ, ㄹ

개념 가이드

❶ ⬚⬚⬚ 는 서민들의 일상생활을 소재로 「씨름」, 「서당」 등의 풍속화를 남겼고, ❷ ⬚⬚⬚ 은 주로 양반의 생활 모습과 남녀의 애정, 부녀자의 생활 모습을 그렸다.　　❶김홍도 ❷신윤복

대표 예제 4

다음은 실학자들이 내세운 사회 개혁론이다. (가), (나) 주장에 대한 설명으로 옳은 것은?

> (가) 우리 조선의 근간은 농업입니다. 토지 제도를 개혁해 자영농을 키워 농민 생활을 안정시키는 것이 가장 시급한 일입니다.
> (나) 이제 우리 조선도 상공업 발전과 기술 혁신에 관심을 가져야 합니다. 상공업 중심으로 사회를 개혁해 나갑시다.

① (가) – 북학파라고 불렸다.
② (가) – 사람이 곧 하늘이라고 주장하였다.
③ (가) – 유형원, 이익, 정약용 등이 주장하였다.
④ (나) – 북벌론을 제기하였다.
⑤ (나) – 유교적 제사 의식을 거부하였다.

개념 가이드

제시된 자료는 실학의 사회 개혁론으로, (가)는 **❶** 중심 개혁론이고, (나)는 **❷** 중심 개혁론이다.

❶ 농업 **❷** 상공업

대표 예제 5

다음 비석을 활용한 탐구활동으로 가장 적절한 것은?

① 흥선 대원군의 대외 정책을 조사한다.
② 임오군란이 일어난 원인을 파악한다.
③ 항일 의병 운동의 전개 과정을 살펴본다.
④ 갑신정변과 갑오개혁의 공통점을 찾아본다.
⑤ 대한 제국에서 추진한 개혁 내용을 알아본다.

서양 오랑캐가 침범하는데 싸우지 않으면 화친하는 것이고, 화친을 주장함은 나라를 파는 것이다.

개념 가이드

나이 어린 고종을 대신하여 정권을 잡은 **❶** 은 통치 체제를 재정비하여 왕권을 강화하고 서양 열강의 통상 요구를 **❷** 하는 정책을 폈다.

❶ 흥선 대원군 **❷** 거부

대표 예제 6

밑줄 친 개혁에 대한 설명으로 옳은 것은?

> 사진에 제시된 인물은 왼쪽부터 박영효, 서광범, 서재필, 김옥균이다. 이들은 메이지 유신 이후 일본의 근대화 과정과 서양의 근대 문물을 접한 뒤 급진적인 개혁을 추진하였다.

① 집강소를 설치하였다.
②「독립신문」을 발행하였다.
③ '대한국 국제'를 반포하였다.
④ 고부에서 농민들이 봉기하였다.
⑤ 근대적인 정치 제도를 수립하려 하였다.

개념 가이드

임오군란 이후 **❶** 의 간섭이 심해지고 정부의 개화 정책이 후퇴하자 김옥균을 중심으로 한 급진 개화파는 **❷** 을 일으켰다.

❶ 청 **❷** 갑신정변

대표 예제 7

제시된 삽화의 ㉠ 국가에 대한 설명으로 옳은 것은?

이제 나라 이름을 ㉠으로 고치고, 자주 독립 국가임을 선언하노라.

① 민주 공화정을 지향하였다.
② 황제에게 권력을 집중하였다.
③ 대통령 중심제를 채택하였다.
④ 신분제를 폐지하는 개혁을 추진하였다.
⑤ 독립문을 세우고「독립신문」을 발간하였다.

개념 가이드

고종은 **❶** 을 반포하여 대한 제국이 자주 독립 국가임을 밝히고, 모든 권한을 **❷** 에게 집중하였다.

❶ 대한국 국제 **❷** 황제

대표 예제 8

밑줄 친 민족 운동에 대한 설명으로 옳은 것은?

> 을미사변과 단발령에 반발하여 대규모 민족 운동이 전개되었다. 이 운동 초기에는 유인석, 이소응 등 양반 유생들이 주도하였으나, 을사늑약이 체결된 이후에는 양반 유생뿐만 아니라 신돌석 같은 평민들도 크게 활약하였다.

① 만세 시위를 전개하였다.
② 민족 자결주의의 영향을 받았다.
③ 만민 공동회를 열어 여론을 형성하였다.
④ 대한 제국의 군대가 해산된 이후 전국적으로 확산하였다.
⑤ 교육과 산업 진흥을 통해 민족의 실력을 기를 것을 강조하였다.

개념 가이드

을미사변과 단발령, 을사늑약 체결에 저항하여 ❶ ⬜⬜⬜ 운동이 일어났다. 1907년 일제에 의해 강제로 해산된 대한 제국의 ❷ ⬜⬜ 가 가담하면서 전투력이 강화되었다.

❶ 항일 의병 ❷ 군대

대표 예제 9

지도에 표시된 ㉠에 대한 설명으로 옳지 않은 것은?

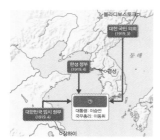

① 상하이에 위치하였다.
② 제헌 헌법을 제정하였다.
③ 민주 공화제를 채택하였다.
④ 연통제와 교통국을 운영하였다.
⑤ 3·1 운동을 계기로 수립되었다.

개념 가이드

대한민국 임시 정부는 정보를 모으기 위해 비밀 연락 조직인 ❶ ⬜⬜ 와 교통국을 운영하고, 독립운동에 필요한 자금을 마련하기 위해 ❷ ⬜⬜ 를 발행하였다.

❶ 연통제 ❷ 독립 공채

대표 예제 10

자료 (가), (나)와 관련 있는 민족 운동에 대한 설명으로 옳은 것을 ┃보기┃에서 고른 것은?

(가)

▲ 참가 인원 1만 명 이상 대규모 시위 지역
● 소규모 시위 지역

(나)
> 오늘 우리는 조선이 독립국이며, 조선인이 자주적인 민족임을 선언한다. 이로써 세계 만국에 알리어 인류 평등의 대의를 분명히 하며, 자손만대에 깨우쳐 자주와 독립을 유지하는 올바른 민족의 권리를 영원히 누리도록 한다.

┃보기┃
ㄱ. 신돌석 같은 평민 의병장이 등장하였다.
ㄴ. 국민의 성금으로 나라의 빚을 갚고자 하였다.
ㄷ. 다양한 계층이 참여하여 민족 운동의 주체가 확대되었다.
ㄹ. 이 운동을 계기로 통합된 대한민국 임시 정부가 수립되었다.

① ㄱ, ㄴ   ② ㄱ, ㄷ   ③ ㄴ, ㄷ
④ ㄴ, ㄹ   ⑤ ㄷ, ㄹ

개념 가이드

❶ ⬜⬜⬜ 은 비폭력 평화 시위로 출발했지만 시위가 확산하는 과정에서 민중이 대거 가담하고 폭력적 양상도 나타났다. 이 운동을 전후하여 국내외 여러 지역에서 임시 정부가 수립되었고 마침내 상하이에 ❷ ⬜⬜⬜⬜⬜⬜ 가 수립되었다.

❶ 3·1 운동 ❷ 대한민국 임시 정부

대표 예제 11

밑줄 친 인물에 대한 설명으로 옳은 것은?

> 그는 1969년에는 국민의 반대를 무릅쓰고, 3선 개헌안을 통과시켰다. 이후 1972년 불법적으로 국회를 해산하고 유신 헌법을 공포하여 종신 집권을 위한 장기 독재 체제를 구축하였다.

① 4·19 혁명으로 하야하였다.

② 5·16 군사 정변을 일으켰다.

③ 대한민국의 초대 대통령이었다.

④ 경찰의 고문을 받다 사망하였다.

⑤ 5·18 민주화 운동을 진압하였다.

개념 가이드

❶[   ]를 중심으로 한 군인들은 5·16 군사 정변을 일으켜 권력을 잡았다. 박정희 정부는 ❷[   ] 헌법을 제정하여 대통령의 권한을 강화하고 독재 체제를 구축하였다.

❶박정희 ❷유신

대표 예제 12

다음은 어느 전쟁의 전개 과정이다. (가)에 들어갈 역사적 사실로 옳은 것은?

> 국군과 유엔군이 인천 상륙 작전을 벌였다.

↓

> (가)

↓

> 38도선 일대에서 치열한 전투가 벌어졌다.

① 정전 협정이 체결되었다.

② 7·4 남북 공동 성명을 발표하였다.

③ 국군이 낙동강 유역까지 후퇴하였다.

④ 중국군의 개입으로 서울을 다시 빼앗겼다.

⑤ 38도선을 경계로 미국과 소련이 한반도를 분할 점령하였다.

개념 가이드

북한군의 남침으로 시작된 ❶[   ]은 3년 동안 이어졌다. 인천 상륙 작전의 성공으로 전세를 역전시킨 국군과 유엔군은 ❷[   ] 유역까지 진출하였으나, 중국군의 개입으로 서울을 다시 빼앗기고 후퇴하였다.

❶6·25 전쟁 ❷압록강

대표 예제 13

(가), (나)를 보고 파악한 내용으로 옳은 것을 |보기|에서 고른 것은?

(가)

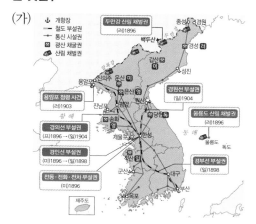

(나)

> 제6칙 조선국 항구에 머무르는 일본인은 쌀과 잡곡을 수출입할 수 있다.
> 제7칙 무역을 위한 상선은 선박의 크기에 따라 정해진 항세(항구세)를 납부해야 하며, 일본국 소속의 선박은 항세(항구세)를 내지 않는다.

보기

ㄱ. (가)는 아관 파천 이후 나타난 상황이다.

ㄴ. (가)는 경제 개발 5개년 계획이 실시된 결과이다.

ㄷ. (나)는 산미 증식 계획 내용이다.

ㄹ. (나)가 체결된 이후 일본으로 막대한 쌀이 유출되어 일부 지역에서 방곡령이 선포되었다.

① ㄱ, ㄴ   ② ㄱ, ㄹ   ③ ㄴ, ㄷ

④ ㄴ, ㄹ   ⑤ ㄷ, ㄹ

개념 가이드

❶[   ]을 계기로 러시아에 많은 이권을 주었는데, 이후 다른 나라에도 이권을 넘겨주게 되면서 열강의 이권 침탈이 매우 심해졌다. 한편 일본으로 막대한 쌀이 유출되어 국내의 쌀값이 폭등하자 일부 지역에서는 ❷[   ]이 내려지기도 하였다.

❶아관 파천 ❷방곡령

1 ⊙에 들어갈 말로 알맞은 것은?

> 한일 공동 등재된 유네스코 세계기록유산 ⊙ 기록물을 살펴보는 특별전이 오늘부터 개최됩니다. "신의로 통하는 평화 사절단, 조선 ⊙ "라는 제목으로 열리는 이번 전시회는 조선과 일본의 우호적 외교 관계를 살펴볼 기회가 될 것입니다.

① 통신사　　② 연행사　　③ 북학파

④ 개화파　　⑤ 영선사

Tip

조선 후기 일본에 파견된 사절단인 **❶** 　는 일본에 조선의 문화를 전파하고, 고구마 등 새로운 문물을 조선에 도입하기도 하였다. 한편 청에는 **❷** 　를 파견하여 청의 발달한 문물과 서양의 과학 기술 등을 접하였다.

❶ 통신사 **❷** 연행사

2 다음은 조선 후기 제작된 그림이다. 제시된 그림에 대한 설명으로 옳은 것은?

① 이름 없는 화가들이 그린 작품이다.

② 해, 달, 꽃, 동물 등을 소재로 삼았다.

③ 조선의 경치를 사실적으로 묘사하였다.

④ 당시 사람들의 생활 모습을 생동감 있게 표현하였다.

⑤ 건강·장수 등의 소망을 담아 생활 공간을 장식하는 데 이용되었다.

Tip

조선 후기에는 우리나라의 아름다운 경치를 사실적으로 묘사하는 **❶** 　가 등장하였다. 대표적 화가는 **❷** 　으로 「금강전도」, 「인왕제색도」 등의 작품을 남겼다.

❶ 진경산수화 **❷** 정선

3 밑줄 친 시기에 볼 수 있는 모습으로 적절하지 않은 것은?

> 이 시기에는 한글 소설 수요가 폭발적으로 증가하면서 책을 전문적으로 빌려주는 가게도 등장하였다. 또한 한글 소설을 말로 실감 나게 읽어주는 이야기꾼이 등장하였다.

① 사설시조를 짓는 서민 작가

② 훈민정음을 반포하는 임금님

③ 한글로 된 소설 「춘향전」을 읽는 여인

④ 양반을 비판하는 탈춤을 공연하는 광대

⑤ 장시에서 판소리 공연을 관람하는 농민

Tip

조선 후기에는 **❶** 　교육이 확대되고 서민층의 경제력이 향상되면서 서민들이 새로운 문화 주체로 성장하였다. 서민 문화가 발달하면서 「춘향전」, 「홍길동전」 같은 **❷** 　소설이 유행하였다. **❶** 서당 **❷** 한글

4 다음 조약에 대한 설명으로 옳지 않은 것은?

> 제1조 조선은 자주국이며, 일본과 대등한 권리를 가진다.
> 제4조 조선은 부산 외에 두 곳의 항구를 개항하고 일본인이 와서 통상하도록 허가한다.
> 제10조 일본국 인민이 조선국 항구에서 죄를 지은 사건은 모두 일본국 관원이 심판한다.

① 조선의 문호를 개방하였다.

② 흥선 대원군이 적극 추진하였다.

③ 조선에게 불리한 내용을 담고 있었다.

④ 조선이 외국과 맺은 최초의 근대적 조약이었다.

⑤ 조약이 체결된 이후 조선 정부는 개화 정책을 추진하였다.

Tip

통상 수교 거부 정책을 추진했던 **❶** 　이 물러난 후 조선 정부는 일본과 **❷** 　을 체결하고 문호를 개방하였다. **❶** 흥선 대원군 **❷** 강화도 조약

5 |보기|의 사건들을 일어난 순서대로 바르게 나열한 것은?

┌ 보기 ┐
- ㄱ. 임오군란이 발생하였다.
- ㄴ. 일본과 강화도 조약을 체결하였다.
- ㄷ. 고종이 대한 제국의 수립을 선포하였다.
- ㄹ. 김옥균 등 급진 개화파가 정변을 일으켰다.

① ㄱ → ㄴ → ㄷ → ㄹ

② ㄱ → ㄷ → ㄴ → ㄹ

③ ㄴ → ㄱ → ㄷ → ㄹ

④ ㄴ → ㄱ → ㄹ → ㄷ

⑤ ㄷ → ㄴ → ㄹ → ㄱ

> **Tip**
> 개화 정책이 추진되면서 차별 대우를 받았던 구식 군인들과 생활이 어려워진 하층민들은 ❶ ☐☐☐☐ 을 일으켰다. 이를 계기로 ❷ ☐ 은 조선에 군대를 주둔시키고 내정을 간섭하였다.
>
> ❶ 임오군란 ❷ 청

6 다음과 같은 구호를 내세우며 전개되었던 민족 운동에 대한 설명으로 옳은 것은?

> "내 살림 내 것으로, 조선 사람 조선 것"
> "우리가 만든 것 우리가 쓰자."

① 신간회의 지원을 받았다.

② 을미사변과 단발령에 대한 반발로 일어났다.

③ 대한민국 임시 정부에서 무장 투쟁을 위해 창설하였다.

④ 민족 자본을 길러 경제적 독립을 이루자고 주장하였다.

⑤ 민족주의 계열과 사회주의 계열이 힘을 합하여 추진하였다.

> **Tip**
> 3·1 운동 이후 국내에서는 국산품을 애용하여 민족 자본을 기르자는 ❶ ☐☐☐ 운동이 전개되었고, 민족주의 계열과 사회주의 계열이 연합하여 ❷ ☐☐☐ 를 결성하였다.
>
> ❶ 물산 장려 ❷ 신간회

7 교사의 질문에 대한 답변으로 적절하지 않은 것은?

> 경제 개발 5개년 계획을 추진하면서 대한민국은 한강의 기적이라 불릴 만큼 급속한 경제 발전을 이루었지만 여러 가지 문제점이 나타나기도 했어요. 경제 성장 과정에서 나타난 문제점에는 어떤 것들이 있을까요?

① 도시에 빈민이 늘어났어요.

② 도시와 농촌의 소득 격차가 커졌어요.

③ 일본으로 쌀이 유출되어 식량이 부족해졌어요.

④ 정부의 지나친 개입으로 부정부패가 일어났어요.

⑤ 노동자들은 낮은 임금을 받으며 장시간 노동을 해야 했어요.

> **Tip**
> 1962년부터 ❶ ☐☐☐☐☐☐☐ 이 본격적으로 시행되면서 수출이 늘어나고, 급속한 산업화가 이루어졌다. 이를 바탕으로 우리나라는 '❷ ☐☐☐☐☐'이라고 불릴 만큼 비약적인 경제 성장을 이루어냈다.
>
> ❶ 경제 개발 5개년 계획 ❷ 한강의 기적

8 밑줄 친 정권에 대한 설명으로 옳은 것은?

> 국가의 미래요 소망인 꽃다운 젊은이를 야만적인 고문으로 죽여 놓고 그것도 모자라 뻔뻔스럽게 국민을 속이려 했던 현 정권에게 국민의 분노가 무엇인지를 분명히 보여주고, 국민적 여망인 개헌을 일방적으로 파기한 4·13 폭거를 철회시키기 위한 민주 장정을 시작한다.
>
> – 「6·10 국민 대회 선언문」 –

① 5·16 군사 정변으로 수립되었다.

② 경제 개발 5개년 계획을 처음 시행하였다.

③ 국제 통화 기금에 구제 금융을 요청하였다.

④ 분단 이후 처음으로 남북 정상 회담이 열렸다.

⑤ 대통령 직선제 개헌을 요구하는 민주화 시위가 일어났다.

> **Tip**
> 1987년 대학생 ❶ ☐☐☐ 이 경찰의 고문을 받다 사망한 사건이 일어나 국민의 분노가 거세어졌다. 이후 전두환 정부가 4월 13일 모든 개헌 논의를 중단하겠다고 선언하자(4·13 호헌 조치), 6월 10일 백만 명이 넘는 학생과 시민들이 대통령 ❷ ☐☐☐ 개헌을 요구하며 독재 정권에 맞섰다.
>
> ❶ 박종철 ❷ 직선제

1 ㉠에 대한 설명으로 옳은 것을 ┃보기┃에서 고른 것은?

> 이번에 ㉠ 로 청에 가시게 되었다지요?

> 먼 길이라 걱정도 되지만 많은 것을 보고 배울 수 있으리라 기대합니다. 우리 조선을 대표하는 외교 사절로 최선을 다해야겠지요.

┌─ 보기 ┐
ㄱ. 통신사에 대한 설명이다.
ㄴ. 천주교를 조선에 소개하였다.
ㄷ. 천리경, 자명종 등 서양 물품을 가져 왔다.
ㄹ. 고구마, 담배 등 새로운 작물을 도입하였다.
└────────────────────────────────┘

① ㄱ, ㄴ   ② ㄱ, ㄷ   ③ ㄴ, ㄷ
④ ㄴ, ㄹ   ⑤ ㄷ, ㄹ

2 다음과 같은 주장을 내세운 종교에 대한 설명으로 옳은 것은?

> 사람이 곧 하늘이니 만인은 평등하오.

① 북학파라고 불리기도 하였다.
② 서양 학문의 하나로 연구되었다.
③ 미륵이 출현하여 민중을 구한다고 주장하였다.
④ 유교적 제사 의식을 거부하여 조선 정부의 탄압을 받았다.
⑤ 조선 정부는 세상을 어지럽힌다는 이유로 교주를 처형하였다.

3 ㉠에 해당하는 작품으로 적절한 것은?

> 조선 후기에는 서민들의 소박한 소망을 담고 있는 ㉠ 가 많이 그려졌다. 이름 없는 화가들이 그린 ㉠ 는 해, 달, 나무, 꽃, 물고기, 동물 등 다양한 소재를 이용하여 생활 공간을 장식하는 데 이용되었다.

①   ②   ③

④ 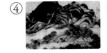   ⑤

4 다음 자료들과 관련 있는 단체로 가장 적절한 것은?

① 보안회   ② 신간회
③ 신민회   ④ 독립 협회
⑤ 대한민국 임시 정부

5 (가), (나)의 공통점으로 가장 적절한 것은?

> (가) 미소 공동 위원회가 결렬되고 남한에서 이승만을 중심으로 단독 정부 수립론이 제기되자, 여운형과 김규식 등은 좌우 합작 운동을 전개하였다.
>
> (나) 국제 연합이 남한 지역에서만 총선거를 실시하기로 하자, 김구와 김규식 등은 북한의 김일성 등을 찾아가 남북 지도자 연석 회의에 참여하였다.

① 3·1 운동을 계기로 전개되었다.

② 대통령 직선제 개헌을 요구하였다.

③ 신군부의 비상계엄 확대에 반발하였다

④ 부정선거를 비판하는 시위를 조직하였다.

⑤ 통일 정부를 수립하기 위해 노력하였다.

6 ㉠에 들어갈 말로 가장 적절한 것은?

> 중일 전쟁 이후 충칭으로 이동한 대한민국 임시 정부는 적극적인 무장 투쟁을 위해 ㉠ 을 창설하였다. 태평양 전쟁이 일어나자 ㉠ 은 연합국의 일원으로 참전하였고, 미국의 지원으로 특수 훈련을 받은 대원들을 국내에 투입하는 작전을 준비하였다.

① 의열단   ② 훈련도감

③ 한국 광복군   ④ 조선 의용대

⑤ 한인 애국단

7 다음은 '광복 이후 대한민국의 경제 성장 과정'을 나타낸 것이다. (가)에 들어갈 내용으로 가장 적절한 것은?

> 경제 개발 5개년 계획이 본격적으로 추진되었다.
>
> ↓
>
> (가)
>
> ↓
>
> 외환 위기를 맞아 국제 통화 기금(IMF)의 구제 금융을 신청하였다.

① '한강의 기적'이라 불릴 만큼 경제력이 성장하였다.

② 미국, 칠레 등과 자유 무역 협정(FTA)를 체결하였다.

③ 산미 증식 계획을 시행하여 한국인의 쌀 소비량이 줄어들었다.

④ 무기 제조 원료를 마련하기 위해 고철, 놋그릇, 불상 등을 빼앗아 갔다.

⑤ 미국의 경제 원조 영향으로 밀가루·설탕·면화 등을 가공하는 산업이 발달하였다.

8 다음은 어떤 역사적 사건의 전개 과정을 나타낸 지도이다. 이 사건의 결과나 영향으로 옳은 것은?

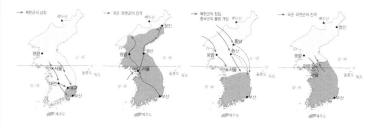

① 전쟁 고아와 이산 가족이 발생하였다.

② 남한 지역에서만 총선거가 시행되었다.

③ 이승만이 초대 대통령으로 선출되었다.

④ 제주도에서 이 사건에 반대하는 무장 봉기가 일어났다.

⑤ 김구와 김규식 등이 남북 지도자 연석 회의에 참여하였다.

1 다음 가상 인터뷰의 (가)에 들어갈 내용으로 옳은 것은?

수원 화성을 건설하는 작업에 참여하셨다고 들었어요.

서양의 과학 기술을 연구하여 제가 직접 만든 거중기를 사용하여 공사 기간을 매우 단축시켰습니다.

선생님께서는 조선 사회의 가장 시급한 문제점이 무엇이라 생각하십니까?

(가)

① 사람이 곧 하늘이니 신분 차별을 없애야 합니다.

② 성리학을 보급하여 가족 제도를 바꾸어야 합니다.

③ 청을 공격하여 병자호란의 치욕을 씻어야 합니다.

④ 청과의 교류를 통해 선진 문물을 수용해야 합니다.

⑤ 토지 제도를 개혁하고 자영농을 육성하는 일이 시급합니다.

2 다음은 조선 후기 예술의 발달을 정리한 도표이다. 도표의 내용 중 옳지 **않은** 것은?

구분	참고 자료
건축	
① 양반 지주와 부유한 상인의 지원으로 규모가 큰 불교 건축물을 지음.	
민화	
② 이름이 알려지지 않은 화가들이 그린 작품으로 생활 공간을 장식	
풍속화	
③ 서민들의 생활 모습을 생동감 있게 표현함.	
자기 공예	
④ 흰 바탕에 푸른색으로 그림을 그린 청화백자가 유행	
진경 산수화	
⑤ 우리나라의 경치를 사실적으로 묘사함.	

> **Tip**
> 실학의 사회 개혁론은 크게 두 가지로 나뉘었다. 유형원, 이익, **❶** 등은 농업 중심 개혁론을 내세웠고, 홍대용, 박지원, **❷** 등은 상공업 중심 개혁론을 내세웠다.
>
> ❶ 정약용 ❷ 박제가

> **Tip**
> 조선 후기에는 흰 바탕 위에 푸른색으로 그림을 그린 다양한 형태의 **❶** 가 유행하였다. 김정희는 **❷** 라는 독자적인 서체를 만들었다.
>
> ❶ 청화 백자 ❷ 추사체

3 다음 대화를 읽고 당시 가족 제도에 대해 분석한 내용으로 옳지 <u>않은</u> 것은?

아이고 놀부 형님, 부모님께서 남겨주신 재산을 형님께서 다 가져가 버리시면 우리 가족은 무엇으로 먹고산단 말입니까?

장남인 내가 집안의 모든 재산을 상속하는 것이 당연한 일이거늘 무슨 말이 그리 많은 것이야!

① 여자는 상속 대상에서 제외되었어.

② 성리학이 일상생활에까지 영향을 미치고 있군.

③ 족보에는 아들을 먼저 기재한 다음 딸을 기재하였어.

④ 아들이 없으면 딸이 제사를 지내는 것이 일반적이었지.

⑤ 혼인 후에 여자가 곧바로 남자 집에서 생활하는 경우가 많아졌어.

---

4 (가)~(마)에 들어갈 내용으로 옳지 <u>않은</u> 것은?

특집 다큐멘터리

〈 근대 국민 국가로 가는 길 〉

목차	주요 장면
제1부 흥선 대원군과 두 차례의 양요	(가)
제2부 강화도 조약, 조선의 문을 열다	(나)
제3부 갑신정변의 주역들 – 그들이 꿈꾸었던 나라	(다)
제4부 동학 농민군의 핏발 어린 외침	(라)
제5부 갑오개혁의 두 얼굴	(마)

① (가) – 개화 정책을 추진하는 흥선 대원군

② (나) – 조선에 들어오는 일본인 상인들

③ (다) – 정변을 계획하는 김옥균과 박영효

④ (라) – 집강소에서 탐관오리 처벌을 요구하는 농민군

⑤ (마) – 노비제가 폐지되었음을 발표하는 관리

Tip

조선 후기에는 ❶ [   ]의 영향으로 제사나 상속, 혼인 등이 남자의 가계를 중심으로 이루어졌다. 재산 상속에서 장남이 다른 자식들에 비해 우대받았고, 아들이 없는 경우에는 ❷ [   ]를 들이는 것이 일반적이었다.

❶ 성리학 ❷ 양자

Tip

병인양요와 신미양요를 겪은 후 흥선 대원군은 전국에 ❶ [   ]를 세워 서양 열강의 통상 수교 요구를 거부할 뜻을 확고히 하였다. 이후 고종이 직접 친정을 하게 되면서 일본과 ❷ [   ]을 체결하여 문호를 개방하였다.

❶ 척화비 ❷ 강화도 조약

5 다음 자료를 활용하여 전시회를 개최하고자 한다. 전시 주제로 가장 적절한 것은?

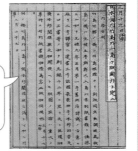

울릉도와 그 외 한 섬은 일본과 관계없으므로 일본 지적에 포함하지 마라.
– 메이지 정부의 「태정관 지령」 –

제1조 울릉도를 울도로 개칭해서 강원도에 부속시키고, 도감을 군수로 개정하여 관제에 편입하며 군의 등급을 5등으로 한다.
제2조 군청의 위치는 태하동으로 정하고, 구역은 울릉 전도와 죽도, 석도를 관할한다.
– '대한 제국 칙령 제41호' –

① 가고 싶은 우리 땅 독도
② 개항 이후 열강의 경제 침탈
③ 민족의 독립을 위한 협동 전선
④ 일제에 맞서다, 항일 의병 운동
⑤ 3·1 운동과 대한민국 임시 정부

6 자료의 ㄱ~ㄹ에 들어갈 핵심 키워드가 바르게 짝지어진 것을 l 보기 l에서 고른 것은?

현대사 특별강좌 : "역사를 살아가는 사람들"

• 일시: 20□□. △. ○ ~ △. ○
• 교육 개요: 광복 이후부터 현재까지 각 시기별 역사 속 사람들 이야기를 통해 현대사의 흐름을 이해하고 역사적 통찰력과 안목을 높일 수 있는 기회를 마련하고자 합니다.
• 운영 방법: 실시간 원격 강의

강	전시 유물	핵심 키워드
1강	대한 독립, 그날이 왔지만 통일 정부를 수립하려는 노력과 분단	ㄱ
2강	1950년 흥남, 그 해 겨울 6·25 전쟁의 전개 과정과 그 영향	ㄴ
3강	민주주의여 만세! 4·19 혁명에서 6월 민주 항쟁까지	ㄷ
4강	한강의 기적: 그 빛과 그림자 급격한 경제 성장이 가져온 사회 변화	ㄹ

| 보기 |
ㄱ. 남북 협상   ㄴ. 인천 상륙 작전
ㄷ. '대한국 국제'   ㄹ. 토지 조사 사업

① ㄱ, ㄴ   ② ㄱ, ㄹ   ③ ㄴ, ㄷ
④ ㄴ, ㄹ   ⑤ ㄷ, ㄹ

Tip
❶□□□는 신라 지증왕 때 이사부가 우산국을 복속하여 신라의 영토로 귀속한 이래 줄곧 우리의 영토였다. 1693년 일본으로 건너간 어부 ❷□□□은 울릉도와 독도가 조선 땅임을 주장하였다.

❶ 독도 ❷ 안용복

Tip
국제 연합에서 가능한 지역에서만 총선거를 치르도록 결정하면서 남한의 단독 선거가 눈앞으로 다가오자 ❶□□, 김규식 등은 북한을 방문하여 '남북한 지도자 연석 회의(남북협상)'에 참여하였다.

❶ 김구

7 다음은 대한민국 정부 수립 과정에서 나타난 주요 사건들을 나타낸 사진이다. 제시된 사진을 일어난 순서대로 바르게 나열한 것은?

보기

ㄱ. ▲ 38선을 기준으로 분할된 한반도

ㄴ. ▲ 5·10 총선거 시행

ㄷ. ▲ 좌우 합작 운동을 추진하는 김규식, 여운형

ㄹ. ▲ 대한민국 정부 수립을 선포하는 대통령

① ㄱ → ㄴ → ㄷ → ㄹ

② ㄱ → ㄷ → ㄴ → ㄹ

③ ㄴ → ㄱ → ㄷ → ㄹ

④ ㄴ → ㄱ → ㄹ → ㄷ

⑤ ㄷ → ㄴ → ㄹ → ㄱ

8 (가)에 들어갈 인물로 적절한 것은?

수행 평가: 드라마 기획안 작성하기

〈 민주주의의 시련과 성장 〉

과제1) 드라마로 기획할 주제를 정하고 관련 자료를 수집한다.

과제2) 제목, 줄거리, 등장 인물을 정한다.

제목	못다한 혁명, 4·19
줄거리	정치에 관심이 없고 친구와 노는 것을 좋아하던 중학생 영숙이가 독재 정권으로 인해 친구를 잃고 난 뒤 거리로 나가 민주주의를 요구하는 시위에 참여하게 된다.
등장 인물	(가)

① 대통령직에서 물러나는 이승만

② 경찰의 고문으로 사망하는 대학생 박종철

③ 불법적으로 군대를 동원하여 권력을 장악한 전두환

④ 대통령 직선제 개헌을 약속하는 여당 대표 노태우

⑤ 유신 체제에 반대하는 시위를 진압할 것을 명령하는 대통령 박정희

Tip

1948년 5월 10일 남한에서는 총선거가 실시되었다. 이 선거를 통해 구성된 국회에서는 국호를 ❶_____으로 정하고 민주 공화제의 이념을 담은 ❷_____을 제정하였다.

❶ 대한민국 ❷ 제헌 헌법

Tip

❶_____은 6·25 전쟁 중 국회의원을 위협하여 헌법을 바꾸고 재선에 성공하였다. 이후 초대 대통령에 한해 중임 제한을 적용하지 않도록 하는 ❷_____ 개헌을 단행하여 장기 집권의 토대를 마련하였다.

❶ 이승만 ❷ 사사오입

전편 마무리 전략

핵심 개념 1 조선의 성립과 발전

▲ 조선의 중앙 정치 기구

▲ 「훈민정음」 해례본

핵심 개념 2 조선 후기 정치 변동과 사회 변화

핵심 개념 3 근대 국민 국가의 수립

핵심 개념 4 민주주의의 발전

신유형·신경향·서술형 전략

1

다음 전시회를 관람하고 나눈 대화로 가장 적절한 것은?

〈전시 안내〉	
	훈민정음, 천년의 문자 계획
전시 개막	20□□. △. ○
전시 장소	국립 한글박물관 상설전시실
전시 구성	1부 나라의 말이 중국과 달라 2부 내 이를 딱하게 여겨 3부 스물여덟 글자를 만드니 4부 쉽게 익혀 5부 사람마다 6부 날로 씀에 7부 편안하게 하고자 할 따름이니라

① 임진왜란이 조선에 미친 영향을 알아볼 수 있었어.

② 훈민정음으로 작성된 『경국대전』도 볼 수 있었지.

③ 백성을 사랑한 세종의 마음을 살펴볼 수 있는 전시였어.

④ 조선 전기 양반 문화와 관련된 작품들이 많이 전시되어 있었어.

⑤ 이번 전시를 통해 사화가 일어나게 된 배경을 잘 알 수 있었지.

Tip

한자와 이두는 일반 백성이 배우기 어려워 소수의 지배층만이 한자를 사용하였다. 이에 ❶□□□ 은 독창적이고 과학적인 문자인 ❷□□□□ 을 창제하여 반포하였다.

❶ 세종 ❷ 훈민정음

2

조선 시대 다음과 같은 제도를 운영한 목적으로 가장 적절한 것은?

① 붕당 간 대립을 완화하고자 하였다.

② 국가 통치 질서를 확립하려 하였다.

③ 유교 윤리를 백성들에게 널리 보급하고자 하였다.

④ 전쟁의 피해를 복구하고 민생을 안정시키기 위해서였다.

⑤ 백성들이 억울한 일이 있을 때 국가에 호소할 수 있도록 하였다.

Tip

조선 시대에는 백성들이 억울한 일이 있을 때 북을 쳐 하소연하는 ❶□□□ 제도와 국왕의 행차 앞에 나아가 글을 올리는 ❷□□□□ 등이 있었다.

❶ 신문고 ❷ 상언격쟁

3

㉠에 대한 설명으로 옳은 것은?

문화재청, 웹드라마 「삼백살 20학번」 공개

문화재청은 유네스코 세계유산 '한국의 ㉠ '을 홍보하고자 ㉠ 을 배경으로 한 웹드라마를 공개하였다. 조선 시대 학문을 연구하고 이름 난 유학자의 제사를 지내던 ' ㉠ ' 안의 도령 3인방이 2020년 대한민국 ㉠ 으로 떨어지며 시작되는 웹드라마다. 유네스코 세계유산으로 등재된 9개의 ㉠(소수, 남계, 옥산, 도산, 필암, 도동, 병산, 무성, 돈암)을 배경으로 이야기가 펼쳐진다.

① 국가가 세운 최고 교육 기관이었다.

② 서민 문화가 널리 유행하는 배경이 되었다.

③ 궁궐 안의 책을 관리하고 경연을 담당하였다.

④ 사림 세력이 향촌에서 세력을 키우는 기반이 되었다.

⑤ 유교적 소양을 갖춘 인재를 관리로 선발하는 제도였다.

4

다음과 같은 문화유산이 제작될 시기 예술에 나타난 새로운 경향으로 옳지 <u>않은</u> 것은?

'판전'이라고 쓰인 한자는 힘차면서도 부드러움이 느껴지네요.

① 상감청자가 많이 제작되었다.

② 다양한 형태의 청화백자가 유행하였다.

③ 정선은 우리나라의 풍경을 사실적으로 그렸다.

④ 복을 빌고 귀신을 몰아내기 위해 생활 공간에 민화를 장식하였다.

⑤ 신윤복이 양반의 생활 모습과 남녀의 애정을 소재로 한 풍속화를 그렸다.

Tip

사림은 ❶ ☐ 과 향약을 통해 향촌 사회에서 세력을 키울 수 있었다. 이후 정권을 잡은 사림은 동인과 서인으로 나뉘어 ❷ ☐ 을 형성하였다.

❶ 서원 ❷ 붕당

Tip

조선 후기 회화에서는 서민들의 일상적인 모습을 생동감 있게 표현한 ❶ ☐ 가 유행하였다. 또 우리나라의 아름다운 경치를 사실적으로 묘사하는 ❷ ☐ 가 등장하였다.

❶ 풍속화 ❷ 진경산수화

5

(가)에 들어갈 내용으로 옳은 것은?

1926년 순종이 세상을 떠나자 사회주의 계열과 민족주의 계열은 함께 만세 시위를 계획하였고, 학생층에서도 만세 시위를 추진하였다. 6월 10일 서울에서는 또다시 대규모 만세 시위가 일어났다.

↓

(가)

↓

1929년 광주에서는 한일 학생 간의 충돌을 계기로 항일 시위가 일어났다. 이 항일 운동은 전국으로 확대되어 3·1 운동 이후 일어난 최대 규모의 민족 운동으로 발전하였다.

① 고종이 대한 제국의 수립을 선포하였다.
② 갑오개혁이 실시되어 신분제가 폐지되었다.
③ 민족주의 계열과 사회주의 계열이 연합하여 신간회를 결성하였다.
④ 좌익과 우익의 대립이 격화되자 여운형이 좌우 합작 운동을 전개하였다.
⑤ 제주도에서 단독 선거에 반대하는 무장봉기가 일어나 이를 진압하는 과정에서 많은 민간인이 희생되었다.

Tip
3·1 운동 이후 국내의 항일 운동 세력은 민족의 독립을 강조하는 ❶ 주의 계열과 농민·노동자 등의 계급 해방과 민족 독립을 동시에 추구하는 ❷ 주의 계열로 나뉘었다.

❶ 민족 ❷ 사회

6

다음 자료를 분석한 내용으로 가장 적절한 것은?

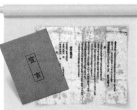
우리 동지들은 주권을 완전히 상속하였으니, 황제권이 소멸한 때가 곧 민권이 발생하는 때요, 구한국 최후의 하루는 곧 신한국 최초의 하루다.
–「대동단결 선언」–

① 흥선대원군의 통치 정책을 지지하는 내용을 담고 있다.
② 국민에게 주권이 있다고 주장하며 민주 공화정을 지향하였다.
③ 항일 운동 세력이 민족주의와 사회주의 계열로 나뉘게 되었다.
④ 보수적 양반 유생들을 중심으로 전개된 위정척사 운동에 관한 자료이다.
⑤ 러시아 공사관으로 피신하였던 고종이 경운궁으로 환궁한 이후 공포한 내용이다.

Tip
'대동단결 선언'은 주권이 황제가 아니라 ❶ 에게 있다고 밝혔고, 이는 독립운동가들에게 영향을 주었다. 이후 대한민국 임시 정부에서 공포한 '대한민국 임시 헌법'에도 ❷ 제 이념이 담겨 있다.

❶ 국민 ❷ 민주 공화

7

다음 자료를 보고 물음에 답하시오.

- ㉠ 임금이 도원수 강홍립에게 타일러 명령을 내리기를, "애초 요동으로 건너간 군사 1만 명은 정예병이니…… 명 장수의 말을 그대로 따르지만 말고 오직 패하지 않을 방도를 마련하는 데에 힘을 쓰라."
- ㉡ 임금께서 의병을 일으켜 왕대비(인목대비)를 받들어 복위시킨 다음 대비의 명으로 경운궁에서 즉위하였다. ㉠ 임금을 폐위시켜 강화도로 내쫓고 이이첨 등을 처형한 다음 전국에 대사령을 내렸다.

(1) ㉠, ㉡ 임금이 누구인지 각각 쓰시오.

_____

(2) ㉠과 ㉡의 외교 정책의 차이점을 서술하시오.

_____

_____

_____

Tip

광해군은 명과 후금 사이에서 ❶ [　　　]를 펼쳤으나, 이는 명분과 의리를 중시하던 서인의 반발을 불러일으켰다. 서인은 ❷ [　　　]을 일으켜 광해군을 몰아내고 인조를 왕으로 추대하였다.

❶ 중립 외교 ❷ 인조반정

8

다음 그래프를 보고 물음에 답하시오.

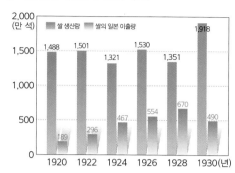

(1) 그래프와 관계된 일제의 식민지 경제 정책이 무엇인지 쓰시오.

_____

(2) 이 정책이 한국에 미친 영향을 <u>한 가지</u> 서술하시오.

_____

_____

_____

Tip

일본 내의 식량이 부족해져 사회 문제가 되자 일제는 한국에 ❶ [　　　]을 실시하였다. 이 계획으로 ❷ [　　　] 생산량은 다소 늘었지만, 일제는 증산된 양보다 더 많은 양을 일본으로 가져갔다.

❶ 산미 증식 계획 ❷ 쌀

1 밑줄 친 인물에 대한 설명으로 옳은 것은?

 이곳은 조선 최고의 궁궐인 경복궁입니다. '경복'이라는 이름은 큰 복을 누리라는 뜻으로, 태조의 명을 받은 이 사람이 이름을 지었어요. 이 사람은 태조의 지지를 받아 조선의 기틀을 구상하였으나 정치 운영 방식을 둘러싸고 이방원과 출동하였어요.

① 집현전을 설치하여 학자를 양성하였다.

② 왕자의 난을 일으켜 반대 세력을 제거하였다.

③ 요동을 공격하러 가던 중 위화도에서 회군하였다.

④ 현명한 재상을 중심으로 정치를 해야 한다고 주장하였다.

⑤ 부당하게 공신이 된 훈구대신들의 공훈을 삭제할 것을 주장하였다.

2 다음과 같은 업무를 담당하였던 조선 시대 관리에 대한 설명으로 옳은 것은?

> 1. 농업과 양잠을 발전시킨다.
> 2. 가호와 인구를 늘린다.
> 3. 학교를 일으킨다.
> 4. 군사 관련 업무를 잘 다스린다.
> 5. 세금과 부역을 균등하게 부과한다.
> 6. 소송을 간명하고 공정하게 한다.
> 7. 향리의 교활하고 간사한 행동을 그치게 한다.

① 수도의 행정과 치안을 담당하였다.

② 고려 시대와 달리 대부분의 군현에 파견되었다.

③ 역사서를 편찬하고 보관하는 역할을 담당하였다.

④ 의정부에 모여 국가의 중요한 정책을 결정하였다.

⑤ 청에 파견되어 서양 과학 기술을 조선에 도입하였다.

3 다음 가상 인터뷰를 보고 나눈 대화 내용으로 옳지 않은 것은?

> 진행자: 안녕하세요. 먼저 현량과를 주장하시는 이유를 설명해 주세요.
> 조광조: 과거제만으로는 진정한 인재를 찾아내기 어렵습니다. 과거에 일부러 응시하지 않는 사람들도 있으므로 추천을 통해 인재를 뽑을 필요가 있다고 생각하였습니다.
> 진행자: 그렇군요. 최근 조선의 가장 큰 정치적 문제는 무엇이라고 생각하십니까?
> 조광조: 현재 우리 조정에는 떳떳한 명분도 없으면서 나라의 공신이라는 이유로 권력을 휘두르는 사람들이 있습니다. 이러한 문제를 해결해야 조선의 정치 개혁을 달성할 수 있다고 생각합니다.

① 갑: 조광조는 현량과를 시행하자고 주장하였어.

② 을: 조광조의 개혁이 원인이 되어 사화가 발생하였어.

③ 병: 중종은 훈구 세력을 견제하기 위해 조광조 같은 사람을 등용했어.

④ 정: 조광조는 부당하게 공신이 된 훈구대신들의 공훈을 삭제할 것을 주장하였지.

⑤ 무: 조광조의 개혁을 계기로 노론 가문과 왕실의 외척 세력이 권력을 독점하게 되었지.

4 조선 조정에서 다음과 같은 서적을 편찬한 목적으로 가장 적절한 것은?

▲ 『향약집성방』
(국립중앙박물관)

▲ 『농사직설』
(서울대학교 규장각한국학연구원)

① 백성들의 생활에 도움을 주기 위해
② 유교 중심의 국가 통치 질서를 확립하기 위해
③ 왕권을 강화하고 붕당 간 대립을 완화하기 위해
④ 훈구 세력을 견제하여 정치의 균형을 유지하기 위해
⑤ 국가에 필요한 세금을 확보하고 인구를 파악하기 위해

5 (가), (나)에 대한 설명으로 옳은 것은?

> (가) 향촌에서 마을 주민들이 지켜야 할 자치 규약으로, 어려울 때 서로 돕던 공동체 조직의 풍습에 유교 윤리가 더해진 것이다.
> (나) 정권을 잡은 사람이 정치적·학문적 입장에 따라 형성한 집단으로, 서로의 차이를 인정하면서도 건전한 비판과 상호 견제를 바탕으로 정치를 이끌어 나갔다.

① (가) – 훈구 세력의 기반이 되었다.
② (가) – 덕망 높은 유학자의 제사를 지냈다.
③ (나) – 동인과 서인으로 나뉘었다.
④ (나) – 향토 지리에 익숙한 점을 이용하여 적절한 전술을 사용하였다.
⑤ (가), (나) – 국가로부터 특혜를 받아 많은 토지를 소유하였다.

6 다음 자료를 읽고 나눈 대화 내용으로 옳은 것을 보기에서 고른 것은?

> (가) 화의가 나라를 망친 것은 어제오늘의 일이 아니고 옛날부터 그러하였으나 오늘날처럼 심한 적은 없었습니다. 명은 우리나라에 대해 부모의 나라이고 청은 우리나라에 대해 부모의 원수입니다. 신하로서 부모의 원수와 형제의 의를 맺고 부모의 은혜를 저버릴 수 있겠습니까?
> (나) 우리의 국력은 현재 바닥나 있고 오랑캐의 병력은 강성합니다. 정묘년(1627)의 맹약을 아직 지켜서 몇 년이라도 화를 늦추고, 그동안을 이용하고 인정을 베풀어 민심을 수습하고 성을 쌓으며, 군량을 저축하여 변방의 방어를 더욱 튼튼하게 하되 군사를 집합시켜 움직이지 않으며 적의 허점을 노리는 것이 우리로서는 최상의 계책일 것입니다.

┌ 보기 ┐
ㄱ. (가)는 척화론을 주장하였다.
ㄴ. (나)는 광해군의 외교 정책을 지지한 세력이었다.
ㄷ. (가), (나)의 대립으로 붕당이 형성되었다.
ㄹ. 청의 군신 관계 요구를 둘러싸고 (가)와 (나)가 대립하였다.

① ㄱ, ㄴ ② ㄱ, ㄹ ③ ㄴ, ㄷ
④ ㄴ, ㄹ ⑤ ㄷ, ㄹ

7 (가)에 들어갈 역사적 사실로 알맞은 것은?

왕실과 사대부의 예는 기본적으로 다르지 않습니다. 선왕(효종)께서 적장자가 아니므로 대비께서는 1년 동안 상복을 입으셔야 합니다.

아닙니다. 왕에게는 사대부와 다른 예가 적용되어야 합니다. 선왕을 장자의 예로 대우해서 대비께서는 3년 동안 상복을 입으셔야 합니다.

서인   남인

↓

(가)

↓

붕당의 폐단이 요즈음보다 심한 적이 없었다. …… 지금은 한쪽 사람을 모조리 역적으로 몰고 있다. …… 관리의 임용을 담당하는 부서에서는 탕평의 정신을 받들어 사람들을 거두어 쓰라.

① 환국이 발생하였다.
② 훈련도감이 설치되었다.
③ 세도 정치가 등장하였다.
④ 홍경래의 난이 일어났다.
⑤ 수원에 화성을 건설하였다.

8 다음 삽화와 같은 상황이 나타나게 된 배경으로 옳은 것은?

올해는 사또를 위한 비석을 세우기 위해 전세를 더 내야 하오.

온갖 이름은 다 갖다 붙여서 거두어 가는구나.

남편과 아이의 군포를 모두 내시오.

아니, 아이가 태어나지도 않았는데 군포라니요.

① 탕평책이 시행되었다.
② 두 차례 호란이 일어났다.
③ 잔반으로 몰락하는 양반이 나타났다.
④ 전국 곳곳에서 농민 봉기가 발생하였다.
⑤ 세도 정치로 인해 정치 기강이 문란해졌다.

9 다음과 같은 정책을 실시한 목적으로 가장 적절한 것은?

왕께서 말씀하시기를, "선왕께서 내노비(궁궐에 속한 노비)와 시노비(관청에 속한 노비)를 일찍이 없애고자 하셨으니, 내가 마땅히 이 뜻을 이어받아 지금부터 일체 없애려고 한다." …… 그리고 승지에게 명하여 각 궁궐 및 관청의 노비 문서를 돈화문 밖에서 불태우고 아뢰도록 하였다.

① 농업 생산력을 높이기 위해서
② 삼정의 문란을 해결하기 위해서
③ 탐관오리의 수탈에 저항하기 위해서
④ 청의 발달한 문물을 받아들이기 위해서
⑤ 군역 대상자를 확보하고 국가 재정을 보충하기 위해서

10 다음 자료를 읽고 물음에 답하시오.

- ⊙ 은 궁궐 내의 서적과 문서를 관리하고 왕의 질문에 대비한다. 경연 업무를 담당한다.
- ⓒ 는 정치를 논하여 바르게 이끌고 모든 관원을 조사하고 살피며, 풍속을 바로잡는다. 원통하고 억울한 일을 풀어주고, 거짓된 행위를 금하는 등의 일을 맡는다.
- ⓒ 은 왕에게 잘못된 일을 바로잡도록 말을 하고 정치의 잘못을 비판하는 직무를 관장한다.

(1) ⊙, ⓒ, ⓒ에 들어갈 알맞은 기구를 각각 쓰시오.

_____

(2) 조선 조정에서 ⊙, ⓒ, ⓒ을 설치한 목적을 서술하시오.

_____

_____

11 조선 수군의 승리가 밑줄 친 전쟁에 미친 영향이 무엇인지 서술하시오.

▲ 판옥선 (조선 군선)   ▲ 세키부네 (일본 군선)

관옥선은 배의 밑바닥이 넓고 평평하여 얕은 물에서도 빠르고 안전하게 방향을 바꿀 수 있었다. 또 선체가 두꺼워 화포를 쏠 때 생기는 충격을 잘 견딜 수 있었다. 반면, 세키부네는 크기가 작고 배 밑바닥이 뾰족하여 <u>이 전쟁</u> 중 조선 바다의 빠른 물살 속에서는 회전할 때 균형을 잡기가 어려웠다. 또한 선체가 얇아 조선 수군의 화포 공격에 쉽게 부서졌다.

_____

_____

12 지도에 표시된 사건이 일어나게 된 원인을 두 가지 서술하시오.

_____

_____

1 지도에 표시된 ㉠, ㉡ 사절단에 대한 설명으로 옳지 <u>않은</u> 것은?

① ㉠을 통해 동학이 조선에 소개되었다.

② ㉠의 활동으로 서양 문물을 도입하였다.

③ ㉡은 에도 막부의 요청으로 파견되었다.

④ ㉡은 일본에 조선의 학문과 기술을 전해 주었다.

⑤ ㉡을 통해 고구마·담배 등 새로운 작물을 들여왔다.

2 다음 대화 속의 밑줄 친 개혁에 대한 설명으로 옳은 것은?

이번에 설치된 집강소에서 우리 농민들을 위한 여러 가지 <u>개혁</u>을 추진한다는군.

전봉준 장군님과 함께 탐관오리들의 수탈에 맞선 보람이 있군.

① 김옥균, 박영효 등이 제시하였다.

② 개혁 내용 중 일부는 갑오개혁에 반영되었다.

③ 흥선대원군이 척화비를 세우는 계기가 되었다.

④ 황제에게 모든 권한을 집중시키는 내용이 담겨있었다.

⑤ 성리학적 사회 질서를 지키고 서양 문물을 배척하려는 정책이 추진되었다.

3 재산 상속 방식이 (가)에서 (나)로 바뀌게 된 배경으로 옳은 것은?

> (가) 형제자매들이 논의하여 결정한 것인데, (다음과 같이) 부모 양쪽의 토지와 노비를 상속하기로 한다. 이는 『경국대전』에 의한 것이다. 첫째 아들 생원 선의 몫은 양주의 논 15마지기, 텃밭 1일경, 노비 16명. 첫째 딸 매창의 몫은 파주의 논 10마지기 등과 노비 16명, …… 셋째 아들 이이의 몫은 파주의 논 14짐 8마지기 등과 노비 15명으로 …… 한다.
>
> (나) 아버지는 살아생전에 말씀하시기를 "적은 양의 토지와 노비를 자녀 여덟 명(3남 5녀)에게 균등하게 나누어 주면 자식이 모두 가난해질 뿐만 아니라 남자의 경우 돌아가면서 받드는 조상의 제사를 제대로 지내지 못하니 …… 약간의 토지와 노비를 세 명의 아들에게 모두 나누어 주며 여자와 서얼에게는 나누어 주지 않는다."라고 하셨다.

① 서민들의 경제력이 높아졌다.

② 서양 열강이 접근하여 통상 수교를 요구하였다.

③ 성리학 중심의 사회 질서가 널리 퍼지게 되었다.

④ 실증적 방법으로 학문을 연구하려는 새로운 학문 경향이 등장하였다.

⑤ 서양의 과학 서적, 세계 지도, 천리경 등의 물품이 조선에 전래되었다.

4 (가), (나) 민족 운동에 대한 설명으로 옳은 것을 |보기|에서 고른 것은?

(가)

일제가 자행한 을미사변과 단발령 시행에 반발하여 대규모 운동이 전개되었다. 초기에는 유인석, 이소응 등 양반 유생들이 주도하였으나, 을사늑약이 체결된 이후에는 양반 유생뿐만 아니라 신돌석 같은 평민들도 크게 활약하였다.

(나)

러일 전쟁과 일본군의 주둔으로 국권이 위태로워지자, 여러 단체와 학회가 근대 국가 수립을 해 민족의 실력을 키워야 한다고 주장하였다.

| 보기 |
ㄱ. (가)는 애국 계몽 운동이다.
ㄴ. (가)에 해산된 군인들이 가담하면서 전투력이 향상되었다.
ㄷ. (나)는 전제 군주제를 지지하였다.
ㄹ. (나)의 대표적인 단체로 신민회가 있다.

① ㄱ, ㄴ　　　② ㄱ, ㄹ　　　③ ㄴ, ㄷ
④ ㄴ, ㄹ　　　⑤ ㄷ, ㄹ

5 ㉠에 대한 설명으로 옳은 것은?

△월 □□일 오전 대전현충원에서 홍범도 장군 유해 안장식이 거행되었습니다. 안장식에 참석한 대통령은 "홍범도 장군이 이끈 ㉠ 는 평범한 사람들이 만든 승리와 희망의 역사"라며 "일제 지배에 억압받던 우리 민족에게 강렬한 자존심과 자주독립의 희망을 준 사건"이라 말했습니다.

① 국산품을 애용하여 민족 자본을 육성하고자 하였다.
② 봉오동과 청산리 일대에서 일본군에 승리를 거두었다.
③ 대성학교를 설립하여 민족의 실력을 키우고자 하였다.
④ 독립 공채를 발행하고, 연통제와 교통국을 운영하였다.
⑤ 일제의 주요 식민 통치 기관을 파괴하고, 친일파와 일제 주요 인물을 처단하였다.

6 밑줄 친 선거 결과 나타난 사실로 가장 적절한 것은?

여기는 지금 선거를 치르고 있는 투표소 앞입니다. 5월 10일 오늘, 우리나라 역사상 처음으로 직접, 보통, 비밀 선거가 이루어지고 있습니다.

① 제헌 헌법을 제정하였다.
② 국가 총동원법이 제정되었다.
③ 신탁 통치 반대 운동이 일어났다.
④ 황제에게 모든 권한이 집중되었다.
⑤ 박정희 정권의 장기 독재 체제가 마련되었다.

7 (가)에 들어갈 역사적 사실로 옳은 것을 ㅣ보기ㅣ에서 고른 것은?

일제는 국가 총동원법을 제정한 뒤 인적·물적 자원 수탈을 강화하였다. 공출이라는 이름으로 쌀과 잡곡을 비롯한 식량과 각종 자원을 수탈했고, 전쟁 물자와 무기 제조의 원료를 마련하기 위해 고철, 놋그릇, 제기와 불상까지도 빼앗아 갔다.

↓

(가)

↓

김영삼 정부는 세계화를 표방하면서 공기업 민영화, 시장 개방 확대, 경제 협력 개발 기구(OECD) 가입 등 신자유주의 정책을 추진하였다. 그러나 무역 수지 적자 등으로 1997년 말에 외환 위기를 맞았다.

┌ 보기 ┐
ㄱ. 경제 개발 5개년 계획이 본격적으로 시행되었다.
ㄴ. 중화학 공업을 적극적으로 육성하여 수출이 늘어났다.
ㄷ. 토지 조사 사업이 실시되면서 총독부의 수입이 늘어났다.
ㄹ. 임오군란을 계기로 청 상인이 침투하여 일본 상인과 경쟁하였다.

① ㄱ, ㄴ   ② ㄱ, ㄷ   ③ ㄴ, ㄷ
④ ㄴ, ㄹ   ⑤ ㄷ, ㄹ

8 다음 가상 일기의 내용 중 옳지 <u>않은</u> 것은?

> 1952년 6월 30일 날씨 맑음
>
> 전쟁이 일어난 지도 벌써 2년이 지났다. ① 북한군의 기습적인 남침으로 일어난 전쟁 때문에 우리 가족은 삶의 터전을 잃고 뿔뿔이 흩어졌다. ② 유엔군이 우리 국군을 도우러 참전한다고 했을 때는 전쟁이 금방 끝날 줄 알았다. ③ 인천 상륙 작전이 성공하여 서울을 되찾아 우리 가족이 살던 집을 찾아가 보았지만 가족을 만날 수는 없었다. ④ 중국군도 우리 국군을 도와주러 왔다고 하니 금방 전쟁이 끝나겠지. ⑤ 최근에는 38선 일대에서 치열한 전투가 자주 벌어진다고 한다. 하루빨리 전쟁이 끝나 가족을 만나고 싶다.

9 (가)에 들어갈 내용으로 옳지 <u>않은</u> 것은?

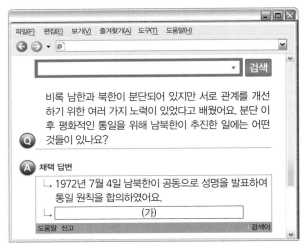

비록 남한과 북한이 분단되어 있지만 서로 관계를 개선하기 위한 여러 가지 노력이 있었다고 배웠어요. 분단 이후 평화적인 통일을 위해 남북한이 추진한 일에는 어떤 것들이 있나요?

Ⓐ 채택 답변
ㄴ 1972년 7월 4일 남북한이 공동으로 성명을 발표하여 통일 원칙을 합의하였어요.
ㄴ (가)

① 개성 공단이 조성되었어요.
② 남북 정상 회담을 개최하였지요.
③ 남북 기본 합의서를 채택하였어요.
④ 이승만 정부가 북진 통일을 주장하였어요.
⑤ 이산가족 상봉과 서신 교환이 이루어졌어요.

10 조선 후기 다음과 같은 문화가 유행하게 된 배경을 서술하시오.

> (가) 벽사창이 어른어른커늘 임만 여겨 나가 보니
> 임은 아니 오고 명월이 만정한데 벽오동 젖은
> 잎에 봉황이 내려와서 긴 부리 휘어다가 깃 다
> 듬는 그림자로다.
> 모쳐라 밤일세 망정 행여 낮이런들 남 웃길 뻔
> 하괘라.
>
> (나)
>

_____

_____

11 제시된 인물들이 내세운 공통된 주장을 <u>한 가지</u> 서술하시오.

> • 홍대용   • 박지원   • 박제가

_____

_____

12 다음 자료를 보고 물음에 답하시오.

> 〈특별 기획〉 1987년을 돌아보다.
>
> 민주, 민이 주인이 되다.
>
> 대한민국 민주주의의 발전 과정을 살펴볼 수 있는 이번 전시에 여러분을 초대합니다.

전시 일정	기간: 20□□. △. ○. ~ △. ○. 장소: △△ 역사박물관 특별전시실
1987년 민주화 과정	• 1.14. ⬚ㄱ⬚ 고문치사 사건 보도 • 1.26. '고문 없는 세상에서 살고 싶다' 명동성당 시위 • 4.13. 호헌 조치 발표 • 5.18. ⬚ㄱ⬚ 고문치사 축소 조작 폭로 • 6.9. 시위 현장에서 경찰이 쏜 최루탄에 맞아 이한열 사망 • 6.10. 학생과 시민들의 대규모 시위 • 6월의 꽃, 넥타이 부대 • 6.29. 대통령 후보의 ⬚ㄴ⬚ 개헌 약속
전시 구성	주제: 민주주의를 향한 전진의 역사 강사: ○○○님

(1) ㄱ에 들어갈 인물이 누구인지 쓰시오.

_____

(2) ㄴ의 결과 대통령 선거 방식이 어떻게 바뀌었는지 서술하시오.

_____

_____

포기와 시작

누군가는 **포기**하는 시간

누군가는 **시작**하는 시간

코앞으로 다가온 시험엔
최단기 내신 · 수능 대비서로 막판 스퍼트!

7일 끝 (중·고등)

10일 격파 (고등)

book.chunjae.co.kr

교재 내용 문의 ···················· 교재 홈페이지 ▶ 중학 ▶ 교재상담
교재 내용 외 문의 ················· 교재 홈페이지 ▶ 고객센터 ▶ 1:1문의
발간 후 발견되는 오류 ··········· 교재 홈페이지 ▶ 중학 ▶ 학습지원 ▶ 학습자료실

중간고사 기말고사
고득점을 예약하자!

중학전략
역사②
BOOK 3 정답과 해설

천재교육

중학전략

역사 ②

BOOK 1

정답과 해설

1주 Ⅰ 선사 문화와 고조선의 성장
~ Ⅱ-1. 신라의 삼국 통일

1일 개념 돌파 전략 ❶   8~11쪽

1강_선사 문화와 고조선의 성장~여러 나라의 성장

Q1 고인돌	**Q2** 세형 동검	**Q3** 소도
1-1 신석기 문화		**1-2** ③
2-1 세형 동검, 한반도		**2-2** ③, ④
3-1 민며느리제, 옥저		**3-2** ①

2강_삼국의 성립과 발전~신라의 삼국 통일

Q1 성왕	**Q2** 태학	**Q3** 황산벌 전투
4-1 마립간, 내물왕		**4-2** ⑤
5-1 (가) – 신라, (나) – 법흥왕		**5-2** ②
6-1 (가) – 연개소문, (나)–안시성		**6-2** ④

1강_선사 문화와 고조선의 성장~여러 나라의 성장

1-1 신석기 문화
제시된 유물은 신석기 문화의 대표적인 도구인 가락바퀴와 빗살무늬 토기이다. 가락바퀴는 옷을 제작하는 데 사용되었다. 빗살무늬 토기는 음식을 조리하거나 저장하는 데 사용되었으며, 표면에 빗살무늬가 새겨 넣어져 있는 우리나라 신석기 시대의 대표적인 토기이다.

1-2 청동기 문화
비파형 동검은 당시 대표적인 청동기로, 주로 지배층이 무기, 제사용 도구, 장신구 등으로 사용하였다. 반달 돌칼은 당시 대표적인 간석기로, 곡식을 수확할 때 이삭을 자르는 용도로 사용된 농기구이다. 청동기 시대는 계급이 생겨난 시대로, 당시 사람들은 주로 방어에 유리한 언덕에 마을을 이루고 살았다. 또한 당시 사람들은 지배자인 군장이 죽으면 그의 권위를 상징하는 거대한 고인돌을 만들었다.

2-1 철기 문화의 발전
제시된 유물은 세형 동검으로, 비파형 동검을 계승한 청동기였다. 이는 당시 사용되던 대표적인 청동기로, 한반도 전체 영역에 걸쳐 나타나고 있으므로 한국식 동검이라고도 한다. 철기 시대의 청동기는 기존의 청동기 문화를 계승하여 더욱 독자적인 형태로 발전하였다.

세형 동검은 비파형 동검보다는 가늘지만, 별도의 손잡이를 만들어 끼우도록 한 점이 닮았다. 거푸집이 발견되어 한반도에서 독자적으로 제작하였음을 알 수 있다.

2-2 고조선의 발전
고조선은 우리 역사상 최초의 국가로, 청동기 문화를 기반으로 등장하였다. 고조선은 만주와 한반도 북부 지방을 중심으로 발전하였으며, 고조선에서는 독자적인 청동기 문화가 발달하였다. 비파형 동검, 탁자식 고인돌 등이 대표적인 유물·유적이며, 이들이 출토되는 곳을 통해 고조선의 문화 범위를 추측할 수 있다.

3-1 옥저의 혼인 풍속
옥저에는 어린아이를 데려다가 키워서 며느리로 삼는 민며느리제라는 혼인 풍속이 있었다. 이 혼인 풍속은 여자가 성인이 되면 다시 친정으로 돌아가고 신랑 집에서 돈을 낸 후 데려오는 방식을 지녔는데, 이는 당시 옥저가 노동력이 중시되던 농경 사회였기 때문이다. 혼인 이후 신부가 신랑의 집으로 가게 되면 신부 측에서는 그만큼의 노동력이 상실되었기 때문에 신랑이 신부 집안에 돈을 주면서 그를 보상한 것이다.

3-2 부여의 풍습
부여는 5개의 집단이 연맹한 국가였다. 중앙은 왕이 다스린 반면 주변 지역은 마가, 우가, 저가, 구가 등 여러 가(加)가 다스렸는데, 이들이 다스린 지역을 사출도라고 하였다. 여러 가는 왕을 선출하기도 하였으며, 흉년이 들면 왕에게 책임을 묻기도 하였다. 또 순장 풍속이 있어 왕이 죽으면 많은 사람을 껴묻거리와 함께 묻었다.

2강_삼국의 성립과 발전~신라의 삼국 통일

4-1 신라의 성립과 성장
마립간은 회의를 이끄는 지도자를 의미한다. 이 왕호는 내물왕(내물 마립간) 때부터 쓰였는데, 이때 신라는 왕권이 신장함에 따라 왕위가 특정 집단(김씨)에 의해 세습되었고 지방 통제도 강화되었다. 따라서 마립간은 이전보다 강력해진 신라의 역사상을 반영하는 왕호이다.

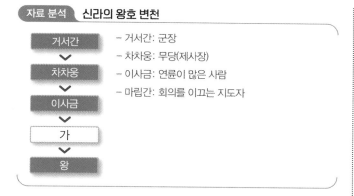

- 거서간: 군장
- 차차웅: 무당(제사장)
- 이사금: 연륜이 많은 사람
- 마립간: 회의를 이끄는 지도자

4-2 백제의 전성

백제는 4세기 후반 근초고왕 때 활발한 대외 팽창 활동으로 전성기를 맞이하였다. 근초고왕은 마한 전 지역을 통합하여 전라도 지역을 차지하였다. 또한, 고구려를 상대로 북진을 거듭하여 평양성까지 진격하고 영토를 황해도의 일부 지역까지 넓혔다. 아울러 가야의 여러 나라에도 영향력을 행사하였다.

더 알아보기 칠지도

양쪽에 3개씩 가지가 달리고 양면에 글이 새겨진 길이 74cm의 칼이다. 과거 일본 학계에서는 백제가 왜왕에게 바친 것으로 본 데 비해, 한국 학계에서는 반대로 백제가 왜왕에게 내려 준 것이라 여겼다. 최근에는 근초고왕 때 왜와 화친할 목적으로 보낸 것으로 보고 있다.

5-1 신라의 불교 공인

삼국은 중앙 집권을 강화하기 위해 모두가 보편적으로 믿을 수 있는 사상이 필요하였다. 이에 삼국의 왕들은 불교를 수용하였는데, 신라는 법흥왕 때 이차돈의 죽음을 계기로 불교를 공식적으로 받아들였다. 이후 신라에서는 국가 주도로 황룡사와 같은 거대한 사찰을 짓거나, 불교식으로 왕의 이름을 짓고 왕실을 석가의 집안에 견주어 권위를 높이려고 하였다.

5-2 고대의 고분 양식

사진은 백제의 무령왕릉이다. 한국에서 보기 드문 벽돌무덤으로, 백제가 중국 남조의 문물을 활발히 받아들였음을 알 수 있다.

6-1 고구려와 당의 전쟁

당 태종은 대제국 건설의 뜻을 품고 주변 국가들을 정복해 나갔다. 당 태종은 결국 연개소문의 정변을 구실 삼아 고구려를 침략하였다. 당군은 요동성, 백암성 등을 차례로 함락하고 안시성을 포위하였지만, 성주와 백성들의 군건한 저항으로 결국 안시성에서 물러났다. 고구려의 항전은 고구려를 지켰을 뿐 아니라, 중국의 한반도 침략을 저지하였다는 의의가 있다.

6-2 신라의 삼국 통일

나당 연합군은 백제 멸망 이후 고구려를 멸망시킨다. 그러나 백제와 고구려를 멸망시킨 당은 신라마저 지배하려는 야욕을 드러냈다. 이에 신라는 왜와 화친한 뒤, 고구려 부흥 운동 세력을 포섭하여 당과의 전쟁을 시작하였다. 신라는 매소성과 기벌포에서 당의 군대를 격파하였고, 삼국 통일을 이루었다.

1일 개념 돌파 전략 ❷   12~13쪽

1 ①   **2** ②   **3** ②   **4** ③   **5** ④   **6** ⑤

1 구석기 문화

주먹도끼와 막집은 각각 구석기 시대의 대표적인 도구, 거주지이다. 구석기인들은 주로 동굴, 바위 그늘, 막집 등에 거주하며 이동 생활을 하였다.

2 고조선의 건국과 발전

고조선의 문화 범위는 비파형 동검과 탁자식 고인돌을 통해 파악할 수 있다. 고조선은 건국 과정과 당시 사회상을 반영한 건국 신화(단군 신화)가 있으며, 위만 집권 이후에는 한과 진 사이의 중계 무역으로 성장하였다.

오답 피하기 ㄴ. 한 무제의 공격을 받은 고조선은 지배층 내부의 분열로 인해 수도 왕검성이 함락되면서 멸망하였다.

3 고구려의 혼인 풍속

고구려에는 서옥제라는 혼인 풍속이 있었다. 어린 신랑은 신부 집의 뒤편에 있는 집(서옥)에서 함께 지내다가 이후 아이를 낳고 아이가 자라면 아내를 데리고 자기 집으로 돌아갔다.

4 4세기 후반~5세기 초반 삼국의 모습

(가) 이전 시기의 지도는 백제 근초고왕 시기의 지도이며, (가) 이후 시기의 지도는 고구려 장수왕 시기의 지도이다. 따라서 고구려 소수림왕이 태학을 설립하였다는 설명이 (가) 시기에 해당된다.

5 삼국의 불교 문화

익산 미륵사지 석탑은 백제, 경주 분황사 석탑은 신라의 불교 유적이다. 삼국의 왕들은 체계화된 종교인 불교를 받아들여 백성의 정신적 통일을 꾀하고 왕실의 권위를 뒷받침하였고, 이에 따라 국가 주도로 황룡사나 미륵사와 같은 거대한 사찰을 짓기도 하였다.

자료 분석 삼국의 불교 예술

▲ 익산 미륵사지 석탑　　▲ 경주 분황사 석탑

– 익산 미륵사지 석탑: 백제 최초의 석탑으로, 목탑의 양식을 간직하고 있다. 미륵사는 백제 무왕 때 세워진 사찰로 중앙에 거대한 목탑과 동서에 석탑을 둔 형식을 띠었다. 지금은 미륵사의 중앙 탑과 동탑은 사라지고 서탑만이 남아 있다.

– 경주 분황사 석탑: 신라의 석탑 중 가장 오래된 것으로, 현재는 3층까지만 남아 있다.

6 고구려와 수의 전쟁

수는 중국의 남북조를 통일한 후 고구려에 복종을 강요하며 문제와 양제 시기에 여러 차례 대규모로 고구려를 공격하였으나 번번이 실패하였다. 그 결과 무리한 국력 소모를 한 수는 멸망하고, 당이 건국하였다.

오답 피하기 ④ 나제 동맹은 장수왕 시기에 결성되었으며, 진흥왕 시기의 신라가 성왕 시기의 백제를 공격하면서 깨진다.

2일	필수 체크 전략 ❶		14~17쪽
1-1 ④	1-2 ⑤	2-1 ①	2-2 ③
3-1 ②	3-2 ⑤	4-1 ④	4-2 ③

1-1 고조선의 변화와 발전

(가) 국가는 고조선이다. 고조선의 건국 과정과 당시 사회상을 담고 있는 단군 신화를 보면, 단군왕검이라는 표현을 통해 정치적 지배자가 제사장의 권위를 함께 갖고 있었음을 추측할 수 있다.

1-2 고조선의 정치, 경제, 사회, 문화

수행평가의 주제가 되는 국가는 고조선이다. 고조선의 8조법을 통해 고조선 사회는 노동력을 중시한 사회였음을 짐작할 수 있다.

오답 피하기 ③ 중국 화폐인 명도전을 사용하여 중국과 활발히 교류하였다고 추측됨.

2-1 철기 시대 여러 국가(동예)의 정치와 문화

왕이 없고 군장이 다스린다는 점, 다른 부족의 경계를 침범하면 노비, 소, 말로 배상하는 풍습인 책화가 있었다는 점에서 (가)에 해당하는 국가는 동예임을 알 수 있다.

쌍둥이 문제 1

다음 풍속을 지녔던 국가에 대한 설명으로 가장 적절한 것은?

> 사람이 죽으면 시체는 모두 가매장을 하되, 겨우 형체가 보일 만큼 묻었다가 가죽과 살이 다 썩은 다음에 뼈만 추려 곽 속에 안치한다. 온 집안 식구를 모두 하나의 곽 속에 넣어 두는데, ….

① 연맹 국가이다.
② 고구려에 병합되었다.
③ 천군이 소도를 다스렸다.
④ 졸본 지역에서 건국되었다.
⑤ 무천이라는 제천 행사를 열었다.

해설 자료는 옥저의 장례 풍습인 가족 공동 무덤에 대한 설명이다. 옥저에는 왕이 없었으며 각 지역은 읍군, 삼로라고 불리는 군장이 다스렸다. 이후 옥저는 동예와 함께 고구려에 의해 병합되었다. ①은 부여, 초기 고구려, ③은 삼한, ④는 고구려, ⑤는 동예에 대한 설명이다.
답 ②

2-2 삼한의 사회 모습

(마)는 삼한(마한, 진한, 변한)이 있었던 지역으로, 마한의 소국 중 하나인 목지국의 지배자가 마한왕 또는 진왕으로 추대되어 삼한 전체를 주도하였다.

선택지 분석

① 주몽 세력이 건국하였다. (×) → 고구려
② 흉년이 들면 왕에게 책임을 물었다. (×) → 부여
③ 목지국의 지배자가 진왕으로 추대되었다. (○)
④ 산간 지대여서 땅이 척박하여 농경에 불리하였다. (×) → 고구려
⑤ 가족이 죽으면 시신을 임시로 매장하였다가 나중에 그 뼈를 추려서 가족 공동 무덤에 매장하는 풍습이 있었다. (×) → 옥저

3-1 고구려 소수림왕의 업적

(가) 왕은 불교를 수용한 고구려의 왕이라는 점에서 소수림왕

임을 알 수 있다. 소수림왕은 불교 수용, 태학 설립, 율령 반포 등 체제를 정비하여 고구려의 위기를 극복하고자 하였다.

삼국의 불교 수용

고구려	소수림왕(4C 후반 전진에서 수용)
백제	침류왕(4C 후반 동진에서 수용)
신라	법흥왕(6C 전반 이차돈의 순교를 통해 수용)

3-2 4세기 말~5세기 초 고구려와 신라의 관계

호우총 청동 그릇은 경주 호우총에서 발견되었으며, 당시 신라와 고구려의 관계가 긴밀하였음을 보여준다. 또한 광개토 대왕릉비에는 광개토왕이 신라에 군대를 보내 왜군을 물리치고 가야까지 공격하였다는 내용이 있다.

광개토왕의 업적을 보여주는 유물

▲ 호우총 청동 그릇　　▲ 광개토 대왕릉비

- 호우총 청동 그릇: 경주 호우총에서 발견된 그릇으로, 밑바닥에는 '광개토지호태왕'이라는 글씨가 새겨져 있다. 415년에 만든 이 그릇은, 당시 신라와 고구려의 관계가 긴밀하였음을 추측하게 해준다.
- 광개토 대왕릉비: 장수왕이 세운 비석으로 높이가 대략 6.39m이며, 부친인 광개토왕의 업적 및 수묘인(무덤을 지키는 사람들)에 대한 내용이 새겨져 있다. 고구려왕이 하늘의 자손이며, 백제·신라·거란·동부여 등 주변 국가들을 고구려가 이끌어야 한다는 생각이 나타나 있다.

4-1 백제의 천도와 여러 가지 중흥 정책

(가)는 한성(위례성), (나)는 웅진(공주), (다)는 사비(부여)이다. 동성왕은 백제가 웅진으로 천도한 이후 즉위하였으며, 신라와 혼인 관계를 맺어 나제 동맹을 견고히 하고 고구려와 맞서고자 하였다.

① (가): 태학을 설립하였다. (×) → 고구려 소수림왕
② (가): 일본에 불교를 전파하였다. (×) → 백제 성왕('다')
③ (나): 관복색을 처음 제정하였다. (×) → 백제 고이왕('가')
④ (나): 신라와 혼인 동맹을 추진하였다. (○)
⑤ (다): 고국원왕을 전사시켰다. (×) → 백제 근초고왕('가')

4-2 관산성 전투의 발생 원인

백제의 성왕은 신라 진흥왕이 나제 동맹을 깨뜨리고 한강 하류 지역을 기습하여 차지하자 신라를 공격하였다. 그러나 관산성 전투에서 전사하였다.

1 고조선의 8조법

제시된 자료는 고조선의 8조법이며, 따라서 (가) 국가는 고조선이다. 낙랑은 고조선 멸망 후 한이 설치한 군현 중 하나로, 낙랑과 일본에 철을 수출한 것은 삼한 중 변한의 특징이다.

④ 위만이 준왕을 몰아내고 스스로 왕이 되자, 준왕은 측근들을 이끌고 한반도 남쪽으로 이동하였다.

2 부여의 풍속

마가, 우가, 저가, 구가와 같은 관리가 있고 왕이 이들과 함께 국가를 다스렸다는 점에서 이 국가는 부여이다. 부여는 매년 12월 '영고'라는 제천 행사를 열었다.

① 목지국을 병합하였다. (×) → 백제 고이왕
② 진한 지역 대부분을 통합하였다. (×) → 신라 내물왕
③ 영고라는 제천 행사를 개최하였다. (○)
④ 압록강 중류 지역에서 건국되었다. (×) → 고구려 주몽
⑤ 산간 지대에 땅이 척박하여 농경에 불리하였다. (×) → 고구려

3 삼한의 제천 행사

제시된 자료는 5월과 10월에 있었던 삼한의 제천 행사인 계절제에 대한 사료이다. 삼한은 마한, 진한, 변한 등의 연맹체로 이루어졌는데, 마한의 소국 중 하나인 목지국의 지배자가 마한왕 또는 진왕으로 추대되어 삼한 전체를 주도하였다.

4 광개토왕의 대외 정책

전기 가야 연맹을 주도하던 김해 지역의 금관가야는 신라에 침입한 왜군을 격퇴하던 고구려 광개토왕이 가야를 함께 공격하면서 크게 쇠퇴하였다. 이후 고령 지역의 대가야가 두각을 드러내면서 후기 가야 연맹을 주도하였다.

쌍둥이 문제 **2**

밑줄 친 '왕'에 대한 설명으로 옳은 것은?

> 보병과 기병 5만을 보내 신라를 도와주게 하였다. 남거성을 통해 신라성에 이르렀는데 그곳에 왜적이 가득하였다. 왕의 군대가 이르자 왜적이 도망하였다. 왜적을 쫓아 임나 가라(가야)의 종발성에 이르자 성이 곧 복종하였다.

① 불교를 수용하였다.
② 낙랑군을 병합하였다.
③ 서안평을 점령하였다.
④ 평양으로 천도하였다.
⑤ 요동 지역을 차지하였다.

해설 제시된 자료는 광개토 대왕릉비에 있는 내용의 일부분으로, 광개토왕이 신라 내물왕의 요청에 따라 신라에 군사를 보내 왜군을 물리치고 가야까지 공격하였던 사건을 기록한 것이다. 광개토왕은 요동 지역을 완전히 차지하는 등 북쪽으로 고구려의 영토를 확장하였다.
답 ⑤

5 성왕의 백제 중흥 정책

제시된 자료는 성왕 시기 백제와 진흥왕 시기 신라 간의 전쟁을 기록한 것이다. 성왕은 관산성 전투에서 전사하였으며, 따라서 (가) 왕은 백제 성왕이다. 성왕은 수도를 농업과 교통에 유리한 사비(부여)로 옮겨 백제의 중흥을 꾀하였다.

선택지 분석

① 사비로 천도하였다. (○)
② 관등을 처음 제정하였다. (✕) → 백제 고이왕 이전
③ '영락'이라는 연호를 사용하였다. (✕) → 고구려 광개토왕
④ 북위에 군사적 도움을 요청하였다. (✕) → 백제 개로왕
⑤ 대야성 등 신라의 40여 성을 빼앗았다. (✕) → 백제 의자왕

6 5세기 중반 ~ 6세기 중반의 한반도 상황

(가) 시기는 5세기 중반~6세기 중반으로, 백제의 동성왕, 무령왕, 성왕의 통치기가 이 시기에 해당한다. 따라서 성왕 통치기에 있었던 사건인 무령왕릉 축조, 백제의 5부 및 5방 설치가 (가) 시기에 해당한다.

오답 피하기 ㄴ. 백제의 마한 통합은 근초고왕 때의 일이고, ㄷ. 고구려의 불교 수용은 소수림왕 때의 일이다. 이 둘 모두 4세기 후반에 있었던 사건이다.

3일 필수 체크 전략 ① 20~23쪽

| 1-1 ④ | 1-2 ② | 2-1 ② | 2-2 ③ |
| 3-1 ⑤ | 3-2 ① | 4-1 ① | 4-2 ③ |

1-1 지증왕의 우산국 복속

우산국은 지금의 울릉도, 독도로, 신라 지증왕 13년(512)에 이사부가 복속하면서 신라의 영토가 되었다. 지증왕은 신라를 공식 국호로 정하였다.

1-2 법흥왕의 불교 공인

이차돈은 법흥왕 시기 불교 공인을 주장하다가 순교한 인물이며, 따라서 밑줄 친 ㉠은 법흥왕이다. 법흥왕은 율령을 반포하고, 관등제 및 골품제를 정비하였다.

더 알아보기 **신라의 골품제**

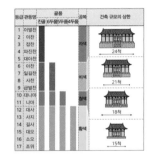

골품제는 경주의 지배층을 총 8개 등급으로 서열화한 신라의 신분 제도이다. 등급은 왕족을 대상으로 한 골제(성골, 진골)와 그 아래 지배층을 대상으로 한 두품제(6~1두품)가 있었다. 골품에 따라 관직 진출의 제한이 있었을 뿐 아니라, 가옥의 규모, 옷의 색깔, 수레의 종류 등 일상생활 또한 규제되었다.

2-1 삼국의 중앙 집권 체제

법흥왕은 상대등을 설치하여 귀족 회의인 화백 회의를 이끌도록 하였다. 또한 불교를 공인하여 사상을 통합하고자 하였다.

더 알아보기 **삼국의 중앙 집권 체제**

	고구려	백제	신라
귀족 회의	제가 회의(국가 중대사 결정)	정사암 회의(재상 선출 및 국가 중대사 결정)	화백 회의(만장 일치, 국가 중대사 결정)
행정 구역	수도·지방 각 5부(고국천왕)	수도·지방 5부·5방(성왕)	수도·지방 6부·5주
관등제	대대로(수상) 및 10여 관등	상좌평(수상) 및 16관등	상대등(수상) 및 17관등(법흥왕)

2-2 삼국의 율령 반포

(가)는 소수림왕, (나)는 고이왕, (다)는 법흥왕이다. 고이왕은 율령의 기초적인 틀을 마련하여 국가 체제를 정비하였다. 또한 주변의 마한 소국을 복속하여 한반도의 중부 지역을 확보하였다.

① (가)는 고국천왕이다. (×) → 소수림왕임

② (가)는 수도와 지방을 각각 5부로 나누었다. (×)
→ 고구려 고국천왕

③ (나)는 주변 마한 소국을 복속하였다. (○)

④ (나)는 수도를 웅진에서 사비로 옮겼다. (×) → 백제 성왕

⑤ (다)는 화랑도를 국가 조직으로 재편하였다. (×) → 신라 진흥왕

3-1 삼국 및 가야와 일본의 문화 교류

삼국은 일본에 선진 문물을 전파하였다. 백제 성왕 시기 노리사치계가 일본에 불교를 전파하였다. 담징과 혜자의 문화 전파는 고구려와 일본의 교류에 대한 설명이다. 또한 스에키 토기는 가야의 토기 제작 기술의 영향을 받았다.

3-2 일본 속 우리 문화의 흔적

왼쪽 문화재는 한국의 금동 미륵보살 반가 사유상의 영향을 받아 만들어진 일본의 목조 미륵보살 반가 사유상이며, 오른쪽 문화재는 고구려 수산리 고분 벽화의 영향을 받아 제작된 일본의 다카마쓰 고분 벽화이다. 이들을 통해 일본 속 우리 문화의 흔적을 찾아볼 수 있다.

일본 문화에 영향을 끼친 우리 문화

◀ 고구려 수산리 고분 벽화(좌),
일본의 다카마쓰 고분 벽화(우)

인물에 대한 묘사나 주름진 치마를 볼 때 고구려 고분 벽화가 일본 벽화에 영향을 끼쳤음을 알 수 있다.

◀ 삼국의 금동 미륵보살 반가 사유상(좌, 국립중앙박물관), 일본의 목조 미륵보살 반가 사유상(우, 일본 교토 고류사)

두 불상은 재질만 다를 뿐 모양이 거의 같은데 먼저 만들어진 것은 한국의 금동 미륵보살 반가 사유상이다. 따라서 일본의 목조 미륵보살 반가 사유상은 한국의 영향을 받아 만들어졌다고 볼 수 있다.

4-1 백제 멸망 이후 한반도의 정세

지도는 660~663년, 즉 백제의 멸망과 부흥 운동 시기의 한반도 상황을 나타내었다. 안승은 고구려의 왕족으로 고구려 멸망 후 검모잠에 의해 추대되어 부흥 운동을 전개하였으나 지도층의 분열로 부흥 운동이 실패한 후 신라에 망명하였다.

④ 당이 패한 안시성 전투는 나당 연합군 성립 전에 일어났다.

4-2 나당 전쟁의 결과

밑줄 친 ㉠은 신라가 나당 전쟁을 시작하였다는 내용이다. 나당 전쟁의 결과 신라가 승리하고, 당이 안동도호부를 평양에서 요동으로 옮겨 한반도에서 물러나면서 신라는 삼국 통일을 이루게 되었다.

② 백제 부흥 운동이 발생하였다. (×) → 나당 전쟁 이전

③ 신라가 대동강 지역을 차지하였다. (○)

④ 한반도에 안동도호부가 설치되었다. (×) → 고구려 멸망 직후

⑤ 고구려의 옛 땅이 대부분 회복되었다. (×) → 발해 선왕

3일 필수 체크 전략 ❷ 24~25쪽

1 ②	2 ③	3 ④	4 ①	5 ⑤	6 ④

1 지증왕의 정책

자료는 국호를 '신라'로 바꾸는 내용을 기록한 것으로, 밑줄 친 '왕'은 신라의 지증왕이다. 지증왕은 농업 생산력을 높이기 위해 우경(소를 이용한 경작)을 장려하였다.

① 수도를 옮겼다. (×) → 신라는 수도가 바뀐 적 없음.

② 우경을 장려하였다. (○)

③ 칠지도를 왜에 보냈다. (×) → 백제 근초고왕

④ 관복 색을 확립하였다. (×) → 신라 법흥왕

⑤ 왕호를 마립간으로 바꾸었다. (×) → 신라 내물왕

2 진흥왕의 행적

자료는 황룡사에 대한 설명으로, 황룡사는 신라 진흥왕 때 건립되었다. 진흥왕은 백제 성왕과 벌인 관산성 전투에서 성왕을 전사시키고 전쟁을 승리로 이끌었다.

3 삼국의 불교 수용

(가) 항목은 불교 수용(공인)이다. 따라서 고구려의 소수림왕, 백제의 침류왕, 신라의 법흥왕의 행적 중 불교 수용(공인)과 관련된 행적을 찾으면 된다. 백제의 침류왕은 중국의 동진에서 불교를 받아들여 국가의 사상적 통합을 꾀하였다.

4 삼국과 서역 간의 교류

제시된 문화재는 경주에서 발견된 금제 장식 보검으로, 삼국과 서역 지역 간의 교류를 상징하는 문화재이다. ①은 「각저총 씨름도」로, 서역인과 고구려인 간에 직접적인 접촉이 있었음을 알려주는 문화재이다.

선택지 분석

① (○)

② (×) → 일본과의 교류(목조 미륵보살 반가 사유상)

③ (×) → 삼국의 도교 문화(백제 금동 대향로)

④ (×) → 삼국의 도교 문화(백제 산수무늬 벽돌)

⑤ (×) → 삼국의 불교 문화(경주 배동 석조 여래 삼존 입상)

자료 분석 「각저총 씨름도」(중국 지린성 지안)

씨름하는 인물 중 오른쪽 사람은 우리의 모습과 크게 다르지 않은데, 왼쪽 사람은 눈과 코가 큰 서역인의 형상을 하고 있다. 고구려인에게 서역은 낯선 존재가 아님을 보여준다.

5 고구려 부흥 운동

(가) 인물은 연개소문이다. 고구려는 백제 멸망 후 나당 연합군의 평양성 포위를 물리쳤지만, 연개소문이 죽은 후 그의 아들들 사이에서 권력 다툼이 일어나면서 정치가 혼란해졌다. 결국 평양성이 함락되면서 고구려는 멸망하였고, 검모잠은 왕족 안승을 한성에서 추대하여 고구려 부흥 운동을 전개하였다.

오답 피하기 ④ 백제 부흥 운동에 대한 설명으로, 연개소문이 사망한 것은 백제 부흥 운동 이후 고구려 멸망 직전의 일이다.

쌍둥이 문제 3

(가)~(라)를 일어난 순서대로 올바르게 나열한 것은?

천재중학교 수행평가	3학년 0반 김천재

[삼국 통일 과정]

	주요 사건 정리
(가)	백제 멸망
(나)	고구려 멸망
(다)	연개소문의 정변
(라)	왜군의 백강 전투 지원

① (가) → (다) → (나) → (라)

② (가) → (라) → (다) → (나)

③ (다) → (가) → (나) → (라)

④ (다) → (가) → (라) → (나)

⑤ (라) → (가) → (다) → (나)

해설 연개소문의 정변을 구실로 고구려를 침입한 당은 패배 후 신라와 동맹을 맺는다. 이후 나당 연합군은 백제를 멸망시키고, 백강 전투에서 승리하여 백제 부흥 운동을 위축시킨다. 백제를 멸망시킨 나당 연합군은 고구려를 공격하고, 정치 혼란을 겪던 고구려는 수도 평양성이 함락되면서 멸망하였다. 따라서 (다) → (가) → (라) → (나) 순으로 사건을 나열해야 한다.

답 ④

6 신라의 삼국 통일

밑줄 친 ㉠, ㉡은 신라의 삼국 통일을 가리킨다. 삼국 통일은 대동강~원산만 이북의 고구려 영토를 상실하였다는 점, 당의 도움을 받았다는 점에서 한계가 있으나 삼국의 백성이 힘을 합쳐 당을 몰아내고 새로운 민족 문화 발전의 토대를 마련하였다는 의의가 있다.

오답 피하기 ㄱ. 이 시기 왜는 삼국 통일 과정에서 백강 전투에 참여하여 백제 부흥군을 지원하였으나, 나당 연합군에게 패배하였다. 따라서 돌궐과는 전혀 관련이 없다.

4일 교과서 대표 전략 ❶   26~29쪽

1 ④	2 ①	3 ③	4 ②	5 ①
6 ⑤	7 ②	8 ③	9 ⑤	10 ④
11 ⑤	12 ①	13 ②	14 ③	15 ⑤

1 구석기 시대의 생활상

구석기 시대에는 주먹도끼, 슴베찌르개 등 뗀석기를 사용하고, 동굴이나 막집 등에서 거주하였다. 가락바퀴는 신석기 시대 이후에 사용되었다.

[오답 피하기] ㅁ 막집은 구석기 시대부터 지어졌으며, 움집은 신석기 시대에 등장하였다.

2 청동기 시대의 대표 유물

왼쪽은 청동 거울, 오른쪽은 민무늬 토기로, 모두 청동기 시대에 사용된 대표 유물이다. 청동기 시대에는 계급이 발생하였다.

[자료 분석] **청동기 시대의 유물들**

- 청동 거울: 정치적 지배자인 군장은 제사를 담당하면서 제사장으로서의 권위도 아울러 지니게 되었는데, 군장은 청동 방울이나 청동 거울 등을 이용해 제사를 지냈다.
- 민무늬 토기: 충남 부여 송국리에서 출토되었으며, 음식을 조리하고 저장하거나 담아 먹을 때 주로 사용하였다.

3 고조선 건국 설화

자료는 고조선의 건국 이야기인 단군 신화이다. 고조선은 청동기 문화를 바탕으로 건국되었으며, 제정일치 사회였다. 고조선은 사회 질서를 유지하기 위해 8조법을 시행하였다.

4 옥저의 풍습

가족 공동 묘(무덤) 풍습이 있고, 삼국 중 한 국가인 고구려에 흡수된다는 점에서 (가) 국가는 옥저이다. 옥저에는 어린 여자아이를 데려다가 키워서 며느리로 삼는 '민며느리제'라는 혼인 풍속이 있었다.

쌍둥이 문제 **4**

다음 풍습이 있었던 국가에 대한 설명으로 옳은 것은?

> 풍속을 보면 산천을 중요시하여 산과 내마다 각기 구분이 있어 함부로 들어가지 않았다. … 부락을 함부로 침범하면 노비, 소, 말로 배상하게 하였다. – 「삼국지」 위서 동이전 –

① 신지, 읍차가 통치하였다.
② 5개의 집단이 연맹한 국가였다.
③ 족외혼이라는 혼인 풍속이 있었다.
④ 제천 행사가 5월과 10월에 열렸다.
⑤ 평야가 넓어 농업과 목축업이 발달하였다.

[해설] 자료는 동예의 책화 풍습이다. 동예에는 같은 씨족끼리는 결혼하지 않는 족외혼이라는 혼인 풍속이 있었다.
답 ③

5 소수림왕의 중앙 집권 체제 강화

(가) 왕은 고구려의 왕이고, 불교를 수용하였으며, 중앙 집권 체제를 강화하였다는 점에서 소수림왕임을 알 수 있다. 소수림왕은 율령을 반포하여 통치 조직을 정비하고, 태학을 세워 인재를 양성하였다.

[오답 피하기] ④ 고구려 건국 초(유리왕)의 일이다.

6 근초고왕의 대내외 정책

최근 학계에서는 칠지도가 근초고왕 때 왜와 화친할 목적으로 보낸 유물이라고 보고 있다. 근초고왕은 마한 전 지역을 통합하고, 영토를 황해도 일부 지역까지 넓히는 등 활발한 대외 팽창 활동으로 백제를 전성기로 이끌었다.

[더 알아보기] **근초고왕 시기 대외 교류**

근초고왕은 중국 남조의 동진과 국교를 맺으면서 선진 문물을 받아들였고, 가야 및 왜와 외교 관계를 유지하면서 고구려와 신라를 견제하고자 하였다. 또한 왜와 교류하면서 칠지도와 「논어」 등을 전해주었다.

7 신라의 왕호 변화와 한반도의 정세

(가)는 마립간, (나)는 왕이며, 각각 내물왕(4세기 말), 지증왕(6세기 초) 때 왕호가 바뀌었다. 나제 동맹은 장수왕이 남진 정책을 추진하던 당시(5세기)에 체결되었으므로 왕호가 (가)였던 시기에 해당한다. 또한 화랑도가 국가 조직으로 재편된 것은 진흥왕(6세기 중반) 때의 일이므로 왕호가 (나)였던 시기에 해당한다.

오답 피하기 ㄴ. 신라에 불교가 공인된 것은 법흥왕 때로, 지증왕 이후의 일이다. ㄹ. 고구려의 수도가 평양으로 바뀐 것은 장수왕 때로, 신라 내물왕 이후 및 지증왕 이전의 일이다.

8 지증왕의 대내외 정책

(가)는 신라의 국왕이면서, 순장을 금지하고 농사에 소를 이용하는 우경을 장려하였다는 점에서 지증왕임을 알 수 있다. 지증왕은 현재 울릉도와 독도인 우산국을 정복하여 영토를 넓혔다.

9 가야의 특징

철로 유명하고, 고령 지방에 고분군이 있다는 사실을 통해 (가)는 가야임을 유추할 수 있다. 가야의 토기는 왜의 스에키 토기에 큰 영향을 끼쳤다.

자료 분석 가야의 주요 문화재

▲ 철제 판갑옷   ▲ 지산동 고분군(경북 고령)

– 철제 판갑옷과 덩이쇠: 덩이쇠는 여러 철제 도구의 재료가 되거나 화폐로 사용되었다. 철제 판갑옷과 투구는 가야의 철기 문화가 발달하였음을 보여준다.
– 지산동 고분군: 대가야의 중심지에 있는 고분군이다. 고분 가운데 큰 무덤은 대가야 왕릉으로 여겨지는데, 많게는 수십 명을 순장한 경우도 발견되고 있다. 같은 시기의 삼국과 달리 대가야에서는 순장 풍습이 유행하였음을 보여준다.

10 골품제의 속성

자료의 제도는 지배층을 대상으로 한 신라의 신분 제도인 골품제이다. 왕족 또한 '성골'로 분류되어 제도에 포함되었으며, 귀족·평민들의 정치, 사회 활동 및 일상생활에 차등을 두었다.

오답 피하기 ㄱ. 왕족도 '성골'로서 이 제도의 대상이다. ㄷ. 자색 옷을 입을 수 있는 계급인 진골은 다른 색의 옷도 입을 수 있었다.

11 백제의 문화재

가상 인터뷰에 응하고 있는 왕은 동맹을 깨뜨리고 한강 전 지역을 차지했다는 것으로 보아 진흥왕이고, (가)는 백제이다. 무령왕릉은 중국 남조의 영향을 받아 만들어진 백제의 벽돌무덤이다.

선택지 분석

① (×) → 신라 황룡사 9층 목탑(가상)
② (×) → 고구려 수산리 고분 벽화
③ (×) → 신라 금관총 금관
④ (×) → 신라 분황사 석탑
⑤ (○)

더 알아보기 무령왕릉

한국에서 보기 드문 벽돌무덤으로, 1971년 여름 도굴되지 않은 상태로 발견되어 지석을 통해 고분의 매장자가 무령왕임을 알 수 있었다. 왕릉으로서 국보급 유물들이 많이 발견되었고, 이곳에서 발견된 유물들은 백제 정치사와 사회사, 그리고 문화사를 알려주는 귀중한 자료이다. 이 무덤을 통해 백제가 중국 남조의 문물을 활발히 받아들였음을 알 수 있다.

12 삼국 시대의 유교 사상

임신서기석은 신라의 두 청년이 유교 경전을 철저히 공부하고자 맹세한 내용이 적힌 비석이다. 따라서 (가) 사상은 유교 사상이다. 백제에서는 오경박사를 두어 유교를 가르쳤다.

13 고구려와 수의 전쟁

자료는 을지문덕 장군이 수의 장수 우중문에게 보낸 시이다. 따라서 밑줄 친 '전쟁'은 고구려와 수의 전쟁이다. 을지문덕은 살수에서 수 양제의 별동대 등 수군을 크게 격파하였다.

14 7세기 중반 동아시아 정세

백제 무왕과 의자왕은 신라를 공격하여 영역을 확장하고, 고구려는 안시성에서 당의 침입을 물리쳤다. 이에 군사 동맹의 필요성을 느낀 신라와 당은, 신라의 김춘추가 당을 방문하면서 나당 연합군을 결성하였다.

오답 피하기 ㄴ. 백제 성왕이 관산성을 공격한 것은 6세기 중엽으로, 당시 신라는 진흥왕이 통치하고 있었다. 당 또한 건국되기 전이었다.

15 삼국 통일의 전개 과정

자료에서 '삼한을 통합'하였다는 것은 삼국통일을 의미한다. 신라의 삼국통일 과정은 크게 나당 연합군의 백제, 고구려 공격과 나당 전쟁으로 이루어져 있다. 고구려왕은 나당 연합군의 공격으로 평양성이 함락되면서 수많은 귀족, 백성과 함께 당에 끌려갔다. 평양성에서 적군의 공격으로 전사한 것은 고국원왕이다.

오답 피하기 ① 안승은 지도부의 분열로 고구려 부흥 운동이 실패하자 신라에 망명하였고, 신라는 안승을 보덕국 왕으로 임명하여 고구려 유민을 포섭하였다.

4일 교과서 대표 전략 ❷   30~31쪽

1 ②	2 ⑤	3 ④	4 ①	5 ②
6 ③	7 ③	8 ①		

1 선사 시대의 대표적인 유물

(가)는 가락바퀴, (나)는 반달 돌칼, (다)는 미송리식 토기이며, (가)는 신석기 시대의 유물, (나)와 (다)는 청동기 시대의 유물이다. 신석기 시대에는 농경이 시작되었지만, 사냥과 채집 활동이 여전히 활발히 이루어졌다.

자료 분석   선사 시대의 주요 유물

- 가락바퀴: 실을 뽑는 데 사용한 신석기 시대의 도구이다.
- 반달 돌칼: 청동기 시대 농기구로, 곡식을 수확할 때 이삭을 자르는 용도로 사용하였다.
- 미송리식 토기: 밑바닥이 납작하고 몸체는 볼록하며, 목이 위로 올라가면서 넓어지는 형태를 지녔다. 한편 입술 모양이나 띠 모양의 손잡이가 한 쌍 또는 두 쌍이 대칭으로 붙어 있는 것이 특이한 부분이다.

2 고구려의 정치 구조

해당 국가는 계루부, 소노부, 절노부, 순노부, 관노부 등의 5부족 연맹 국가라는 점에서 고구려임을 알 수 있다. 고구려의 왕과 부족 대표들은 제가 회의에서 국가의 중요한 일을 결정하였다.

3 장수왕의 행적

제시된 비석은 광개토 대왕릉비로, 아들인 장수왕이 세웠다. 장수왕은 수도를 평양으로 옮겨 왕권을 강화하고 남진 정책을 펼쳤다.

자료 분석   광개토 대왕릉비의 내용

- 옛날 시조 추모왕께서 나라를 세우셨다. 시조께서는 북부여에서 나셨는데, 천제의 아들이다.
- 백잔(百殘, 백제)과 신라는 옛날부터 복속된 백성으로 조공을 바쳐 왔다.
- 광개토 대왕은 백제를 공격해 아신왕의 항복을 받고, 신라에 침입한 왜를 물리쳐 신라를 도왔으며, 북으로 거란과 숙신을 치고 동부여를 복속시켰다.

높이가 6.39m, 무게는 40톤, 글자 수는 1,775자에 이르는 거대한 비석이며, 광개토 대왕의 아들인 장수왕이 세웠다. 비문에는 고구려 건국 이야기와 3대 대무신왕부터 19대 광개토 대왕까지 고구려 왕실의 계보 및 내력, 광개토 대왕의 영토 확장과 생전의 정치적 업적, 광개토 대왕릉을 지키는 수묘인 제도에 관한 규정이 기록되어 있다. 한편 고구려왕이 하늘의 자손이며, 백제·신라·거란·동부여 등 주변 국가들을 고구려가 이끌어야 한다는 생각이 나타나 있다.

4 고이왕의 정책

(가)는 고이왕이다. 고이왕은 관리의 등급을 정하고 율령의 기초적인 틀을 마련하였다.

5 백제 성왕과 신라 진흥왕의 정책

(가)는 백제의 성왕, (나)는 신라의 진흥왕이다. 성왕은 백제의 중흥을 위해 통치 제도를 정비하였고, 또한 중국 남조 및 왜와도 적극 교류하여 왜에 불교를 비롯한 선진 문물을 전하였다.

6 삼국의 고분 양식

자료는 돌무지덧널무덤의 구조를 그린 그림이다. 신라에서는 거대한 돌무지덧널무덤을 주로 만들었는데, 이 구조는 도굴이 어려워서 여러 고분에서 금관 등 많은 유물이 출토되었다.

더 알아보기   고대의 고분 양식

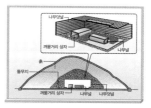

- 돌무지덧널무덤: 신라 초기 무덤 양식 중 하나로, 나무 덧널 위에 많은 양의 돌을 쌓고 다시 흙으로 덮는 구조로, 벽화는 없으나 도굴이 어려워 여러 고분에서 많은 유물이 출토되었다. (예: 천마총, 황남대총)
- 돌무지무덤: 고구려 초기 무덤 양식 중 하나로, 직사각형의 돌로 테두리를 쌓은 후 그 속에 돌을 채운 형식의 고분이다. (예: 장군총)

7 삼국의 도교 사상

사진은 고구려의 강서 고분 벽화 중 하나인 「사신도」의 일부(청룡)이다. 「사신도」는 도교의 영향을 받아 그려진 것이므로, (가)는 고구려, (나)는 도교이다. 도교 신앙 속에는 산천 숭배 신앙이나 불로장생을 추구하는 신선 사상 등이 있었으며, 주로 귀족 사회를 중심으로 퍼졌다.

> **더 알아보기** 고분 벽화 속 「사신도」
>
>
>
> 고구려 후기 고분 벽화는 도교의 영향을 받아 사방을 지켜 준다는 사신(청룡·백호·주작·현무)을 벽면 전체에 그려 넣기도 하였다. 현무는 북방을 지키는 상상의 동물로, 거북이와 뱀이 합쳐진 형상을 하고 있다. 청룡은 동방을 지키는 상상의 동물이다.

8 고구려 부흥 운동

(가)는 안승, 검모잠, 고연무 등의 인물이 언급되는 것으로 보아 고구려 부흥 운동임을 추측할 수 있다. 검모잠은 한성(재령)에서 왕족 안승을 추대하여 고구려 부흥 운동을 전개하였다.

누구나 합격 **전략**				32~33쪽
1 ⑤	2 ③	3 ④	4 ②	5 ①
6 ①	7 ⑤	8 ③		

1 한반도의 독자적 청동기 문화

제시된 유물은 세형 동검과 그 거푸집이다. 세형 동검은 한반도 전체 영역에 걸쳐 나타나며, 거푸집은 이를 직접 제작하였다는 증거이다. 따라서 이 둘을 통해 청동기가 한반도에서 독자적으로 제작되었음을 추측할 수 있다.

오답 피하기 ① 당시 한반도에 철기가 보급된 것은 사실이나, 제시된 유물을 통해 유추하기에는 부적절한 내용이다.

2 삼한의 정치, 경제, 풍속

(가)는 삼한의 소도이며, (가)가 있었던 국가는 삼한이다. 천군은 제사장으로, 소도라는 지역에서 제사를 주관하였다. 소도는 신성한 지역으로 여겨져서, 정치적 지배자인 군장의 힘이 미치지 못하여 죄인이 숨어들어 가도 함부로 잡지 못하였다. 즉 삼한은 제정 분리 사회였다.

3 광개토왕의 업적

(가)는 광개토왕이다. 광개토왕은 왜의 침공을 받은 신라의 내물 마립간(내물왕)이 도움을 요청하자, 대군을 파견하여 왜군을 물리치고 가야까지 공격하였다. 서쪽으로는 후연을 물리치고 요동 지역을 완전히 차지하였다.

4 4세기 한반도의 정세

해당 시기는 백제 근초고왕 즉위 시기로, 4세기 후반이다. 이때 백제는 고구려를 공격하여 고국원왕을 전사시키고, 영토를 크게 확장하고 선진 문물을 수용하는 등 전성기를 맞이하였다.

5 내물왕의 정책

밑줄 친 '이 왕'은 내물왕(내물 마립간)으로, 낙동강 동쪽 진한 지역을 대부분 차지하고 김씨 왕위 세습 및 왕위 부자 상속을 강화하였다. 또한 왕호를 마립간으로 바꾸었는데, 이는 이전보다 왕권이 강화되었음을 뜻한다.

> 선택지 분석
>
> ① 왕호를 마립간으로 바꾸었다. (○)
> ② 함경도 남부 지역을 차지하였다. (×) → 신라 진흥왕
> ③ 인재 양성을 위해 태학을 세웠다. (×) → 고구려 소수림왕
> ④ 낙랑군과 대방군 지역을 병합하였다. (×) → 고구려 미천왕
> ⑤ 거란과 숙신을 영향력 아래에 두었다. (×) → 고구려 광개토왕

6 성왕의 행적

사비 천도, '남부여' 국호 등을 토대로 보았을 때, 검색 대상은 백제 성왕이다. 따라서 (가)에는 5부, 5방 설치, 한강 하류 지역 일시 회복과 같은 성왕의 행적이 들어가야 한다.

7 고구려와 수, 당의 전쟁

(가)는 고구려와 수의 전쟁, (나)는 고구려와 당의 전쟁이다. 고구려는 수와 당 모두 물리쳤으며, 그 결과 중국의 한반도 침략을 저지할 수 있었다.

오답 피하기 ④ 신라가 당과 군사 동맹을 체결한 것은 (가), (나)를 통해 추측하기 어려운 내용이다.

8 삼국통일 과정

C카드(신라의 대야성 상실) → A카드(황산벌 전투) → B카드(웅진 도독부 설치) → D카드(매소성, 기벌포 전투) 순서대로 사건이 전개되었다.

1 ④	2 ⑤	3 ①	4 ⑤	5 ①
6 ②	7 ③	8 ④		

1 신석기 시대의 생활 모습

제시된 VLOG는 영상에 적혀 있는 '움집', 댓글의 '묶여있는 돼지(가축)', '빗살무늬 토기' 등을 미루어봤을 때 신석기 시대를 주제로 하였음을 알 수 있다. 신석기 시대에 농사가 시작되었으나, 여전히 사냥과 채집이 주요 식량 확보 수단 중 하나였다.

2 고조선의 특징

'연나라에서 왔다'는 내용과 '왕을 몰아내고 스스로 왕이 되었다'는 내용을 통해 학생들의 대화 주제가 된 인물이 위만임을 알 수 있다. 따라서 (가) 국가는 고조선이다. 고조선은 환웅 부족과 곰 토템 부족의 연합으로 세워졌다고 추측되며, 문화 범위는 비파형 동검과 탁자식 고인돌의 분포를 통해 예상할 수 있다. 한편 고조선은 사회 질서를 유지하기 위해 8조법을 시행하고, 한과 진 사이에서 중계 무역을 통해 경제적 이익을 챙겼다. 철을 많이 생산하고 낙랑 및 일본에 수출한 것은 변한이다.

더 알아보기 단군 조선을 계승한 위만

기원전 3세기 말 한이 중국을 다시 통일한 후 공신 세력을 축출하였는데, 이때의 혼란을 틈타 많은 사람들이 동쪽으로 이주하였다. 위만도 그들 중 하나였다.
위만을 연나라 사람으로 보는 견해와 연나라에 살고 있던 고조선계 사람으로 보는 견해가 있다. 그러나 위만의 출신과는 별개로, 국호를 조선으로 유지하고 고조선의 토착민들을 지배 세력으로 그대로 두는 등 위만이 이전 왕조의 질서를 깨지 않고 그대로 계승하였다는 점은 논란의 여지가 없다.

3 철기 시대 여러 국가의 특징

부여의 제천 행사는 영고이다. 동예와 관련된 용어로는 제천 행사인 무천, 다른 부족 경계 침범을 금지하는 책화, 같은 씨족 내 결혼을 금지하는 족외혼, 군장인 읍군, 삼로 등이 있다. 천군이 제사장으로서 주관한 지역은 소도이다.

영고	읍군	신지
민며느리제	무천	사출도
소도	족외혼	책화

4 광개토왕과 장수왕의 업적

(가) 왕은 고구려의 광개토왕, (나) 왕은 고구려의 장수왕이다. 두 왕 시기에 고구려는 만주 지역에서 한반도 중부 지역에 이

르는 대제국을 건설하면서 전성기를 맞이하였으며, 고구려 사람들은 스스로 천하의 중심이라는 자부심을 느끼게 되었다.

더 알아보기 고구려 초기의 국왕들

태조왕	옥저 및 동예 정복, 요동 진출 추진
고국천왕	수도와 지방을 자치적 5부에서 행정적 5부로 편성, 왕위 부자 상속 확립, 지방관 파견, 진대법(빈민 곡식 대여) 시행
미천왕	서안평 점령, 낙랑군 및 대방군 지역 병합(대동강 유역 확보)

5 백제의 주요 역사적 사건

대체로 (가)는 고이왕, 근초고왕 등이 통치한 시기, (나)는 개로왕, 무령왕, 성왕, 의자왕 등이 통치한 시기이다. 천재는 근초고왕에 대한 설명을, 서진이는 성왕에 대한 설명을, 미경이는 고이왕에 대한 설명을 하고 있다. 따라서 (가) – 천재·미경, (나) – 서진이다.

6 삼국의 중앙 집권 체제 강화

삼국의 왕 중 율령을 반포하고 동시에 불교를 공인한 인물은 고구려의 소수림왕과 신라의 법흥왕뿐이다. 따라서 천재가 역사 인물을 맞추기 위해서는 (가)에 소수림왕만의 업적 혹은 법흥왕만의 업적이 힌트로 제시되어야 한다. 황룡사는 진흥왕 때 창건되었으므로 (가)의 내용이 될 수 없다.

선택지 분석

① 상대등을 설치하였어. (×) → 신라 법흥왕
② 황룡사를 창건하였어. (○) → 신라 진흥왕
③ 금관가야를 정복하였어. (×) → 신라 법흥왕
④ '건원'이라는 연호를 사용하였어. (×) → 신라 법흥왕
⑤ 인재를 양성하기 위해 태학을 설립하였어. (×) → 고구려 소수림왕

7 삼국의 문화

첫 번째 문제에서 천재가 선택한 답은 삼국이 제작한 금동 미륵보살 반가 사유상으로, 문제의 정답은 유리그릇, 보검 등이 되어야 한다. 두 번째 문제에서 천재가 선택한 답은 '백제의 미소'로도 유명한 서산 마애 여래 삼존상으로, 정답이다. 세 번째 문제에서 천재가 선택한 답은 익산 미륵사지 석탑으로, 문제의 정답은 경주 분황사 석탑이다. 네 번째 문제에서 천재가 선택한 답은 백제 금동 대향로로, 정답이다. 따라서 2점+3점=5점(젤리 1봉)이므로 천재가 받을 상품의 종류는 젤리이다.

자료 분석 백제 금동 대향로

백제 금동 대향로는 백제의 수준 높은 공예 기술을 보여주는 아름다운 예술 작품이다. 향로에는 봉황, 산천, 동물, 용 등 도교적인 요소와 연꽃 등 불교적인 요소가 함께 표현되어 있으며, 이를 통해 당시 사람들의 이상 세계를 추측할 수 있다.

8 고구려와 수·당의 전쟁

C(을지문덕이 수 양제의 별동대를 살수에서 크게 무찔렀다.) → B(연개소문이 정변을 일으키고 보장왕을 왕으로 세웠다.) → D(안시성 성주와 백성들이 굳건한 저항으로 당 태종의 군대를 물리쳤다.) → A(김춘추가 군사 동맹 협상을 위해 당으로 건너갔다.) 순으로 사건이 진행되어, 이와 일치하는 패턴인 ④가 정답이다.

2주 발해의 건국 ~ 고려의 생활과 문화

1일 개념 돌파 전략 ❶ 40~43쪽

1강_남북국의 발전과 변화~고려의 건국

Q1 집사부	Q2 선종	Q3 노비안검법

1-1 문왕 **1-2** ①, ④ **2-1** 『왕오천축국전』

2-2 ③ **3-1** 훈요 10조, 고려 태조(왕건)

3-2 ⑤

2강_고려의 정치 변화 및 대외 관계~고려의 생활과 문화

Q1 정방	Q2 전민변정도감	Q3 국자감

4-1 만적 **4-2** ④ **5-1** (가)-쌍성총관부, (나)-전

민변정도감 **5-2** ⑤ **6-1** 의천, (해동) 천태종

6-2 ②

1강_남북국의 발전과 변화~고려의 건국

1-1 문왕의 정책

무왕의 뒤를 이은 문왕은 당과 친선 관계를 맺고 당의 문물과 제도를 적극적으로 받아들였다. 문왕은 수도를 상경 용천부로 옮기고 3성 6부제 등 중앙 정치 제도를 정비하는 등 국가 발전의 기틀을 다졌다.

1-2 신문왕의 정책

지도의 지방 제도는 9주 5소경으로, 신문왕이 정비한 체제이다. 신문왕은 김흠돌의 난을 진압하고 난에 관련된 귀족들을 제거하였다. 또한 관리들에게 관료전을 지급하고, 귀족들의 경제적 기반인 녹읍을 폐지하여 귀족의 특권을 제한하려 하였다. 그리고 학식을 갖춘 6두품 이하 출신의 관료들을 양성하고 유학 교육 기관인 국학을 설치하였다. 이 과정에서 왕권을 한층 강화하였다.

2-1 통일 신라의 불교문화

통일 이후 신라의 불교문화는 한층 성숙하였는데, 고구려·백제·신라의 불교문화가 통합되고 당의 문화까지 융화된 결과였다. 승려들이 당에서 유학한 후 새로운 불교 교리를 소개하기도 하였고, 인도를 직접 방문하는 승려도 있었다. 대표적인 승려가 혜초였다. 혜초는 직접 인도에 다녀와 그 경험을 기록한 『왕오천축국전』을 남겼다.

2-2 신라 말 새로운 사상의 유행

제시된 사진은 쌍봉사 철감선사탑이다. 이는 신라 말 선종이 유행하면서 지방 여러 곳에 선종 사찰이 세워지면서 건립된, 승려의 사리를 모시는 승탑 중 하나이다.

신라 말 선종 및 승탑의 유행

참선을 중요시하는 선종 승려들이 입적(사망) 후에 화장을 하면 구슬 형태의 사리가 나온다. 신라 말 선종 승려들은 깨달음을 얻게 해준 스승을 기리기 위해 스승의 사리를 보관하는 탑을 세웠는데, 이가 바로 승탑이다. 승탑의 유행은 선종의 유행과 관련이 있으며, 지방 호족의 정치적 역량이 성장했음을 보여준다. 화순 쌍봉사 철감선사 승탑은 대표적인 작품이다.

3-1 훈요 10조

태조 왕건은 자신의 뒤를 이어 왕이 될 후손들에게 열 가지 가르침('훈요 10조')을 남겼다. 여기에는 태조가 불교를 중시하면서도 유교와 풍수지리설 등 다양한 사상을 존중하고 있음이 나타난다. 또 중국의 문화를 받아들이면서도 자주적인 태도를 보였으며, 서경을 중시하고 거란을 배척한 사실을 바탕으로 북진 정책의 의지를 파악할 수 있다.

3-2 광종의 정책

고려 초기에는 호족의 힘이 강하여 왕위 계승을 둘러싼 갈등이 심하였다. 이에 광종은 호족들이 불법적으로 노비로 삼은 사람들을 양인으로 해방하는 노비안검법을 시행하였다. 노비안검법의 시행으로 호족의 기반이 약화하는 대신 왕권이 상대적으로 강해졌으며, 늘어난 양민의 세금 덕분에 국가 재정 확충의 효과도 있었다.

4-1 만적의 난

최충헌의 사노비였던 만적은 신분 해방을 목적으로 개경의 노비들과 함께 봉기를 계획하였으나, 사전에 들켜 실패에 그쳤다. 그러나 신분 해방을 주장하는 노비들의 봉기는 계속되었고, 이 과정에서 하층민의 사회의식이 성장하였다.

무신 집권기에 일어난 주요 봉기

무신 정권 성립 후 가혹한 수탈이 계속되자 지배 체제가 흔들렸다. 게다가 신분 의식까지 무너지면서 하층민의 항쟁이 폭발적으로 늘어났다.

- 망이·망소이의 난
  망이·망소이 형제는 충청도 일대를 점령할 정도로 세력을 떨쳤고, 정부는 명학소를 충순현으로 승격하는 등 회유책으로 봉기를 막으려 하였다.

- 김사미·효심의 난
  1193년(명종 23)에 김사미는 운문(청도), 효심은 초전(울산)에서 봉기해 서로 연합하면서 세력을 확장하였다. 이들 세력은 정부에서도 쉽게 토벌하지 못할 만큼 강성했다.

4-2 묘청의 서경 천도 운동

서경 세력은 서경 천도를 추진하면서 왕이 황제를 칭하고 독자적인 연호를 사용할 것과 금을 정벌할 것을 주장하였다. 그러나 개경 세력의 반대로 서경 천도가 어려워지자, 묘청 등 서경 세력은 서경에서 반란을 일으켰다(1135). 이들은 한때 서북 지방의 대부분을 점령할 정도로 위세가 대단했으나, 결국 김부식 등 개경 세력이 이끄는 관군에게 진압되었다.

5-1 공민왕의 반원 자주 정책 및 내정 개혁

쌍성총관부는 곧 반환된 동녕부와는 달리 약 100년 동안 원이 직접 지배하였다. 충렬왕의 요구로 일부 지역을 돌려받기도 하였으나, 동북 지역을 완전히 되찾은 것은 공민왕이 쌍성총관부를 점령한 이후였다. 공민왕은 신돈을 등용하고 전민변정도감 설치를 추진하여, 권문세족이 불법적으로 확대한 농장의 토지를 원래의 주인에게 돌려주고 강제로 노비가 된 사람들을 양인으로 풀어 주어 권문세족의 기반을 약화하였다.

5-2 신흥 무인 세력의 등장

지도는 고려 말 홍건적과 왜구의 침입과 격퇴를 나타낸 것이다. 최영, 이성계 등의 신흥 무인 세력은 홍건적과 왜구의 침입을 물리치는 과정에서 큰 공을 세웠다. 이들은 백성들의 신망을 얻으며 고려의 새로운 세력으로 성장하였다.

6-1 고려의 불교 사상

문종의 넷째 아들로 태어난 의천은 해동 천태종을 창시해 교종과 선종의 대립을 극복하기 위해 교종을 중심으로 선종을 통합하고자 하였다. 이를 위한 수행 방법으로, 이론적 교리 체계 공부인 '교'와 실천적 수행인 '관'을 함께 해야 한다는 교관 겸수를 제시하였다.

6-2 고려 시대 인쇄술의 발달

사진은 팔만대장경의 경판이다. 무신 정권은 민심을 결집하고, 효과적으로 대몽 항쟁을 수행하고자 팔만대장경을 제작하였다. 팔만대장경은 현재 합천 해인사에 보관되어 있다. 팔만대장경은 경판이 팔만 장이 넘고, 글자 수가 오천만 자가 넘는다. 팔만대장경 경판은 2007년 유네스코 세계 기록 유산에 등재되었다.

1일 개념 돌파 전략 ❷   44~45쪽

1 ② **2** ③ **3** ① **4** ④ **5** ⑤ **6** ⑤

1 호족의 성장과 후삼국의 성립

(가)는 신라 말 중앙 통제력이 약해지면서 등장한 지방 세력인 호족이고, (나)는 골품제 상으로 진골 바로 다음 지배층인 6두품이다.

자료 분석   후삼국 시대의 성립

– 견훤의 후백제 건국(900): 상주 출신인 견훤은 서남 해안을 지키는 군인이었다. 그는 전라도 지방에서 일어난 농민 봉기 세력을 흡수하며 성장해나갔다. 이후 백제 부흥을 내세워 완산주(전주)를 도읍으로 하고 후백제를 건국하였다.

– 궁예의 후고구려 건국(901): 신라의 왕족 출신이라 알려진 궁예는 북원(원주) 지방의 초적을 바탕으로 세력을 넓혀 나갔다. 그는 고구려 부흥을 앞세워 송악(개성)을 수도로 후고구려를 세웠다(901). 이후 철원으로 천도해 국호를 태봉으로 고치고 황해·경기·강원 지역을 아우르는 영토를 얻었다.

2 발해와 일본의 교류

발해는 고구려 계승 의식을 지녔으므로 국호로 고구려를 뜻하는 '고려'를 종종 사용하였고, 일본 또한 발해를 고구려 유민이 건설한 나라로 인식하여 '고려'라 칭하고 발해의 왕을 '고려왕'이라고 기록하였다. 한편 발해는 일본과 활발히 교류하였는데, 사신단의 규모가 수백 명이 될 정도였다.

오답 피하기

ㄱ. 이 유물을 통해서는 해당 사실을 알 수 없으며, 남북국 시대에는 신라와 당이 친선 관계였다.

3 태조의 정책

밑줄 친 '나'는 태조 왕건이다. 태조는 옛 고구려의 땅을 되찾기 위해 평양을 서경으로 삼아 북진 정책을 추진하였다. 또 발해를 멸망시킨 거란을 적대시하였고, 후대 왕들에게 정치할 때 유의할 점을 남겼다.

더 알아보기   태조 왕건의 호족 포섭 및 견제 정책

포섭책	• 혼인 관계: 유력한 호족의 딸 29명과 혼인함 • 왕씨 성 하사: 왕족의 성인 왕씨 성을 내림 • 토지 및 관직 하사
견제책	• 사심관 제도: 호족을 '사심관'으로 삼아 출신 지역을 다스리게 하면서 해당 지역에 대한 책임을 지게 한 제도 • 기인 제도: 호족의 자제를 수도에 머물게 하면서 출신 지역 일에 대해 자문하게 하고 동시에 인질로 삼은 제도

4 최씨 무신 정권의 성립

최충헌은 지배 기구를 추가로 만들어 막강한 권력을 행사하였다. 정치적으로는 교정도감을 만들어 국가의 중요 정책을 결정하였다. 군사적으로는 도방, 삼별초와 같은 사병 집단을 이용하여 자신의 권력을 지켜나갔다. 최우는 정방을 만들어 모든 관리의 인사 행정을 담당하게 하였다.

5 원 간섭기 고려의 모습

원 간섭기에는 고려와 원의 문물 교류가 활발해져 서로의 풍습이 전해지기도 하였다. 이 시기 고려 왕실의 호칭은 격하되었고, 왕자는 원에서 자라며 교육을 받고 원의 공주와 결혼한 후 고려에 돌아와 왕이 되었다. 한편 쌍성총관부 설치로 인해 영토 일부가 상실되었고, 공녀로 인한 인적 수탈도 심하였다. ⑤는 고려와 여진(금)의 관계에 대한 설명이다.

오답 피하기 ① 고려에서는 원래 왕을 '폐하'로, 왕자를 '태자'로 부르는 등 황제국에서의 왕실 호칭을 사용하였다. 그러나 원의 부마(사위)국이 되면서 왕실의 호칭도 격하되었다.

6 고려 시대 여성의 지위

왼쪽은 여주 이씨 호적으로, 여자가 호주인 것을 확인할 수 있다. 오른쪽은 밀양 박씨 호적으로, 아들, 딸 구별 없이 나이순으로 이름이 기록되어 있고 사위도 기록되어 있음을 확인할 수 있다. 따라서 고려 시대에는 호적을 기록할 때 남녀의 지위를 동등하게 중시하였음을 알 수 있다.

① 모계 중심의 사회였다. (×)

→ 남자와 여자의 계보를 동등하게 중시함.

② 여성의 관직 진출이 이루어졌다. (×)

→ 여성의 관직 진출에는 제한이 있었음.

③ 재산은 아들에게 먼저 상속되었다. (×)

→ 재산은 아들과 딸을 구분하지 않고 균등 상속함.

④ 일반적으로 외가 쪽의 성씨를 따랐다. (×)

→ 왕의 딸에 한정해서 외가 쪽 성씨를 따르는 경우도 있었음.

⑤ 호적 기록 시 남녀의 지위를 동등하게 중시하였다. (○)

2일 필수 체크 전략 ❶ — 46~49쪽

1-1 ④	1-2 ⑤	2-1 ①	2-2 ⑤
3-1 ②	3-2 ③	4-1 ①	4-2 ③

1-1 통일 신라의 군사 제도

제시된 자료의 정책을 펼친 왕은 신문왕이며, 신문왕이 완성한 군사 제도는 9서당 10정이다. 중앙군인 9서당은 신라인, 옛 고구려·백제 유민, 말갈인으로 이루어져 민족의 융합을 상징하였다.

① 화랑도라고 불렸다. (×)

→ 화랑도는 진흥왕 때 국가 조직으로 재편됨.

② 나당 전쟁 승리에 기여하였다. (×)

→ 신문왕은 삼국 통일 이후의 인물임.

③ 지방군은 주마다 2정씩 배치되었다. (×)

→ 주마다 1정씩 배치되었으나, 한주에만 2정을 배치함.

④ 민족 융합을 고려하여 중앙군을 구성하였다. (○)

⑤ 중앙의 2군 6위와 지방의 주현군·주진군으로 이루어졌다. (×)

→ 고려의 군사 제도임.

1-2 발해의 통치 제도

밑줄 친 '왕'은 문왕이다. 문왕은 당의 중앙 행정 조직인 3성 6부제를 실정에 맞게 변형하여, 최고 권력 기관인 정당성을 중심으로 중앙 정치 제도를 운영하였다.

더 알아보기 발해의 영역과 지방 제도

발해는 선왕 때 최대 영토를 확보하였고, 지방 행정 조직을 5경 15부 62주로 편성하였다.

• 5경: 수도를 비롯하여 지방의 요충지에 둠. 상경·중경·서경·동경·남경.

• 15부: 각 부족의 독자적인 생활권을 고려하여 설정. 지방 행정의 중심지에 둠.

• 62주: 부 아래에 둠. 주와 그 아래 현에는 지방관을 보내고, 말단 행정 구역은 토착 세력인 말갈 수령이 다스리게 함.

2-1 의상의 사상

부석사를 개창하고 관음 신앙을 전파한 신라의 불교 사상가는 의상이다. 의상은 화엄 사상을 통해 신라 사회 통합을 강조하고, 신라 화엄종을 개창하였다.

2-2 통일 신라의 불교 문화재

『무구정광대다라니경』은 경주 불국사 3층 석탑에서 발견된 두루마리 형태의 목판 인쇄본으로 너비는 8센티미터, 전체 길이는 620센티미터이다. 세계에서 가장 오래된 목판 인쇄물로, 당시 신라의 인쇄술과 제지술의 수준을 보여준다.

다음 조건에 맞는 문화재로 옳은 것은?

– 석가탑으로도 불림
– 내부에서 『무구정광대다라니경』이 발견됨

①   ②   ③

④   ⑤

해설 불국사의 절 마당에는 석가탑이라고 불리는 불국사 3층 석탑과 다보탑이 있다. 그중 불국사 3층 석탑은 균형미와 조화미를 잘 갖춘 석탑으로 이중 기단에 3층으로 쌓은 전형적인 석탑이다. 석탑 내부에서 『무구정광대다라니경』이 발견되었다. 답 ③

3-1 발해의 불교 예술

이불병좌상은 두 부처가 나란히 앉아 있는 모습의 불상으로, 고구려 불상의 특징을 담고 있다.

선택지 분석

① (×) → 경주 배동 석조 여래 삼존 입상(신라)
② (○)
③ (×) → 서산 용현리 마애 여래 삼존상(백제)
④ (×) → 금동 미륵보살 반가 사유상(삼국)
⑤ (×) → 금동 연가 7년명 여래 입상(고구려)

3-2 발해의 문화

(가)는 발해이다. 발해는 당의 문화를 받아들이기도 하였지만, 고구려 문화를 기반으로 당의 문화를 받아들이고 말갈의 문화를 융합하며 독자적인 문화를 이루었다. 또한 건국 초부터 고구려 계승 의식을 내세웠다.

더 알아보기 **발해의 영광탑**

당의 건축 기법으로 지어졌으며, 발해 탑 중 유일하게 옛 모습을 간직하고 있다. 백두산과 가까운 곳에 있으며 묘탑일 가능성도 있다. 이름은 노나라 영광전에서 따온 것으로 전란 속에서도 홀로 존재한다는 비유를 담고 있다.

4-1 고려의 지방 행정 제도

지도의 제도는 고려의 지방 행정 제도이다. 고려는 지방관이 파견된 주현보다 파견되지 않은 속현이 더 많았다.

4-2 고려의 관리 등용 제도

(가)는 과거제이며, 광종이 처음 실시하였다. 과거제가 실시되면서 이전보다 개인의 능력을 더 중시하고, 더 많은 사람이 정치에 참여할 수 있는 사회가 되었다.

오답 피하기 ⑤ 시험과 상관없이 관직에 임명될 수 있는 제도로는 왕족의 후손, 공신, 5품 이상 관리의 자손을 과거 합격 여부와 관계없이 관직에 임명되게 하는 제도인 음서가 있었다.

2일 필수 체크 전략 ❷   50~51쪽

1 ⑤   **2** ②   **3** ①   **4** ③   **5** ④   **6** ①, ④

1 신문왕의 왕권 강화 정책

김흠돌의 난을 진압하였다는 점에서 밑줄 친 '왕'은 신문왕임을 알 수 있다. 신문왕은 녹읍을 폐지하고 관료전을 지급하여 귀족의 특권을 제한하려 하였다.

더 알아보기 **관료전과 녹읍**

구분	관료전	녹읍
공통점	관리에게 지급한 토지	
차이점	지급된 토지에서 세금을 거둘 수 있는 권리(수조권)만 부여	수조권 + 지급된 토지에 딸린 노동력 징발 권한 부여

2 유학을 통치 이념에 반영한 발해

발해는 유학을 중시하여 6부의 명칭을 유교에서 강조하는 덕목인 '충·인·의·지·예·신'으로 하였고, 유학 교육 기관인 주자감을 설치하였다.

3 신라의 불교 사상

'일즉다 다즉일'은 화엄 사상을 상징하는 대표적인 구절이며, (가)는 화엄 사상을 정립한 의상이다. 의상은 언제든 부르기만 하면 관세음보살이 나타나 도와준다는 관음 신앙을 전파하였다.

4 신라의 불교 예술

(가)는 인공 석굴 사원이라는 점에서 석굴암임을 추측할 수 있다. 석굴암은 정교한 조각과 건축 기술을 바탕으로 만들어진 신라 불교 미술의 걸작으로, 신라의 건축술과 수학적 이해 수준을 보여준다.

자료 분석 **석굴암**

- 석굴암은 인공 석굴 사원으로 20여 톤의 덮개돌을 지탱할 수 있게 설계되어 당시의 뛰어난 과학 기술을 보여준다. 석굴암의 내부는 정밀한 수학 지식이 적용되어 본존불을 중심으로 조각상들이 조화롭게 배치되어 있다. 또한 돌판을 둥글게 쌓아올린 천장은 한 치의 오차도 없는 정교함을 자랑한다.
- 본존불상은 균형 잡힌 모습과 사실적인 조각으로 평가받고 있으며, 본존 불상 주변의 보살상들도 사실적인 모습으로 묘사되어 불교의 이상 세계를 구현하고 있다. 전실과 주실 그리고 천정이 이루는 석굴암의 아름다운 비례와 균형미는 건축 분야에서 세계적인 걸작으로 평가받고 있다.

5 고구려 문화를 계승한 발해의 문화

차례로 발해의 기와, 온돌, 석등이다. 이 세 문화재들은 모두 고구려의 문화를 계승하였다는 공통점이 있다.

오답 피하기 ③ 집터에서 발굴된 온돌 유적은 불교 예술과 관련이 없다.

6 고려의 지방 행정 제도

고려의 지방 제도는 성종 때 지방의 12목에 지방관이 파견되면서 정비되기 시작하였다. 주현에만 지방관(수령)이 파견되었으며, 속현과 특수 행정 구역(향·부곡·소)은 주현을 통해 중앙과 연결되었다.

선택지 분석

① 12목에 지방관이 파견되었다. (○)
② 소경에 중앙 귀족이 파견되었다. (×) → 통일 신라
③ 모든 군현에 수령이 존재하였다. (×) → 조선(고려는 주현에만 존재)
④ 부곡이 주현을 통해 중앙과 연결되었다. (○)
⑤ 지방 행정의 중심지에 15부가 설치되었다. (×) → 발해

3일 필수 체크 전략 ❶ | 52〜55쪽

| 1-1 ④ | 1-2 ⑤ | 2-1 ② | 2-2 ④ |
| 3-1 ⑤ | 3-2 ① | 4-1 ③ | 4-2 ① |

1-1 강동 6주의 위치

(가)는 한반도의 서북부 지역으로, 강동 6주가 있었던 지역이다. 고려는 서희와 소손녕의 담판을 통해 거란으로부터 해당 지역을 획득할 수 있었다.

1-2 고려와 거란의 충돌 과정

ㄱ은 거란의 2차 침입 과정에 있었던 사건, ㄴ은 거란의 3차 침입 이후에 있었던 사건, ㄷ은 거란의 1차 침입 중에 있었던 사건이다. 따라서 ㄷ → ㄱ → ㄴ 순으로 사건이 발생하였다.

오답 피하기 ㄱ. 거란의 2차 침입 때는 개경이 함락되기도 하였으나, 양규 등의 활약으로 거란군을 물리칠 수 있었다.

쌍둥이 문제 **2**

다음 사건이 발생하였던 시기를 (가)~(마) 중에서 고르면?

고려에서 강조가 목종을 몰아내고 현종을 즉위시키자, 거란은 이를 강하게 비판하였다.

(가)	(나)	(다)	(라)	(마)
요 건국	서희의 담판	귀주 대첩	천리장성 건설	

① (가)　② (나)　③ (다)　④ (라)　⑤ (마)

해설 제시된 자료에 나와 있는 사건은 강조의 정변으로, 거란의 2차 침입의 구실이 된 사건이다. 한편 서희의 담판은 거란의 1차 침입 때 발생한 사건이고, 귀주 대첩은 거란의 3차 침입 때 발생한 사건이다. 따라서 제시된 자료에 나와 있는 사건은 (다) 시기에 발생하였다고 정리할 수 있다.
답 ③

2-1 처인성 전투

몽골군 총사령관 살리타를 물리친 전투는 처인성 전투로, 김윤후와 처인성 부곡민들이 활약하였다.

더 알아보기 **대몽 항쟁기 주요 전투**

귀주성 전투 (1231)	박서가 이끈 고려군과 백성들이 몽골군을 물리침
처인성 전투 (1232)	승려 김윤후와 처인 부곡민들이 몽골군 총사령관 살리타를 사살함
충주성 전투 (1232, 1253)	– 노비와 천민들이 몽골군의 공격에 항전함(1232) – 승려 김윤후가 노비 문서를 불태우며 노비들의 사기를 북돋아 몽골군을 물리침(1253)

2-2 대몽 항쟁의 전개

칭기즈 칸의 몽골 통일 → ㄷ. 귀주성 전투 → ㄴ. 강화도 천도 → ㄱ. 개경 환도 → ㄹ. 삼별초의 항쟁 진압 → 정동행성 설치 순으로 사건이 진행되었다.

3-1 고려 지배층의 변화 및 특징

(가)는 무신, (나)는 권문세족, (다)는 신진 사대부이다. 신진 사대부는 공민왕의 개혁 과정에서 성장하였으며, 주로 과거를 통해 중앙에 진출하였다. 또한 성리학을 사상적 기반으로 삼고, 권문세족의 불법 행위와 불교의 부패를 비판하였다.

3-2 급진파 신진 사대부의 특징

(가)는 정도전이다. 정도전인 것을 모르더라도 이성계와 새 왕

조 건국을 주장하였다는 점에서 급진파 신진 사대부라는 것을 추측할 수 있다. 신진 사대부는 성리학을 중시하고, 친명적 성향을 지녔다.

4-1 고려 후기의 석탑
(가)는 경천사지 10층 석탑이다. 대리석으로 제작되었고, 세심한 조각들이 탑 전면에 가득 차 있어 형태가 화려한 것이 특징이다.

> **더 알아보기** 고려의 석탑
>
>
> ◀ 평창 월정사 8각 9층 석탑
> 다각 다층 탑으로, 송의 영향을 받았다.
>
> 개성 경천사지 10층 석탑 ▶
> 한국에서 흔치 않은 짝수 층이며, 각 층에는 불상·보살상이 빈틈없이 조각되어 있다. 1909년경 일본으로 불법 반출되었다가 돌려받았다.

4-2 고려의 역사책 편찬
대화의 주제가 되는 역사서는 『삼국유사』이다. 『삼국유사』는 단군을 우리 역사의 시작으로 보았다는 점에서 의미가 있으며, 설화·야사를 다수 수록함으로써 전통문화 및 생활상 복원에 기여하였다.

오답 피하기 ⑤ 『삼국유사』는 불교사를 중심으로 서술되었다. 불교의 부패를 강하게 비판한 것은 신진 사대부와 관련이 큰 내용이다.

> **쌍둥이 문제** **3**
>
> 밑줄 친 '역사서'에 대한 설명으로 옳은 것은?
>
> > 이자겸의 난과 서경 천도 운동 등으로 왕권이 약해지자, 왕은 왕권을 회복하고자 김부식 등에게 <u>역사서</u> 편찬을 명령하였다.
>
> ① 불교사를 중시하였다.
> ② 이름은 『삼국유사』이다.
> ③ 전설과 신화 위주로 서술되었다.
> ④ 우리나라에 전하는 가장 오래된 역사서이다.
> ⑤ 단군 조선을 우리 역사상 최초의 국가로 기록하였다.
>
> **해설** 제시된 자료는 『삼국사기』 편찬 의도에 대한 설명이다. 『삼국사기』는 유교적 합리주의 사관에 따라 전설·신화보다는 객관적 사실을 중심으로 서술되었다. **답 ④**

3일 필수 체크 전략 ❷
56~57쪽

1 ④ **2** ③ **3** ① **4** ② **5** ①,⑤ **6** ③

1 거란의 3차 침입
밑줄 친 ㉠은 크게는 거란의 3차 침입, 작게는 귀주 대첩을 가리킨다. 거란의 3차 침입이 끝난 후 고려는 거란 등 북방 민족의 침입에 대비해 천리장성을 쌓았다.

2 고려의 대몽 항쟁
사진으로 제시된 경관은 팔만대장경이며, 팔만대장경은 대몽 항쟁 시기에 제작되었다. 따라서 (가)는 몽골이다. 윤관은 별무반의 여진 정벌 때 활약하였다.

오답 피하기 ① 몽골군은 1차 침입 당시 박서가 지킨 귀주성에서 퇴각하였다.

3 충주성 전투(1253)
김윤후는 충주성 전투에서 노비 문서를 불태우면서 노비들의 사기를 올리고, 몽골군으로부터 성을 지켜내는 데 성공하였다.

4 신진 사대부의 분열
정도전은 급진파, 정몽주는 온건파 신진 사대부이다. 급진파는 새 왕조 건설을, 온건파는 고려 전기 제도 회복을 주장하였다. 한편 불교보다 성리학을 중시한다는 점과 친명적 성향을 지녔다는 점은 공통적인 특징이다.

5 고려 전기의 불상
고려 전기에는 하남 하사창동 철조 석가여래 좌상과 같은 대형 철불을 만들었고, 논산 관촉사 석조 미륵보살 입상과 같은 거대한 석불도 제작하였다.

> **더 알아보기** 고려 전기의 불상
>
>
> ◀ 논산 관촉사 석조 미륵보살 입상
> 높이가 18m에 달하는 거대한 불상으로, 은진 미륵이라고도 한다. 전체적인 비례나 균형이 맞지 않는다는 느낌을 준다.
>
>
> 하남 하사창동 철조 석가여래 좌상 ▶
> 고려 초기의 철불 좌상이다. 어깨와 가슴은 석굴암 본존불의 양식을 이어받은 것이고, 날카로운 얼굴 인상과 간결한 옷 주름의 표현은 고려 초기 불상의 전형적인 표현 기법에 해당한다.

6 고려의 역사서

『삼국유사』는 원 간섭기에 일연이 편찬하였으며, 불교사를 중심으로 신화·전설 등을 다수 수록하였다. 또한 단군을 우리 역사의 시작으로 보았다. 한편 『삼국사기』는 고려 중기에 왕의 명령에 따라 김부식이 유교적 합리주의 사관에 따라 편찬하였으며, 이에 신화·전설을 소극적으로 기록하였다. 또한 신라 계승 의식을 표출하였다.

오답 피하기 ㉡ 『삼국사기』는 이자겸의 난과 서경 천도 운동 후 왕권 회복을 목적으로 왕이 편찬 지시를 내려 편찬되었다. 반면 『삼국유사』는 몽골의 침략 이후 자주 의식이 반영되면서 등장하였다.

4일 교과서 대표 전략 ❶   58~61쪽

1 ①	2 ①	3 ⑤	4 ②	5 ④
6 ③	7 ②	8 ④	9 ⑤	10 ③
11 ④	12 ③	13 ②	14 ①	15 ⑤
16 ⑤				

1 신문왕의 정책

(가)는 신문왕이다. 신문왕은 문무왕의 아들로, 귀족 세력을 약화하고 왕권을 강화하기 위해 귀족의 경제 기반인 녹읍을 폐지하고 관료전을 지급하였다.

선택지 분석

① 녹읍을 폐지하였다. (○)
② 최초의 진골 출신 왕이다. (✕) → 태종 무열왕
③ 독서삼품과를 실시하였다. (✕) → 원성왕
④ 김헌창의 난을 진압하였다. (✕) → 헌덕왕(신라 하대)
⑤ 상대등의 역할을 강화시켰다. (✕)
→ 신라 하대(신문왕은 상대등의 역할을 약화시킴)

2 발해의 3성 6부제

제시된 자료는 발해의 3성 6부제이다. (가)는 최고 권력 기관인 정당성이며, 발해의 왕은 연호를 사용하고 '황상'이라고 표현되는 등 황제로 불렸다.

3 신라 말 사회 모습

자료는 신라 말 효녀 지은의 이야기이다. 진골 귀족의 왕위 쟁탈전이 심화되면서 중앙의 지방 통제력이 약화되었다.

오답 피하기 ④ 신라 말에는 150년 동안 20여 명의 왕이 즉위하는 등 혼란한 상황이 이어졌다.

4 불국사 3층 석탑

『무구정광대다라니경』은 불국사 3층 석탑에서 발견된 두루마리 형태의 목판 인쇄본으로, 세계에서 가장 오래된 목판 인쇄물이다.

더 알아보기   **불국사의 석탑**

◀ 불국사 3층 석탑(석가탑)
이중 기단에 3층으로 쌓은 전형적인 석탑이다. 완벽한 비례와 균형을 갖추어 세련된 아름다움을 느낄 수 있다.

불국사 다보탑 ▶

칠보탑이라고도 부르며 일반적인 석탑의 모습을 따르지 않은 창의적인 탑이다. 화려함과 정교함이 돋보인다.

5 발해의 대외 교류

(가)는 발해로, 선왕 때 전성기를 맞이하며 '해동성국'이라고 불렸다. 담비 가죽과 말은 발해의 최대 수출품이었다.

더 알아보기   **지도로 본 발해의 교역**

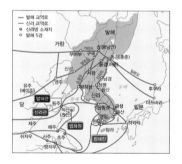

발해에는 넓은 영토를 효율적으로 관리하고 주변 국가까지 연결하는 5개의 교통망(5도)이 있었다. 발해는 잘 정비된 교통망을 이용하여 당, 신라, 일본 등 여러 나라와 특산품을 교역하였다. 발해 솔빈부(오늘날의 러시아 체르냐치노 일대)에서는 말이 유명하여, 당에 수출되었다. 한편, 담비 가죽은 발해의 대표적인 수출품이었다. 727년 일본과 국교를 맺기 위해 동해를 건넌 고제덕이 가져간 것도 300장의 모피였다고 전한다.

6 고려 태조의 정책

제시된 자료는 태조 왕건이 남긴 '훈요 10조'이다. 태조는 서경을 중시하면서 북진 정책을 펼쳐 영토를 청천강에서 영흥만에 이르는 지역까지 확대하였다.

> 제 1조 불교의 힘으로 나라를 세웠으므로 불교를 장려할 것
> 제 2조 현재 세워진 절은 도선의 풍수 사상에 따라 지은 것이니, 함부로 더는 짓지 말 것
> 제 4조 중국의 풍습은 억지로 따르지 말고, 거란의 언어와 풍습은 본받지 말 것
> 제 5조 서경은 우리나라 지맥의 근본이 되니 석 달마다 가서 백 일 이상 머무를 것
> 제 6조 연등회와 팔관회를 소홀히 하지 말 것
> 제 10조 왕은 경전과 역사를 읽어 옛일을 거울삼아 오늘을 경계할 것
> – 『고려사절요』 –

- 태조 왕건은 자신의 뒤를 이어 왕이 될 후손들에게 열 가지 가르침(훈요 10조)을 남겼다.
- 제 1조, 제 2조, 제 6조를 보면 태조가 불교를 중시하면서도 유교와 풍수 지리설 등 다양한 사상을 존중하고 있음이 나타난다.
- 제 4조, 제 5조를 보면 중국의 문화를 받아들이면서도 자주적인 태도를 보였으며, 서경을 중시하고 거란을 배척한 사실을 바탕으로 북진 정책의 의지를 파악할 수 있다.

7 광종의 정책

검색한 제도는 광종이 실시한 '노비안검법'이다. 광종은 중국 후주에서 귀화한 쌍기의 건의로 과거제를 도입하여, 유교적 지식과 능력을 갖춘 인재를 등용하였다.

선택지 분석

① 흑창을 설치하였다. (×) → 고려 태조
② 과거제를 시행하였다. (○)
③ 국자감을 설치하였다. (×) → 성종
④ 기인 제도를 도입하였다. (×) → 고려 태조
⑤ '대흥'이라는 연호를 사용하였다. (×) → 발해 문왕

8 고려의 지방 제도

제시된 지도는 고려의 지방 행정 제도이다. 일반 행정 구역인 5도에는 안찰사가 파견되고 군, 현이 설치되었으며, 군사 행정 구역인 양계에는 병마사가 파견되고 진이 설치되었다. 또한 지방관이 파견되지 않은 속현이나 특수 행정 구역은 향리가 실질적인 행정을 맡았다. 국경 지역에 2개의 정이 설치된 것은 통일 신라의 제도이다.

9 이자겸의 난

(가)는 이자겸으로, 예종과 인종에게 딸들을 시집보내며 막강한 권력을 행사하였다. 인종이 이자겸을 제거하려 하자 이자겸은 척준경과 함께 난을 일으켰다.

10 무신 정권의 시기별 특징

㉮ 시기에는 이의방·정중부·경대승·이의민 등이 최고 권력을 번갈아 차지하였다. 또한 중방이 최고 권력 기관이었다. ㉯ 시기에는 최충헌에 의해 교정도감이 설치되어 최고 권력 기관화되었다.

11 윤관의 여진 정벌

(가)는 동북 9성, (나)는 여진족이다. 고려는 여진을 정벌하는 데 성공하지만 이후 동북 9성을 여진에게 돌려주었다. 이후 여진은 금을 세우고 요를 멸망시킨 후 고려에 군신 관계를 요구하였다.

더 알아보기 **고려와 여진의 관계**

12세기 이전	여진이 고려를 부모의 나라로 섬김
12세기 초	여진 통일 후 고려와 충돌 횟수 증가 → 윤관의 별무반이 여진 정벌 후 동북 9성 축조(이후 방어의 어려움으로 반환)
1115년 이후	여진의 금 건국(1115) 및 요 멸망 → 고려에 군신 관계 요구 → 이자겸 등의 수용

12 고려와 몽골의 관계

(가)는 몽골이며, 승려였던 김윤후는 몽골이 고려를 침입하였을 때 처인성에서 부곡민들과 힘을 합쳐 몽골군을 물리쳤다.

13 원의 내정 간섭

(가)는 정동행성으로, 일본 원정 이후에도 계속 남아 내정 간섭에 이용되었다. (나)는 쌍성총관부로, 쌍성총관부가 있던 철령 이북 지역은 공민왕의 공격을 통해 고려의 영토로 회복되었다.

14 공민왕의 개혁 정치

가상 인터뷰의 대상은 공민왕이다. 공민왕은 기철을 비롯한 친원 세력을 제거하는 등 반원 자주 정책을 펼쳤다. 또한 전민변정도감을 설치하여 권문세족이 빼앗은 땅과 노비를 조사하여 토지를 본래의 주인에게, 노비를 본래의 신분으로 되돌리고자 하였다.

오답 피하기 ㄹ. 고려의 태자(훗날 원종)는 몽골과의 전쟁 중 몽골과 강화를 맺기 위해 몽골의 유력 후계자였던 쿠빌라이와 만나게 되었다. 이때 쿠빌라이는 고려의 독자적인 제도와 문화를 허용하겠다고 약속하였고, 그 결과 고려는 독립을 유지하였다.

15 지눌의 사상

(가)는 지눌이다. 지눌은 선종을 중심으로 교종을 포용하고자 하였고, 불교의 세속화를 비판하며 불교 개혁 운동을 전개하였다.

의천	• 화엄종 중심으로 교종 통합 → 교종 중심으로 선종 통합(해동 천태종 창시) • 교관겸수(이론적 교리 체계 공부 + 실천적 수행) 주장
지눌	• 선종 중심으로 교종 포용 • 불교의 세속화를 비판하며 불교 개혁 운동 전개(수선사 결사 조직) • 정혜쌍수(선정과 지혜를 함께 닦음), 돈오점수(깨달은 후 꾸준히 수행) 주장

16 『삼국사기』의 특징

해당 역사서는 김부식이 저술한 『삼국사기』이다. 『삼국사기』는 유교적 도덕 사관과 객관적인 사실을 바탕으로 기록하는 유교적 합리주의 사관을 바탕으로 역사를 기록하였다.

4일 교과서 대표 전략 ❷　62~63쪽

1 ③	2 ①	3 ②	4 ④	5 ⑤
6 ④	7 ②	8 ③		

1 발해 문왕의 업적

밑줄 친 '황상'은 발해 문왕을 가리킨다. 문왕은 수도를 상경 용천부로 옮기고 중앙 정치 제도를 정비하였다.

아이, 공주는 대흥(문왕 때 연호) 56년(792) 여름 6월 9일 임진일에 외제에서 사망하니, 나이는 36세였다. … 황상은 조회를 파하고 크게 슬퍼하여, 정침에 들어가 자지 않고 음악도 중지시켰다. – 정효 공주 묘비 –

– 정효 공주 무덤에서 발굴된 묘비에는 문왕을 '황상'이라고 표현하였다. 또 문왕때 사용된 연호인 '대흥'이 적혀 있다.
– 발해는 건국 초부터 인안(무왕), 대흥(문왕), 건흥(선왕) 등의 연호를 사용하며 당과 대등한 국가라는 의식을 보여 주었다. 발해는 황제의 나라를 자처하며 동아시아의 강국임을 드러냈다.

---

2 의상의 불교 사상

의상은 당에서 유학하고 돌아와 화엄 사상을 정립하여 통일 직후 신라 사회를 통합하는 데 큰 역할을 하였다. 또한 부석사 등 여러 사원을 세웠다.

3 태조 왕건의 대거란 정책

제시된 자료는 발해를 멸망시킨 거란을 적대시한 태조 왕건의 일화이다. 고려는 거란의 침략을 불교의 힘으로 막고자 송의 대장경과 거란의 대장경을 참고하여 초조대장경을 제작하였다.

밑줄 친 ㉠ 인물에 대한 설명으로 옳은 것은?

〈가상 역사 연극 – "새 왕조의 등장"〉
S#3. 철원의 궁궐 조회 모습
신하: 폐하!! ㉠왕공이 반란을 일으켰다 합니다!!
궁예: 이럴 수가, 믿었던 왕공이 배신했단 말인가? 관심법으로도 알 수 없었는데…. 왕공이 벌써 승리하였으니 내 일은 다 글렀구나.
(궁예, 평민으로 변장하고 궁 밖으로 도망친다.)

① 흑창을 설치하였다.
② 신라를 적대시하였다.
③ 2성 6부제를 확립하였다.
④ 금의 사대 요구를 수용하였다.
⑤ 호족을 대대적으로 숙청하였다.

[해설] 밑줄 친 ㉠ 인물은 궁예를 몰아내고 왕이 되었다는 점에서 태조 왕건임을 추측할 수 있다. 왕건은 흑창을 설치하여 빈민을 구제하고, 세금을 낮추어 농민의 부담을 줄이는 등 백성의 생활을 안정시키려 하였다.
답 ①

4 최승로의 시무 28조

제시된 삽화는 최승로의 시무 28조와 관련된 내용이다. 최승로는 유교 정치 이념을 통치 이념으로 세울 것을 주장하였으며, 성종은 이를 반영하여 유교 교육을 위해 중앙 최고 교육 기관인 국자감을 설치하였다.

최승로의 시무 28조

> 제 7조 왕이 백성을 다스린다고 해서 집집마다 가거나 날마다 그들을 살펴보는 것은 아닙니다. 그러므로 수령을 나누어 보내어 가서 백성의 이익과 손해를 살피게 하는 것입니다.
>
> 제 13조 우리나라는 봄에 연등회를, 겨울에 팔관회를 열어 사람들을 널리 징발해 노동이 대단히 번거로우니, 이를 대폭 줄여 백성의 수고를 덜어 주십시오.
>
> 제 14조 왕께서는 … 스스로 교만하지 않으시며, 신하를 대할 때 공손하시고, 만일 죄인이 있어 죄의 크기를 법대로 논하신다면, 태평을 기대하실 수 있을 것입니다.
>
> 제 20조 불교를 행하는 것은 자신을 다스리는 근본이며, 유교를 행하는 것은 나라를 다스리는 근원입니다. 자신을 다스리는 것은 내세를 위한 바탕이며, 나라를 다스리는 것은 오늘의 급한 일입니다.　　　　　　　　　　 – 「고려사」 –

- 「시무 28조」는 982년 최승로가 성종의 명에 따라 시무에 관한 내용을 건의한 글 중의 하나이다. 현재 22개의 조항만 전한다.
- 제 7조: 지방관을 파견하여 중앙 집권 체제를 강화할 것
- 제 13조: 불교와 토착 신앙 행사를 줄일 것
- 제 14조: 왕과 신하가 함께 정치를 행할 것
- 제 20조: 유교 정치 이념을 통치 이념으로 세울 것

5 묘청의 서경 천도 운동

(가)는 묘청이다. 묘청은 대표적인 서경 세력으로, 왕이 황제를 칭하고 독자적인 연호를 사용할 것과 금을 정벌할 것을 주장하며 서경에서 반란을 일으켰다. ⑤는 거란의 3차 침입 직후에 일어났다.

② 묘청은 나라 이름을 '대위', 연호를 '천개'로 정하고 서경에서 반란을 일으켰다.

6 삼별초의 항쟁

(가)는 삼별초로, 최우가 만든 야별초에서 비롯하였으며 최씨 무신 정권의 군사적 기반이었다. (나)는 몽골이며, 1차 침입 때 박서가 이끈 고려군에게 귀주성에서 패배하였다.

① (가)는 최고 권력 기관이었다. (×)
→ 중방, 교정도감에 대한 설명이다.

② (가)는 최충헌에 의해 조직되었다. (×)
→ 삼별초는 최우가 만든 야별초에서 비롯되었다.

③ (가)는 강화도 천도에 반대하였다. (×)
→ 삼별초는 개경 환도 결정에 반대하였다.

⑤ (나)의 사대 요구를 이자겸이 수용하였다. (×)
→ 금(여진)에 대한 설명이다.

7 권문세족의 특징

세 인물은 모두 권문세족이다. 권문세족은 출신이 다양하였으나 모두 원의 세력을 등에 업고 성장하였다. 권문세족은 대규모 농장을 경영하였으며, 불교를 숭상하였다.

ㄴ. 권문세족은 기존의 문벌 세력, 무신 정권기에 등장한 가문, 친원 세력 등으로 이루어졌다.
ㄹ. 노비안검법에 대한 설명이다.

8 고려의 불교문화

연등회와 팔관회는 모두 불교 행사이다. 고려 시대에는 승려를 대상으로 한 '승과'가 과거에 포함되어 있었다.

고려의 불교 행사

연등회	• 부처 앞에서 연등을 밝혀 고통과 무지로 가득 찬 세계를 밝히는 행사 • 부처의 공덕을 기리는 의식을 함.
팔관회	• 8개의 계율을 하루 동안 엄격하게 지키도록 하는 불교 행사 • 토속신에 대한 제사와 개국 공신을 추모하는 위령제가 함께 진행되는 등 다양한 신앙이 합쳐진 대규모 종교 행사이면서 축제였음.

누구나 합격 전략				64~65쪽
1 ④	2 ③	3 ①	4 ②	5 ⑤
6 ①	7 ⑤	8 ④		

1 신문왕의 왕권 강화 정책

신문왕은 관리들에게 관료전을 지급하고, 녹읍을 폐지하여 귀족의 특권을 제한하려 하였다.

① 신라 경순왕에 대한 설명이다. ⑤ 신라 혜공왕에 대한 설명이다.

2 발해의 건국

대조영은 동모산에 도읍을 정하고 발해를 건국하였다. 발해는 건국 초부터 고구려 계승 의식을 내세웠으며, 이러한 사실은 여러 사료와 유물·유적에서 확인할 수 있다.

⑤ 발해는 중앙 행정 조직으로 당의 3성 6부제를 받아들였으며, 운영에서는 발해의 실정에 따라 독자적으로 변형하는 모습을 보였다.

3 장보고와 청해진

장보고는 완도에 청해진을 설치할 것을 건의하였으며, 이후 완도를 중심으로 당과 일본을 잇는 해상 무역권을 장악하며 동아시아 무역의 큰 손으로 성장하였다.

장보고와 청해진

신라의 장보고는 어린 시절 친구와 함께 당으로 건너가 무관으로 성장해 활약하였다. 당에서 돌아온 장보고는 뒤에 828년 흥덕왕에게 당의 해적이 신라인을 노략질하여 노비로 사고파는 행위가 빈번히 벌어지고 있다고 보고하고 오늘날의 완도인 청해에 진영을 설치할 것을 청하였다.
왕이 허락하자 1만 명의 병사로 청해진을 설치하고 해적을 소탕해 서남부 해안을 장악하고 해상 무역을 주도하였다. 그러나 흥덕왕이 죽은 후 왕위 쟁탈전에 가담하게 되면서 죽음을 맞이하였다.

4 후삼국 시대의 정치적 사건

A카드(철원 천도) → C카드(고려의 건국) → B카드(신라의 항복) → D카드(후백제의 멸망) 순으로 사건이 전개되었다.

5 최씨 무신 정권의 기반

㉠ 인물들은 최씨 가문 출신의 최고 권력자들로, 최씨 무신 정권은 최충헌이 권력을 잡은 후 4대 60여 년 동안 유지되었다. 정치적으로는 교정도감과 정방, 군사적으로는 도방과 삼별초를 이용하여 권력을 지켰다.

ㄴ. 정동행성은 원 간섭기에 일본 원정을 위해 설치되었다가 이후 내정 간섭 기구화하였다.

6 거란의 침입

거란은 1차 침입 당시 고려와 송의 관계를 끊고자 하였고, 서희는 거란의 장수 소손녕과 담판을 벌여 송과 관계를 끊기로 약속하고 강동 6주를 확보하였다.

서희의 외교 담판

소손녕: 그대 나라는 옛 신라 땅에서 일어났고, 고구려의 옛 땅은 우리 것인데 그대들이 차지하였소. 또 우리와 국경을 접하고 있는데도 바다를 건너 송을 섬기기 때문에 오늘 출병한 것이오.
서희: 아니오. 우리나라는 고구려를 이어받았소. 그래서 나라 이름도 고려라고 한 것이오. … 압록강 안팎도 원래 우리 땅인데, 지금 여진이 그 땅을 훔쳐 살면서 길을 막고 있으니, 당신들에게 가는 것이 바다를 건너기보다 어렵소. … 여진을 쫓아내고 우리의 옛 땅을 돌려주어 길을 만들면 서로 사신이 오갈 수 있을 것이오.
– 「고려사」 –

서희는 소손녕의 침략 의도가 고려 정복이 아니라, 고려와 송의 관계 단절이라는 것을 간파하였다. 그래서 서희는 고구려 계승 의식을 강조하며 요의 영토 요구를 거부하고, 강동 6주를 획득할 수 있었다.

7 고려의 대몽 항쟁

김윤후는 처인성에서 부곡민들과 힘을 합쳐 몽골군 대장 살리타를 사살하였다. 또한 충주성에서 관노비들과 함께 끝까지 성을 지켜 몽골군의 남하를 막기도 하였다.

8 성리학의 수용

성리학은 인간의 마음과 우주의 원리를 철학적으로 탐구하는 새로운 유학이었다. 안향은 고려에 성리학을 처음 소개하였다. 성리학은 이후 이제현과 이색을 거쳐 정몽주·정도전 등에게 전해지며 신진 사대부의 사상적 기반이 되었다.

② 무신 정권의 지지를 받은 것은 선종 불교이다.

창의·융합·코딩 **전략**				66~69쪽
1 ①	2 ②	3 ④	4 ③	5 ⑤
6 ②	7 ④	8 ①		

1 남북국의 발전과 변화

㉠은 국학, ㉡은 무열왕, ㉢은 장문휴, ㉣은 독서삼품과, ㉤은 빈공과이며, 남는 글자로 만든 질문은 '대한민국의 수도는?'이다. 따라서 게임의 정답은 서울이다.

2 남북국의 사상과 대외 관계

선생님의 키워드는 1부터 차례로 신라도, 일심 사상, 풍수지리설, 선종, 호족이다. 이를 바탕으로 학생들의 총 점수를 계산해 보면 가영은 25점, 나영은 10점, 다영은 15점이다. 따라서 가영-다영-나영 순으로 총 점수가 높다.

3 남북국의 문화

상경성 유적에서 발견된 발해 석등은 석등에 새겨져 있는 연꽃무늬를 통해 고구려 문화의 영향을 받았음을 알 수 있다.

선택지 분석

① 신라 왕릉에서 발굴된 돌사자상 모양의 주전자 (×)
→ 발해 정혜 공주 무덤에서 발굴됨.

② 당 불상의 특징을 담은 이불병좌상 모양의 초콜릿 (×)
→ 고구려 불상의 특징을 담음.

③ 당의 영향을 받은 발해 기와 모양의 찻잔 받침 접시 (×)
→ 고구려 기와의 영향을 받음.

④ 고구려 문화의 영향을 받은 발해 석등 모양의 침실용 램프 (○)

⑤ 목판 인쇄물이 발견된 부분에서 향이 뿜어져 나오는 불국사 다보탑 모양의 디퓨저 (×) → 불국사 3층 석탑임.

4 광종의 왕권 강화 정책

(가) 인물은 고려 광종이다. 광종은 왕권을 확립하기 위해 노비안검법과 과거제를 실시하고, 관리의 공복을 제정하였다. 또한 황제를 칭하고 광덕, 준풍 등의 독자적인 연호를 사용하였다. 그리고 자신의 정책에 반대하는 공신과 호족들을 대대적으로 숙청하였다.

5 고려의 정치 변화와 대외 관계

❶ 서희와 소손녕이 담판을 함 – ❼ 강감찬이 이끄는 고려군이 거란군을 상대로 대승을 거둠 – ❸ 윤관이 여진을 정벌한 후 해당 지역에 성을 쌓음 – ❷ 이자겸과 척준경이 왕실에 위협을 가함 – ❹ 서경 세력이 서경 천도를 주장하며 반란을 일으킴 – ❺ 무신들이 많은 문신들을 죽이고 새로운 왕을 내세움 – ❻ 최충헌의 사노비가 신분 해방을 목적으로 봉기를 일으킴 순으로 일어났다.

6 몽골의 침입 및 간섭과 고려의 개혁

(나) 몽골 사신 저고여 사망 사건 – (라) 귀주성 전투 – (가) 삼별초의 항쟁 – (다) 여몽 연합군의 일본 원정 및 정동행성 설치 – (마) 공민왕의 반원 자주 개혁 순으로 나열해야 한다.

7 고려의 불교 문화재

논산 관촉사 석조 미륵보살 입상은 고려 전기 호족에 의해 제작되었다. 팔만대장경은 대몽 항쟁기에 제작된 대규모 장경판전으로, 세계에서 가장 오래된 목판 인쇄물인 무구정광대다라니경과는 관련이 없다. 평창 월정사 8각 9층 석탑은 송의 영향을 받아 고려 전기에 제작되었다.

자료 분석　「팔만대장경」

– 「팔만대장경」의 원래 이름은 고려 대장경으로, 두 번째로 만든 대장경이라는 의미로 재조대장경이라고도 한다. 경판이 팔만 장이 넘고, 글자 수가 오천만 자가 넘는다.

– 무신 정권은 민심을 결집하고, 효과적으로 대몽 항쟁을 수행하고자 팔만대장경을 제작하였다.

– 합천 해인사 장경판전은 팔만대장경을 보관하려고 조선 전기에 만든 건물로, 1995년 유네스코 세계 문화유산에 등재되었다. 팔만대장경 경판은 2007년 유네스코 세계 기록 유산에 등재되었다.

8 고려의 사상

문제의 정답은 순서대로 의천, 「삼국사기」, 정혜쌍수, 성리학, 팔관회이다. 이 중 세 문제에 대해 정답을 제출한 답안을 고르면 된다.

신유형 · 신경향 · 서술형 전략　72~75쪽

1 ③	2 ②	3 ④	4 ②	5 ①	6 ⑤
7 해설 참조		8 해설 참조			

1 고조선의 건국

(가)는 고조선이고, (나)는 일연이 서술하였고 단군 신화를 수록하고 있다는 점에서 「삼국유사」임을 알 수 있다. 고조선은 8조법을 시행하였는데 현재는 3개 조항만 전해진다. 남아 있는 법 조항을 보면 고조선 사회가 노동력과 사유 재산을 중요하게 여겼으며, 노비가 존재하는 계급 사회였음을 알 수 있다.

선택지 분석

① (가)는 철기 문화를 바탕으로 건국되었다. (×)
→ 청동기 문화를 바탕으로 건국됨.

② (가)는 매년 12월마다 영고라는 행사를 열었다. (×)
→ 부여에 대한 설명임.

③ (가)는 사회 질서를 유지하기 위해 8개의 법 조항을 제정하였다. (○)

④ (나)는 우리나라에 전하는 가장 오래된 역사서이다. (×)
→ 「삼국사기」에 대한 설명임.

⑤ (나)는 유교적 입장을 바탕으로 역사를 서술하였다. (×)
→ 「삼국사기」에 대한 설명임.

2 고구려 고분 벽화 속 고대인의 생활과 사상

차례로 무용총 실내 생활 그림, 강서 고분 청룡 그림, 수산리 고분 벽화이며, 모두 고구려의 고분 벽화다. 이 중 수산리 고분 벽화는 일본의 다카마쓰 고분 벽화에 영향을 준 것으로도 유명하다. 한편 무용총 실내 생활 그림, 수산리 고분 벽화를 보면 시종을 작게 표현하여 신분을 구분하였음을 알 수 있다.

오답 피하기 ㄴ. 고분 벽화는 대체로 굴식 돌방무덤에서 발견되었으며, 돌무지덧널무덤은 벽화 제작이 어려웠다.

3 통일 신라의 발전

밑줄 친 ㉡에 해당하는 시기는 신라의 왕권이 강화되던 시기였다. 당시 신라를 통치하였던 왕으로 대표적인 사람이 바로 신문왕이다. 이 시기에는 행정을 총괄하고 왕명을 수행하는 기구인 집사부와 그 장관인 중시를 중심으로 국정이 운영되었고, 귀족 회의 기구인 화백 회의의 기능과 귀족 세력을 대표하는 상대등의 권한은 축소되었다.

4 고려청자의 발달

밑줄 친 ㉠ ~ ㉢이 공통적으로 가리키는 것은 고려청자이다. 고려청자는 11세기에는 맑고 투명한 빛깔의 순청자로 만들어졌으나, 12세기 중반부터는 상감법을 사용해 고려만의 독특한 상감 청자로 발전하였다.

더 알아보기 **고려청자의 발달**

- 우리나라의 청자 제작 기술은 신라 말에서 고려 초 사이에 중국에서 전래하였다. 하지만 시간이 지나면서 고려만의 독창적인 청자 기술이 발전하였다.
- 11세기에는 맑고 투명한 빛깔의 순청자로 만들어졌으나, 12세기 중반부터는 상감법을 사용해 고려만의 독특한 상감 청자로 발전하였다.
- 14세기 이후에는 왜구의 약탈로 강진과 부안 등 청자 생산지가 문을 닫았고, 권문세족과 신진 사대부의 자기 수요가 많아지면서 대량 생산이 필요해졌다. 그 결과 청자를 대신해 청록색이나 녹갈색을 띤 소박한 느낌의 분청사기가 제작되었다.

5 고구려의 성장

(가)는 고국천왕의 진대법 시행에 대한 자료이고, (나)는 소수림왕의 불교 수용, 태학 설립, 율령 반포에 대한 자료이다. 고구려는 고국원왕이 전사하는 등 큰 위기를 맞이하고, 이를 체제 정비를 통해 극복하고자 하였다. 그리고 소수림왕이 체제 정비 및 위기 극복의 토대를 마련하였다.

더 알아보기 **고국천왕의 정책**

행정 제도 개편	수도와 지방을 각각 5부로 편성: 부족 단위의 5부(계루부·소노부·절노부·순노부·관노부)를 행정 단위의 5부(동·서·남·북·중)로 개편
빈민 구제 정책	진대법 시행: 흉년이나 춘궁기(봄~가을)에 형편이 어려운 백성에게 곡식을 대여해 주고 추수 후에 갚게 함.

6 신라와 고려의 토지 제도

(가)는 신라의 녹읍 제도, (나)는 신라의 관료전 제도, (다)는 고려의 전시과 제도이다. 신문왕은 관리들에게 관료전을 지급하고, 귀족들의 경제적 기반인 녹읍을 폐지하여 귀족의 특권을 제한하려 하였다.

선택지 분석

① (가): 3성 6부제가 시행되었다. (×) → 발해 문왕
② (가): 9서당 제도가 완성되었다. (×) → 신라 신문왕
③ (나): 과거제가 시행되었다. (×) → 고려 광종
④ (나): 상경성이 새로운 수도가 되었다. (×) → 발해 문왕
⑤ (다): 윤관의 별무반이 여진을 정벌하였다. (○)

더 알아보기 **고려의 전시과 제도**

- 모든 관리에게 곡식을 수확할 수 있는 땅(전지)과 땔감을 채취할 수 있는 땅(시지)의 수조권을 18개의 등급(과)에 따라 지급한 것이다.
- 관리가 사망하면 받은 땅을 국가에 반납하는 것이 원칙이었다.

7 신라의 삼국 통일

답 (1) 매소성 전투, 기벌포 전투 (2) 신라가 당을 상대로 승리를 거두고, 삼국 통일을 이루었다. (3) 신라의 삼국 통일은 외세를 끌어들였고, 고구려의 옛 땅을 모두 차지하지는 못했다는 한계가 있다. 그러나 나당 전쟁을 통해 백제인, 고구려인 등 삼국의 백성을 하나로 아우르게 되었고, 우리 역사상 최초의 통일이라는 의의가 있다.

해설 백제와 고구려를 멸망시킨 당은 신라마저 지배하려는 야욕을 드러냈다. 이에 신라는 백제 유민과 고구려 유민을 포섭하여 당과의 전쟁을 시작하였다. 신라는 옛 백제 땅을 되찾은 뒤, 매소성에서 당의 대군을 물리치고, 기벌포에서 당의 수군도 격파하였다. 이로써 신라는 당군을 몰아내고 삼국 통일을 이루었다.

핵심 단어 (1) 매소성, 기벌포 (2) 삼국 통일 (3) 외세, 고구려의 옛 땅, 삼국의 백성, 최초의 통일

채점 기준(3번 문항)	구분
핵심 단어를 모두 사용하여 삼국 통일의 의의 및 한계에 대해 모두 서술한 경우	상
핵심 단어를 모두 사용하여 삼국 통일의 의의나 한계 중 한 가지만 서술한 경우	중
핵심 단어를 사용하지 않고 삼국 통일의 의의나 한계 중 한 가지만 서술한 경우	하

8 공민왕의 개혁 정치

답 (1) 공민왕 (2) 공민왕은 기철을 비롯한 친원 세력을 제거하고, 정동행성을 축소하여 원의 내정 간섭을 막았다. 또한 원의 간섭으로 바뀌었던 정치 제도와 왕실의 호칭을 원래대로 되돌리고, 몽골식 풍습을 금지하였다. (3) 정방을 없애 권문세족으로부터 인사권을 가져왔다. 그리고 전민변정도감을 설치하여, 권문세족이 불법적으로 빼앗은 토지를 원래의 주인에게 돌려주고 강제로 노비가 된 사람들을 양인으로 풀어 주었다. 또한 개혁을 지지할 세력을 확보하고자 성균관을 정비하였다.

해설 14세기 중반에 원은 점차 쇠퇴하였고, 중국 각지에서 한족이 반란을 일으켰다. 이러한 국제 정세를 파악한 공민왕은 원의 간섭에서 벗어나고자 개혁을 시작하였다. 공민왕은 먼저 고려의 자주성을 회복하고자 반원 자주 정책을 펼쳤다. 한편, 왕권 강화와 내정 개혁 또한 이루고자 노력하였다.

핵심 단어 (1) 공민왕 (2) 친원 세력 제거, 정동행성 축소, 왕실 호칭 및 정치 제도 복구, 몽골식 풍습 금지 (3) 정방 폐지, 전민변정도감 설치, 성균관 정비

채점 기준(2번 문항)	구분
핵심 단어를 모두 사용하여 공민왕의 반원 자주 정책에 대해 모두 서술한 경우	상
핵심 단어를 모두 사용하여 공민왕의 반원 자주 정책 중 한 가지만 서술한 경우	중
핵심 단어를 사용하지 않고 공민왕의 반원 자주 정책 중 한 가지만 서술한 경우	하

채점 기준(3번 문항)	구분
핵심 단어를 모두 사용하여 공민왕의 내정 개혁에 대해 모두 서술한 경우	상
핵심 단어를 모두 사용하여 공민왕의 내정 개혁 중 한 가지만 서술한 경우	중
핵심 단어를 사용하지 않고 공민왕의 내정 개혁 중 한 가지만 서술한 경우	하

적중 예상 전략 | 1회

76～79쪽

| **1** ① | **2** ② | **3** ③ | **4** ⑤ | **5** ④ | **6** ④ | **7** ③ | **8** ⑤ | **9** ① | **10** ② |
| **11** ③ | **12** ② | **13** 해설 참조 | | **14** 해설 참조 | | **15** 해설 참조 | | **16** 해설 참조 | |

1 우리나라의 선사 문화

밑줄 친 '우리'에 대한 설명으로 가장 적절한 것은?

> 우리는 주로 이런 집을 짓고 살거나 동굴, 바위 그늘에서 지냈지.

▲ 공주 석장리 막집

① 슴베찌르개를 사용하였다.

② 대부분 정착 생활을 하였다.

③ 목축 생활을 하기도 하였다.

④ 가락바퀴로 옷을 지어 입었다.

⑤ 갈판과 갈돌을 이용하여 곡식을 갈았다.

출제 의도 파악하기

만주와 한반도의 구석기 문화의 특징을 파악한다.

문제 해결 Point 쏙쏙

• 구석기 시대의 도구: 뗀석기 사용(찍개, 주먹도끼, 슴베찌르개 등)

• 구석기 시대의 경제 활동: 사냥, 채집 활동

• 구석기 시대의 주거 방식: 이동 생활(동굴, 바위 그늘, 막집 거주)

용어 슴베찌르개: 창 끝부분에 연결하는 일종의 창촉으로, '슴베'는 자루 속에 들어박히는 창촉의 뾰족하고 긴 부분을 말한다.

개념 구석기인들은 주로 막집을 짓고 살거나 동굴, 바위 그늘에서 지냈다. 이들은 주먹도끼, 찍개, 슴베찌르개 등 뗀석기를 사용하였고, 사냥 및 채집 활동을 하였다.

2 고조선의 건국과 변화

(가) 국가에 대한 설명으로 옳은 것을 | 보기 |에서 고른 것은?

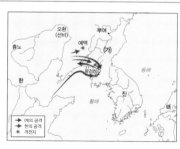

(가) (은)는 한과 한반도 남부 소국 사이 무역로를 독점하며 한과 갈등을 빚게 되었다. 점차 강성해지는 (가) 에 불안을 느낀 한 무제는 결국 (가) 을(를) 침공하였다.

┌─ 보기 ─────────────
ㄱ. '왕' 칭호를 사용하였다.

ㄴ. 1책 12법을 시행하였다.

ㄷ. 청동기 문화를 바탕으로 건국되었다.

ㄹ. 국가의 중요한 일은 제가 회의에서 처리하였다.
────────────────

① ㄱ, ㄴ   ② ㄱ, ㄷ   ③ ㄱ, ㄹ

④ ㄴ, ㄷ   ⑤ ㄷ, ㄹ

출제 의도 파악하기

고조선의 건국 및 사회 변화 모습을 파악한다.

문제 해결 Point 쏙쏙

• 고조선의 문화적 기반: 청동기(비파형 동검, 탁자식 고인돌)

• 고조선의 발전: 기원전 4세기 말 연과 맞설 만큼 성장, 8조법 시행

• 고조선의 변화: 위만 조선 성립 및 철기 수용, 중계 무역 (한 ↔ 진)

개념 (가) 국가는 고조선이며, 자료의 상황은 고조선 말기에 한과 고조선이 대립하는 상황이다. 고조선은 건국 당시 청동기 문화를 기반으로 하였고, 기원전 4세기 말에는 중국의 연과 맞설 만큼 강한 나라로 성장하면서 '왕' 칭호를 사용하였다.

선택지 바로 알기

ㄴ. 1책 12법을 시행하였다.

→ 1책 12법은 부여에서 시행하였고, 고조선에서는 8조법을 시행하였다.

3 부여의 풍속

선생님의 질문에 대한 대답으로 가장 적절한 것은?

아래 풍속을 지닌 나라에 대해 설명해볼까요?

> 가뭄이나 장마가 계속되어 오곡이 영글지 않으면, 그 허물을 왕에게 돌려 "왕을 마땅히 바꾸어야 한다."라고 하거나 "죽여야 한다."라고 하였다. … 정월(12월)에 지내는 제천 행사는 나라의 큰 행사로, 매일 마시고 먹고 노래하고 춤춘다. … 이때는 죄인을 처벌하거나 감옥에 가두지 않고 풀어 주었다.
> – 진수, 「삼국지」 「위서」 동이전 –

① 소도에서 제사가 열렸어요.

② 가족 공동 무덤 풍습이 있었어요.

③ 여러 가(加)가 사출도를 다스렸어요.

④ '동맹'이라는 제천 행사를 개최하였어요.

⑤ 신랑이 서옥에서 지내는 풍속이 있었어요.

출제 의도 파악하기

부여의 풍속과 정치적 특징을 파악한다.

문제 해결 Point 쏙쏙

• 부여의 정치: 왕권 미약, 가들이 사출도 지배

• 부여의 경제: 농경, 목축

• 부여의 풍속: 순장, 1책 12법

• 부여의 제천 행사: 영고

개념 제시된 자료는 부여의 풍속에 대한 자료이다. 부여는 5개 집단 연맹 국가로, 여러 가(마가, 우가, 저가, 구가)들이 사출도를 다스리고 왕을 선출하였다. 따라서 왕권이 약하였다. 한편 12월에 영고라는 제천 행사를 열었다.

선택지 바로 알기

④ '동맹'이라는 제천 행사를 개최하였어요.

→ '동맹'은 고구려에서 10월에 열린 제천 행사이다.

4 고구려의 성장

(가) 국가와 밑줄 친 ㉠에 대한 설명으로 옳은 것은?

| 제○○○호 | **역사 신문** | ○○○○년 ○○월 ○○일 |

(가) , 위기를 극복할 것인가?

(가) 는 얼마 전 북쪽의 공격으로 수도가 잠시 함락되고, 남쪽의 공격으로 국왕이 전사하는 유례없는 일들을 겪었다. 어제 ㉠새 국왕이 율령을 반포하였는데, 과연 **(가)** 가 위기를 극복하고 삼국 중 최강자로 성장할 수 있을지 주목된다.

① (가)는 삼한에서 시작되었다.

② (가)는 민며느리제라는 풍속을 지녔다.

③ ㉠은 6좌평 등 관등을 마련하였다.

④ ㉠은 병부를 설치하여 군권을 장악하였다.

⑤ ㉠은 태학을 설립하여 인재를 양성하였다.

출제 의도 파악하기

소수림왕이 고구려의 체제를 정비한 내용을 파악한다.

문제 해결 Point 쏙쏙

• 불교 수용: 사상적 통일 도모

• 태학 설립: 인재 양성 추구

• 율령 반포: 통치 조직 정비

용어 율령: 율은 오늘날의 형법, 령은 오늘날의 행정법에 해당하는 것으로, 국가 운영 체제의 기본적인 틀이 되었다.

개념 (가)는 고구려이고, 밑줄 친 ㉠은 소수림왕이다. 고구려는 고국원왕 때 겪은 여러 큰 위기들을 극복하고자 체제를 정비하였다. 소수림왕은 불교 수용, 태학 설립, 율령 반포를 통해 국왕 중심의 지배 체제를 확립하였다.

선택지 바로 알기

③ ㉠은 6좌평 등 관등을 마련하였다.

→ 백제의 고이왕에 대한 설명이다.

④ ㉠은 병부를 설치하여 군권을 장악하였다.

→ 신라의 법흥왕에 대한 설명이다.

5 고구려의 전성기

밑줄 친 ㉠의 내용으로 옳은 것을 | 보기 |에서 고른 것은?

[POST CARD]
김천재에게 –
천재야 안녕? 난 지금 중국 지린성 지안에 와 있어. 왼쪽 사진은 장수왕이 ㉠아버지의 업적을 기록한 비석이야. 높이가 6.39m나 되더라구. 사진만 봐도 엄청 큰 게 느껴지지? 너도 나중에 꼭 직접 와서 보길 바라.
– 김예은이 –

| 보기 |
ㄱ. 옥저를 정복하였다.
ㄴ. 동부여를 병합하였다.
ㄷ. '영락' 연호를 사용하였다.
ㄹ. 낙랑군과 대방군 지역을 흡수하였다.

① ㄱ, ㄴ   ② ㄱ, ㄷ   ③ ㄱ, ㄹ
④ ㄴ, ㄷ   ⑤ ㄷ, ㄹ

【출제 의도 [파악하기]】
광개토왕의 업적을 파악하고, 고구려가 전성기를 맞이하면서 독자적 천하관을 형성하였음을 확인한다.

【문제 해결 Point 쏙쏙】
• 통치 체제: '영락' 연호 사용
• 영토 확장: 동부여 병합, 거란·숙신에 영향력 행사, 후연 토벌 및 요동 지역 차지
• 대외 관계: 신라(내물왕)를 도와 왜군을 물리치고 가야 공격

【용어】 영락: '오랫동안(영원히) 즐거움'이라는 뜻이며, 지금까지 전해져 온 고구려 연호 중 가장 오래되었다.
연호: 황제들이 통치 이념을 제시한 것으로, 즉위한 해부터의 연도를 표현하는 역할을 하였다.

【개념】 제시된 자료에 나와 있는 비석은 광개토대왕릉비이다. 따라서 밑줄 친 ㉠은 광개토왕의 업적을 의미한다. 광개토왕은 '영락' 연호를 사용하고, 동부여를 병합하는 등 영토를 크게 확장하였다.

【선택지 [바로 알기]】
ㄹ. 낙랑군과 대방군 지역을 흡수하였다.
→ 고구려 미천왕의 업적이다.

---

6 백제의 성립과 성장

(가)에 들어갈 내용으로 가장 적절한 것은?

[역사 인물 가상 인터뷰: 백제 ○○왕을 만나다!]
학생: 안녕하세요, 최근에 관리의 등급을 새로이 정하셨다고 들었습니다.
왕: 네, 맞습니다. 그리고 저는 6품 이상은 자주색 옷을 입고 은꽃으로 관(모자)을 장식하게 하고, 11품 이상은 붉은색 옷을 입게 하고, 16품 이상은 푸른색 옷을 입게 하는 등 관리의 복색도 정하였습니다.
학생: 또 어떤 일들을 하셨나요?
왕: [_____(가)_____]

① 불교를 수용하였습니다.
② 수도를 웅진으로 옮겼습니다.
③ 22담로에 왕족을 보냈습니다.
④ 율령의 기초적인 틀을 마련하였습니다.
⑤ 신라와 혼인을 통해 동맹을 강화하였습니다.

【출제 의도 [파악하기]】
고이왕이 백제의 국가 체제를 정비한 내용을 파악한다.

【문제 해결 Point 쏙쏙】
• 관리 등급 제정: 6좌평 등 마련, 관등에 따른 관복 색 제정
• 영토 확장: 목지국 등 주변의 마한 소국을 복속하여 한반도 중부 지역 확보

【개념】 제시된 자료에서 가상 인터뷰의 대상이 되는 왕은 관등을 정비하고 관리의 복색을 정하였다는 점에서 고이왕임을 추측할 수 있다. 고이왕은 율령의 기초적인 틀도 마련하여 국가 체제를 정비하였다.

【선택지 [바로 알기]】
① 불교를 수용하였습니다.
→ 백제의 침류왕은 중국의 동진에서 불교를 받아들였다.

7 백제의 전성

밑줄 친 ㉠~㉤ 중 옳은 것의 개수는?

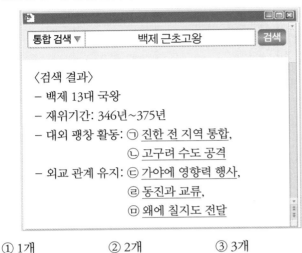

통합 검색 ▼	백제 근초고왕	검색

〈검색 결과〉
– 백제 13대 국왕
– 재위기간: 346년~375년
– 대외 팽창 활동: ㉠ 진한 전 지역 통합,
　　　　　　　　　㉡ 고구려 수도 공격
– 외교 관계 유지: ㉢ 가야에 영향력 행사,
　　　　　　　　　㉣ 동진과 교류,
　　　　　　　　　㉤ 왜에 칠지도 전달

① 1개　　　　② 2개　　　　③ 3개
④ 4개　　　　⑤ 5개

출제 의도 파악하기

근초고왕의 대외 팽창 및 외교 활동에 대해 파악한다.

문제 해결 Point 쏙쏙
• 대외 팽창 활동: 전라도 지역 차지(마한 전 지역 통합), 황해도 일부 지역 정복(평양성 진격)
• 외교 활동: 중국의 동진과 교류(새 문물 수용), 왜와 친선 관계(칠지도 전달)

용어 칠지도: 길이 74cm의 가지가 달린 칼이며, 양면에 글이 새겨져 있다. 제작 시기와 해석을 두고 다양한 입장이 있는데, 최근에는 근초고왕 때 왜와 화친할 목적으로 보낸 것으로 보고 있다. 당시 백제가 왜와의 관계에도 힘쓰고 있었음을 알 수 있다.

개념 근초고왕은 마한 전 지역을 통합하고, 고구려 평양성까지 진격하여 황해도의 일부 지역까지 영토를 넓혔다. 또한 가야의 여러 나라에도 영향력을 행사하였고, 중국의 동진과 교류하면서 새로운 문물을 받아들였으며, 왜에 칠지도를 보내는 등 왜와 친선 관계를 다졌다.

선택지 바로 알기
㉡ 고구려 수도 공격
→ 당시 고구려의 수도는 평양성이 아닌 국내성이었다.

8 신라의 영역 확장

(가) 왕에 대한 설명으로 옳은 것은?

① 울릉도 지역을 복속시켰다.
② 김씨 왕위 세습을 확립하였다.
③ 왕의 칭호를 '왕'으로 바꾸었다.
④ 나라 이름을 '신라'로 정하였다.
⑤ 화랑도를 국가 조직으로 재편하였다.

출제 의도 파악하기

진흥왕의 국가 체제 정비 및 영토 확장 정책에 대해 파악한다.

문제 해결 Point 쏙쏙
• 체제 정비: 불교 장려, 화랑도 재편
• 영토 확장: 백제 공격 후 한강 유역 전부 차지, 대가야 정복, 함경도 남부 진출 → 적성비 및 4개 순수비 건립

용어 화랑도: 청소년 단체로, 유교와 무예를 익히고 몸과 마음을 단련하였다. 진골 귀족 출신인 화랑과 그를 따르는 다양한 출신의 낭도로 구성되었다.

개념 진흥왕은 한강 유역을 모두 차지하고 대가야, 함경도 남부까지 진출하는 등 대규모 영토 팽창을 통해 신라에 전성기를 가져다주었다. 진흥왕은 불교를 장려하였고 화랑도를 국가 조직으로 재편하여 인재 양성에 힘썼다.

선택지 바로 알기
① 울릉도 지역을 복속시켰다.
→ 지증왕이 이사부를 보내 우산국(울릉도)을 복속시켰다.

9 가야의 성립과 변천

(가) 국가에 대한 설명으로 옳은 것을 ▮보기▮에서 고른 것은?

> 덩이쇠와 금관으로 유명한 (가) 에 대해 내용을 정리해볼까요?

[(가) 주도 세력의 변화]
김해 지역의 ○○○○
→ 고령 지역의 ○○○

┌ 보기 ┐
ㄱ. 철을 화폐처럼 사용하였다.
ㄴ. 스에키 토기 제작에 영향을 주었다.
ㄷ. 삼한의 소국인 사로국에서 출발하였다.
ㄹ. 5세기경 중앙 집권 국가로 발전하였다.

① ㄱ, ㄴ   ② ㄱ, ㄷ   ③ ㄴ, ㄷ
④ ㄴ, ㄹ   ⑤ ㄷ, ㄹ

가야 연맹의 정치적 특징과 문화적 특징을 파악한다.

문제 해결 Point 쏙쏙
• 정치적 특징: 변한 구야국에서 출발, 연맹체 형태
• 문화적 특징: 농경에 유리, 철 생산 풍부, 왜에 문화적 영향력 전파(스에키 토기)

개념 (가)는 가야 연맹이다. 가야는 덩이쇠로 여러 철제 도구를 만들뿐 아니라 화폐로도 사용하였다. 한편 가야의 토기는 왜의 스에키 토기에 큰 영향을 끼쳤다.

선택지 바로 알기
ㄷ. 삼한의 소국인 사로국에서 출발하였다.
→ 가야는 변한의 소국인 구야국에서 출발하였다.
ㄹ. 5세기경 중앙 집권 국가로 발전하였다.
→ 가야는 중앙 집권 국가로 발전하지 못하였다.

---

10 삼국의 불교와 도교 문화

삼국의 (가), (나) 사상에 대한 설명으로 가장 적절한 것은?

> 왼쪽 사진은 백제 금동 대향로로, 당시의 수준 높은 공예 기술을 보여줘. 또한 (가) 사상이 반영된 연꽃 등과 (나) 사상이 반영된 봉황, 용, 상상의 동물 등이 표현되어 있어 당시 사람들의 이상 세계를 알 수 있지.

① (가)는 불로장생을 추구하였다.
② (가)는 초기에 주술적인 성격이 짙었다.
③ 강서 고분의 현무 그림이 대표적인 (가) 문화재이다.
④ (나)는 국가 통치 수단으로 적극 활용되었다.
⑤ 백제는 (나)를 수용하여 중앙 집권 체제를 강화하였다.

삼국의 불교 및 도교 사상의 특징을 파악한다.

문제 해결 Point 쏙쏙
• 불교: 백성의 정신적 통일, 왕실 권위 뒷받침.
  주술적 성격(초기) → 교리 이해(말기).
  불상, 탑 등으로 표현.
• 도교: 산천 숭배 신앙, 신선 사상(불로장생 추구).
  귀족 사회 중심으로 전파.
  「사신도」, 산수무늬 벽돌 등으로 표현.

개념 (가)는 불교, (나)는 도교 사상이다. 삼국의 불교는 초기에는 현세의 복을 비는 주술적인 성격이 짙었지만, 말기에는 교리를 이해하려는 움직임도 늘었다.

선택지 바로 알기
④ (나)는 국가 통치 수단으로 적극 활용되었다.
→ 삼국의 유교는 국가를 통치하기 위한 수단으로 적극적으로 활용되었으며, 학문적인 접근은 상대적으로 활발히 이루어지지 않았다.

11 7세기 전반 삼국의 상황

다음 자료의 사건이 있었던 시기를 (가)~(마)에서 옳게 고른 것은?

> 김춘추가 고구려에 들어가 도움을 요청하자, 고구려왕은 한때 고구려가 차지하였던 죽령 이북의 땅을 돌려달라고 하였다. 김춘추가 이를 거절하자 옥에 가두었다. … 토끼의 간 이야기를 들은 김춘추는 고구려왕에게 '귀국하면 선덕 여왕에게 청해 한강 유역의 땅을 돌려주겠다'라는 내용의 편지를 보내, 결국 풀려날 수 있었다.
> – 「삼국사기」 요약 –

	(가)		(나)		(다)		(라)		(마)	

관산성 전투	대야성 전투	황산벌 전투	계림도독부 설치

① (가) ② (나) ③ (다)
④ (라) ⑤ (마)

출제 의도 파악하기

7세기 전반 신라의 외교 위기와 극복 방법을 파악한다.

문제 해결 Point 쏙쏙
- 신라 ↔ 백제: 적대 관계(무왕 및 의자왕의 공격)
- 신라 ↔ 고구려: 적대 관계(고구려, 백제의 신라 협공)
- 신라 ↔ 당: 나당 연합 성립(고구려 공격이 좌절된 당과 백제의 공격을 받은 신라의 이해관계 일치)
- 고구려 ↔ 백제 ↔ 왜: 우호 관계

용어 계림도독부: 당이 동맹국인 신라마저 당의 일부로 흡수하고자 신라 영토에 설치한 통치 기관

개념 백제 의자왕이 대야성을 비롯한 신라의 40여 성을 빼앗자, 위기에 처한 신라는 김춘추를 고구려에 보내 군사 동맹을 맺고자 하였다. 그러나 고구려는 동맹의 대가로 한강 유역을 요구하였고 협상은 실패하였다. 이후 김춘추는 당에 도움을 요청하였고 이로써 나당 연합이 성립하였다.

12 백제 부흥 운동

(가)~(다)에 대한 설명으로 가장 적절한 것은?

① (가): 천리장성을 쌓았다.
② (가): 도침이 다시 일으키고자 하였다.
③ (나): 진흥왕의 공격으로 동맹이 깨졌다.
④ (다): 신라에 병합되었다.
⑤ (다): 고연무가 옛 수도를 회복하였다.

출제 의도 파악하기

백제 부흥 운동 및 백강 전투의 내용을 파악한다.

문제 해결 Point 쏙쏙
- 흑치상지: 임존성에서 군사를 일으킴
- 복신, 도침: 왕자 부여풍을 왕으로 추대하여 주류성에서 부흥 운동을 전개함
- 백강 전투: 왜군이 백제 부흥군을 지원하여 나당 연합군과 충돌 → 백제 부흥군 및 왜 연합군의 패배, 상당수 백제 귀족들이 왜로 망명함

개념 (가)는 백제, (나)는 나당 연합군, (다)는 왜이다. 복신과 도침, 흑치상지 등은 백제 부흥 운동을 일으키고, 왜도 대규모 지원군을 보내었다. 하지만 백제 부흥군 지도부에서 내분이 일어나고 백제 부흥군과 왜의 연합군이 백강 전투에서 패하면서 백제 부흥 운동은 실패로 끝났다.

선택지 바로 알기
③ (나): 진흥왕의 공격으로 동맹이 깨졌다.
→ 백제 성왕, 신라 진흥왕 시기 나제 동맹에 대한 설명이다.

⑤ (다): 고연무가 옛 수도를 회복하였다.
→ 고구려 부흥 운동에 대한 설명이다. 고연무는 안승을 왕으로 추대하고 평양성을 회복하기도 하였다.

13 고조선의 사회상

다음 법 조항이 있었던 국가의 이름을 쓰고, 두 번째와 세 번째 조항을 통해 알 수 있는 해당 국가의 사회적 특징 <u>두 가지</u>를 서술하시오.

> • 사람을 죽인 자는 즉시 죽인다.
> • 남에게 상처를 입힌 자는 곡식으로 갚는다.
> • 도둑질한 자는 노비로 삼는다. 용서를 받으려면 50만 전을 내야 한다.
>
> – 반고, 「한서」 「지리지」 –

답 이 법 조항이 있었던 국가는 고조선이다. 두 번째 법 조항을 통해 노동력을 중시하였다는 점, 세 번째 법 조항을 통해 사유 재산을 중시하고 계급 사회였다는 점을 알 수 있다.

8조법의 내용을 통해 고조선의 사회상을 파악한다.

문제 해결 Point 쏙쏙
• 첫 번째 조항: 생명 존중, 살인이라는 극단적 갈등을 법적으로 해결하는 국가 체제 갖춤
• 두 번째 조항: 노동력 중시
• 세 번째 조항: 사유 재산 중시, '노비' 등 계급 존재

개념 사회 질서를 유지하기 위해 고조선은 8조법을 시행하였다. 남아 있는 법 조항을 보면 고조선 사회가 노동력과 사유 재산을 중요하게 여겼으며, 노비가 존재하는 계급 사회였음을 알 수 있다.

---

14 고구려 장수왕의 영토 확장

자료를 읽고 물음에 답하시오.

왼쪽의 비석은 한반도에 있는 유일한 고구려 비석으로, ㉠ 5세기 고구려가 한강 유역 전역을 지배하였음을 보여 준다.

(1) 밑줄 친 ㉠을 가능하게 한 왕의 이름을 쓰고, 이 왕이 새로 옮긴 수도의 위치를 쓰시오.

(2) 밑줄 친 ㉠으로 인해 백제가 입은 피해를 서술하시오.

답 ⑴ 장수왕, 평양
⑵ 개로왕이 전사하고, 수도 한성이 고구려에 함락되었다.

고구려 장수왕의 영토 확장 및 한강 유역 차지 과정을 파악한다.

문제 해결 Point 쏙쏙
• 평양 천도: 왕권 강화, 남진 정책 추진
• 중국 여러 왕조와 교류: 남진 정책을 위한 북부 경계 안정 의도
• 영토 확장: 백제 한성 함락 및 남한강 유역 진출

개념 충주 고구려비는 장수왕의 업적을 기록한 것으로, 고구려의 남쪽 영역을 알 수 있게 해 준다. 장수왕은 수도를 평양으로 옮겨 왕권을 강화하고 남진 정책을 추진하였다. 위협을 느낀 백제와 신라는 나제 동맹을 결성하였으나, 결국 고구려는 백제 수도 한성을 함락하였다. 이로써 고구려는 한강 유역을 전부 차지하게 되었다.

15 성왕의 백제 중흥 노력
다음 지도는 어느 국가의 수도가 이동하는 과정이다. 물음에 답하시오.

(1) (가)~(다)의 명칭을 차례로 쓰시오.

(2) 수도를 (나)에서 (다)로 옮긴 왕을 쓰시오.

(3) (2)의 왕의 국가 체제 정비 내용 2가지를 서술하시오. (단, 수도 이동은 제외할 것)

답 (1) 한성(서울), 웅진(공주), 사비(부여) (2) 성왕 (3) 성왕은 국호를 한때 남부여로 고치고, 중앙에 22부(실무 관청)를 설치하였다. 또한 5부 5방으로 수도 및 지방 통치 제도를 재편하였다.

출제 의도 파악하기
성왕이 백제를 다시 일으키기 위해 시행한 여러 국가 체제 재정비 정책을 파악한다.

문제 해결 Point 쏙쏙
• 국가 체제 정비: 사비 천도, '남부여' 국호, 22부 설치, 5부 5방 재편
• 대외 정책: 중국 남조와 교류, 왜에 불교 등 선진 문물 전파, 신라와 연합하여 한강 하류 지역 일시 회복

개념 왕은 백제 중흥을 위해 수도와 국호를 바꾸고, 중앙에 실무 관청을 두고, 수도 및 지방 통치 제도를 재편하는 등 국가 체제를 재정비하였다. 또한 불교를 장려하여 왕권을 강화하였다.

16 법흥왕의 신라 국가 체제 정비
밑줄 친 '왕'이 누구인지 쓰고, 왕의 국가 체제 정비 내용과 영토 확장 내용을 각각 한 가지씩 서술하시오. (단, 불교 공인은 제외할 것)

> 이차돈이 "저의 목을 베어 사람들의 논의를 진정시키십시오."라고 하였다. 왕이 말하기를, " … 죄 없는 사람을 죽이는 것은 옳지 않다."라고 하였다. 이차돈이 대답하기를, " … 신은 비록 죽어도 여한이 없습니다."라고 하였다. … 목을 베자, … 피의 색깔이 우윳빛처럼 희었다. 사람들이 … 다시는 불교에서 행하는 일을 헐뜯지 않았다.
> – 『삼국사기』 –

답 밑줄 친 '왕'은 신라 법흥왕이다. 법흥왕은 율령을 반포하고 관리들의 등급을 17등급으로 확정하였으며, 상대등과 병부를 설치하고 '건원' 연호를 사용하는 등 국가 체제를 정비하였다. 또한 금관가야를 병합하는 등 영토를 확장하였다.

출제 의도 파악하기
법흥왕이 국가 체제를 정비하기 위해 시행한 정책과 영토를 확장한 내용을 파악한다.

문제 해결 Point 쏙쏙
• 체제 정비: 율령 반포, 관등 확정, 불교 공인, 상대등 설치, 병부 설치, '건원' 연호
• 영토 확장: 금관가야 병합(낙동강 하류까지 영역 확장)

개념 법흥왕은 율령을 반포하고 불교를 수용하고 영토를 확장하면서 신라가 중앙 집권 국가로 거듭나고 전성기를 맞이할 수 있는 토대를 마련하였다.

적중 예상 전략 | 2회

80~83쪽

| 1 ④ | 2 ③ | 3 ① | 4 ② | 5 ⑤ | 6 ② | 7 ① | 8 ⑤ | 9 ② | 10 ⑤ |
| 11 ④ | 12 ③ | 13 해설 참조 | | 14 해설 참조 | | 15 해설 참조 | | 16 해설 참조 | |

1 남북국의 발전과 변화

(가), (나) 국가에 대한 설명으로 가장 적절한 것은?

> 부여씨와 고씨가 망한 다음에 김씨의 ☐(가)☐ 가 남에 있고, 대씨의 ☐(나)☐ 가 북에 있으니 이것이 남북국이다.
>
> – 유득공, 「 ☐(나)☐ 고」 –

① (가)는 전국을 15부로 나눴다.

② (가)는 독서삼품과를 통해 관리를 선발하였다.

③ (나)는 수도에 9서당을 배치하였다.

④ (나)는 주자감을 설치하여 유학을 가르쳤다.

⑤ (나)는 일본과 적대적인 관계를 유지하였다.

출제 의도 파악하기

통일 신라와 발해의 통치 체제 및 대외 관계를 파악한다.

문제 해결 Point 쏙쏙

• 통일 신라의 통치 체제: 집사부(왕명 수행, 장관 '중시'), 9주 5소경(지방 제도), 9서당 10정(군사 제도), 국학(유학 교육 기관), 독서삼품과(관리 선발 제도)

• 발해의 통치 체제: 3성 6부제(중앙 제도), 5경 15부 62주(지방 제도), 주자감(유학 교육 기관)

용어 독서삼품과: 788년(원성왕 4) 도입된 관리 등용을 위한 제도이다. 국학 졸업생을 대상으로 유교 경전에 대한 이해도에 따라 상품, 중품, 하품으로 시험 과목을 나누어 진행하였다.

개념 (가)는 신라, (나)는 발해이다. 발해는 유학을 중시하여 통치 이념에 반영하였고, 유학 교육 기관인 주자감을 설치하여 유학을 가르쳤다.

2 신라 말 사회 동요

다음 사건이 발생한 시기에 볼 수 있었던 모습이 아닌 것은?

> 나라 안 모든 주와 군에서 공물과 부세를 보내지 않아, 창고가 텅텅 비어 나라 재정이 궁핍해졌다. 왕이 사신을 보내 독촉하니 곳곳에서 도적이 벌떼처럼 일어났다. 이때 원종과 애노 등이 사벌주에서 반란을 일으켰다. – 「삼국사기」 –

① 스님들이 승탑을 제작하는 모습

② 유학생들이 빈공과에 합격하여 기뻐하는 모습

③ 집사부와 중시가 막강한 권한을 행사하는 모습

④ 호족이 성을 쌓아 스스로 장군이라고 부르는 모습

⑤ 6두품 관료가 골품제에 불만을 느끼고 관직을 그만두는 모습

출제 의도 파악하기

신라 말 정치적 혼란과 농민 봉기의 모습을 파악한다.

문제 해결 Point 쏙쏙

• 정치적 혼란: 왕위 쟁탈전 심화, 중앙의 지방 통제력 약화 및 농민 반란 발생

• 새 세력의 등장: 호족 등장, 호족과 6두품 지식인이 함께 사회 개혁 주도 → 후삼국 성립

• 새 사상의 유행: 선종, 풍수지리설

용어 빈공과: 당에서 외국인 유학생을 대상으로 실시한 과거 시험이다.

개념 원종과 애노의 난은 신라 말에 일어난 농민 봉기이다. 집사부와 중시가 막강한 권한을 행사하던 것은 신라 중대 때이며, 신라 말에는 집사부와 중시의 권한이 다시 약해지고 상대등의 권한이 강해진다.

선택지 바로 알기

② 유학생들이 빈공과에 합격하여 기뻐하는 모습

→ 당시 당으로 유학한 신라인들은 빈공과에 응시하여 합격한 후 신라로 돌아오는 경우가 많았다.

3 통일 신라의 불교 사상

밑줄 친 '이 사람'에 대한 설명으로 옳은 것은?

이 사람은 무애(거침없이 자유로움)라고 이름 지은 도구를 가지고 노래(무애가)를 부르고 다녔어.

그 결과 가난한 사람들과 산골에 사는 사람들까지도 모두 '나무아미타불'을 부르게 되었대.

① '일심 사상'을 제시하였다.
② 신라 화엄종을 개창하였다.
③ 선종 중심으로 교종을 포용하려 하였다.
④ 인도 및 중앙아시아를 다녀온 기행문을 썼다.
⑤ 관음 신앙을 전파하여 불교 대중화에 기여하였다.

출제 의도 파악하기

원효와 의상의 사상적 특징을 파악한다.

문제 해결 Point 쏙쏙
- 원효: 일심 사상 및 화쟁 사상(종파 대립 해결 노력), 아미타 신앙('나무아미타불', 불교 대중화)
- 의상: 화엄 사상(사회 통합) 및 화엄종 개창, 관음 신앙('관세음보살', 불교 대중화)

용어 일심 사상: "모든 것이 오직 한마음에서 비롯된다."라는 원효의 사상이다.
관음 신앙: 관세음보살을 한마음으로 염불하면 현세의 고난에서 벗어날 수 있다고 믿는 신앙이다.

선택지 바로 알기
⑤ 관음 신앙을 전파하여 불교 대중화에 기여하였다.
→ 원효는 "누구나 부지런히 '나무아미타불'을 외우면 내세에는 극락에서 태어날 수 있다"는 내용의 아미타 신앙을 전파하였다.

4 고구려의 문화를 계승한 발해 문화

(가)의 모습으로 옳은 것은?

정답은 (가) 입니다.

힌트1: 발해에서 만들어져 오늘날까지 남겨진 불상임.
힌트2: 고구려 불상의 특징을 담고 있음.

①
②
③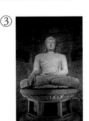
④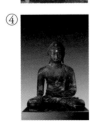
⑤

출제 의도 파악하기

발해의 문화가 고구려 문화의 토대 위에서 발전하였음을 파악한다.

문제 해결 Point 쏙쏙
- 고구려 문화 계승: 기와 수막새, 온돌, 굴식 돌방무덤, 석등, 이불병좌상
- 당 문화 수용: 상경성 구조, 벽돌무덤, 영광탑

개념 (가)는 이불병좌상이다. 두 부처가 나란히 앉아 있는 모습의 불상으로, 고구려 불상의 특징을 담고 있다.

선택지 바로 알기

①
→ 「수월관음도」 (고려 후기)

③
→ 석굴암 본존불 (통일 신라)

④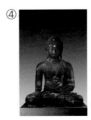
→ 하남 하사창동 철조 석가여래좌상 (고려 전기)

⑤
→ 논산 관촉사 석조 미륵보살 입상 (고려 전기)

5 태조의 정책

밑줄 친 '왕'에 대한 설명으로 옳은 것을 │보기│에서 고른 것은?

> 왕께서는 호족들을 어떤 방식으로 다루실 생각이신가요?

> 호족들은 사심관으로 임명하여 출신 지역을 관리하게 하고, 그 자제들은 수도에서 출신 지역의 일에 자문하게 할 것입니다.

┌─ 보기 ─────────────────────────┐
│ ㄱ. 국자감을 설치하였다.
│ ㄴ. 철원에서 송악으로 수도를 옮겼다.
│ ㄷ. 지방의 12목에 지방관을 파견하였다.
│ ㄹ. 청천강~영흥만 지역까지 영토를 확장하였다.
└────────────────────────────┘

① ㄱ, ㄴ   ② ㄱ, ㄷ   ③ ㄱ, ㄹ
④ ㄴ, ㄷ   ⑤ ㄴ, ㄹ

출제 의도 파악하기

태조의 호족 포용 및 견제책과 북진 정책을 파악한다.

문제 해결 Point 쏙쏙
- 호족 포용: 혼인 관계, 왕씨 성·관직·토지 하사
- 호족 견제: 사심관 제도, 기인 제도
- 북진 정책: 서경(평양) 중시, 거란 배척, 영토 확장(청천강~영흥만 지역)

용어 사심관 제도: 호족이나 공신을 출신 지역의 사심관으로 임명하고, 해당 지역을 통제 및 관리하게 한 제도이다.
기인 제도: 호족들의 자제를 수도에 머물게 하여 출신 지역에 대해 자문하게 하고, 동시에 이들을 볼모로 삼은 제도이다.

개념 밑줄 친 '왕'은 고려 태조 왕건이다. 왕건은 나라 이름을 '고려'라 하고 수도를 송악으로 옮겼다. 후삼국을 통일한 후에는 북진 정책을 추진하여 청천강~영흥만 지역까지 영토를 확장하였다.

선택지 바로 알기

ㄷ. 지방의 12목에 지방관을 파견하였다.
→ 고려 성종은 최승로의 건의(시무 28조)에 따라 지방관을 파견하였다.

---

6 이자겸의 난

다음 사건이 발생하였던 시기를 (가)~(마) 중에서 고르면?

┌────────────────────────────┐
│ 이자겸은 … 셋째 딸을 왕에게 바칠 것을 강하게 요청하고 … 권세와 총애가 나날이 커져 … 왕태자와 동등한 예우를 받았다. …… 왕은 … 이자겸을 체포하여 먼 곳으로 유배 보내고자 하였다.   - 『고려사』 -
└────────────────────────────┘

(가)	(나)	(다)	(라)	(마)
요 침입	묘청의 서경 천도 운동	무신 정변	몽골의 침입	

① (가)   ② (나)   ③ (다)
④ (라)   ⑤ (마)

출제 의도 파악하기

이자겸의 난이 발생한 배경 및 시기를 파악한다.

문제 해결 Point 쏙쏙
- 배경: 외척 이자겸의 막강한 권력 행사
- 과정: 위협을 느낀 인종의 이자겸 제거 시도 → 이자겸과 척준경이 반란 → 척준경을 회유한 인종의 이자겸 진압 성공
- 결과: 왕실 권위 하락, 고려 사회의 혼란 심화

개념 제시된 자료는 이자겸의 난이 일어나기 직전의 상황을 기록한 것이다. 이자겸의 난은 금이 세워진 이후에 발생하였으며, 묘청의 서경 천도 운동은 이자겸의 몰락 이후 발생하였다.

선택지 바로 알기

① (가)
→ 이자겸은 금의 사대 요구를 수용하였으므로, 이자겸의 난이 발생한 시기는 요 침입 이후임을 알 수 있다.

7 서경 세력과 개경 세력 간의 갈등

(가), (나) 세력에 대한 설명으로 가장 적절한 것은?

> (가) (이)가 주장한 서경 천도는 고려의 자주성을 지키기 위해 반드시 해야 하는 것이었어요.

> 그렇게 되면 당시 고려 백성들만 더 힘들었을 겁니다. (나) 의 주장에 따르는 것이 맞다고 생각해요.

① (가): 독자 연호 사용을 주장하였다.

② (가): 『삼국사기』의 대표 저자도 포함되었다.

③ (가): 금과의 외교 문제를 평화적으로 해결하고자 하였다.

④ (나): 정지상이 중심 인물이었다.

⑤ (나): 풍수지리설의 영향을 받았다.

출제 의도 파악하기

서경 세력과 개경 세력의 주장을 비교한다.

문제 해결 Point 쏙쏙

• 서경 세력(묘청, 정지상): 서경 천도(풍수지리설), 칭제건원, 금 정벌 → 묘청의 반란(국호 '대위', 연호 '천개')

• 개경 세력(김부식): 개경 유지, 금 사대

용어 칭제건원: 왕이 황제를 칭하고 독자적인 연호를 사용하는 것이다.

개념 (가)는 서경 세력, (나)는 개경 세력이다. 서경 세력은 왕이 황제를 칭하고 독자적인 연호를 사용할 것과 금을 정벌할 것을 주장하였다.

선택지 바로 알기

⑤ (나): 풍수지리설의 영향을 받았다.

→ 서경 세력이 풍수지리설을 내세워 서경 천도를 추진하였다.

8 거란의 1차 침입

다음은 역사 연극 대본이다. (가)~(다)에 대한 설명으로 가장 적절한 것은?

> ○○○: 그대 나라는 옛 신라 땅에서 일어났고, 고구려의 옛 땅은 (가) 것인데 그대들이 차지하였소. 또 (가) 와 국경을 접하고 있는데도 바다를 건너 (나) (을)를 섬기기 때문에 오늘 출병한 것이오.
> ◇◇: 아니오. 우리나라는 고구려를 이어받았소. 그래서 나라 이름도 고려라고 한 것이오. … 압록강 안팎도 원래 우리 땅인데, 지금 (다) (이)가 그 땅을 훔쳐 살면서 길을 막고 있으니, 당신들에게 가는 것이 바다를 건너기보다 어렵소. … (다) (을)를 쫓아내고 우리의 옛 땅을 돌려주어 길을 만들면 서로 사신이 오갈 수 있을 것이오.

① (가)와의 전쟁에서 윤관이 활약하였다.

② (가)를 무력으로 토벌한 후 강동 6주를 확보하였다.

③ (나)는 주로 울산항을 통해 고려와 교류하였다.

④ (다)는 발해를 멸망시켰다.

⑤ (다)는 고려에 동북 9성 반환을 요구하였다.

출제 의도 파악하기

거란의 1차 침입 당시 서희와 소손녕의 담판 내용과 결과를 파악한다.

문제 해결 Point 쏙쏙

• 배경: 송과 대립하던 거란의 고려-송 단교 유도

• 과정: 거란의 고려 침입 → 서희와 소손녕의 담판

• 결과: 고려가 송과의 단교 약속 → 강동 6주 획득

개념 (가)는 거란, (나)는 송, (다)는 여진이다. 서희는 송 대신 거란과 친교를 맺기 위해서는 강동 6주 지역에 있는 여진을 몰아내야 한다고 주장하였다. 이후 윤관의 별무반은 여진을 토벌한 후 동북 9성을 쌓았는데, 관리의 어려움과 여진의 요구로 인해 여진에게 반환하였다.

선택지 바로 알기

② (가)를 무력으로 토벌한 후 강동 6주를 확보하였다.

→ 고려는 거란과 합의 후 여진을 무력으로 토벌 후 강동 6주를 차지하였다.

③ (나)는 주로 울산항을 통해 고려와 교류하였다.

→ 송은 주로 당시 고려의 국제 무역항이었던 벽란도를 통해 고려와 교류하였다.

9 몽골에 맞선 고려의 항쟁

(가) 전투에 대한 설명으로 가장 적절한 것은?

> 김윤후는 일찍이 백현원에 있다가 1232년에 몽골이 침입
> 하자 ___(가)___ (으)로 피란하였다. … 몽골군에 맞서 싸웠다.
> 이 전투에서 김윤후는 몽골군 장수 살리타를 사살하였다.

① 삼별초가 주도하였다.

② 부곡민들이 활약하였다.

③ 몽골의 첫 침입 때 일어났다.

④ 김윤후가 노비 문서를 불태웠다.

⑤ 개경 환도의 결정적인 계기가 되었다.

몽골의 침략 당시 고려 백성의 활약과 항쟁 노력을 파악한다.

문제 해결 Point 쏙쏙

- 1차 침입: 귀주성 전투(박서)
- 2차 침입 이후: 처인성 전투(김윤후, 처인 부곡민), 충주성 전투(김윤후, 충주 관노비)

용어 삼별초: 개경 수비와 치안 유지를 목적으로 만든 야별초에서 분리된 좌별초와 우별초, 그리고 몽골의 포로였다가 탈출한 군사로 구성된 신의군을 합하여 삼별초가 되었다. 이들은 고려 정부의 몽골과의 강화 이후 개경 환도에 반대하며 대몽 항쟁을 전개하였다.

개념 (가)는 처인성 전투로, 승려였던 김윤후가 부곡민들과 함께 몽골군 대장 살리타를 사살하였다. 이 전투는 사회적으로 차별받던 특수 행정 구역의 주민도 함께 단결하여 몽골에 저항하였다는 점에서 의미가 있다.

선택지 바로 알기

④ 김윤후가 노비 문서를 불태웠다.

→ 충주성에서 김윤후가 관노비들의 사기를 높이기 위해 사용한 방법이다.

---

10 원의 내정 간섭

(가) 시기에 대한 설명으로 옳은 것을 ⌐보기⌐에서 있는 대로 고른 것은?

왕실 용어의 변화	
(가) 전	(가)
조, 종	충○왕
폐하	전하
태자	세자

⌐ 보기 ⌐
ㄱ. 동녕부가 존재하였다.
ㄴ. 고려가 독립국으로 유지되었다.
ㄷ. 소주, 만두가 고려에 소개되었다.

① ㄱ   ② ㄷ   ③ ㄱ, ㄷ

④ ㄴ, ㄷ   ⑤ ㄱ, ㄴ, ㄷ

원의 내정 간섭으로 인한 고려의 변화 모습을 파악한다.

문제 해결 Point 쏙쏙

- 정치: 정동행성 설치(내정 간섭), 왕자가 원의 공주와 결혼, 왕실 및 관제 칭호 격하
- 영토 상실: 쌍성총관부(화주), 동녕부(서경), 탐라총관부(제주)
- 경제: 공물(금, 은, 인삼, 매)로 인한 재정 부담 증가
- 사회: 몽골의 환관 및 공녀 요구
- 문화: 몽골풍(변발, 소주, 만두, 언어), 고려양(고려 의복, 쌈 음식, 고려병(약과))

개념 (가)는 원 간섭기이다. 고려는 독립국의 지위는 유지하였지만 쌍성총관부, 동녕부, 탐라총관부 설치로 영토를 일부 상실하였으며, 황제국에서 부마국(황제의 사위 국가)으로 지위가 격하되었다. 한편 고려와 원의 문물 교류가 활발해져 서로의 풍습이 전해졌다.

선택지 바로 알기

ㄴ. 고려가 독립국으로 유지되었다.

→ 고려는 부마국으로 격하되고 원의 내정 간섭을 받게 되었지만, 쿠빌라이 칸의 약속으로 인해 독립국의 지위는 유지하였다.

11 공민왕의 개혁 정치와 새로운 정치 세력의 성장

밑줄 친 ㉠~㉣에 대한 설명으로 가장 적절한 것은?

> **땅 뺏기고 노비가 된 제 억울함을 풀어주세요!**
>
> 청원일: 13○○.○○.○○.   참여 인원: ○○○명
>
> • 청원 답변
>   최근 ㉠ 힘 있는 자들이 토지를 불법으로 빼앗고, 노비로 만드는 경우가 빈번하게 일어나고 있습니다. 정부는 이러한 문제를 해결하려고 ㉡ 새로운 관청을 만들었습니다. 또한 ㉢ 유학 교육 기관을 정비하여 ㉣ 정부의 개혁에 동참할 새로운 사람들을 확보하고 있습니다.

① ㉠은 문벌 세력이라고 불렸다.

② ㉡은 광종에 의해 설치되었다.

③ ㉢은 문헌공도이다.

④ ㉣은 크게 두 세력으로 분열하였다.

⑤ ㉣은 홍건적과 왜구를 격퇴하는 과정에서 성장하였다.

공민왕의 내정 개혁과 신진 사대부의 특징을 파악한다.

문제 해결 Point 쏙쏙

• 공민왕의 반원 자주 정책: 친원 세력 제거, 정동행성 축소, 쌍성총관부 공격, 왕실·관제 호칭 복구, 몽골풍 금지

• 공민왕의 내정 개혁: 정방 폐지, 전민변정도감 설치, 성균관 정비

• 권문세족: 음서 통해 관직 진출, 대규모 농장 및 노비 소유, 친원 및 친불교 성향

• 신진 사대부: 과거 통해 관직 진출, 성리학적 기반, 불교 비판, 급진파(새 왕조 개창)와 온건파(고려 왕조 유지)

개념 ㉠은 권문세족, ㉡은 전민변정도감, ㉢은 성균관, ㉣은 신진 사대부이다. 신진 사대부는 고려 왕조를 유지하면서 개혁을 추진해야 한다는 온건파와 고려 왕조를 없애고 새로운 왕조를 세워야 한다는 급진파로 분열하였다.

선택지 바로 알기

⑤ ㉣은 홍건적과 왜구를 격퇴하는 과정에서 성장하였다.

→ 이성계, 최영 등 신흥 무인 세력에 대한 설명이다.

12 인쇄 기술의 발달

밑줄 친 '이 책'에 대한 설명으로 옳은 것은?

 왼쪽 사진은 '복' 자가 새겨진 활자이다. 이러한 활자는 활자들을 미리 만든 후 필요할 때마다 아래 사진처럼 동으로 만든 틀에 배열한 후 책을 인쇄할 수 있다는 장점이 있었다. 청주 흥덕사에서 인쇄한 이 책도 이러한 방식으로 제작되었다.

① 이규보가 저술하였다.

② 합천 해인사에 보관되어 있다.

③ 세계에서 가장 오래된 금속 활자 인쇄본이다.

④ 송과 거란의 대장경을 참고하여 완성한 책이다.

⑤ 효과적으로 대몽 항쟁을 수행하고자 제작하였다.

고려 시대 인쇄술의 발달 과정을 파악한다.

문제 해결 Point 쏙쏙

• 목판 인쇄술: 초조대장경(몽골의 침입 때 소실) → 팔만대장경(대몽 항쟁 수행 목적, 합천 해인사에 보관 중)

• 금속 활자 인쇄술: 『직지』(현재 세계에서 가장 오래된 금속 활자 인쇄본)

개념 제시된 자료에서 설명하는 인쇄술은 금속 활자 인쇄술이다. 밑줄 친 '이 책'은 청주 흥덕사에서 만든 『직지』(1377)이며, 오늘날 세계에서 가장 오래된 금속 활자 인쇄본이다.

선택지 바로 알기

② 합천 해인사에 보관되어 있다.

→ 『팔만대장경』에 대한 설명이다.

④ 송과 거란의 대장경을 참고하여 완성한 책이다.

→ 『초조대장경』에 대한 설명이며, 『초조대장경』은 몽골의 침략으로 불타 없어졌다.

13 통일 신라의 지방 행정 제도
다음 자료를 읽고 물음에 답하시오.

> 〈가상 역사 드라마 – "신라의 아침"〉
> S#12. 신라 경주의 궁궐 조회 모습
> ㉠왕: 아버지 왕께서 일찍이 삼국을 통일하였으나, 우리나라의 지방 제도는 미숙한 상태요. 그래서 ㉡통일 후 넓어진 영토에 맞게 지방 제도를 바꾸려 하오. 그대들의 생각은 어떻소?
> 신하: 지당하신 말씀이옵니다.

(1) 밑줄 친 ㉠이 누구인지 쓰고, 밑줄 친 ㉡에 따라 전국이 몇 개의 주로 재편되었는지 쓰시오.

(2) 밑줄 친 ㉠이 지방의 주요 지역에 설치한 특별 행정 구역을 무엇이라 하는지 쓰고, 이를 설치한 목적을 서술하시오.

답 (1) 신문왕, 9주 (2) 5소경이라고 하며, 수도가 한쪽으로 치우쳐 있어서 생기는 단점을 보완하고자 하였다.

신문왕 때 정비된 신라의 지방 행정 제도의 내용을 파악한다.

문제 해결 Point 쏙쏙
- 9주: 고구려, 백제, 신라의 옛 땅에 3주씩 설치
- 5소경: 지방 주요 지역에 설치, 수도가 한쪽에 치우쳐 있어서 생기는 단점 보완

개념 삼국을 통일한 문무왕의 아들이었던 신문왕은 넓어진 영토와 늘어난 인구를 효율적으로 다스리고 민족의 단합을 이끌어 내기 위해 통치 제도를 정비하였다. 그 결과 전국을 9주로 나누고, 5개의 소경을 설치하였다.

14 고려 광종의 왕권 강화 정책
다음 자료를 읽고 물음에 답하시오.

> 쌍기는 후주 사람으로, 왕이 그의 재주를 아낀 나머지 후주 황제에게 표를 올려 그를 관료로 삼겠다고 요청한 후 발탁하여 관직에 임용하였다. …… 과거제의 설치를 처음으로 건의하였다.
> – 「고려사」 –

(1) 밑줄 친 '왕'이 누구인지 쓰시오.

(2) 밑줄 친 '왕'의 왕권 강화 정책 두 가지를 서술하시오. (단, 과거제 실시는 제외할 것)

답 (1) 광종 (2) 노비안검법을 시행하여 호족들이 불법적으로 노비로 삼은 사람들을 양인으로 해방하고, 관리의 공복을 정하였다. 또한 황제를 칭하며 '광덕'·'준풍' 등의 연호를 사용하였으며, 정책에 반발한 공신과 호족을 숙청하였다.

고려 광종의 왕권 강화 정책에 대해 파악한다.

문제 해결 Point 쏙쏙
- 노비안검법 시행: 불법 노비의 양인 해방 → 호족의 기반 약화
- 과거제 실시: 왕에 충성하는 유교적 인재 양성
- 관리 공복 제정: 관리의 위계 질서 확립
- 칭제건원: 왕의 권위 격상
- 반발하는 공신 및 호족 숙청: 호족 세력 약화

개념 고려 초기에는 호족의 힘이 강하여 왕위 계승을 둘러싼 갈등이 심하였다. 이에 광종은 호족 세력을 약화하고 왕권을 안정시켜 중앙 집권적인 통치 체제의 기반을 만들고자 하였다.

15 고려의 지방 행정 제도

다음 지도를 보고 물음에 답하시오.

(1) 군사 행정 구역을 지도에서 모두 찾아 쓰고, 일반 행정 구역에 파견된 지방관의 명칭을 쓰시오.

(2) 주현과 속현의 차이를 서술하시오.

(3) 고려가 속현을 행정적으로 어떻게 다스렸는지 그 내용을 아래 제시어를 포함하여 서술하시오.

> • 중앙   • 향리

[답] (1) 북계·동계, 안찰사 (2) 주현은 속현과 달리 지방관인 수령이 파견된 지역이다. (3) 속현은 주현을 통해 중앙에 연결되었으며, 호족 출신인 해당 지역 향리가 실질적인 행정을 담당하였다.

출제 의도 | 파악하기

고려의 지방 행정 제도의 특징을 파악한다.

문제 해결 | Point 쏙쏙

• 경기: 개경과 그 주변 지역
• 5도: 일반 행정 구역, 안찰사 파견, 군현 설치
  → 주현: 수령 파견 / 속현: 수령 미파견(주현 수 < 속현 수) / 향·부곡·소: 특수 행정 구역, 수령 미파견
  → 수령 미파견 지역은 주현을 통해 중앙과 연결, 지방 향리가 실질적인 행정 담당
• 양계: 군사 행정 구역, 병마사 파견, 진 설치

개념 고려는 전국을 경기, 일반 행정 구역인 5도, 군사 행정 구역인 양계로 나누었다. 또한 5도 아래에는 군현을 두어 지방관인 수령을 파견하였는데, 속현이 주현보다 많았다.

16 『삼국사기』 편찬

다음 가상 대화를 보고 물음에 답하시오.

> 선생님께서는 어떤 일들을 하셨나요?

> 여러 사건으로 약해진 왕권을 회복하시려는 임금님의 명령에 따라 책을 편찬하였습니다. 듣자 하니, 현재 전하는 한국의 역사서 중 가장 오래되었다고 하더군요.

(1) 밑줄 친 '책'의 제목을 쓰시오.

(2) 밑줄 친 '책'의 특징 두 가지를 서술하시오. (단, 가장 오래된 역사서라는 내용은 제외할 것)

[답] (1) 『삼국사기』 (2) 유교적 합리주의 사관에 따라 초자연적이고 신비한 것에 관한 서술을 피하고 있으며, 신라 계승 의식을 표출하였다. 또한 기전체 형식으로 편찬되었다.

출제 의도 | 파악하기

『삼국사기』의 특징 및 한계를 파악한다.

문제 해결 | Point 쏙쏙

• 특징: 기전체, 유교적 합리주의 사관, 신라 계승 의식
• 한계: 단군 조선 및 삼한 역사 배제, 전통 문화 축소

용어 기전체: 역사서 서술 방식 중 하나로, 본기(황제), 세가(왕), 열전(신하 및 일반인), 표(연표), 지(제도 등)의 구조로 이루어져 있다.

개념 김부식을 중심으로 편찬한 『삼국사기』는 우리나라에 현존하는 가장 오래된 역사서로, 유교적 합리주의 사관과 신라 계승 의식을 표출하고 있다. 하지만 신화를 지나치게 비판하면서 단군 조선과 삼한의 역사를 빠뜨리고 전통문화를 축소하였다는 한계가 있다.

중학전략
역사②
BOOK 2

정답과 해설

정답과 해설 BOOK 2

1주 조선의 성립과 발전~사회 변화와 농민의 봉기

1일 개념 돌파 전략 ❶   8~11쪽

1강_통치 체제와 대외 관계~문화의 발달과 사회 변화

Q1 3사(사헌부, 사간원, 홍문관)   **Q2** 붕당

Q3 백자(순백자)

1-1 ㉠-의정부, ㉡-3사, ㉢-성균관   **1-2** ③

2-1 유학자 제사, 성리학 연구, 양반 자제 교육

2-2 ㉠-훈구, ㉡-사림   **3-1** 훈민정음   **3-2** ⑤

2강_왜란·호란의 발발과 영향~사회 변화와 농민의 봉기

Q4 의병   **Q5** 규장각   **Q6** 잔반

4-1 ㉠-명의 국력이 약해지고 여진족이 성장, ㉡-에도 막부 수립

4-2 ④   **5-1** 탕평책   **5-2** ①

6-1 모내기법(이앙법)   **6-2** ②

1강_통치 체제와 대외 관계~문화의 발달과 사회 변화

1-1 조선의 통치 체제 정비

제시된 자료는 조선의 중앙 정치 기구를 나타낸 것이다. 조선은 유교를 통치 이념으로 삼고 국왕과 신하가 조화를 이루어 정치를 운영하고자 하였다. ㉠ 의정부에서 정승들이 모여 정책을 결정하면 6조에서 결정된 정책을 집행하였다. ㉡ 3사를 두어 왕과 신하 중 어느 한쪽에 권력이 치우치는 것을 경계하였다. ㉢ 최고 교육 기관인 성균관에서는 높은 수준의 유학 교육을 실시해 유교적 소양을 갖춘 관리를 양성하고자 하였다.

자료 분석   조선의 중앙 정치 기구

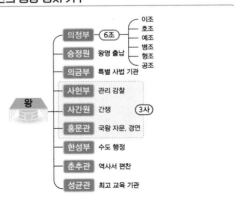

왕	의정부	6조	이조
			호조
			예조
			병조
			형조
			공조
	승정원	왕명 출납	
	의금부	특별 사법 기관	
	사헌부	관리 감찰	3사
	사간원	간쟁	
	홍문관	국왕 자문, 경연	
	한성부	수도 행정	
	춘추관	역사서 편찬	
	성균관	최고 교육 기관	

조선의 중앙 정치는 의정부와 6조를 중심으로 운영되었다. 승정원은 임금의 명령을 전달하는 비서 기관이었고 의금부에서는 큰 죄를 지은 죄인을 심문하는 일을 담당하였다. 한성부에서는 수도 한양의 치안과 행정을 맡아보았고, 춘추관에서는 당시의 정책들을 기록해 『실록』을 편찬하였다.

1-2 세종

태종의 뒤를 이어 즉위한 세종은 유교적 이상 정치를 실현하고자 노력하였다. 세종은 국왕과 신하가 조화를 이루는 정치 체제를 정비하고, 집현전을 설치하여 학자를 양성하였다. 또 신하와 함께 학문을 토론하는 경연에 힘썼고 그 결과 재위 기간 동안 국방, 경제, 과학 기술, 문화 등 여러 분야에서 조선을 발전시켰다.

2-1 사림 세력의 성장

중종 때 주세붕이 백운동 서원을 세운 것을 시작으로 조선에서는 서원이 전국 곳곳에 설립되었다. 사림 세력은 서원을 세워 덕망 높은 유학자를 제사 지내고 성리학을 연구하며 지방 양반 자제들을 교육하였다. 사림은 서원을 통해 향촌 사회에서 지위를 높이고 정치에 대한 의견을 모아 세력을 키웠다.

2-2 훈구와 사림

수양 대군은 어린 조카인 단종을 몰아내고 왕위에 올랐다. 이때 세조(수양 대군)의 즉위에 도움을 준 공신 세력이 점차 하나의 정치 세력을 형성하였는데 이를 훈구라 하였다.

훈구 세력은 국가로부터 특혜를 받아 넓은 토지와 많은 노비를 소유하고, 높은 관직을 독점하여 왕권을 제약하였다. 이에 성종은 사림을 정계에 등용하여 훈구 세력을 견제하고자 하였다.

더 알아보기   사림의 형성과 성장

형성	고려 말 정몽주, 길재 등 온건파 사대부의 학문적 전통을 계승
주장	• 왕도정치: 도덕과 의리를 바탕으로 백성을 바르게 이끌 것을 주장 • 향촌 자치 추구
성장	• 성종 때 김종직을 비롯한 영남 지역 출신 사림이 많이 등용됨 • 주로 3사 언관직에 임명되어 훈구 세력의 부정부패와 권력 독점을 비판

3-1 훈민정음

훈민정음 창제 이전까지는 한자나 이두를 통해 우리말을 표현하였다. 이두 역시 한자를 사용하여 우리말을 표현하는 방법이었기 때문에 우리말을 표기하기에는 어려움이 많았다. 이에 세종은 독창적이고 과학적인 문자인 훈민정음을 창제하였다. 훈민정음의 창제로 누구나 쉽게 우리말을 소리 나는 대로 표현할 수 있게 되어 백성들이 자신의 뜻을 쉽게 나타낼 수 있었다.

3-2 유교 윤리의 보급

『삼강행실도』는 임금과 신하, 부모와 자식, 부부 사이에 지켜야 할 유교적 윤리를 담은 책이었다. 백성들에게 유교 윤리를 널리 알릴 목적으로 우리나라와 중국의 충신, 효자, 열녀의 이야기를 그림과 함께 실었고, 훈민정음으로 그 뜻을 풀어 설명을 추가하기도 하였다.

> **2강_왜란·호란의 발발과 영향~사회 변화와 농민의 봉기**

4-1 임진왜란의 영향

㉠은 명, ㉡은 일본이다. 임진왜란 당시 조선에 무리하게 지원병을 파견한 명은 점차 국력이 쇠퇴하였고, 그 틈을 타 만주에서 여진족이 성장하였다. 누르하치는 여진족을 모아 후금을 세웠다. 일본에서는 도요토미 히데요시가 죽은 후 내전이 일어났다. 내전에서 승리한 도쿠가와 이에야스는 에도 막부를 수립하고 조선과 외교 관계를 회복하고자 하였다.

4-2 광해군의 중립 외교

강성해진 후금이 명을 공격하자 명은 임진왜란 당시 지원군을 파견해준 은혜를 내세우며 조선에 군사 지원을 요청하였다. 광해군은 강홍립에게 군사를 이끌고 명을 지원하면서 상황에 따라 유연하게 대처하도록 지시하였다. 조선과 명의 연합군이 후금에 패하자 강홍립은 후금에 항복하였다. 이후에도 광해군은 후금과 명 사이에서 중립 외교를 펼쳐 후금과의 전쟁을 피하고자 하였다.

5-1 영조의 탕평책

붕당 정치가 변질하면서 붕당 간 대립이 격심해지고 정권을 독점한 붕당이 상대 붕당을 철저히 탄압하는 현상이 나타났다. 숙종은 붕당 간 대립을 조절하고자 탕평책을 제기하였으나, 시행되지 못하였다. 왕자 시절부터 붕당 정치의 폐단을 경험했던 영조는 붕당 간 대립을 완화하고 왕권을 강화시키기 위해 탕평책을 시행하였다. '탕평'이라는 말은 임금의 정치가 어느 한쪽에 치우치지 않고 공정한 상태를 이루는 것을 뜻한다. 영조는 성균관에 탕평비를 세워 자신의 의지를 널리 알렸다.

5-2 영조의 개혁 정치

영조는 자신의 탕평책을 지지하는 탕평파를 중심으로 인재를 등용하여 다양한 개혁 정책을 추진하였다. 백성들의 부담을 덜어주기 위해 균역법을 도입하고, 억울한 백성들이 자신의 목소리를 낼 수 있도록 신문고 제도를 부활하였다. 가혹한 형벌을 금지하고 『속대전』을 편찬하여 제도를 재정비하였다.

> **선택지 분석**
>
> ① 균역법 실시 (○)
> ② 영정법 도입 (×) → 인조
> ③ 규장각 개편 (×) → 정조
> ④ 공노비 해방 (×) → 순조
> ⑤ 수원 화성 건설 (×) → 정조

6-1 모내기법의 확산

모내기법은 볍씨를 모판에 길러서 논에 옮겨 심는 방법이다. 모내기를 하려면 물이 많이 필요하였다. 따라서 논에 물을 대는 환경이 크게 개선된 조선 후기에 모내기법이 전국적으로 확산하였다. 모내기법은 잡초를 뽑는 일손을 줄일 수 있었고 추수가 끝나면 다음 모내기 전까지 가을보리를 심어 기를 수 있어 수확을 늘릴 수 있었다.

6-2 조선 후기 경제 활동의 변화

수리 시설이 발달하지 않은 조선 전기에는 정부가 모내기법을 금지하기도 하였으나 조선 후기에는 모내기법이 널리 일반화되었다. 또 담배, 인삼, 모시 같은 상품 작물을 재배하는 농민들도 나타났다. 농민들 가운데는 높은 수익을 올린 부농이 등장하기도 하였으나 대다수 농민은 남의 땅을 빌려 농사짓는 소작농으로 전락하였다. 조선 후기에는 장시가 전국적으로 확대되었고, 사상 가운데는 대규모 상업을 벌이는 이들도 나타났다. 사상들은 청, 일본과 대외 무역에 종사하여 큰 부를 쌓기도 하였다. 이처럼 상업이 발달하자 상평통보 같은 화폐 유통이 늘어났다.

1일 개념 돌파 전략 ❷　　　12~13쪽

| 1 ④ | 2 ① | 3 ② | 4 ⑤ | 5 ① | 6 ② |

1 조선의 건국

위화도는 압록강 하류에 있는 작은 섬으로, 이곳에서 이성계는 요동을 정벌하려던 군대를 돌려 고려로 향했다. 위화도 회군 이후 권력을 장악한 이성계는 정도전을 비롯한 신진 사대부들과 개혁을 추진하였다. 또 과전법을 시행하여 당시 권문세족들이 차지하고 있던 토지를 새로 정계에 진출한 관료들에게 나누어 주었다.

더 알아보기 위화도 회군

배경	• 명이 원을 몰아내고 중국 본토를 차지 • 명이 고려에 철령 이북 지역 영토를 요구
전개 과정	우왕과 최영이 명의 요구를 거부하고 요동을 공격하기로 결정 → 이성계는 네 가지 이유를 들어 요동 정벌 반대 → 이성계에게 요동을 공격하도록 명령 → 이성계는 위화도에서 군대를 돌려 개경으로 돌아옴
결과	• 이성계가 최영을 제거하고 정권 장악 • 정도전 등 신진 사대부 세력과 함께 개혁 추진

2 사림의 등장

훈구 세력이 높은 관직을 독점하고 왕권을 제약하자 성종은 이들을 견제하기 위해 사림을 정계에 진출시켰다. 김종직을 중심으로 관직에 진출한 사림들은 주로 사헌부, 사간원, 홍문관 3사의 언관직에 임명되어 훈구 대신들의 부정을 비판하였다.

3 『농사직설』의 편찬

농업이 주요 산업이었던 조선에서 농사의 성패는 백성들의 삶과 밀접하게 관련되었다. 하지만 기존에 있었던 농사 관련 서적들은 중국에서 들여온 것이기 때문에 조선의 상황과 맞지 않았다. 이에 세종은 우리의 풍토에 맞는 농서를 만들 것을 지시하였다. 각 도의 관찰사들에게 경험 많은 농부를 찾아서 그 지역에 맞는 농사법을 물어보게 하고, 이를 정리하여 『농사직설』을 편찬하였다.

4 임진왜란

임진왜란 초기 조선 관군은 전쟁 경험이 풍부하고 신식 무기인 조총을 휴대한 일본군에게 크게 패하였다. 그러나 바다에서 이순신이 이끄는 수군이 승리를 거듭하면서 전쟁의 양상이 바뀌게 되었다. 전쟁을 일으킨 도요토미 히데요시가 죽자 일본에서는 내전이 일어났고 도쿠가와 이에야스가 에도 막부를 수립하였다. ㄱ. 북벌론은 청을 정벌하여 호란의 치욕을 씻고 명의 원수를 갚자는 주장이다. ㄴ. 위화도 회군은 이성계가 요동 정벌에 반대하여 위화도에서 군대를 돌려 개경으로 돌아와 정권을 장악한 사건이다.

자료 분석 임진왜란

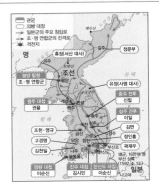

제시된 자료는 임진왜란의 전개 과정을 나타낸 지도이다. 이순신이 이끈 수군은 옥포를 시작으로 사천, 당포, 한산도에서 연이어 승리하여 전라도와 충청도 곡창 지대를 지키고 바다를 통해 보급품을 지원하려던 일본군의 계획을 좌절시켰다.

5 영조와 정조의 탕평책

(가)는 영조가 성균관 앞에 세운 탕평비이고 (나)는 정조가 건설한 수원 화성의 북쪽 문인 장안문이다. 붕당 간 극심한 대립의 폐단을 몸소 겪었던 영조는 탕평책을 시행하였고, 영조의 뒤를 이은 정조도 적극적인 탕평책을 실시하였다.

더 알아보기 영조와 정조의 탕평 정치

영조의 주요 정책	정조의 주요 정책
• 탕평책 추진: 탕평비 건립 • 균역법 실시 • 신문고 재설치 • 『속대전』, 『동국문헌비고』 편찬 • 청계천 정비	• 적극적 탕평책 실시 • 규장각 개편 • 장용영 설치 • 수원 화성 건설 • 『대전통편』, 『무예도보통지』 등 간행 • 서얼과 노비에 대한 차별 완화

6 홍경래의 난

제시된 자료는 홍경래가 난을 일으키며 봉기의 이유와 함께 봉기에 가담할 것을 요구하는 내용을 담아 발표한 포고문이다. 1811년 평안도 가산에서 홍경래와 몰락 양반, 신흥 상공업자들이 주도하여 난을 일으키자 가난한 농민, 광산 노동자 등 다양한 계층이 봉기에 가담하였다.

① 삼남 지방까지 확대되었다. (×)

→ 홍경래의 난은 평안도 지역을 중심으로 일어났다.

② 홍경래가 봉기를 주도하였다. (○)

③ 진주에서 처음 봉기가 시작되었다. (×)

→ 백낙신의 수탈을 견디지 못한 진주 농민들은 유계춘을 중심으로 봉기하였다.

④ 공노비가 해방되는 계기가 되었다. (×)

→ 양반 중심 신분제가 흔들려 양인의 수가 줄어들자 1801년 순조 때 공노비 수만 명을 양인으로 해방하였다.

⑤ 이 사건 이후 삼정의 문란이 해결되었다. (×)

→ 삼정의 문란을 해결하기 위해 정부는 삼정이정청을 설치하였으나 근본적인 문제는 해결되지 못하였다.

2일 필수 체크 전략 ❶　　　　14~17쪽

| 1-1 ① | 1-2 ② | 2-1 ⑤ | 2-2 ③ |
| 3-1 ① | 3-2 ④ | 4-1 ④ | 4-2 ⑤ |

1-1 이성계와 조선의 건국

밑줄 친 인물은 태조 이성계이다. 이성계는 고려 말 외적을 물리치는 과정에서 백성의 지지를 얻으며 점차 정치 세력을 형성하였다. 위화도 회군을 계기로 고려의 정권을 장악한 이성계는 정도전 등 새로운 왕조 건설을 주장하는 신진 사대부들의 추대를 받아 조선을 건국하였다.

① 한양으로 도읍을 옮겼다. (○)

② 『경국대전』을 완성하였다. (×)

→ 경국대전은 세조 때 편찬하기 시작하여 성종 때 완성하였다.

③ 국경에 4군과 6진을 설치하였다. (×)

→ 세종 때 4군과 6진을 개척하여 오늘과 비슷한 국경선을 확정하였다.

④ 집현전을 세워 학자를 양성하였다. (×)

→ 세종이 집현전을 세웠다.

⑤ 정도전을 제거하고 왕위에 올랐다. (×)

→ 태종은 왕자의 난을 일으켜 반대 세력인 정도전을 제거하였고 이후 왕위에 올랐다.

1-2 『경국대전』

『경국대전』은 성종 때인 1484년 완성되어 이듬해부터 시행된 법전을 말한다. 세조 때 법전 편찬의 필요성이 제기되어 먼저 호전과 형전을 편찬하였고 이후 이전, 예전, 병전, 공전이 편찬되었다. 세조의 갑작스러운 죽음으로 반포가 일시적으로 중지되었다가, 이후 내용을 추가하고 수정·보완하여 성종 때 최종적으로 완성하였다. 『경국대전』의 완성으로 유교 중심의 국가 통치 체제가 확립되었다.

2-1 3사

제시된 자료는 3사에 대한 설명이다. 사헌부에서는 관리에 대한 감찰과 풍속을 교화하는 일을 담당하였고, 사간원에서는 임금이 올바른 정치를 행하도록 간언을 올리고 정사의 잘못을 논의하는 일을 맡았다. 홍문관에서는 궐 내의 경전과 서적을 관리하고 경연을 담당하였다. 조선에서는 언론 기능을 담당하는 3사를 설치하여 권력의 독점과 부정을 막고자 하였다.

2-2 조선의 통치 체제

제시된 지도는 조선의 지방 행정 구역을 나타낸 것이다. 조선은 전국을 8도로 나누고 각 도에 관찰사를 파견하였다. 또 고려와 달리 모든 군현에 수령을 파견하여 중앙 집권 체제를 더욱 강화하였다. 권문세족이 권력을 독점한 것은 고려가 원의 간섭을 받던 시기의 일이다.

3-1 사화

3사의 언관직에 진출한 사림이 훈구 세력의 부정과 권력 독점을 비판하자 훈구와 사림 사이의 갈등이 점차 커졌다. 성종의 뒤를 이어 즉위한 연산군은 사림을 탄압하고 권력을 강화하고자 하였다. 그러자 훈구 세력은 사림을 공격하였고 사림은 큰 피해를 겪었는데 이처럼 사림이 화를 받은 사건을 사화라고 한다.

더 알아보기　사화

무오사화	훈구 세력은 김종직이 쓴 「조의제문」의 내용이 단종을 몰아낸 세조를 비판한 것이라고 주장하면서 사림 세력을 탄압
갑자사화	연산군의 친어머니가 폐위되는 사건에 연관된 사람들이 제거될 때 사림도 피해를 겪음
기묘사화	조광조의 급진적인 개혁 정책 부담을 느낀 중종이 훈구 세력과 함께 조광조를 비롯한 사림을 제거함
을사사화	명종 때 인종의 외척과 명종의 외척 사이에 발생한 권력 다툼으로 사림도 화를 입음

3-2 붕당의 형성

선조 때 이조 전랑 자리를 두고 김효원과 심의겸이 대립하였다. 처음 김효원이 이조 전랑 자리에 추천되자 심의겸은 김효원이 외척으로 부정부패를 저질렀던 윤원형과 가깝게 지냈음을 이유로 반대하였다. 이조 전랑이 된 김효원은 심충겸이 자신의 후임으로 이조 전랑이 되는 것을 반대하였다. 심충겸의 형 심의겸이 왕실의 외척이었기 때문이었다. 이를 계기로 사림은 김효원을 지지하는 동인과 심의겸을 지지하는 서인으로 분열하였다. 김효원의 집이 한양의 동쪽에 있었고, 심의겸의 집이 한양의 서쪽에 있었기 때문에 김효원을 따르는 세력을 동인, 심의겸을 따르는 세력을 서인이라고 불렀다.

4-1 천문학의 발달

조선에서는 천문학을 중시하여 태조 시기에 천문도인 「천상열차분야지도」를 만들었고, 세종 때는 역법서인 『칠정산』을 제작하였다. 또 규표, 간의, 혼상 등의 천문을 관측하는 기구를 만들었다. ⑤ 「혼일강리역대국도지도」는 태종 때 만든 세계 지도이다.

4-2 조선 전기 과학 기술과 예술의 발달

상감청자는 12세기 고려에서 널리 유행한 도자기였다. 고려 후기에는 소박하고 자연스러운 아름다움을 가진 분청사기가 많이 제작되어 조선 초기까지도 유행하였다. 16세기에 이르러서는 깨끗하고 단아한 느낌을 주는 백자가 많이 만들어졌다.

2일	필수 체크 전략 ❷			18~19쪽
1 ③	2 ②	3 ⑤	4 ⑤	5 ①	6 ①

1 조선의 대외 관계

조선 전기 대외 정책의 기본 방향은 사대와 교린이었다. 사대는 작은 나라가 큰 나라를 섬긴다는 뜻으로 조선은 명을 사대하였다. 조선은 명에 조공품을 바쳤고, 명은 조선 국왕을 책봉해주고 서적이나 약재 등 조선에 필요한 물품을 내려주었다. 한편 일본과 여진에 대해서는 교린 관계를 맺고 우호적 관계를 유지하면서 때로는 강경하게 토벌하기도 했다.

① 일본에 조공품을 바쳤다. (×)

→ 조선은 명에 조공품을 바쳤다.

② 여진으로부터 책봉을 받았다. (×)

→ 명으로부터 책봉을 받았다.

③ 명과 사대 관계를 확립하였다. (○)

④ 일본을 몰아내고 4군 6진을 개척하였다. (×)

→ 여진을 몰아내고 북쪽 국경에 4군과 6진을 설치하였다.

⑤ 명과 우호적 관계를 유지하면서 강경책도 병행하였다. (×)

→ 삼정의 문란을 해결하기 위해 정부는 삼정이정청을 설치하였으나 근본적인 문제는 해결되지 못하였다.

2 훈구와 사림

㉠은 훈구 세력이고, ㉡은 사림 세력이다. 훈구 세력은 대를 이어 권력을 독점하였는데, 연산군을 몰아내고 중종을 왕으로 세우면서 다시 권력을 차지하였다. ② 현량과는 조광조를 비롯한 사림 세력이 주장한 인재 선발 제도이다.

더 알아보기 현량과

중종은 훈구 세력을 견제하기 위해 조광조를 비롯한 사림 세력을 등용하였다. 조광조는 과거제의 문제점을 지적하면서 현량과를 시행할 것을 건의하였다. 현량과는 학문과 덕행이 뛰어난 인재를 천거하게 하여 시험한 후 관리로 선발하는 제도였다.

훈구 세력은 현량과를 도입하는 것을 격렬하게 반대하였다. 왜냐하면 현량과가 사림 세력을 강화하려는 목적이 있다고 생각했기 때문이다. 실제로 현량과가 실시된 후 선발된 인재들은 조광조와 뜻을 함께하는 신진 사림 세력들이었다. 이들은 3사를 비롯한 주요 기관에 등용되어 조광조의 개혁 정책을 지지하였다. 현량과는 부당한 공신들의 자격 박탈 문제와 함께 훈구 세력의 비판을 받았고, 결국 기묘사화가 일어나게 되는 원인이 되었다.

3 『조선왕조실록』

제시된 자료는 『태종실록』의 기사이다. 국왕이 죽으면 춘추관에 실록청을 설치하여 실록을 편찬하기 시작하였다. 실록 편찬의 기초 자료는 사초였다. 사초는 왕의 말과 행동, 정치 운영, 주변 인물 등에 관한 기록으로, 사관이 작성하였다. 실록이 완성되면 실록 편찬에 사용된 각종 자료를 없애는 세초를 행하였고, 실록의 내용은 왕이라고 해도 함부로 보거나 고칠 수 없었다. 따라서 사관은 당시의 정치 권력에 휘둘리지 않고, 비교적 객관성과 공정성을 유지하였다.

4 위화도 회군

고려 말 명이 철령 이북 영토를 요구하자 우왕과 최영은 명의 요구를 거부하고 요동을 공격하기로 하였다. 최영은 이성계에게 군사를 이끌고 요동을 공격하라고 명하였으나 전쟁에 승산이 없다고 판단한 이성계는 위화도에서 군사를 돌려 개경으로 향하였다. 위화도 회군 이후 최영을 제거한 이성계는 신진 사대부 세력과 함께 개혁을 추진하였다.

자료 분석 위화도 회군

제시된 자료는 이성계가 위화도에서 회군하여 개경으로 진격할 당시 이동 경로를 표시한 지도이다. 위화도는 압록강 하류에 있는 작은 섬이다.

5 조선의 지방 행정

고려 시대에서는 모든 군현에 수령이 파견되지 못하였다. 따라서 수령이 파견되지 않은 속현은 수령이 파견된 주현의 지배를 받았고, 세금을 걷는 등 행정 업무는 속현의 향리가 맡았다. 그러나 조선 시대에는 고을을 크기에 따라 부·목·군·현으로 나누고 대부분의 군현에 수령을 파견하였다. 조선은 중앙에서 대부분의 고을에 직접 수령을 파견하였다는 점에서 고려보다 중앙 집권 체제가 강화된 국가였다. 수령은 국왕의 대리인 역할을 하며 고을의 행정, 사법, 군사와 관련된 모든 권한을 가지고 있었다.

선택지 분석

① 중앙 집권 통치를 강화하기 위해 (O)

② 붕당 사이의 대립을 완화하기 위해 (X)

→ 붕당 사이의 대립을 완화하기 위해 시행한 것은 탕평책이다.

③ 훈구 세력의 권력 독점을 막기 위해 (X)

→ 훈구 세력의 권력 독점을 막기 위해 성종과 중종은 사림 세력을 등용하였다.

④ 백성들의 군포 부담을 덜어주기 위해 (X)

→ 영조는 균역법을 실시하여 군포를 1년에 2필에서 1필로 줄여주었다.

⑤ 유교적 소양을 갖춘 관리를 양성하기 위해 (X)

→ 조선에서는 과거제를 시행하여 유교적 소양을 갖춘 관리를 선발하였다.

6 붕당의 형성

㉠에 들어갈 말은 '붕당'이다. 동인과 서인은 상대 붕당의 입장을 존중하고 학문적 차이를 인정하면서 서로 비판하고 견제하면서 조선의 정치를 이끌어 나갔다.

3일 필수 **체크 전략 ❶**　　　　20~23쪽

1-1 ③	1-2 ④	2-1 ②	2-2 ①
3-1 ③	3-2 ①	4-1 ③	4-2 ⑤

1-1 임진왜란

밑줄 친 전쟁은 임진왜란이다. 임진왜란 초기 조선의 관군은 패배를 거듭하여 20여 일 만에 한성이 함락되었고 선조는 의주까지 피란을 갔다. ③ 인조가 남한산성으로 피신한 것은 병자호란 때의 일이다.

1-2 주화론과 척화론의 대립

후금의 세력이 강성해져 국호를 '청'으로 고치고 조선에 임금과 신하의 관계를 맺자고 요구했다. 그러자 조선에서는 주화론과 척화론으로 의견이 나뉘었다. 주화론 측 주장은 지금 조선의 국력으로는 청과 전쟁할 수 없으니 청의 요구를 받아들이자는 것이었다. 척화론 측 주장은 임진왜란 당시 명이 조선을 도와주었던 의리를 저버릴 수 없으므로 청에 맞서 싸우자는 것이었다.

선택지 분석

① 훈련도감이 설치되었다. (X)

→ 훈련도감은 임진왜란을 계기로 설치되었다.

② 에도 막부가 수립되었다. (X)

→ 임진왜란이 끝난 후 일본에서 내전이 일어나 에도 막부가 수립되었다.

③ 효종이 북벌을 준비하였다. (X)

→ 효종은 병자호란의 치욕을 씻고 명의 원수를 갚기 위해 북벌을 추진하였다.

④ 청이 조선에 군신 관계를 요구하였다. (O)

⑤ 서인이 정변을 일으켜 인조를 왕으로 추대하였다. (X)

→ 광해군이 명과 후금 사이에서 중립 외교를 펼치고, 영창대군을 죽이고 인목대비를 유폐하자 서인은 인조반정을 일으켰다.

2-1 대동법

자료에서 설명하는 제도는 대동법이다. 조선의 조세 제도는

토지세인 전세, 지역의 토산물을 납부하는 공납, 노동력을 징발하는 역으로 이루어져 있었다. 공납은 각 집마다 토산물을 바쳐야 했기에 가난한 농민에게는 큰 부담이 되었다. 또 그 지역에서 생산되지 않는 토산물을 바치게 하거나 자연재해 등으로 생산이 어려운 경우에도 반드시 토산물을 바치게 하여 여러 가지 문제가 나타났다. 광해군 때 경기도에 처음 대동법을 도입하여 공납의 문제를 해결하고 국가 재정을 확보하려 하였다. 대동법에서는 공납을 부과하는 기준을 토지로 삼고 옷감이나 쌀, 동전 등으로 납부하게 하였다. 대동법이 실시되면서 토지가 없는 농민은 공납을 내지 않아도 되어 부담이 크게 줄어들었다.

더 알아보기 조선 후기 수취 제도의 변화

대동법	• 광해군 때 도입 → 이후 100여 년에 걸쳐 전국으로 확대 • 집마다 토산물을 내던 공물 납부 방식 변경 → 토지 결 수를 기준으로 쌀, 무명, 베, 동전 등을 납부
영정법	• 인조 때 도입 • 풍년이나 흉년에 상관없이 토지 1결당 4두씩 내도록 전세를 고정
균역법	• 영조 때 도입 • 1년에 2필씩 내던 군포를 1필로 줄임 → 줄어든 군포 수입을 보충하기 위해 결작미 징수, 선무군관포 징수

2-2 환국

예송 논쟁을 거치면서 남인과 서인 사이의 대립은 점차 심해졌다. 숙종 때에는 정국을 주도하는 붕당이 급격하게 바뀌는 환국이 여러 차례 일어났다. 서인과 남인은 권력을 잡으면 상대 붕당에 대해 가혹한 보복과 탄압을 가하였다. 이 시기에는 상대 붕당을 인정하면서 상호 비판, 견제하며 정치를 운영하던 붕당 정치의 원리가 무너졌다.

3-1 장용영

영조의 손자로 왕위를 계승한 정조는 영조의 탕평책을 더욱 적극적으로 시행하였다. 기존의 5군영을 노론 세력이 장악하게 되자 정조는 장용영을 설치하여 왕권을 뒷받침하는 군사적 기반으로 삼았다.

3-2 세도 정치

제시된 자료는 세도 정치 시기 매관매직이 벌어지는 모습을 나타낸 것이다. 영조와 정조의 탕평책은 붕당 간 대립은 완화하고 왕권을 강화하였지만, 왕의 신임을 받았던 소수의 세력에게 권력이 집중되는 문제점도 나타났다. 정조가 죽은 뒤 나이 어린 순조가 왕위에 오르자 왕의 장인인 김조순이 권력을 장악하였다. 이후 순조, 헌종, 철종 3대 60여 년간 왕실의 외척에 의한 세도 정치가 시작되었다. 세도 정치 시기에는 안동 김씨, 풍양 조씨, 반남 박씨 등 소수의 세도 가문이 권력을 장악하여 왕권은 위축되었고 정치 기강은 문란해졌다.

② 붕당이 형성된 것은 선조 때의 일이다.
③ 영조는 『속대전』을 편찬하여 제도를 재정비하였다.
④ 수원 화성은 정조 때 건설되었다.
⑤ 두 차례 발생한 예송 논쟁은 모두 현종 때의 일이다.

더 알아보기 세도 정치

배경	정조 사후 어린 순조가 즉위 → 외척 세력이 권력 독점 → 왕실의 외척 가문을 비롯한 소수의 가문이 권력을 독점하게 됨
전개	• 순조, 헌종, 철종 3대 60여 년 동안 전개 • 안동 김씨, 풍양 조씨 등 세도 가문이 주요 관직 장악 • 왕권 위축
폐단	• 정치 기강 문란: 매관매직 성행 등 • 삼정의 문란: 탐관오리의 수탈 강화

4-1 공명첩

조선 후기 재정이 부족해진 정부는 돈이나 곡식을 받고 명예 관직 임명장인 공명첩을 발급해 주었다. 공명첩을 받아 양반 신분을 얻게 되면 여러 가지 혜택을 얻을 수 있었으므로 부유해진 일부 농민과 상인들은 공명첩을 사들였다. 이처럼 조선 후기에는 양반 중심의 신분제가 흔들려 양반의 수가 증가하고 상민과 천민의 수가 줄어들었다.

4-2 조선 후기 농민 봉기

세도 정치 시기 정치 기강이 문란해지면서 탐관오리들의 수탈이 심해졌다. 홍경래의 난은 서북 지역에 대한 차별과 세도 정권의 수탈이 원인이 되어 일어났다. 임술 농민 봉기의 출발점인 진주 농민 봉기는 경상도 우병사 백낙신의 수탈이 원인이 되어 일어났다.

선택지 분석

① 봉기가 전국적으로 확대되었다. (×)

→ 홍경래의 난은 평안도 지역을 중심으로 일어났다.

② 탕평책이 제기되는 계기가 되었다. (×)

→ 붕당 사이의 대립이 심해지며 숙종 때 처음 탕평책이 제기되었고, 영조와 정조 때 추진되었다.

③ 삼정의 문란이 근본적으로 해결되었다. (×)

→ 삼정의 문란을 바로잡기 위해 삼정이정청을 설치하였으나 큰 성과를 거두지 못하였다.

④ 국왕의 중립 외교 정책에 반대하여 일어났다. (×)

→ 광해군의 중립 외교 정책에 반발한 서인 세력은 인조반정을 일으켰다.

⑤ 세도 정치 시기 관리들의 수탈이 원인이 되어 일어났다. (○)

선택지 분석

① 조광조가 현량과 실시를 주장하였다. (×)

→ 중종은 훈구 세력을 견제하기 위해 조광조를 비롯한 사림 세력을 등용하였다.

② 명과 후금 사이에서 중립 외교를 펼쳤다. (○)

③ 서인 세력의 지지를 얻어 왕위에 올랐다. (×)

→ 서인 세력은 인조반정을 일으켜 광해군과 북인 정권을 몰아내고 인조를 왕으로 추대하였다.

④ 청 태종이 직접 군대를 이끌고 조선을 침략하였다. (×)

→ 병자호란이 일어나자 인조는 남한산성으로 피신하였다.

⑤ 환국이 일어나 서인이 물러나고 남인이 정권을 차지하였다. (×)

→ 숙종은 집권 붕당을 급격히 교체하는 환국을 일으켰다.

3일 필수 체크 전략 ❷   24~25쪽

1 ⑤   **2** ②   **3** ⑤   **4** ③   **5** ①   **6** ①

1 조선 후기 통치 제도의 변화

왜란과 호란을 겪은 뒤, 조선에서는 통치 제도에 다양한 변화가 나타났다. 비변사를 중심으로 정치 운영이 이루어지면서 의정부와 6조의 권한은 약해졌다. 숙종 때 여러 차례 환국을 거치면서 붕당 간 대립은 더욱 커졌다. 군사제도에서는 훈련도감을 시작으로 5군영을 새로 설치하였고, 지방군으로는 속오군이 편성되었다. ⑤ 사화가 발생한 것은 조선 전기의 일이다.

2 광해군

밑줄 친 국왕은 광해군이다. 광해군은 임진왜란이 일어나자 세자로 책봉되었다. 광해군은 전쟁의 와중에 임시로 세운 조정을 이끌며 적의 공격을 막아내고 민심을 수습하였다. 왕위에 오른 이후에는 자신을 지지해준 북인 세력과 함께 전쟁의 피해를 복구하기 위해 노력하였다. 재정 수입을 늘리기 위해 불타버린 토지 대장과 호적을 다시 정비하고 대동법을 처음 시행하였다. 성곽과 무기를 수리하여 국방력 강화에도 힘썼다. 광해군은 중국에서 명과 후금 사이에 전쟁이 벌어지자 중립 외교를 펼쳤다.

3 훈련도감

임진왜란이 일어나자 조선의 중앙군은 제 역할을 다하지 못하고 패배를 거듭하였다. 이에 조선 정부에서는 삼수병으로 구성된 훈련도감을 설치하였다. 삼수병은 포수(조총), 사수(활), 살수(창, 칼)로 구성되어 있었다. 훈련도감은 일종의 직업군인인 상비병으로 편성되었고 평안도와 함경도를 제외한 전국 여러 곳에서 징수한 세금으로 군인들에게 급여를 주었다.

4 임진왜란과 병자호란

임진왜란이 일어난 지 20여 일 만에 한양이 함락되자 선조는 의주까지 피란을 갔다. 임진왜란 당시 조선에 지원군을 파병한 명의 국력이 쇠약해지고 후금이 강성해졌다. 광해군은 후금과 명 사이에 중립 외교를 펼쳤으나, 서인들의 반발을 사 인조반정이 일어나게 되었다. 인조와 서인 정권은 후금을 배척하고 명을 가까이하는 정책을 펼쳤다. 더욱 세력이 강성해진 후금은 나라 이름을 청으로 바꾸고 조선을 공격하였다. 병자호란이 일어나자 인조는 청에 항복하였다. 이후 효종 때에는 청을 공격하여 명에 대한 의리를 지키자는 북벌론이 제기되었다.

5 대동법

자료에서 설명하는 제도는 대동법이다. 대동법의 시행으로 공납을 쌀이나 옷감, 동전 등으로 내게 되었다.

① 쌀, 옷감, 동전 등으로 납부하였다. (○)

② 1년에 2필씩 내던 군포를 1필로 줄였다. (×)

→ 영조 때 시행한 균역법에 대한 설명이다.

③ 붕당 간 대립을 줄이고 왕권을 강화하였다. (×)

→ 영조와 정조는 탕평책을 시행하여 붕당 간 대립을 줄이고 왕권을 강화하였다.

④ 양반부터 노비까지 모두 포함된 군사 제도였다. (×)

→ 속오군에 대한 설명이다.

⑤ 풍년이나 흉년에 상관없이 전세를 고정하였다. (×)

→ 인조 때 시행한 영정법에 대한 설명이다.

6 조선 후기 신분제의 동요

조선 후기 상품 화폐 경제가 발달하면서 부유한 양인들이 등장하였다. 부를 축적한 농민이나 상인들은 양반 신분을 얻기 위해 애를 썼다. 중인들도 관직 진출 제한을 없애달라고 요구하였고, 노비들도 자신의 신분에서 벗어나기 위해 노력하였다. 조선 후기에는 양반 중심의 신분 질서가 크게 흔들리게 되어 양반의 수가 늘어나고 양인이나 천민의 수는 줄어들었다.

더 알아보기 조선 후기 신분제의 변화

• **양반층의 분화:** 소수의 유력 가문이 권력을 독점하는 한편 향촌 사회에서 겨우 위세를 유지하는 양반도 생겨났다. 농민의 처지와 다를 바 없이 몰락한 양반을 잔반이라 불렀다.

• **중인층의 신분 상승 운동:** 서얼들은 집단 상소 운동을 통해 주요 관직에 대한 제한을 철폐하였다. 이에 기술직 중인들도 대대적인 상소 운동을 벌였으나 성과를 거두지 못하였다.

• **정부의 대응:** 신분제의 동요로 양인의 숫자가 줄자 순조 때 공노비를 해방하여 군역 대상자를 확보하고 국가 재정을 확보하고자 하였다.

4일	**교과서 대표 전략 ❶**			26~29쪽
1 ①	**2** ④	**3** ④	**4** ③	**5** ⑤
6 ②	**7** ②	**8** ⑤	**9** ②	**10** ①
11 ①	**12** ③	**13** ④		

1 이성계와 조선 건국

자료의 인물은 태조 이성계다. 고려 말 대표적인 신흥 무인 세력이었던 이성계는 위화도 회군을 계기로 권력을 장악하였다.

이후 새로운 왕조 건설에 찬성하는 신진 사대부 세력과 함께 조선을 세우고 한양을 새 나라의 도읍으로 삼았다.

① 한양으로 도읍을 옮겼다. (○)

② 두 차례 왕자의 난을 일으켰다. (×)

→ 태종 이방원에 대한 설명이다.

③ 새로운 왕조 개창에 반대하였다. (×)

→ 이색, 정몽주 등 신진 사대부는 고려의 개혁에는 찬성하였으나, 새로운 왕조를 수립하는 것은 반대하였다.

④ 집현전을 설치하여 학자를 양성하였다. (×)

→ 세종에 대한 설명이다.

⑤ 나이 어린 조카를 몰아내고 왕위에 올랐다. (×)

→ 세조(수양대군)은 조카인 단종을 몰아내고 왕위에 올랐다.

2 국가 체제 정비

조선의 중앙 정치는 의정부와 6조를 중심으로 운영되었다.
④ 조선은 전국을 8도로 나누고 각 도에 관찰사를 파견하였다. 관찰사는 지방 군현에 파견된 수령을 지휘·감독하였다.

3 여진과 교린 관계

조선 전기 외교 정책의 기본 방향은 사대와 교린이었다. 태종 이후 명을 사대하면서 안정적인 관계를 유지하였다. 여진과 일본 등 주변국과는 교린 정책을 시행하였다. 제포·부산포·염포를 개항해 일본과의 무역도 제한적으로 허용하고, 조선에 협력하거나 귀순하는 여진인, 일본인에게는 관직과 토지를 하사하였다. 반면 여진이 국경을 넘어와 약탈을 일삼자 여진을 몰아내고 4군 6진을 설치하였고, 왜구를 소탕하고자 쓰시마섬을 토벌하는 등 강경책도 병행하였다.

자료 분석 4군과 6진

제시된 자료는 세종 때 개척한 4군과 6진을 나타낸 지도이다. 여진족이 국경을 넘어 침입해오자 세종은 단순히 여진족을 쫓아내는 것에 그치지 않고, 4군과 6진을 개척하여 북방의 영토를 확장하였다.

4 훈구와 사림

제시된 자료 (가)는 사림이고 (나)는 훈구 세력에 관한 설명이다. ③ 훈구 세력은 조선 건국과 세조 즉위에 도움을 준 공신 세력들이 고위 관직을 차지하고 정치를 주도하면서 형성되었다. 이들은 국가에 세운 공로를 인정받아 많은 토지와 노비를 받았고 대를 이어 권력을 독점하면서 왕권을 제약하였다.

5 사림의 성장

제시된 자료는 사림의 계보를 나타낸 것이다.
⑤ 사림은 정몽주, 길재 등 고려 말 새로운 왕조 건설에 찬성하지 않았던 사대부들의 학문적 전통을 계승하였다. 사림은 선조 때 중앙 정치의 주도권을 장악하였다. 이후 사림은 조식, 이황을 따르는 영남학파는 동인, 이이, 성혼을 따르는 기호학파는 서인을 형성하였다.

6 유교 윤리의 보급

제시된 자료는 『삼강행실도』에 담긴 효자 최누백과 자로의 이야기이다. 유교를 통치 이념으로 삼은 조선은 유교 윤리를 사회에 널리 보급하기 위해 노력하였다. 세종 때에는 충신, 효자, 열녀 등 유교적 가치를 잘 지킨 인물들의 행적을 모아 『삼강행실도』를 편찬하였다.

선택지 분석

① 통치 규범을 마련하기 위해 (x) → 『경국대전』
② 유교 윤리를 사회에 보급하기 위해 (○)
③ 일식과 월식을 예측할 때 사용하기 위해 (x) → 『칠정산』
④ 우리 말을 소리 나는 대로 표기하기 위해 (x) → 훈민정음
⑤ 각 지방의 실정과 풍속 등을 정리하기 위해 (x) → 『동국여지승람』

7 백자의 유행

조선에서는 분청사기와 백자가 많이 제작되었다. 고려청자에 비해 조선의 자기들은 검소하고 깨끗한 느낌을 주는 것이 특징이다.
①은 거북선, ②는 백자 끈무늬 병, ③은 「천상열차분야지도」, ④는 『훈민정음 해례본』, ⑤는 안견의 「몽유도원도」이다.

다음과 같은 도자기들이 유행할 당시 볼 수 있는 모습으로 옳지 <u>않은</u> 것은?

① 「몽유도원도」를 감상하는 양반
② 『팔만대장경』 제작에 참여하는 장인
③ 측우기를 통해 강우량을 파악하는 농부
④ 『농사직설』에 담긴 방법대로 농사 짓는 농부
⑤ 『칠정산』을 활용하여 일식을 계산하는 관리

해설 분청사기와 백자가 유행한 것은 조선 전기의 일이다. 『팔만대장경』은 몽골의 침입이 있었던 고려 후기 제작되었다.
답 ②

8 임진왜란

제시된 삽화와 관련된 전쟁은 임진왜란이다. 임진왜란 초기 조선의 관군은 패전을 거듭하였으나 이순신이 이끄는 수군은 옥포, 당포, 한산도 등지에서 승리를 거두었다. 이순신과 수군의 승리로 바닷길을 통해 식량을 보급하며 진격하려는 일본군의 계획은 좌절되었다.

선택지 분석

① 북벌론이 제기되었다. (x)
→ 병자호란에서 패한 뒤 조선에서는 북벌론이 제기되었다.
② 국왕은 남한산성으로 피신했다. (x)
→ 병자호란 때의 일이다.
③ 명은 조선에 군사 지원을 요청하였다. (x)
→ 임진왜란 이후 성장한 후금이 명을 위협하자 명은 조선에 군사 지원을 요청하였다. 광해군은 강홍립을 파견하였다.
④ 조선에서 주화론과 척화론이 대립하였다. (x)
→ 후금이 조선에 군신 관계를 요구하자 조정에서는 주화론과 척화론으로 입장이 나뉘었다.
⑤ 이순신과 수군이 한산도 전투에서 승리하였다. (○)

9 병자호란

명과 후금 사이에서 중립 외교를 펼쳤던 광해군은 인조반정으로 폐위되었다. 인조와 서인 정권이 후금을 배척하고 명을 가

까이하려는 정책(친명배금 정책)을 펼치자 두 차례의 호란이 발생하였다.

더 알아보기 호란의 발생

정묘호란	인조반정 이후 친명배금 정책 → 물자 부족을 해결하고 후방을 안정시키기 위해 후금이 조선을 침략(1627) → 후금과 조선이 형제 관계를 맺고 화의
병자호란	후금이 국호를 청으로 바꾸고 조선에 군신 관계 요구 → 조선에서 주화론과 척화론이 대립 → 청 태종이 직접 군대를 이끌고 조선을 침략(1636) → 인조는 남한산성으로 피신 → 삼전도에서 청과 화의

10 조세 제도의 변화

자료는 대동법의 도입에 관해 설명한 내용이다. 대동법은 토지 결수를 기준으로 세금을 부과하여 쌀, 베, 무명, 화폐 등으로 납부하도록 하였다. ㄷ은 균역법에 대한 설명이고, ㄹ은 영정법에 대한 설명이다.

11 탕평책

제시된 자료는 영조가 탕평책을 시행하겠다는 의지를 발표한 것이다. 영조는 잘못된 붕당 정치를 바로잡고 왕권을 강화하기 위해 탕평 정치를 시행하였다. 그러나 탕평책은 강력한 왕권이 붕당 간의 다툼을 일시적으로 억누른 것일 뿐, 폐단이 완전히 해결된 것은 아니었다.

12 세도 정치

순조, 헌종, 철종 3대 60여 년간 세도 정치가 전개되었다. 이 시기에는 안동 김씨, 풍양 조씨 등 왕실의 외척 세력이 정권을 차지하면서 왕권은 크게 위축되었다. 정치 기강이 문란해지면서 관직을 사고파는 일이 자주 일어났고, 과거제도 제대로 운영되지 못하였다. 탐관오리들은 백성을 수탈하여 세도 가문에 뇌물을 바치려 했고 이 때문에 삼정의 문란이 심해져 백성들의 삶이 매우 어려워졌다.

13 홍경래의 난과 임술 농민 봉기

자료 (가)는 진주 농민 봉기 당시의 상황을 나타낸 자료이다. 부패한 관리의 수탈을 견디지 못한 진주의 농민들은 몰락 양반 유계춘을 중심으로 봉기하였다. 봉기는 곧 이웃 마을로 퍼졌고 이후 전국으로 확대되어 봉기가 일어났는데 이를 임술 농민 봉기라 한다.

자료 (나)는 홍경래가 난을 일으키면서 발표한 포고문이다. 홍경래는 서북 지역에 대한 차별과 세도 정권의 수탈에 저항하여 평안도에서 봉기하였다. 정부에서는 이러한 농민 봉기를 수습하고 삼정의 문란을 수습하기 위해 삼정이정청을 설치하였으나 큰 성과를 거두지 못하였다.

더 알아보기 임술 농민 봉기

배경	삼정의 문란과 탐관오리의 수탈 심화
전개 과정	경상도 단성에서 시작 → 진주 농민 봉기 → 삼남 지방을 중심으로 전국적 확산
정부의 대응	관리들의 부정과 비리 조사, 삼정의 문란 시정 → 큰 성과를 거두지는 못함
의의	농민들의 사회의식 성장

4일 교과서 대표 전략 ❷　　30~31쪽

1 ③	2 ①	3 ⑤	4 ②	5 ④
6 ④	7 ③	8 ②		

1 세종

밑줄 친 '국왕'은 세종이다. 세종은 왕권과 신권이 조화를 이루는 이상적인 유교 정치를 실현하고자 노력하였다. ③『경국대전』은 세조 때 편찬되기 시작하여 성종 때 완성되었다.

2 3사

조선에서는 권력의 독점과 부정을 막기 위해 3사를 설치하였다. 3사는 관리의 부정부패를 감찰하는 사헌부, 국왕이 바른 정치를 할 수 있도록 건의하는 사간원, 정책 자문과 경연을 담당하는 홍문관으로 구성되었다.

쌍둥이 문제 ❷

조선 시대 언론 기관의 역할을 담당했던 기구들로 바르게 짝지어진 것은?

① 성균관, 향교, 서원
② 의정부, 비변사, 6조
③ 춘추관, 의금부, 한성부
④ 사헌부, 사간원, 홍문관
⑤ 집현전, 규장각, 홍문관

해설 조선 시대에는 3사를 설치하여 언론 기관 역할을 맡겼다. 3사는 사헌부, 사간원, 홍문관을 가리킨다.
답 ④

3 붕당의 형성

선조 때 사림은 김효원을 중심으로 한 동인과 심의겸을 중심으로 한 서인으로 나뉘어 붕당을 형성하였다. 왕실의 외척 세력과 훈구 세력에 대한 처리를 둘러싸고 사림 내부에 갈등이 일어났다. 사림은 훈구 세력을 철저히 배척하자는 입장과 사림에 우호적이었던 훈구 세력은 포용하자는 입장으로 나뉘었다. 두 세력은 이조 전랑 임명 문제를 두고 갈등이 더욱 심해져 결국 붕당을 형성하였다.

4 『조선왕조실록』

자료에서 설명하는 서적은 『조선왕조실록』이다. 실록은 왕이라고 해도 내용을 함부로 보거나 수정할 수 없었기 때문에 객관적이고 공정하게 기록될 수 있었다.

선택지 분석

① 조선의 통치 규범을 확립하였다. (×) → 『경국대전』

② 각 국왕 대의 역사를 기록하였다. (○)

③ 가정에서 지켜야 할 예법을 정리하였다. (×) → 『주자가례』

④ 글과 그림으로 유교 윤리를 설명하였다. (×) → 『삼강행실도』

⑤ 한글의 창제 원리와 사용법이 담겨 있었다. (×)

→ 『훈민정음 해례본』

5 임진왜란

ㄱ~ㄹ은 임진왜란 전개 과정에서 나타난 사실들이다. 1592년, 일본군은 명을 공격하기 위한 길을 빌려달라는 구실을 내세우며 조선을 침략하였다. 부산진과 동래성을 함락한 일본군은 빠른 속도로 진격하였다. 육지에서는 관군이 패전을 거듭하였으나 바다에서는 이순신이 이끄는 수군이 승리하였다. 옥포에서 첫 승전을 거둔 이순신은 당포, 한산도 등에서 연전연승을 기록하였다. 또한 명의 지원군이 참전하였고, 전국 각지에서 의병의 활약하였다. 전쟁이 길어지게 되자 일본군은 휴전을 제의하였다.

3년에 걸친 휴전 회담은 일본 측의 무리한 요구로 결렬되었고 일본은 조선을 다시 침략하였으니 이를 정유재란이라 한다. 이후 도요토미 히데요시가 죽자 일본군은 조선에서 철수하였는데, 이순신이 노량에서 물러나는 일본군을 무찔렀다. 전쟁이 끝난 후 일본에서는 내전이 일어났고 도쿠가와 이에야스가 에도 막부를 열었다.

임진왜란을 주제로 드라마를 만들 때 들어갈 수 있는 장면으로 옳지 않은 것은?

① 남한산성으로 피신하는 국왕

② 조총을 들고 진격하는 일본군

③ 한산도에서 학익진을 펼치는 판옥선

④ 의병에 가담할 것을 호소하는 곽재우

⑤ 평양성을 되찾으려는 조선과 명의 연합군

해설 임진왜란이 일어나자 선조는 의주까지 피란을 갔다. 국왕이 남한산성으로 피신한 것은 병자호란 때의 일이다.

답 ①

6 광해군

도표에서 설명하는 인물은 광해군이다. 광해군은 명과 후금 사이에서 중립 외교를 펼쳤는데 이는 의리와 명분을 중시하던 서인의 반발을 불러일으켰다. 광해군은 이복동생 영창대군을 유배 보내 죽게 만들었고, 영창대군의 어머니 인목 대비를 유폐하였다. 그러자 서인은 광해군이 유교 윤리를 저버렸다고 비판하며 인조반정을 일으켰다.

선택지 분석

① 북벌 정책을 추진하였다. (×)

→ 효종은 북벌 정책을 추진하여 성곽과 무기를 정비하고 군사력을 강화하려 하였다.

② 탕평 정치를 시행하였다. (×)

→ 영조와 정조는 탕평책을 추진하였다.

③ 서인 세력의 지지를 받아 왕위에 올랐다. (×)

→ 서인은 인조반정을 일으켜 광해군을 몰아내고 인조를 왕으로 추대하였다.

④ 명과 후금 사이에서 중립 외교를 펼쳤다. (○)

⑤ 전쟁이 일어나 남한산성으로 피신하였다. (×)

→ 병자호란이 일어나자 인조는 남한산성으로 피신하였다.

7 정조의 개혁 정치

정조는 왕실 도서관이었던 규장각을 개편하여 강력한 정치 기구로 삼았다. 정조는 규장각에서 개혁 정치를 뒷받침할 젊고 유능한 관리들을 길러냈고 서얼 출신을 검서관으로 등용하였다. 또한 친위 부대인 장용영을 설치하여 군사 기반으로 삼았다.

③ 훈련도감이 설치된 것은 임진왜란 중이었던 선조 때의 일이다.

8 조선 후기 경제 활동의 변화

ㄱ은 상평통보이다. 조선 후기에는 상업이 발달하면서 화폐의 유통이 활발해졌고 상평통보가 널리 쓰였다. ㄹ은 조선 후기 상업 활동과 대외 무역을 나타낸 지도이다. 이 시기에는 장시가 전국적으로 확대되어 한성, 평양, 개성 등 대도시에 상설 시장이 생겨나기도 하였다. 또 대규모 상업 활동을 벌이는 상인들도 출현하였는데 한성의 경강상인, 개성의 송상, 의주의 만상, 동래의 내상 등은 대상인으로 성장하였다. 이들은 국내 상업은 물론 청, 일본과의 국제 교역에도 활발히 참여하였다. ㄴ은 조선 전기에 만들어진 해시계 앙부일구이다. ㄷ은 영조가 성균관에 세운 탕평비이다.

누구나 합격 전략   32~33쪽

1 ⑤	2 ③	3 ⑤	4 ②	5 ④
6 ①	7 ①	8 ③		

1 국가 기틀의 확립

태조 이성계는 새로운 왕조를 열어 국호를 조선으로 정하고 한양으로 천도하였다. 이후 태종, 세종, 세조, 성종을 거치며 조선은 국가의 기틀을 마련해 나갔다. 세종은 집현전을 설치하여 학자를 양성하였고, 경연을 열어 신하들과 정책을 토론하였다. 성종 때 『경국대전』을 완성하면서 조선은 유교 중심의 국가 통치 질서를 확립하였다.

> **더 알아보기**   조선 전기 국가 기틀의 확립

태종	• 왕자의 난을 통해 반대 세력을 제거하고 즉위 • 공신과 왕자들의 사병 혁파 • 호패법 실시
세종	• 집현전 설치 • 경연 활성화 • 4군 6진 개척, 쓰시마 정벌 • 훈민정음 반포 • 자격루와 측우기 제작, 『칠정산』 편찬, 『농사직설』 편찬 등 문물 제도 정비
세조	• 단종을 몰아내고 즉위 • 강력한 왕권 추구: 집현전과 경연 폐지, 의정부 권한 약화 • 『경국대전』 편찬 시작
성종	• 홍문관 설치, 경연 재개 • 『경국대전』 완성

① 과전법을 시행하였다. (×)

→ 고려 말 이성계와 신진 사대부가 시행한 개혁의 내용이다.

② 병자호란이 일어났다. (×)

→ 병자호란이 일어난 것은 인조 때의 일이다.

③ 일본군이 동래성을 함락하였다. (×)

→ 일본군이 동래성을 함락한 것은 임진왜란 때의 일이다.

④ 이성계가 위화도에서 회군하였다. (×)

→ 고려 말 우왕과 최영은 이성계에게 요동 정벌을 명하였으나 이성계는 요동 정벌에 반대하여 위화도에서 회군하였다.

⑤ 집현전을 설치하여 학자를 양성하였다. (○)

2 과거제

조선에서는 국가 운영에 필요한 인재를 뽑기 위해 과거제를 시행하였다. 과거는 문관을 뽑는 문과, 무관을 뽑는 무과, 기술관을 뽑는 잡과로 나뉘었고, 대체로 3년마다 시행하였다. 음서나 천거제도 운영되었으나 과거에 합격하지 않으면 높은 관직에 오르기 어려웠고, 음서의 혜택을 받는 대상도 고려 때보다 많이 줄어들었다. ① 천민은 법적으로 과거에 응시할 수 없었다. ② 천거제에 대한 설명이다. 천거제는 관리의 추천을 받아 개인의 능력을 기준으로 관리를 선발하는 제도였다. ④ 봉수제에 대한 설명이다. ⑤ 서원에 대한 설명이다.

> **더 알아보기**   과거

조선의 과거는 문과, 무과, 잡과로 나뉘었다. 문관을 뽑는 시험은 소과와 대과가 있었는데 소과에 합격하면 성균관에 입학할 수 있는 자격과 대과를 볼 수 있는 자격이 주어졌다. 문과는 바로 이 대과를 의미했다. 천민이 아니면 누구나 과거에 응시할 수 있었지만 문과는 주로 양반이 응시하였다. 문과는 유교적 소양을 갖추고 있는지를 시험하였다. 무과는 양반을 비롯하여 상민들도 응시하였는데, 무예 실력과 병서를 잘 이해하고 있는지를 시험하였다. 잡과는 주로 중인이 응시하였다. 잡과에는 통역관을 뽑는 역과, 의원을 뽑는 의과, 법률 관련 하급 관리를 뽑는 율과, 천문 관련 기술직 관리를 뽑는 음양과가 있었다. 과거의 최종 시험인 전시에서는 국왕이 직접 시험장에 나와 문제를 내고 답안을 채점하였는데 잡과에서는 전시가 시행되지 않았다.

3 조선 후기 경제 활동의 변화

㉠은 서원이다. 사림은 지방 곳곳에 서원을 세워 성리학 이념을 널리 보급하고 정치 여론을 모아 세력을 키웠다. 서원에서는 이름난 유학자를 제사 지내고 성리학을 연구하며 지방 양

반 자제를 교육하였다. 국가에서는 서원 설립을 장려하고 몇몇 서원을 사액 서원으로 정하기도 했다. 사액 서원이란 왕이 서원의 이름이 적힌 현판을 하사한 서원을 말한다. 사액 서원은 세금을 내지 않았기 때문에 사액 서원이 많이 생겨났던 조선 후기에는 문제가 발생하기도 했다.

① 관리의 잘못을 감찰하였다. (×) → 사헌부

② 훈구 세력의 기반이 되었다. (×)

→ 사림은 서원을 기반으로 향촌 사회에 영향력을 키워나갔다.

③ 조선의 최고 교육 기관이었다. (×) → 성균관

④ 『실록』을 편찬하는 일을 담당하였다. (×)

→ 국왕이 승하하면 춘추관에서는 실록청을 설치하여 실록 편찬 작업을 시작하였다.

⑤ 유학자의 제사를 지내고 성리학을 연구하였다. (○)

4 훈민정음

밑줄 친 글자는 훈민정음이다. 훈민정음의 창제로 우리말을 제대로 표기할 수 있는 새롭고 독자적인 문자를 갖게 되었다. 세종은 훈민정음을 창제하기 위해 성삼문 등 집현전 학자들을 중국에 파견해 자료를 수집하게 하였다. 조선 왕실의 덕을 노래한 『용비어천가』, 유교 윤리서인 『삼강행실도』 등 여러 서적이 훈민정음으로 발행되었다.

① 성종 때 완성되었다. (×)

→ 훈민정음은 세종 때 완성되었다.

② 훈민정음이라고 불렀다. (○)

③ 서원에서 이 글자를 가르쳤다. (×)

→ 서원을 성리학을 연구하는 기관이었다.

④ 『경국대전』은 이 글자로 작성되었다. (×)

→ 훈민정음을 활용하여 유교 윤리서, 농서 등 기술 서적을 편찬하였다. 그러나 국가의 공식적인 문서나 과거 시험에는 여전히 한자가 쓰였다.

⑤ 양반 지배층을 중심으로 널리 사용되었다. (×)

→ 양반 지배층은 한자를 주로 사용하였다.

5 병자호란

제시된 자료는 병자호란 당시 인조가 피신해 있던 남한산성의 상황을 담은 글이다. 병자호란이 일어나자 인조와 신하들은 남한산성으로 피신을 갔으나 청군에 포위되고 말았다. 구원병

이 청군에게 패하는 등 상황이 어려워지자 결국 인조는 성을 나와 삼전도에서 청 태종에게 항복하였다.

① 명은 조선에 지원군을 보내주었어. (×)

→ 임진왜란이 일어나자 명은 조선에 지원군을 보내주었다.

② 인조반정이 일어나는 계기가 되었어. (×)

→ 광해군의 중립 외교와 폐모살제가 원인이 되어 인조반정이 일어났다.

③ 서양식 신무기인 조총을 처음 접하게 되었지. (×)

→ 임진왜란 이전에 조선은 조총의 존재를 알고 있었다.

④ 국왕이 남한산성으로 피신했을 당시 상황을 나타내고 있어. (○)

⑤ 휴전 회담이 결렬되어 일본이 다시 침략했을 때 일어난 일이군. (×)

→ 정유재란에 관한 설명이다.

다음과 같은 일이 벌어졌던 사건으로 옳은 것은?

> 용골대와 마부대가 성 밖에 와서 임금이 성을 나오도록 재촉하였다. …… 용골대 등이 인도하여 들어가 단 아래에 북쪽을 향해 자리를 마련하고 임금에게 자리로 나가기를 청하였는데 …… 임금이 세 번 절하고 아홉 번 머리를 조아리는 예를 행하였다.

① 병자호란

② 임진왜란

③ 홍경래의 난

④ 위화도 회군

⑤ 임술 농민 봉기

해설 병자호란이 일어나자 인조는 남한산성으로 피신하였다가, 결국 성을 나와 삼전도에서 청과 굴욕적인 화의를 맺었다.

답 ①

6 예송

자료는 현종 때 남인과 서인 사이에 벌어진 예송 논쟁을 나타낸 그림이다. 유교를 통치 이념으로 삼았던 조선에서 의례에 관한 일은 매우 중요하게 여겨졌다. 예송 논쟁은 왕실 의례 중 상복을 입는 기간을 두고 남인과 서인이 대립한 사건이다. 둘째 아들로 왕위에 오른 효종을 장자로 대우할 것인지, 차자(둘째 아들)로 대우할 것인지에 대해 남인과 서인이 서로 다른 입장을 내세웠다. 예송 논쟁이 일어나면서 붕당 간 갈등은 더욱 깊어졌다.

더 알아보기 예송 논쟁의 경과

구분	1차 예송	2차 예송
논쟁의 대상	인조의 왕비(효종의 계모)인 자의 대비가 상복을 입는 기간	
각 붕당의 주장	• 서인: 효종은 둘째 아들로 왕위를 계승했으므로 일반 사대부와 같이 둘째 아들의 예를 따라 상복을 입어야 함 • 남인: 효종은 왕위를 계승했으니 일반 사대부와 다르게 큰아들로 대우해서 상복을 입어야 함	
계기	효종의 사망	효종의 왕비가 사망
주장	• 서인: 1년 • 남인: 3년	• 서인: 9개월 • 남인: 1년
결과	서인의 주장 채택	남인의 주장 채택

7 비변사

㉠은 비변사이다. 원래 비변사는 국경에 문제가 생기거나 왜적의 침입 등이 일어날 때마다 임시로 설치하던 기관이었다. 그러나 임진왜란을 거치면서 전쟁 수행을 위한 최고 기관이 되었고, 비변사의 기능이 커지게 되었다. 조선 후기 비변사는 군사 문제만이 아니라 정치·경제·외교·문화 등 국가의 중대사를 모두 처리하는 최고 통치 기구로 자리 잡았다. 비변사의 기능이 커지면서 원래 중앙 정치의 중심 기구였던 의정부와 6조는 그 위상이 점점 약해졌다. ② 성균관은 조선의 최고 교육 기관으로 유학 교육을 실시하던 곳이었다. ③ 집현전은 세종이 설치한 기관으로 젊고 유능한 인재를 길러 정책을 연구하고 자문하도록 하였다. ④ 홍문관은 성종이 집현전을 계승하여 설치한 기구로 경연을 담당하고 왕실의 경서와 서적을 관리하였다. ⑤ 훈련도감은 조선의 중앙군으로 임진왜란 중 설치하였다.

8 모내기법(이앙법)

자료에서 설명하는 농사법은 모내기법(이앙법)이다. 모내기는 못자리에 볍씨를 뿌리고, 이 볍씨가 자라 모가 되면 논에 옮겨 심는 방법이다. 모내기법을 사용하면 잡초 제거에 드는 노동력을 줄일 수 있었다. 또 튼튼한 모를 골라 심을 수 있고 벼와 보리의 이모작이 가능해져 생산량을 늘릴 수 있었다. ㄱ. 볍씨를 논에 직접 뿌리는 것은 직파법이다. ㄹ. 조선 전기에는 정부에서 모내기법을 금지하였다. 왜냐하면 모내기를 할 때 비가 오지 않으면 벼가 완전히 말라 죽어 한 해 농사를 망칠 위험이 크기 때문이었다. 그러나 조선 후기에는 논에 물을 대는 수리 시설이 발달하였고, 양란 이후 황폐해진 토지를 개간하는 과

정에서 빨리 생산력을 높여야 했기 때문에 조선 정부는 모내기법을 금지할 수 없었다. 17세 중엽에 이르면 모내기법은 널리 확대되었다.

창의·융합·코딩 전략 34~37쪽

1 ④ 2 ② 3 ① 4 ② 5 ③
6 ④ 7 ⑤ 8 ④

1 태종 이방원

(가) 인물은 태종 이방원이다. 이성계의 다섯 번째 아들이었던 이방원은 조선의 건국에 앞서서 큰 공을 세웠다. 국왕 중심의 정치를 지향하였던 이방원은 재상 중심의 정치를 지향한 정도전과 대립하였다. 정도전이 이복동생인 막내 이방석을 세자로 세우자 이방원은 왕자의 난을 일으켜 정도전과 이방석을 제거하였다.

선택지 분석

① 훈민정음을 창제하였다. (×)

→ 훈민정음은 세종이 창제하였다.

② 북벌 정책을 추진하였다. (×)

→ 효종이 북벌을 추진하였다.

③ 집현전을 폐지하고 경연을 폐지하였다. (×)

→ 세조는 강력한 왕권을 추구하며 집현전과 경연을 폐지하였다.

④ 왕자의 난을 일으켜 반대파를 제거하고 왕위에 올랐다. (○)

⑤ 『경국대전』을 완성하여 조선의 통치 규범을 확립하였다. (×)

→ 성종 때 『경국대전』이 완성되면서 유교 중심의 통치 질서가 확립되었다.

더 알아보기 왕자의 난

제1차 왕자의 난	• 이방원이 반란을 일으켜 이복동생인 이방번, 이방석(세자)와 정도전 세력을 제거 • 태조의 둘째 아들인 이방과(정종)이 세자로 책봉되었으나 이방원이 실권을 장악
제2차 왕자의 난	• 태조의 넷째 아들이었던 이방간이 동생 이방원의 세력이 커지는 것에 불만을 품고 반란을 일으킴. • 이방간이 제거되고 이방원이 세자로 책봉됨.

2 봉수제

봉수제는 밤에는 횃불, 낮에는 연기를 통하여 국경 지역의 상황을 알리려는 제도였다. 봉수대에서 보내는 신호를 통해 긴급한 상황을 빠르게 전달할 수 있었다.

① 세금으로 거둔 곡식을 운송하기 위해 (×)

→ 조운제에 대한 설명이다.

② 국경의 위급 상황을 빠르게 알리기 위해 (○)

③ 유교적 능력을 갖춘 관리를 선발하기 위해 (×)

→ 과거제에 대한 설명이다.

④ 물자를 운반하고 다른 지역과 통신하기 위해 (×)

→ 전국 곳곳에 역참과 원을 설치하여 수송과 통신을 담당하게 하였다.

⑤ 유학자의 제사를 지내고 성리학을 연구하기 위해 (×)

→ 서원에 대한 설명이다.

3 사림의 성장과 유교 윤리의 보급

첫 번째 사진은 안동에 있는 병산 서원이고 두 번째 그림은 향약의 주요 덕목 중 하나인 '환난상휼'을 그림으로 표현한 것이다. 세 번째 사진은 유교 윤리를 담고 있는 『소학』이다. 사림은 서원과 향약을 바탕으로 향촌 사회에서 영향력을 키워나갔다. 또 향촌 사회에 유교 윤리를 전파하기 위해 유교 윤리 기본서인 『소학』, 가정에서 지켜야 할 유교적 예법을 정리한 『주자가례』 등 유교 서적을 보급하는 데 앞장섰다.

더 알아보기 향약의 주요 덕목

덕업상권	좋은 일은 서로 권한다.
과실상규	잘못된 일은 서로 경계한다.
예속상교	예의 바른 풍속으로 서로 사귄다.
환난상휼	어려운 일이 있으면 서로 돕는다.

4 조선 전기 과학 기술과 예술의 발달

ㄱ은 안견의 「몽유도원도」, ㄴ은 측우기, ㄷ은 백자 끈무늬 병, ㄹ은 『훈민정음 해례본』이다.

자료 분석 「몽유도원도」

「몽유도원도」는 '꿈속에서 도원(복숭아밭)을 거닐며 노는 그림'이라는 뜻이다. 세종의 셋째 아들인 안평대군이 꿈에서 이상 세계인 무릉도원을 보고 온 광경을 도화서 화원인 안견에게 그리게 한 작품이다. 「몽유도원도」는 현재 일본 덴리 대학에 소장되어 있다.

5 영조와 정조의 개혁 정치

영조는 탕평책을 추진하여 왕권을 강화하고 이를 바탕으로 다양한 개혁을 추진하였다. 태종 때 처음 설치하였던 신문고를 다시 설치하여 백성의 억울함을 풀어주고자 하였다. 정조 역시 할아버지인 영조와 같이 탕평책을 추진하였다. 정조는 규장각을 정비하여 인재를 길러내고, 장용영을 설치하여 자신의 군사 기반으로 삼았다. ③ 정조는 새로운 개혁 정치의 중심지로 만들기 위해 수원에 화성을 건설하였다.

6 수원 화성

정조는 수원에 화성을 건설하여 정치적·군사적·경제적 기능을 갖춘 도시로 만들고자 하였다. 수원 화성을 쌓을 때 정약용은 직접 거중기를 고안하여 공사 기간을 단축하고 건축 비용을 줄일 수 있었다. 『화성성역의궤』에는 정약용이 화성을 건축할 때 사용한 거중기의 완전한 모습과 각 부분을 분해한 그림이 실려 있다. ⑤ 조선 왕실의 위패를 모셔두는 곳은 종묘다.

7 조선 후기 신분제의 변화

⑤ 권문세족은 원 간섭기 지배 세력으로 높은 관직을 독점하고 권력을 세습하였다. 공민왕은 권문세족이 불법적으로 차지한 토지를 원래 주인에게 돌려주고, 강제로 노비가 된 사람을 풀어주기 위해 전민변정도감을 설치하였다.

더 알아보기 조선 후기 신분 상승을 위한 노력

합법적 방법	불법적 방법
• 납속: 돈이나 곡식을 바친 향리나 백성에게 관직을 수여하였다. • 공명첩: 부유층으로부터 돈이나 곡식을 받고 그 양에 따라 명예직 임명장을 발급하였다.	• 도망을 치거나 신분을 속여 양반 행세를 하였다. • 족보 위조: 양반의 족보를 위조하거나 구매하여 양반 행세를 하였다.

8 홍경래의 난

홍경래는 서북 지역에 대한 차별과 세도 정권의 수탈에 저항하여 1811년 평안도 가산에서 난을 일으켰다. 서북 지역은 성리학 보급이 늦었다는 이유로 무시당하였고, 평안도 출신은 과거에 합격해도 관직 진출에 차별을 받았다. 또 평안도 지역은 청과의 무역이 발달하고 은광 개발이 진행되면서 상공업이 활발해졌는데 세도 정권은 신흥 상공업 세력을 매우 수탈하였다.

정답과 해설 BOOK 2

2주 학문과 예술의 새로운 경향 ~ 평화통일을 위한 노력

1일 개념 돌파 전략 ❶ 40~43쪽

1강_학문과 예술의 새로운 경향~국민 국가의 수립

Q1 실학　**Q2** 사설시조　**Q3** 동학 농민 운동

1-1 ㉠-연행사, ㉡-통신사　**1-2** ④

2-1 장남을 우대함　**2-2** ㉠-판소리, ㉡-탈춤

3-1 3·1 운동　**3-2** ④

2강_자본주의와 사회 변화~평화 통일을 위한 노력

Q1 국채 보상 운동　**Q2** 6월 민주 항쟁

Q3 6·25 전쟁

4-1 국채 보상 운동　**4-2** ③

5-1 4·19 혁명　**5-2** ⑤

6-1 6·25 전쟁

6-2 ㉠-7·4 남북 공동 성명, ㉡-6·15 남북 공동 선언

1강_학문과 예술의 새로운 경향~국민 국가의 수립

1-1 연행사와 통신사

㉠은 연행사의 이동 경로이고, ㉡은 통신사의 이동 경로다. 조선 후기 청에 파견한 사절단을 연행사라 불렀는데, 청의 수도인 연경(베이징)에 파견된 사신이라는 뜻이었다. 일본에서는 에도 막부의 최고 권력자인 쇼군이 바뀔 때 조선에 통신사 파견을 요청하였다.

1-2 연행사

병자호란 이후 효종은 청에 당한 치욕을 씻고 청을 공격하자는 북벌을 추진하였으나 실현되지 못하였다. 연행사를 통해 청의 발달된 문물을 접하게 된 이후에는 청의 선진 문물을 배우자는 '북학론'이 제기되었다.

2-1 조선 후기 가족 제도의 변화

조선 전기에는 가족 제도에서 딸과 아들이 동등하게 대우받았으며, 재산도 자녀에게 균등하게 상속되었다. 그러나 17세기 이후 성리학이 일상생활까지 영향을 미치면서 부계 중심의 가족 제도가 점차 강화되었다. 장남이 제사를 지내는 것이 일반화되면서 재산 상속에서도 장남이 매우 우대되었다.

2-2 판소리와 탈춤

모내기법이 보급되면서 농업 생산력이 증대되고, 상품 화폐 경제가 발달하면서 서민층의 경제력이 향상되었다. 또 서당 교육이 확대되면서 서민층이 문화의 주체로 성장하였다. 장시나 포구와 같이 사람들이 많이 모이는 장소에서 판소리와 탈춤이 공연되었다.

더 알아보기　서민 문화의 발달

한글 소설	• 「홍길동전」, 「춘향전」, 「심청전」, 「흥부전」 등 → 현실 사회의 모순 비판, 서민의 감정을 솔직하게 표현 • 한글 소설책 대여점과 이야기꾼 등장
사설시조	• 평시조보다 형식이 자유로움 • 남녀 간의 사랑, 고달픈 현실, 양반에 대한 풍자 등을 솔직하게 표현
판소리	한 명의 소리꾼이 부채를 들고 북을 치는 고수의 장단에 맞추어, 줄거리가 있는 이야기를 창(소리), 아니리(말), 너름새(몸짓)를 섞어 가며 공연
탈춤	• 장시에서 탈을 쓰고 공연함. • 양반과 승려의 타락을 풍자하거나 서민들의 정서를 담아냄.

3-1 3·1 운동

제시된 자료는 1919년 3월 1...족 대표 33인이 인사동 태
화관에서 한국의 독립을 선...3·1 독립 선언서」다. 3·1 운
동은 민족 대표들이 표방한...력 평화 시위'로 출발했지만,
시위가 확산하는 과정에...이 대거 가담하고 폭력적 양상
도 나타났다. 이렇게...동의 주체가 되면서 항일 민족
운동의 주체가 다양...로 확대되는 계기가 되었다. 또
한 3·1 운동을 계기...는 통치 방식을 바꾸게 되었고, 통
일된 지도부의 ...되어 대한민국 임시 정부가 수립
되었다.

3-2 대한...역사상 최초로 삼권 분립에 기초한 민
대한민국...임시 의정원(입법), 국무원(행정), 법원
주 공...대한민국 임시 정부는 국내와 연락을 도
(사...금을 모집하기 위한 비밀 조직으로 연통제
모...하였다.

...치하였다. (×)
 ...은 정부와 전주 화약을 체결한 후 전라도 각지에 집강소를
   개혁안을 실천해 나갔다.

...를 폐지하였다. (×)
 ...개혁으로 신분제가 폐지되었다.

...'대한국 국제'를 반포하였다. (×)
 → 고종은 대한 제국 수립을 선포하고 '대한국 국제'를 반포하여 황제에게
   권력을 집중하였다.

④ 삼권 분립 체제를 갖추었다. (○)

⑤ 김옥균, 서재필, 박영효 등이 주도하였다. (×)
 → 김옥균 등 급진 개화파 세력은 갑신정변을 주도하였다.

2강_자본주의와 사회 변화~평화 통일을 위한 노력

4-1 국채 보상 운동

제시된 자료는 김광제·서상돈이 국채 보상 운동을 제창하며
1907년 2월 21일 자 「대한매일신보」에 게재한 내용이다. 국
채 보상 운동은 대한 제국이 일본으로부터 빌린 나라의 빚을
국민이 자발적으로 갚자는 것이었다. 국채 보상 운동의 결과
1907년 4월 말까지 4만여 명의 국민이 성금 모금에 참여하였
고, 5월 말까지 230여만 원이 모금되는 성과를 거두었다. 당시
남자들은 술과 담배를 끊고, 여자들은 비녀와 반지를 팔아 참
여하였다.

4-2 토지 조사 사업

일제는 1910~1918년에 토지 조사 사업을 벌였다. 일제는 기
한 내에 토지 소유자가 직접 신고한 토지만을 소유지로 인정
하였다. 그 결과 국유지와 신고되지 않은 토지, 미개간지 등이
총독부의 소유가 되었다. 이후 총독부는 이 토지들을 동양 척
식 주식회사와 일본 이주민들에게 헐값에 팔거나 무상으로 분
배하였다.

쌍둥이 문제 1

다음의 자료에서 설명하는 일제 강점기 경제 정책으로 옳은 것은?

> 제1조 토지의 조사 및 측량은 본령에 의한다.
> 제4조 토지 소유자는 조선 총독이 정하는 기간 내에 주소, 씨
>   명, 명칭 및 소유지의 소재 … (중략) … 결수를 임시
>   토지 조사국장에게 신고해야 한다.
> 제5조 토지 소유자 또는 임차인 기타 관리인은 조선 총독이
>   정하는 기간 내에 토지 경계에 표시를 세우고 ……

① 회사령 　　　　　② 새마을 운동
③ 국가 총동원법 　　④ 토지 조사 사업
⑤ 산미 증식 계획

[해설] 제시된 자료는 일제가 토지 조사 사업을 실시하기 위해 발
표한 「토지 조사령」이다.
답 ④

5-1 4·19 혁명

이승만 정부와 자유당은 1960년 3월 15일에 치러진 정부통
령 선거에서 대대적인 부정을 저질렀다. 부정 선거 소식이 알
려지자 전국 각지에서 부정 선거를 규탄하는 시위가 일어났는
데, 시위 도중 실종되었던 김주열의 시신이 마산 앞바다에서
발견되면서 시위가 더욱 확대되었다.

더 알아보기   4·19 혁명

배경	• 이승만 정부의 독재 • 3·15 부정 선거
전개	부정 선거 규탄 시위 → 마산에서 시위 도중 고등학생 김주열 사망 → 김주열 학생 사망 소식에 4월 19일 전국에서 대규모 시위 전개 → 경찰의 폭력적 진압 → 대학 교수들의 시국 선언과 시위 참여 → 이승만 대통령 하야
결과	장면을 국무총리로 하는 정부 출범

5-2 4·19 혁명의 결과

이승만이 물러난 다음 내각 책임제 개헌이 이루어지고, 총선

거에서 다수 의석을 차지한 민주당이 장면을 총리로 하는 내각을 구성하였다. 장면 정부 시기에는 노동 운동, 통일 운동 등 다양한 분야에서 민주주의를 향한 움직임이 일어났다. 장면 정부는 부정 선거 관련자 처벌을 위해 헌법을 개정하였고, 경제 개발 계획을 마련하였으나 큰 성과를 거두지 못하였다.

6-1 6·25 전쟁

제시된 지도는 6·25 전쟁의 전개 과정을 나타낸 것이다. 북한은 남침을 준비하면서 소련으로부터 전차와 비행기 등 신무기를 지원받고, 중국 내전에 참여했던 군인들을 북한군에 편입시켰다. 한편 미국 국무장관 애치슨이 미국의 태평양 지역 방위선에서 한반도와 타이완이 제외되었다고 밝히자 북한은 한반도에서 전쟁이 일어나더라도 미국이 참전할 가능성이 적다고 판단하고, 1950년 6월 25일에 선전 포고 없이 남한을 공격하였다.

6-2 7·4 남북 공동 성명과 6·15 남북 공동 선언

㉠은 7·4 남북 공동 성명이다. 1972년 7월 4일 서울과 평양에서 동시에 남북 공동 성명이 발표되었다. 7·4 남북 공동 성명에서 "통일은 자주적으로 해결하고, 평화적 방법으로 실현하며, 사상과 이념·제도를 초월한 민족적 대단결을 도모한다."라는 조국 통일의 3원칙에 합의하였다.
㉡은 6·15 남북 공동 선언이다. 2000년 6월 김대중 대통령과 김정일 국방 위원장은 평양에서 남북 정상 회담을 개최하고 6·15 남북 공동 선언을 발표하였다. 이 선언에서 남한과 북한은 통일 문제의 자주적 해결, 1국가 2체제 통일 방안 협의, 이산가족 문제의 빠른 해결, 경제 협력, 남북 간 교류 활성화 등을 합의하였다.

더 알아보기 **평화 통일을 위한 노력**

박정희 정부	7·4 남북 공동 성명: 자주·평화·민족 대단결의 3대 원칙에 합의
노태우 정부	• 남북한 유엔(UN) 동시 가입 • 남북 기본 합의서 채택
김대중 정부	• 최초의 남북 정상 회담 개최 → 6·15 남북 공동 선언 발표 • 경의선 복원 추진, 개성 공단 조성에 합의
노무현 정부	제2차 남북 정상 회담 → 10·4 남북 공동 선언
문재인 정부	판문점에서 남북 정상 회담 → '판문점 선언' 발표

1일 개념 돌파 전략 ❷

1 ①	2 ④	3 ⑤	44~45쪽
	5 ②	6 ③	

1 실학

밑줄 친 내용은 실학에 관한 내용이
로 학문을 연구하고, 그 결과를 실학은 실증적 방법으로 인 성격을 띠었다. 사회 현실에 대한 ○하려는 실용적의 역사, 지리, 언어 등 국학 연구로 나〔 관심은 조선의 사회 개혁론은 크게 농업 중심 개혁론였다. 실학론으로 나뉘었다. ① 최제우는 '사람이 곧〔심 개혁사상을 바탕으로 동학을 창시하였다.〔내천

더 알아보기 **실학의 사회 개혁론**

농업 중심 개혁론	상공업 중심 개
토지 제도를 개혁하고 자영농을 육성할 것을 주장	• 상공업 발전과 기술 〔 • 청과의 교류를 통해 선〔을 수용할 것을 주장 →〔파라고도 불림
• 유형원: 신분에 따라 토지를 지급하자고 주장 • 이익: 최소한의 생계유지를 위한 토지(영업전)를 지급하고 매매를 금지하자 주장 • 정약용: 마을 단위로 토지를 공동 소유하고 공동 경작하자고 주장	• 홍대용: 지전설 주장 → 중중 중심의 세계관 비판 • 박지원: 수레와 선박, 화폐의 사용 등 주장 • 박제가: 절약보다는 소비를 권장해야 한다고 주장, 청과의 교역 확대 주장

2 조선 후기 가족 제도의 변화

조선 정부와 사림 세력은 성리학적 사회 질서를 향촌 사회에 정착시키려 하였다. 17세기에 이르면 성리학이 일상생활에까지 널리 영향을 미치게 되면서 가족 유형, 거주 형태, 재산 상속, 제사, 족보 양식, 양자 제도 등이 조선 전기와 매우 달라졌다. ④ 조선 전기에는 딸, 아들 구별 없이 출생 순서대로 족보에 기재하였으나 조선 후기에는 아들을 먼저 기재하고 이후 딸을 기재하였으며, 외손들의 기재 범위가 축소되었다.

더 알아보기 **가족 제도의 변화**

조선 전기	조선 후기
남자가 여자 집으로 장가감, 혼인 후 일정 기간 처가에서 생활	여자가 혼인 후 남자 집에서 생활
남녀 구분 없이 출생 순으로 족보에 기재	아들 먼저 족보에 기재하고 딸을 기재

3 좌우 합작 운동

김규식과 여운형은 중도적 통일 정부 수립을 지향하며 좌우 합작 운동을 전개하였다. 그러나 좌익과 우익 세력의 대립이 이미 심해져 활동에 어려움을 겪었다. 처음에는 좌우 합작 운동을 지원하던 미국이 지원을 철회하고, 여운형이 극우세력에게 암살되면서 좌우 합작 운동은 실패로 끝났다.

4 산미 증식 계획

제시된 자료는 산미 증식 계획 당시 쌀 생산량과 일본으로의 유출량을 나타낸 도표와 일본으로 가져가기 위한 쌀이 쌓여 있는 군산항 모습이다.

`자료 분석` **산미 증식 계획**

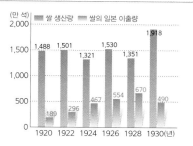

일본 내에서 식량 부족 문제가 발생하자 일제는 산미 증식 계획을 추진하였다. 쌀 생산을 늘리기 위해 저수지나 수로 등 관개 시설을 확충하고 종자 개량, 농지 개간 등을 실시하였다. 산미 증식 계획 결과, 한국의 쌀 생산량은 증가하였으나 계획했던 목표치를 채우지는 못하였다. 그러나 일본으로 가져가는 쌀의 양은 증가된 생산량보다 훨씬 많았기에 한국 내에서 쌀 부족 문제가 발생하였다.

5 민주주의의 발전

ㄱ. 1960년 4·19 혁명으로 이승만이 물러나고 장면 정부가 출범하였다. ㄷ. 그러나 1960년 박정희를 주도로 한 군부 세력이 5·16 군사 정변을 일으켰고, 이후 박정희는 독재 정권을 수립하였다. 오랫동안 독재 체제를 구축했던 박정희가 암살되자 전두환을 중심으로 한 신군부 세력이 쿠데타를 일으켰다. ㄹ. 전두환은 5월 18일 광주에서 민주주의를 요구하는 시위가 일어나자 이를 무자비하게 진압하고, 대통령으로 취임한 후 억압적인 통치를 이어나갔다. ㄴ. 1987년 박종철이 경찰의 고문을 받다 사망한 계기로 대통령 직선제 개헌과 민주주의를 요구하는 6월 민주 항쟁이 전개되었다.

6 6·15 남북 공동 선언

김대중 정부는 '햇볕 정책'을 내세우며 대북 화해 협력 정책을 추진하였다. 그 결과 2000년에 분단 이후 최초로 남북 정상 회담이 평양에서 개최되었고, 6·15 남북 공동 선언이 발표되었다. 6·15 남북 공동 선언에 따라 이후 개성 공단 건설, 경의선 복구, 이산가족 상봉과 금강산 육로 관광 등의 경제 협력 및 교류가 진행되었다. ① 정전 협정의 체결로 6·25 전쟁이 끝이 났다. ④ 노태우 정부 시기 남북은 국제 연합에 동시 가입하고 남북 기본 합의서를 채택하였다. ⑤ 7·4 남북 공동 성명에 대한 설명이다.

2일 **필수 체크 전략 ❶** `46~49쪽`

1-1 ④	**1-2** ⑤	**2-1** ①	**2-2** ②
3-1 ③	**3-2** ④	**4-1** ④	**4-2** ③

1-1 홍대용

홍대용은 상공업 중심 개혁론을 내세우며 상공업 발전과 기술 혁신을 강조하였다. 그는 연행사로 임명된 작은아버지를 따라 베이징을 방문하여 서양 선교사들을 만나고 서양 문물을 구경하였다. 이후 홍대용은 서양의 자연과학 지식을 소개하여 실학자들의 중국 중심주의 사고방식을 깨뜨리는 데 크게 공헌하였다.

`선택지 분석`

① 동학을 창시하였다. (×)

→ 최제우가 동학을 창시하였다.

② 갑신정변을 주도하였다. (×)

→ 김옥균, 박영효, 서광범 등 급진 개화파가 주도하였다.

③ 추사체라는 서체를 만들었다. (×)

→ 김정희는 추사체라는 독자적인 서체를 만들었다.

④ 상공업 발전과 기술 혁신을 강조하였다. (○)

⑤ 서민들의 일상을 소재로 풍속화를 그렸다. (×)

→ 김홍도, 신윤복은 다양한 풍속화 작품을 제작하였다.

1-2 실학의 등장과 국학 연구

실학자들은 우리의 전통과 현실에 관심을 가지고 역사, 지리, 언어 등을 연구하면서 국학이 발달하였다. 역사 분야에서는 안정복이 『동사강목』, 이긍익이 『연려실기술』, 유득공이 『발해고』를 저술하였다. 지리 분야에서는 정약용이 『아방강역고』, 이중환이 『택리지』를 저술하였다. 지도 분야에서는 정상기가 「동국지도」, 김정호가 「대동여지도」를 만들었다. 언어

분야에서는 신경준이 『훈민정음운해』, 유희가 『언문지』를 저술하였다.

2-1 민화

제시된 자료는 조선 후기 널리 그려진 민화 작품이다. 민화는 복을 빌고 귀신을 몰아내기 위한 소망을 담아 생활 공간에 장식하였다. 첫 번째 자료는 까치와 호랑이를 그린 민화인데, 호랑이는 집안에 들어오는 나쁜 기운을 막아 주고, 까치는 복되고 좋은 소식을 전해준다는 의미를 담고 있다. 두 번째 그림은 「문자도」 그림으로 장식한 병풍인데, 「문자도」에는 일상생활의 도덕이나 윤리 규범이 담겨 있었다.

2-2 조선 후기 서민 문화

조선 후기 모내기법의 보급과 상품 화폐 경제의 발달로 부유한 서민층이 생겨났다. 여기에 서당 교육이 확대되면서 서민층이 문화의 주체로 성장하였다.

3-1 동학 농민 운동

조선 후기 삼정의 문란, 개항 이후 일본의 경제적 침투, 개화 정책 추진에 따른 세금 부담 가중 등으로 농민의 삶은 더욱 어려워졌다. 한편, 이 시기에는 동학을 믿는 농민들이 점점 더 많아졌다. 마침내 전봉준 등 동학교도와 농민들은 지배층의 수탈에 맞서 동학 농민 운동을 일으켰다.

더 알아보기 동학 농민 운동

배경	• 지배층의 수탈로 인해 백성들의 생활이 어려워짐 • 동학의 확산
전개 과정	고부 군수 조병갑의 수탈 → 전봉준을 중심으로 고부에서 농민들이 봉기 → 정부에서 파견한 관리가 책임을 농민들에게 전가 → 백산에서 농민들이 다시 봉기 → 농민군이 전주성 점령 → 농민군과 정부 사이에 전주 화약 체결 → 집강소 설치, 폐정 개혁안 추진 → 일본군의 경복궁 점령, 청일 전쟁 발발 → 일본군에 맞서 농민군 재봉기 → 우금치 전투에서 패배
성격	반봉건·반외세적 성격
영향	• 농민들의 개혁 요구 중 일부는 이후 갑오개혁에 반영 • 외세의 침략에 맞선 투쟁 정신은 항일 의병 운동으로 계승

3-2 갑오개혁

조선 조정은 동학 농민군의 개혁 요구를 수용하여 자주적 개혁을 준비하는 한편 일본군이 물러날 것을 강력히 요구하였다. 그러나 일본군은 경복궁을 점령하고 김홍집을 중심으로

새로운 정부를 구성하여 개혁을 강요하였다. 갑오개혁은 넓은 의미에서 1894년 6월 25일 군국기무처의 설치부터 1896년 2월 11일 고종이 러시아 공사관으로 피신하기 전까지 추진된 개혁 정책을 가리킨다.

선택지 분석

① 대한 제국에서 추진한 개혁이야. (×)

→ 고종이 대한 제국을 수립한 후 추진했던 여러 개혁을 광무개혁이라 불렀다.

② 청의 강요로 개혁이 추진되었어. (×)

→ 일본은 군대를 동원하여 경복궁을 점령하고 김홍집을 중심으로 새로운 정부를 구성하여 개혁을 강요하였다.

③ 반봉건적이고 반외세적 성격을 지녔어. (×)

→ 동학 농민 운동에 대한 설명이다.

④ 신분제가 폐지되는 개혁이 추진되었어. (○)

⑤ 동학 농민 운동이 일어나는 계기가 되었어. (×)

→ 고부 군수 조병갑의 횡포에 맞선 고부 농민 봉기를 시작으로 동학 농민 운동이 전개되었다.

쌍둥이 문제 2

제시된 자료와 같은 개혁을 실시하게 된 역사적 사건으로 옳은 것은?

1. 이제부터는 국내외의 공문서 및 사문서에 개국기년을 쓴다.
3. 문벌과 양반, 상민 등의 계급을 타파하여 귀천에 구애됨이 없이 인재를 뽑아 쓴다.
9. 공사 노비법을 혁파하고 인신매매를 금지한다.

① 갑오개혁 ② 갑신정변

③ 아관파천 ④ 남북 협상

⑤ 동학 농민 운동

해설 제시된 자료는 군국기무처에서 올린 갑오개혁의 내용 중 일부이다. 3, 9번 조항에 따라 신분제가 폐지되었다.
답 ①

4-1 대한민국 정부 수립

1948년 5월 10일 남한에서는 총선거가 치러졌다. 선거 결과 구성된 국회는 국호를 대한민국으로 정하고, 제헌 헌법을 제정하였다. 국회에서 대통령으로 선출된 이승만은 1948년 8월 15일 대한민국 정부 수립을 선포하였다.

4-2 제헌 국회

1948년 5월 10일, 남한 지역에서 총선거가 치러졌다. 남한만

의 단독 선거에 반대했던 김구와 김규식 등은 선거에 불참하였고, 4·3 사건이 일어난 제주를 제외한 전 지역에서 국회의원 198명이 선출되었다. 국회의원들은 제헌 헌법을 제정하였고, 이에 근거하여 국회의원들의 투표로 이승만이 대통령에 선출되었다.

2일 필수 체크 전략 ❷ 　　　　50~51쪽

1 ⑤　　2 ②　　3 ⑤　　4 ③　　5 ①　　6 ④

1 통신사의 활동

제시된 자료는 일본에 통신사로 파견되었던 조엄이 쓰시마에서 고구마를 조선에 들여오는 장면이다.

> **더 알아보기　통신사**
>
> 일본으로 떠나는 통신사는 대략 400~500명으로 구성되었다. 왕래 일정은 대개 6개월에서 8개월 정도가 소요되었으나 날씨에 따라서 2년이나 소요되는 경우도 있었다. 통신사의 행렬은 일본 민중들에게 큰 볼거리가 되었다. 통신사 일행이 통과하는 지역에서는 수행원에게 글씨나 그림을 받기 위해 많은 인파가 몰려들었다. 통신사 일행은 조선의 유학과 의학 등을 일본에 전하였고, 일본에서 새로운 문물을 접하여 조선에 알리기도 하였다. 이처럼 통신사는 조선과 일본의 학문과 문화 교류에 크게 기여하였다.

2 조선 후기 예술의 새로운 경향

제시된 자료는 김홍도의 풍속화 「씨름」과 청화백자이다. 조선 후기에는 서민들의 일상생활을 표현한 풍속화가 많이 그려졌는데 대표적인 화가로는 김홍도와 신윤복이 있다. 또 조선 후기에는 백자와 함께 흰 바탕 위에 푸른색으로 그림을 그린 다양한 형태의 청화백자가 유행하였다. 청화백자는 주로 제기와 문방구 등 생활용품으로 제작되었고, 서민들은 옹기를 더 많이 사용하였다. ② 안견의 「몽유도원도」는 조선 전기에 만들어졌다.

3 가족 제도의 변화

제시된 자료는 진성 이씨 가문에서 제작된 족보의 일부이다. 첫 번째는 조선 전기인 1600년에 제작된 족보의 내용이고, 두 번째는 조선 후기인 19세기에 제작된 족보 내용이다. 조선 전기에 간행된 족보에서는 남녀를 차별 없이 모두 기재하였다. 즉 시조로부터 남녀 간 출생 순서에 따라 기재하고, 친손과 외손을 차별하지 않고 기록하였다. 반면 조선 후기 제작된 족보에서는 사위와 외손이 제외되는 등 부계 질서가 강화된 모습이 보인다. 이는 조선 후기에 들어서 성리학적 질서가 널리 퍼져 가족 제도가 적장자 중심의 부계 친족 체제로 변했기 때문에 나타난 모습이다.

4 서민 문화

조선 후기 서민층이 문화의 주체가 되면서 한글 소설, 사설시조, 판소리, 탈춤 등 서민 문화가 널리 유행하였다. ③ 서예에서는 김정희가 추사체라는 독자적인 서체를 만들었다.

5 근대 국민 국가 수립 운동

개항 이후 조선은 외세의 침략에 맞서 자주독립을 지키면서 근대 국가를 수립하기 위해 노력하였다. 김옥균, 박영효, 서광범 등 급진 개화파 세력은 갑신정변을 일으켰다. 이들은 문벌을 폐지하여 인민 평등권을 제정하고, 근대적인 정치 제도를 수립하려 하였다. 전봉준과 농민들은 지배층의 수탈에 맞서 동학 농민 운동을 일으켰다. 농민군은 집강소를 설치하고 탐관오리 처벌, 봉건적 신분 차별 폐지, 각종 세금 폐지 등 개혁을 추진하였다. 동학 농민군의 요구는 갑오개혁에 일부 반영되었다. 서재필은 정부의 지원으로 최초의 민간 신문인 『독립신문』을 창간하고, 개화파 관료들과 함께 독립협회를 창립하였다. 독립협회는 강연회와 토론회를 자주 개최하였고, 만민 공동회를 열어 정부에 의회 설립 등을 요구하였다.

> **더 알아보기　갑신정변**
>
> | 배경 | • 임오군란 이후 청의 내정 간섭
• 정부의 개화 정책이 후퇴 |
> |---|---|
> | 전개 과정 | • 김옥균, 서광범, 박영효, 서재필 등 급진 개화파가 일본의 지원을 약속받은 후 우정총국에서 정변을 일으킴
• 14개조 정강 발표: 문벌 폐지, 근대적 정치 제도 시행 등 주장
• 청의 무력 개입으로 3일 만에 실패 |
> | 결과 | • 일본에 배상금 지급
• 청과 일본이 조선에 파병 시 서로 통보하기로 약속 |

6 대한민국 임시 정부

대한민국 임시 정부에서는 비밀 조직으로 연통제와 교통국을 운영하였다. 연통제는 대한민국 임시 정부가 국내외를 연결하기 위해 만든 비밀 행정 조직이었다.
교통국은 만주의 이륭양행에 거점을 두고 정보를 수집하고 독립 운동 자금을 조달하기 위해 국내와 만주 지역 등을 연결하는 비밀 통신 기관이었다.

① 신간회가 결성된 배경을 조사한다. (✕)

→ 민족주의 계열과 사회주의 계열이 단결하여 민족 운동 역량을 강화하기 위해 1927년 신간회를 결성하였다.

② 동학 농민 운동의 성격을 파악한다. (✕)

→ 동학 농민 운동은 반봉건·반외세적 성격을 지니고 있다.

③ 토지 조사 사업의 결과를 알아본다. (✕)

→ 일제는 토지 조사 사업을 실시하여 지세 수입을 늘리고 총독부 소유 토지를 늘렸다.

④ 연통제와 교통국을 운영한 목적을 살펴본다. (○)

⑤ 5·10 총선거 이후 정부가 수립되는 과정을 정리한다. (✕)

→ 5·10 총선거 결과 구성된 제헌 국회는 국호를 대한민국으로 정하였고, 대통령 이승만을 선출하였다. 1948년 8월 15일 이승만은 대한민국 정부 수립을 선언하였다.

더 알아보기   대한민국 임시 정부

수립 과정	• 3·1 운동 이후 다양한 임시정부 수립: 대한국민의회, 상하이 임시 정부, 한성 정부 • 임시 정부 통합 움직임 → 상하이에서 대한민국 임시 정부 수립(1919)
활동 내용	• 민주 공화제 채택: 임시 의정원(입법)·국무원(행정)·법원(사법) 구성 → 삼권 분립 • 연통제와 교통국 설치 • 독립운동 자금 마련: 독립 공채 발행, 의연금 모금 • 외교 활동 전개

3일   필수 체크 전략 ❶   52〜55쪽

| 1-1 ② | 1-2 ① | 2-1 ③ | 2-2 ④ |
| 3-1 ③ | 3-2 ⑤ | 4-1 ③ | 4-2 ② |

1-1 산미 증식 계획

제1차 세계 대전을 계기로 일제는 급속한 산업화를 이루었다. 많은 농민이 도시로 몰리게 되면서 농업 생산력이 떨어졌고 식량 부족 문제가 발생하였다. 그러자 일제는 모자란 쌀을 한국에서 보충할 목적으로 산미 증식 계획을 추진하였다.

1-2 일제 강점기 식민지 경제 정책

대한 제국의 국권을 빼앗은 일제는 토지 조사 사업, 산미 증식 계획 등을 실시하였다. 대륙 침략 전쟁을 벌인 후에는 공출이라는 명목으로 식량과 금속을 수탈하였다. 또한 지원병제, 징

병제를 내세워 한국 청년들을 침략 전쟁에 동원하였으며, 국민 징용령으로 전쟁 준비에 필요한 노동력을 수탈하였다. 한국 여성들을 일본군 '위안부'로 강제로 끌고 가 갖은 수모와 고통을 겪게 하였다. ① 방곡령은 식량이 부족할 때, 곡식이 다른 지방으로 유출되는 것을 일시적으로 막는 명령이다. 개항 이후 일본으로 곡물이 유출되는 양이 많아지자 함경도와 황해도 지역의 일부 지방관이 방곡령을 내렸다. 일본은 방곡령으로 인해 손해를 보게 되었다며 항의하였고 조선 정부로부터 막대한 배상금을 받아냈다.

더 알아보기   일제 강점기 식민지 경제 정책

1910년대	• 토지 조사 사업 • 회사령: 회사 설립 시 총독의 허가 필요 → 한국인의 회사 설립 억제
1920년대	• 산미 증식 계획 • 회사령 폐지: 허가제를 신고제로 전환 → 일본 기업이 본격적으로 한국에 진출
1930년대 이후	• 병참 기지화 정책: 군수 공업 육성, 지하 자원 생산, 북부 지역에 중화학 공업 육성 • 국가 총동원법 제정(1938) → 인적 수탈(전쟁에 필요한 병력과 노동력 동원), 물적 수탈(공출제 실시 등)

2-1 4·19 혁명

이승만 정부와 자유당은 1960년 3월 15일 정·부통령 선거에서 부통령 후보 이기붕을 당선시키기 위해 대대적인 부정을 저질렀다. 부정 선거를 규탄하는 시위에 참여하였던 김주열 학생의 시신이 발견되면서 4월 19일 대규모 시위가 전개되었다.

① 제헌 헌법이 공포되었다. (✕)

→ 제헌 헌법을 토대로 대통령 이승만이 선출되었고 대한민국 정부가 수립되었다.

② 베트남 전쟁에 국군을 파병하였다. (✕)

→ 박정희 정부는 미국의 요청으로 베트남 전쟁에 국군을 파견하여 경제적 이익을 얻었다.

③ 정부통령 선거에서 부정이 일어났다. (○)

④ 신군부가 불법적으로 군대를 동원하였다. (✕)

→ 박정희가 암살된 후 신군부 세력이 쿠데타를 일으켰고 전두환이 권력을 잡았다.

⑤ 대학생 박종철이 경찰의 고문으로 사망하였다. (✕)

→ 박종철 고문치사 사건에 저항하는 시위를 시작으로 6월 민주 항쟁이 전개되었다.

2-2 박정희 정부

박정희는 5·16 군사 정변을 일으켜 정권을 잡았다. 박정희 정부는 경제 발전을 위한 재정을 마련하고자 한일 국교 정상화와 베트남 파병을 추진하였다. 일본과 국교 정상화를 추진하는 과정에서 과거사에 대한 제대로 된 청산 없이 졸속으로 회담을 추진하였다. 이에 시민들은 굴욕적인 한·일 회담에 거세게 저항하였다.

선택지 분석

① 4·19 혁명으로 붕괴되었다. (×)

→ 이승만 정부에 관한 내용이다.

② 5·18 민주화 운동을 진압하였다. (×)

→ 전두환을 중심으로 한 신군부 세력은 5·18 민주화 운동을 폭력적으로 진압하였다.

③ 정·부통령 선거에서 부정이 일어났다. (×)

→ 이승만 정부에 관한 내용이다.

④ 5·16 군사 정변을 일으켜 정권을 잡았다. (○)

⑤ 분단 이후 처음으로 남북 정상 회담이 진행되었다. (×)

→ 김대중 정부에 관한 내용이다.

3-1 6월 민주 항쟁

1987년 1월 14일 서울대학교 학생 박종철이 치안본부 남영동 대공분실에서 경찰의 물고문으로 사망하였다. 이 사건에 대한 진상 규명을 요구하며 각지에서 집회와 시위가 잇따랐다. 전두환 정부가 국민의 개헌 요구를 거부하자 6월 10일 박종철 죽음에 대한 진상 규명과 대통령 직선제 개헌을 요구하는 대규모 시위가 일어났다. 결국 6월 29일 당시 대통령 후보 노태우는 대통령 직선제 개헌을 약속하면서 6월 민주 항쟁이 마무리되었다.

더 알아보기 6월 민주 항쟁

배경	• 전두환 정부의 억압적 통치: 언론 통폐합 단행, 언론 통제, 삼청교육대를 만들어 폭력 행사, 민주화 운동 억압 • 민주화에 대한 국민의 요구: 대통령 직선제 개헌 요구
전개	박종철 고문치사 사건 발생 → 사건의 진상을 밝힐 것과 대통령 직선제 개헌을 요구하는 시위 전개 → 전두환 정부에서 대통령 직선제 개헌 거부(4·13 호헌 조치) → 연세대학교에서 벌어진 시위에서 이한열이 경찰의 최루탄에 맞아 쓰러지는 사건이 발생 → 민주화와 개헌을 요구하는 대규모 시위가 전국으로 확산
결과	• 6·29 민주화 선언 발표: 대통령 직선제 개헌 수용 • 5년 단임의 대통령 직선제로 개헌 → 노태우가 대통령에 당선

3-2 5·18 민주화 운동

제시된 자료는 광주에서 일어난 5·18 민주화 운동 당시 시민군이 작성한 궐기문이다. 전두환을 중심으로 한 신군부 세력은 불법적으로 군대를 동원하여 권력을 장악하였다. 이후 비상 계엄을 확대하여 정치 활동을 금지하는 조치를 내리자 1980년 5월 18일부터 27일까지 광주 지역의 시민을 중심으로 신군부 세력이 물러날 것과 계엄령 철폐 등을 요구하는 5·18 민주화 운동이 일어났다. 신군부는 공수 부대를 투입하여 5·18 민주화 운동을 폭력적으로 진압하였고, 이 과정에서 많은 광주 시민들이 희생되었다. ① 북한군의 기습 남침으로 6·25 전쟁이 시작되었다. ② 3·15 부정선거를 계기로 4·19 혁명이 일어났다. ③ 6월 민주 항쟁 결과 대통령 직선제 개헌이 이루어졌고, 이후 노태우가 대통령에 당선되었다. ④ 박종철 고문치사 사건의 진상 규명을 요구하며 6월 민주 항쟁이 시작되었다.

4-1 6·25 전쟁의 피해

첫 번째 자료는 6·25 전쟁 당시 인명 피해 현황을 나타낸 표이다. 두 번째 자료는 6·25 전쟁으로 인한 피란민의 모습을 찍은 사진이다. 3년 동안 이어진 전쟁으로 남북한 양측 모두 커다란 인적, 물적 피해를 입었다. 군인뿐만 아니라 많은 민간인이 죽거나 다쳤으며, 수많은 전쟁고아와 이산가족이 발생하였다. 또한 주택, 공장, 도로 등이 파괴되었고, 농경지도 황폐해졌다.

4-2 6·25 전쟁의 전개 과정

ㄴ. 일본의 무조건 항복으로 제2차 세계대전은 끝이 났다. ㄹ. 1930년대 초 침략 전쟁을 일으킨 일제는 한국을 병참 기지로 삼았다. 이를 위해 중화학 공장을 건설하고 지하자원의 생산을 늘렸다.

더 알아보기 6·25 전쟁의 전개 과정

① 북한군 남침(1950. 6.~1950. 9.): 북한군 서울 점령 → 국군은 낙동강 유역으로 후퇴, 유엔군 참전

② 국군과 유엔군의 반격(1950. 9.~1950. 11.): 국군과 유엔군의 인천 상륙 작전 → 서울을 되찾고 38도선 돌파 → 압록강까지 진격

③ 중국군 개입(1950. 10.~1951. 3.): 중국군의 참전 → 유엔군 후퇴와 흥남 철수 작전 → 서울 함락(1·4 후퇴)

④ 전선의 교착과 정전(1951. 3.~1953. 7.): 국군과 유엔군의 총공세 → 서울 재수복 → 38선 부근에서 전투가 지속됨 → 정전 협정 체결

정답과 해설 BOOK 2

3일 **필수 체크 전략 ❷**

1 ② **2** ③ **3** ④ **4** ④ **5** ⑤ **6** ⑤

1 국채 보상 운동
제시된 자료는 국채 보상 운동에 관한 내용이다. 을사늑약 이후 일제는 식민지 시설을 갖추고 대한 제국을 경제적으로 예속하기 위해 막대한 차관을 일본으로부터 들여오게 하였다. 그러자 대구에서 국민의 성금을 모아 일본에서 빌려온 차관을 갚자는 국채 보상 운동이 시작되었다.

2 토지 조사 사업
일제는 지세를 공정히 하고 토지 소유권을 보호한다는 명분으로 토지 조사 사업을 실시하였다. 그러나 실제로는 소유권을 확정하여 세금을 안정적으로 확보하고 일본인에게 토지를 넘기기 위한 목적이었다.

> **선택지 분석**
>
> ① 공출 제도가 실시되었다. (×)
> → 침략 전쟁에 필요한 식량과 금속 등을 수탈하기 위해 공출제를 실시하였다.
>
> ② 일본으로 쌀이 많이 유출되었다. (×)
> → 산미 증식 계획을 추진하여 일본으로 쌀을 많이 가져갔다.
>
> ③ 조선 총독부의 토지 소유가 증가하였다. (○)
>
> ④ 청 상인과 일본 상인의 경쟁이 더욱 치열해졌다. (×)
> → 임오군란을 계기로 청 상인이 조선에 대거 침투하면서 조선을 둘러싸고 청 상인과 일본 상인의 경쟁이 치열해졌다.
>
> ⑤ 회사를 설립할 때 조선 총독의 허가를 받아야 했다. (×)
> → '회사령'에 대한 설명이다.

> **더 알아보기** 토지 조사 사업
>
> | | |
> |---|---|
> | 목적 | • 근대적 토지 소유권을 확립하고 세금 부담을 공평히 한다는 명분을 내세움
• 식민 통치에 필요한 경제 기반을 마련하려는 목적 |
> | 방법 | 토지 소유자가 정해진 기한 내에 직접 신고한 토지만 소유권 인정 |
> | 결과 | • 국유지 등 많은 토지가 조선 총독부 소유가 됨 → 동양 척식주식회사를 통해 헐값에 일본인에게 토지를 판매 → 일본인 토지 소유 증가
• 총독부의 지세 수입 증가
• 관습적으로 인정받던 경작권 등 농민의 권리가 인정되지 않아 농민의 생활이 어려워짐 |

3 민주주의의 성장
ㄹ. 이승만 정권은 사사오입 개헌을 단행해 장기 독재를 위한 체제를 마련하였다.
ㄱ. 4·19 혁명으로 이승만이 하야하였다.
ㄴ. 5·18 민주화 운동에 관한 설명이다.
ㄷ. 박종철 고문치사 사건을 경찰이 축소·은폐하려다 탄로가 나면서 국민의 분노는 거세어졌고, 6월 민주 항쟁이 일어나게 되었다.

> **더 알아보기** 발췌 개헌과 사사오입 개헌
>
> | 구분 | 발췌 개헌(1952) | 사사오입 개헌(1954) |
> |---|---|---|
> | 배경 | 제2대 국회의원 선거 결과 이승만을 지지하지 않는 세력이 대거 당선 → 국회를 통한 간접 선거 방식으로는 이승만이 대통령에 재선될 확률이 낮아짐 | 대통령 중임을 제한하는 헌법 조항에 따라 이승만이 제3대 대통령 선거에 출마할 수 없게 됨 |
> | 과정 | 6·25 전쟁 중 피난지 부산에서 계엄령을 선포하고 경찰과 군인을 동원하여 야당 국회의원을 위협 → 대통령 직선제로 하는 개헌안을 강압적으로 통과 | 초대 대통령의 3선 제한을 없애는 개헌 시도 → 국회의원 3분의 1 이상이 반대함으로써 통과되지 않음 → 당일 저녁 203명의 3분의 2가 135.333…이기 때문에 사사오입(반올림)하면 135명이라는 의견이 제시 → 다음날 개헌안 다시 통과 |
> | 결과 | 국민의 직접선거를 통해 이승만이 제2대 대통령으로 당선 | 초대 대통령(이승만)에 한하여 횟수 제한 없이 대통령에 출마할 수 있도록 헌법 개정 |

4 6·25 전쟁
제시된 자료는 1954년 발표된 곡으로, 6·25 전쟁이 끝나자 부산에서 피난살이 하던 생활을 마치고 고향 가는 기차를 타고 부산에서 이별하게 된다는 내용을 담은 노래이다. ④ 6·25 전쟁으로 한반도에서는 냉전 체제가 더욱 강화되었고 분단이 굳어져 갔다.

5 4·19 혁명
제시된 자료는 4·19 혁명 당시 시위에 나섰던 한성여중 2학년 진영숙이 남긴 편지이다. 4·19 혁명으로 이승만이 물러나고 장면을 국무총리로 하는 정부가 출범하였다.

26 역사 전략 · ❷ BOOK 2

6 7·4 남북 공동 성명

1970년대에 냉전 체제가 완화되는 등 국제 정세가 변화하자 한반도에서도 평화 정착을 위한 노력이 전개되었다. 1972년 7월 4일에 남북한 당국은 공동 성명을 발표하여 자주·평화·민족 대단결의 3대 통일 원칙에 합의하였다. 이는 분단 이후 남북한이 최초로 통일을 위해 합의한 내용이었다.

[4일] 교과서 대표 전략 ❶   58~61쪽

1 ①	**2** ③	**3** ②	**4** ③	**5** ①
6 ⑤	**7** ②	**8** ④	**9** ②	**10** ⑤
11 ②	**12** ④	**13** ②		

1 동학과 천주교

㉠은 동학, ㉡은 천주교이다. 동학은 경주 지방의 몰락 양반인 최제우가 창시하였다. 동학은 천주교와 서양 세력의 침투를 경계하였고, 신분 차별을 비판하고 만인이 평등하다고 주장하였다. 조선 정부는 동학이 신분 질서를 부정하고 세상을 어지럽힌다고 하여 최제우를 처형하였다. 한편 중국을 왕래하는 연행사 일행에 의해 천주교가 소개되었다. 조선 정부는 초기에는 천주교를 엄격하게 탄압하지 않았다. 그러나 천주교인이었던 윤지충이 유교적 제사 의식을 거부하는 사건이 일어나자, 천주교가 양반 중심의 신분 질서를 부정하는 것으로 보고 탄압하기 시작하였다.

2 조선 후기 성리학의 확산

성리학이 널리 보급되면서 조선 후기에는 여자가 상속 대상에서 제외되었으며 장남이 아닌 아들은 차별받았다. 17세기 이후에는 장남이 거의 모든 재산을 상속받는 일이 일반적이었다.

3 조선 후기 풍속화

ㄱ은 김홍도의 「씨름」, ㄴ은 조선 후기 제작된 민화로, 병풍에 그린 「문자도」이다. ㄷ은 정선의 「금강전도」, ㄹ은 신윤복의 「단오풍정」이다.

[자료 분석] 신윤복의 「단오풍정」

제시된 그림은 신윤복의 「단오풍정」이다. 단오날 개울에서 목욕하는 여성들을 두 명의 어린 스님이 몰래 보고 있다. 조선 후기 대표적인 화가로 김홍도와 신윤복을 꼽을 수 있다. 김홍도는 농촌을 중심으로 서민층의 일상을 담은 풍속화를 그렸고 양반 지배층의 취향에 맞는 문인화 작품도 많이 그렸다. 반면, 신윤복은 양반층의 풍류나 부녀자의 생활 모습, 남녀 간의 애정을 소재로 한 풍속화 작품을 많이 남겼다.

4 실학

(가)는 농업 중심 사회 개혁론을 내세운 실학자들의 주장이고, (나)는 상공업 중심 사회 개혁론을 내세운 실학자들의 주장이다.

5 척화비

나이 어린 고종을 대신하여 정권을 잡게 된 흥선 대원군은 안으로는 세도 정치로 약해진 왕권을 다시 강화하고, 밖으로는

서양 열강의 통상 수교를 거부하는 정책을 펼쳤다. 두 차례의 양요를 겪은 후 흥선대원군은 각지에 척화비를 세울 것을 명하여 통상 수교 거부의 뜻을 분명히 밝혔다.

> **더 알아보기 병인양요와 신미양요**
>
> | 병인양요 | • 프랑스 선교사와 천주교도를 처형한 사건(병인박해)을 구실로 프랑스군이 강화도 침입
• 프랑스군이 외규장각의 도서 약탈 |
> | --- | --- |
> | 신미양요 | • 제너럴 셔먼호 사건을 구실로 미군이 강화도 침입
• 이후 각지에 척화비 건립 |

6 갑신정변

급진 개화파 세력은 갑신정변을 일으켜 정권을 잡고 14개의 개혁 정강을 발표하였다. 그러나 청군의 개입으로 갑신정변은 3일 만에 실패로 끝났다.

> **선택지 분석**
>
> ① 집강소를 설치하였다. (×)
> → 동학 농민군은 정부와 전주화약을 체결한 후 집강소를 설치하여 개혁을 추진하였다.
> ② 「독립신문」을 발행하였다. (×)
> → 서재필은 정부의 지원을 받아 「독립신문」을 발행하였고, 이후 독립 협회를 설립하였다.
> ③ '대한국 국제'를 반포하였다. (×)
> → 고종은 대한 제국을 선포한 후 '대한국 국제'를 반포하였다.
> ④ 고부에서 농민들이 봉기하였다. (×)
> → 조병갑의 수탈에 맞서 전봉준과 농민들이 봉기하였다.
> ⑤ 근대적인 정치 제도를 수립하려 하였다. (○)

7 대한 제국

㉠은 대한 제국이다. 일제에 의해 명성황후가 시해당하는 사건(을미사변)이 일어나자 신변에 위협을 느낀 고종은 러시아 공사관으로 피신하였다(아관파천). 이후 경운궁으로 환궁한 고종은 황제로 즉위하고 대한 제국을 선포하였다.
① 전제 군주정을 지향하였다.
③ 대한 제국은 황제에게 모든 권한이 집중되었다.
④ 갑오개혁 때 신분제를 폐지하는 개혁을 추진하였다.
⑤ 독립 협회에 관한 설명이다.

> **쌍둥이 문제 3**
>
> 다음과 같은 체제를 내세웠던 국가를 쓰시오.
>
> > 제1조 대한국은 세계 만국에 공인된 자주독립한 제국이다.
> > 제3조 대한국 대황제는 무한한 군권을 가지고 ……
> > 제6조 대한국 대황제는 법률을 제정하여 그 반포와 집행을 명령하고 ……
>
> 해설 대한 제국을 선포한 고종은 '대한국 국제'를 반포하여 대한 제국이 자주독립 가짐을 밝히고, 군사권과 외교권 등 모든 권한을 황제에게 집중하였다.
> 답 대한 제국

8 항일 의병 운동

밑줄 친 운동은 항일 의병 운동이다. 일제의 침략에 저항하여 각지에서 항일 의병 운동이 일어났다. 초기 의병 운동은 양반 유생들의 신분 차별 의식이 강하게 작용하는 등 한계가 있었다. 하지만 평민 의병장이 등장하고 참여 계층이 확대되면서 의병 운동은 일본인뿐만 아니라 지주와 관리들에게 저항하는 등 반봉건적인 모습을 드러내기도 하였다.

> **선택지 분석**
>
> ① 만세 시위를 전개하였다. (×) → 3·1 운동
> ② 민족 자결주의의 영향을 받았다. (×) → 3·1 운동
> ③ 만민 공동회를 열어 여론을 형성하였다. (×) → 독립 협회
> ④ 대한 제국의 군대가 해산된 이후 전국적으로 확산하였다. (○)
> ⑤ 교육과 산업 진흥을 통해 민족의 실력을 기를 것을 강조하였다.
>   (×) → 애국 계몽 운동

> **더 알아보기 항일 의병 운동**
>
> | 1차 의병
(을미의병) | • 을미사변과 단발령에 반발
• 이소응 부대(춘천), 유인석 부대(제천)의 활약
• 아관파천 이후 고종이 단발령을 취소하고 해산을 권유하자 자진 해산 |
> | --- | --- |
> | 2차 의병
(을사의병) | • 을사늑약 체결에 반발
• 평민 의병장의 등장(신돌석 등)
• 최익현(전북 태인), 신돌석(경북 영해) 등이 활약 |
> | 3차 의병
(정미의병) | • 대한 제국 군대 해산 후 해산 군인들이 의병에 가담 → 의병의 전술과 전투력 강화
• 이인영을 총대장으로 하는 13도 연합 부대(13도 창의군) 결성 → 서울 진공 작전 전개 → 실패 |

9 대한민국 임시 정부

㉠은 상하이에 수립되었던 대한민국 임시 정부다. ② 5·10 총선거로 구성된 국회에서는 국호를 대한민국으로 정하고 제헌 헌법을 제정하였다.

10 3·1 운동

(가)는 3·1 운동 당시 봉기 지역을 나타낸 지도이고, (나)는 민족 대표 33인이 인사동 태화관에서 한국의 독립을 선언한 「3·1 독립 선언서」다. ㄱ. 항일 의병 운동에 관한 설명이다. ㄴ. 국채 보상 운동의 내용이다.

더 알아보기 3·1 운동

배경	• 러시아 혁명 이후 레닌이 식민지 민족 지원 약속 • 1차 세계대전이 끝난 후 미국 대통령 윌슨이 민족 자결주의 제창 • 도쿄에서 유학생들이 독립선언 발표
전개 과정	• 민족 대표 33인이 독립선언서 작성 → 1919년 3월 1일 만세 운동 시작 → 3~4월에 걸쳐 전국적으로 만세 시위 전개 → 만주·연해주·미주 지역에서도 만세 운동 전개 • 학생, 종교인, 농민, 노동자 등 다양한 계층이 참여
의의	• 다양한 계층 참여 → 민족 운동의 주체가 넓어짐. • 일제의 통치 방식 변화 • 다른 나라의 민족 운동에 영향을 줌.

11 박정희 정부

밑줄 친 인물은 박정희다. 5·16 군사 정변을 일으켜 권력을 잡은 박정희는 장기 집권을 위해 유신 헌법을 제정하였다. 유신 헌법은 국민의 기본권을 침해하고 대통령의 권한을 강화하여 독재를 뒷받침하는 것이었다. ①, ③은 이승만에 대한 설명이다. ④ 1987년 대학생 박종철이 경찰의 고문을 받다 사망한 사건이 발생하였다. ⑤ 전두환을 중심으로 한 신군부 세력은 5·18 민주화 운동을 무력으로 진압하였다.

12 6·25 전쟁

전쟁 초기 국군은 북한군에 밀려 낙동강 유역까지 후퇴하였다. 이후 국군은 유엔군과 함께 인천 상륙 작전을 성공시키고 전세를 역전시켰다. 국군과 유엔군은 38선을 넘어 북한 지역으로 진격, 압록강 유역까지 진출하였으나 중국군의 불법 개입으로 다시 후퇴하고 서울을 빼앗겼다.

13 개항과 외세의 경제 침탈

(가)는 아관 파천 이후 열강의 이권 침탈 상황을 나타낸 지도

이다. 아관 파천을 계기로 러시아에 많은 이권을 주었는데, 이후 다른 나라에도 이권을 넘겨주게 되면서 열강의 이권 침탈이 매우 심해졌다. (나)는 일본과 체결한 조·일 무역 규칙이다. (나)를 계기로 곡식의 무제한 유출이 가능해지면서 조선 내의 쌀값이 폭등하게 되었다. ㄴ. 박정희 정부 시기에 경제 개발 5개년 계획이 본격적으로 추진되었다. ㄷ. 일제는 자국 내 식량 부족 문제를 해결하기 위해 산미 증식 계획을 실시하였다.

4일 교과서 대표 전략 ❷ 62~63쪽

1 ①	**2** ③	**3** ②	**4** ②	**5** ④
6 ④	**7** ③	**8** ⑤		

1 조선 통신사

㉠은 일본에 파견한 사절단인 통신사이다. 통신사를 통해 조선과 일본 사이에 다양한 문화적·경제적 교류가 이루어졌다. ⑤ 영선사는 조선 정부가 개화 정책을 추진하기 위해 청에 보낸 사절단이었다. 이들은 청에서 무기 제조법과 군사 훈련법을 배우고 돌아왔다.

2 진경산수화

제시된 자료는 정선의 「금강전도」와 「인왕제색도」이다. 정선은 조선의 풍경을 자신만의 화법으로 담아내는 진경산수화를 그렸다. '진경'이란 말 그대로 실제의 경치를 뜻한다. 조선 후기는 중국적 산수화가 아니라 조선 땅의 실제 경치를 조선의 산수화 양식으로 표현하려는 경향이 등장하였다. ①, ②, ⑤는 민화에 관한 설명이다. ④ 풍속화에 대한 설명이다.

3 조선 후기 서민 문화의 발달

제시된 자료는 조선 후기 한글 소설이 널리 유행하던 상황을 나타낸 것이다. ② 훈민정음은 조선 전기 세종이 창제하여 반포한 문자이다.

4 강화도 조약

흥선 대원군이 물러나고 고종이 직접 정치를 하게 되면서 서양의 문물을 받아들이자는 주장이 힘을 얻었다. 이때 일본이 운요호 사건을 빌미로 조선에 통상을 요구하자, 이를 받아들여 강화도 조약이 체결되었다. 강화도 조약은 외국과 맺은 최초의 근대적 조약이었다. 그러나 일본에 해안 측량권과 영사 재판권을 인정하는 내용을 담은 불평등 조약이었다.

5 근대 국민 국가 수립을 위한 노력

개화 정책이 추진된 이후 생활이 더욱 어려워진 하층민은 임오군란에 합세하였다. 임오군란 이후 청의 간섭으로 개화 정책이 후퇴하자 급진 개화파는 갑신정변을 일으켰다. 러시아 공사관에서 환궁한 고종은 황제로 즉위하고 대한 제국의 수립을 선포하였다.

> **더 알아보기** 임오군란
>
> 조선 정부는 개화 정책을 추진하면서 기존 중앙군인 5군영을 축소하고 신식 군대인 별기군을 창설하였다. 군제개혁에 따라 5군영의 상당수 군인들이 실직하였으며 남은 군인들도 신식 군대인 별기군에 비하여 낮은 대우를 받았다. 1882년 13개월이나 밀려있었던 구식 군인들의 봉급이 지불되었는데, 이들이 받은 쌀에는 껍질과 모래가 섞여 있었고 양도 부족하였다. 이에 분노한 구식 군인들이 봉기하였고 서울의 하층민도 여기에 가담하였다. 임오군란이 발발하자 조선 정부는 청에 도움을 요청하였고 청은 군대를 파견하여 군란을 진압하였다. 이를 계기로 청은 조선의 내정에 개입하기 시작하였고 국내 정치 세력은 온건 개화파와 급진 개화파로 나뉘었다.

6 물산 장려 운동

제시된 자료는 물산 장려 운동 당시 내세웠던 구호이다. 1920년대 평양에서 조만식 등의 주도로 시작된 물산 장려 운동은 일본 상품 배척과 토산품 애용 등을 내세웠다. 물산 장려 운동은 민족 기업을 육성하고 경제적 실력을 양성하여 국권을 되찾고자 하였다.

> **선택지 분석**
>
> ① 신간회의 지원을 받았다. (×)
> → 광주 학생 항일 운동
>
> ② 을미사변과 단발령에 대한 반발로 일어났다. (×)
> → 제1차 항일 의병 운동(을미의병)
>
> ③ 대한민국 임시 정부에서 무장 투쟁을 위해 창설하였다. (×)
> → 한국광복군
>
> ④ 민족 자본을 길러 경제적 독립을 이루자고 주장하였다. (○)
>
> ⑤ 민족주의 계열과 사회주의 계열이 힘을 합하여 추진하였다. (×)
> → 6·10 만세 운동을 준비하는 과정에서 민족주의 계열과 사회주의 계열이 연합하게 되었고, 이후 신간회를 결성하였다.

7 경제 성장에 따른 사회 변화

1960~1970년대 급속한 경제 성장 속에 산업화가 진행되면서 여러 가지 사회 변화가 나타났다. 도시와 농촌의 소득 격차가 더욱 커졌고 도시로 인구가 몰리면서 도시에서는 빈곤 문제, 환경 문제, 주택 부족 문제 등이 발생했다. 노동자들은 장시간 저임금으로 가혹한 노동 조건에서 일해야 했다. 한편 국가 주도로 경제 발전이 추진되면서 정부가 각종 경제 정책에 개입하여 여러 가지 부정부패가 발생하였다. ③ 일제 강점기 실시된 산미 증식 계획에 대한 설명이다.

8 전두환 정권

밑줄 친 정권은 전두환 정권이다. 1987년 서울대 학생이었던 박종철이 경찰의 조사를 받던 중 고문으로 숨진 사건이 발생했다. 당시 경찰은 박종철이 쇼크로 인해 사망한 것이라 주장하며, 책상을 '탁'하고 치니 '억'하고 쓰러졌다고 발표하였다. 하지만 당시 물고문과 전기 고문이 있었다는 증언이 보도되자 진상 규명을 요구하는 목소리가 커졌다. 전두환 정부는 사태를 은폐하고 간접 선거로 대통령을 뽑는 방식을 유지하려 하자(4·13 호헌 조치) 대통령 직선제 개헌을 요구하는 민주화 시위가 일어났다. ③ 김영삼 정부 때 일이다. ④ 김대중 정부 때 일이다.

누구나 합격 **전략**				64~65쪽
1 ③	2 ⑤	3 ②	4 ④	5 ⑤
6 ③	7 ①	8 ①		

1 연행사

㉠은 청에 파견하였던 사절단인 연행사이다. ㄱ, ㄹ. 일본에 파견한 통신사에 관한 내용이다.

2 동학

경주 지방의 몰락 양반이었던 최제우는 동학을 창시하였다. 동학은 인내천 사상을 바탕으로 신분 차별을 비판하였고 이에 조선 정부는 최제우를 처형하였다. ① 박지원, 박제가 등 청의 문물을 받아들이자는 실학자들을 '북학파'라 부르기도 하였다. ② 천주교는 처음에 서학이라고 하여 서양 학문의 하나로 연구되었다. ③ 세도 정치로 사회가 불안해지고 백성의 고통이 커지면서 미륵 신앙이 널리 유행하였다. ④ 천주교에 대한 설명이다.

동학	
배경	• 지배층의 수탈로 인한 사회 불안 • 서학의 확산
특징	• 경주 지역 몰락 양반이었던 최제우가 창시 • 유교, 불교, 도교의 내용에 여러 민간 신앙이 합쳐짐 • 인내천 사상을 내세워 신분 차별을 비판하고 모든 인간이 평등하다 주장
탄압	• 정부는 혹세무민의 죄로 최제우 처형 • 최시형이 교주가 되어 교단 정비 → 널리 확산

3 민화

㉠은 민화이다. ①은 김홍도가 그린 풍속화 작품이다. ③, ④는 정선이 우리나라의 경치를 그린 진경산수화 작품이다. ⑤는 신윤복이 그린 풍속화이다.

4 독립 협회

제시된 사진 자료는 「독립신문」과 독립문이다. 미국에서 귀국한 서재필은 정부의 지원을 받아 최초의 민간 신문인 「독립신문」을 창간하였다. 이후 개화파 세력과 함께 독립협회를 만들었다. 독립협회는 청나라 사신을 맞이하던 영은문이 있던 근처에 독립문을 세워 자주 독립 의식을 드러내려 하였다.

더 알아보기 독립 협회

독립 협회는 자주 국권과 자유 민권, 자강 개혁을 표방하였다. 독립 협회는 근대적 대중 집회인 만민 공동회나 관민 공동회를 개최하였다. 1898년 종로에서 열린 만민 공동회에서는 러시아에서 재정 고문과 군사 교관을 초빙하는 것을 강력히 반대하였다. 또 광산 개발권이나 철도 부설권 같은 이권을 외국인에게 허용하는 것은 국가 경제를 외국에 예속시키는 처사라고 비판하며 이권 수호 운동을 전개하였다. 또한 관민 공동회를 개최하여 「헌의 6조」를 결의하였다. 독립 협회의 활동으로 자유 민권 의식이 널리 확산하였다.

5 좌우 합작 운동과 남북협상

남한에서 이승만을 중심으로 단독 정부 수립론이 제기되자, 여운형과 김규식 등은 좌우 합작 운동을 전개하였다. 이들은 이념 대립을 극복하고 통일 정부를 수립하려고 노력하였으나 실패하였다. 미국은 한반도 문제를 국제 연합(UN)에 넘겼고, 국제 연합은 남북한 총선거를 통해 정부를 수립하기로 하였다. 북한과 소련이 이를 반대하자, 국제 연합은 다시 선거가 가능한 지역에서만 총선거를 실시하기로 하였다. 남한만의 단독 선거가 진행되자 김구와 김규식 등은 북한의 김일성 등을 찾아가 남북 지도자 연석회의에 참여하여(남북협상) 통일 정부를 수립하려는 노력을 이어 나갔다.

6 한국 광복군

1937년 일제가 중국 대륙을 침략하자 대한민국 임시 정부는 광저우, 류저우 등을 전전하다 1940년 충칭에 자리를 잡았다. 이곳에서 임시 정부는 한국 광복군을 창설하였다. 한국광복군은 대한민국 임시 정부의 독자적 지휘를 받는 직속 군대로 일제가 패망할 때까지 연합군의 일원으로서 항일 전선에서 다양한 활동을 전개하였다. ① 의열단은 일제의 식민 통치 기구 파괴, 주요 일본인 관리와 친일파 처단 등을 목적으로 1920년 김원봉이 설립한 단체이다. ② 훈련도감은 임진왜란 중 설치된 중앙군이다. ④ 중일 전쟁이 일어나자 1938년 김원봉은 조선 의용대를 조직하여 일본군에 맞섰다. ⑤ 한인애국단은 김구가 1931년 일본 요인 암살을 위해 결성한 비밀 독립 조직이었다. 이봉창, 윤봉길 의사가 한인애국단원으로 활약하였다.

7 대한민국 경제 성장

1960년대 경제 개발 5개년 계획이 본격적으로 시행되었다. 사회 간접 자본을 확충하고, 외국 기업을 유치하며, 수출을 늘리는 등 여러 노력을 기울인 결과 1970년대 들어 우리나라는 '한강의 기적'이라고 불릴 만큼 경제력이 성장하였다. 1990년대에 김영삼 정부는 신자유주의 정책을 추진하였으나 무역 수지 적자 등으로 1997년 말에 외환 위기를 맞았다. 이후 김대중 정부는 국제 통화 기금(IMF)의 구제 금융을 바탕으로 강도 높은 경제 개혁을 추진하여 경제 위기를 극복하였다.

더 알아보기 대한민국 경제 발전

1950년대	• 전쟁으로 산업 시설 붕괴 • 미국의 경제 원조 → 식량난 해소, 소비재 산업 발달(밀가루, 설탕, 면화 가공 등)
1960년대	• 경제 개발 5개년 계획 시작: 의류·신발 등 경공업 육성, 수출 주도형 정책 추진 • 경부 고속 국도 개통 등 산업 시설 확충
1970년대	• 철강·화학·조선 등 중화학 공업 육성, 수출 주도형 정책 지속 • 급속한 경제 성장 → '한강의 기적'
1980년대	3저 호황(저유가, 저금리, 저달러)으로 경제 성장
1990년대	• 신자유주의 정책 추진: 공기업 민영화, 시장 개방 확대 • 경제 협력 개발 기구(OECD) 가입 • 무역 수지 적자 등으로 외환 위기 → 국제 통화 기금(IMF)의 구제 금융 신청
2000년대	세계 여러 나라와 자유 무역 협정(FTA) 체결

8 6·25 전쟁

제시된 자료는 6·25 전쟁의 전개 과정을 나타낸 지도이다. 3년 동안 벌어진 전쟁으로 많은 인명 피해와 재산 피해가 발생하였고, 수많은 전쟁고아와 이산가족이 발생하였다. ④ 제주도에서는 남한만의 단독 선거에 반대하는 무장봉기가 일어났는데, 이를 진압하는 과정에서 무고한 시민이 많이 희생되는 4·3 사건이 발생하였다.

창의·융합·코딩 전략			66~69쪽
1 ⑤	2 ④	3 ④	4 ① 5 ①
6 ①	7 ②	8 ①	

1 정약용

정약용은 30가구를 1여로 하여 마을 주민들이 여장의 지휘 아래 공동으로 농사를 짓고 노동량에 따라 소득을 분배하자는 여전론을 주장하였다. 이후 정약용은 정전제를 조선의 현실에 맞게 적용하자고 주장하였다. 정전제란 토지를 '정(井)'자로 9등분하여 8가구가 각각 한 구역씩 경작하고, 가운데 한 구역은 8가구가 공동 경작하여 그 수확물을 조세로 바치는 토지 제도였다. ① 최제우가 인내천 사상을 내세우며 동학을 창시하였다.

2 조선 후기 문화의 발달

①은 조선 후기 만들어진 법주사 팔상전이다. ②는 조선 후기 민화의 하나로, 「책거리 그림」이다. ③은 김홍도가 그린 「대장간」이다. ⑤는 정선이 그린 「인왕제색도」이다. ④는 고려 말에서 조선 전기 많이 제작되었던 분청사기이다. 조선 후기에는 단순하고 꾸밈이 없는 백자와 함께 흰 바탕 위에 푸른색으로 그림을 그린 다양한 형태의 청화 백자가 유행하였다.

자료 분석 「인왕제색도」

「인왕제색도」는 정선이 76세에 그린 것으로 비구름이 걷힌 서울 인왕산의 모습을 동쪽 원경에서 그린 작품이다. 당시 화가들은 산수화를 상상하여 그리는 경우가 많았으나 정선은 현장을 직접 보고 그 경치를 화폭에 담았다. 이후 화가들은 우리 산천의 아름다움을 그려내고자 하였다.

3 조선 후기 가족 제도

조선 후기에는 부계 중심 가족 질서가 강화되었다. 조선 전기에는 아들이 없으면 사위가 집안의 제사를 담당하기도 하였고, 자녀가 돌아가면서 조상의 제사를 모시기도 하였다. 그러나 조선 후기에는 제사는 반드시 장남이 지냈고, 아들이 없으면 양자를 들이는 것이 일반적이었다.

4 근대 국민 국가 건설

19세기 들어 조선은 안으로는 농민 봉기가 전국 각지에서 일어나고, 밖으로는 이양선이 자주 나타나 위기감이 고조되었다. 나이 어린 고종을 대신하여 정권을 잡은 흥선 대원군은 통치 체제를 재정비하고, 서양 열강의 통상 요구를 거부하는 대외 정책을 폈다. 흥선 대원군이 물러나고 고종이 직접 정치를 하면서, 조선은 일본과 강화도 조약을 맺어 문호를 개방하고 개화 정책을 추진하였다.

5 독도

독도는 역사적으로나 지리적, 국제법적으로 명백한 우리의 고유 영토이다. 1877년 발표된 「태정관 지령」은 메이지 정부의 최고 행정 기관인 태정관에서 일본 내무성에 보낸 공문서이다. 이때까지도 일본은 독도를 일본 영토로 여기지 않았다. 한편 1900년 대한제국은 칙령 제41호를 공포하였다. 이 칙령을 통해 대한 제국은 독도가 자국의 영토임을 공식적으로 대외에 알렸다.

6 대한민국의 성장

좌우 합작 운동, 남북협상 등 통일 정부를 수립하려는 노력이 전개되었으나 결국 남과 북에는 별개의 정부가 들어섰다. 인천상륙작전으로 6·25 전쟁의 열세를 극복한 유엔군과 국군은 38선을 넘어 압록강 유역까지 진출하였으나 중국군의 개입으로 흥남에서 철수하고 서울을 다시 빼앗겼다. ㄷ. 고종은 대한 제국을 선포하고 대한국 국제를 반포하여 모든 권한을 황제에게 집중하였다. ㄹ. 일제는 토지 조사 사업을 실시하여 식민 통치를 위한 경제 기반을 마련하였다.

7 대한민국 정부 수립

1945년 8월 15일 광복을 맞이한 이후 미군과 소련군은 38선을 기준으로 남한과 북한을 분할 점령하였다. 정부 수립을 둘러싸고 갈등이 심해지자 1947년 여운형, 김규식 등은 좌우 합작 운동을 추진하였으나 실패하였다. 1948년 5월 10일 남한만의 단독 선거가 진행되었고, 같은 해 8월 15일 대통령 이승만은 대한민국 정부 수립을 선포하였다.

8 4·19 혁명

이승만과 자유당 정권의 독재에 대한 국민의 불만이 커지는 상황에서 3·15 부정선거가 계기가 되어 4·19 혁명이 일어나게 되었다. 결국 이승만은 하야 성명을 발표하고 대통령직에서 물러났다.

더 알아보기 3·15 부정 선거

1960년 3·15 선거를 앞두고 자유당 정권은 경찰 및 공무원에게 다음과 같은 부정 선거 지령을 내렸다.

- 총유권자의 40%에 해당하는 표를 자유당 후보에게 기표하여 투표 당일 투표함에 미리 넣어 놓는다.
- 나머지 60%의 유권자는 3인, 5인, 9인조로 묶어 매수 혹은 위협을 통해 자유당 후보에게 투표하도록 한다.
- 투표소 부근에 여당 완장을 착용한 완장 부대를 배치하여 야당 성향의 유권자를 위협한다.
- 야당 참관인은 적당한 구실을 만들어 투표소 밖으로 내쫓는다.

신유형 · 신경향 · 서술형 **전략**				72~75쪽
1 ③	2 ⑤	3 ④	4 ①	5 ③
6 ②	7 해설 참조		8 해설 참조	

1 훈민정음

한자는 일반 백성이 배우기 어려워 소수의 지배층만이 사용할 수 있었다. 이에 세종은 독창적이고 과학적인 문자인 훈민정음을 만들어 반포하였다. 훈민정음의 창제 이후 백성들은 쉽게 글을 배울 수 있어서 자기 생각을 글로 표현할 수 있게 되었고, 국가는 훈민정음을 통해 백성들에게 통치 이념을 쉽게 전달할 수 있었다. ②『경국대전』은 한자로 작성되었다.

2 조선의 언로

조선 시대에는 백성들이 억울한 일이 있을 때 국가에 호소할 수 있는 통로가 열려 있었다. 이러한 방법으로 북을 쳐 억울한 일을 하소연하는 신문고 제도, 국왕의 행차가 있을 때 앞에 나아가 글을 올리는 상언격쟁 등이 있었다.

자료 분석 상언격쟁

상언이란 관원부터 노비까지 모든 사람이 국왕에게 쓸 수 있는 문서를 말한다. 상언은 주로 국왕에게 효자, 충신, 열녀 등에 대한 표창이나 관직을 청원하는 내용이 많았다. 격쟁은 억울한 일을 당한 사람이 임금이 행차하는 길가에서 징이나 꽹과리를 쳐서 이목을 끌고 임금에게 하소연하던 제도이다. 격쟁은 자손이 조상을 위해, 부인이 남편을 위해, 동생이 형을 위해, 종이 주인을 위해서 할 수 있도록 범위가 정해져 있었다. 정조 때에는 왕이 도성 밖으로 거동할 때만 격쟁할 수 있도록 법을 정하기도 하였다.

3 서원

㉠은 서원이다. 사림은 서원에서 덕망 높은 유학자의 제사를 지내고, 성리학을 연구하며 양반 자제들을 교육하였다. 사림은 서원을 세움으로써 향촌 사회에서 지위를 높일 수 있었고, 지방의 여론을 모아 정치적 결속을 다질 수 있었다.

선택지 분석

① 국가가 세운 최고 교육 기관이었다. (×) → 성균관

② 서민 문화가 널리 유행하는 배경이 되었다. (×)

→ 서당 교육이 확대되면서 서민들이 문화 주체로 성장하였다.

③ 궁궐 안의 책을 관리하고 경연을 담당하였다. (×)→ 홍문관

④ 사림 세력이 향촌에서 세력을 키우는 기반이 되었다. (○)

⑤ 유교적 소양을 갖춘 인재를 관리로 선발하는 제도였다. (×)

→ 과거

4 추사체

조선 후기에는 우리의 정서를 담은 글씨체가 등장하였다. 이광사는 동국진체를 완성하였고, 김정희는 추사체라는 독특한 서체를 만들었다. ① 상감청자는 고려 시대에 많이 제작되었다.

5 1920년대 국내의 민족 운동

1920년대 중반부터 민족주의 계열 중 일부 세력은 당장 독립이 어려우니 일제와 협상하여 자치권을 획득하자는 주장을 내세웠다. 여기에 반대하는 비타협적 민족주의 계열과 사회주의

계열에서는 독립을 위해 힘을 모을 것을 합의하였다. 6·10 만세운동을 계획하면서 연대를 경험한 민족주의 계열과 사회주의 계열은 1927년 2월 민족주의자인 이상재를 회장으로 하고, 사회주의자인 홍명희를 부회장으로 하는 신간회를 창립하였다. 1929년 11월 광주 학생 항일 운동이 일어나자 신간회는 진상 조사단을 파견하고 민중 대회를 계획하였으나, 일제의 탄압으로 무산되었다.

6 민주 공화제

1917년, 박은식·조소앙 등은 상하이에서 대동단결 선언을 발표하였다. 이들은 선언문에서 국민 주권설을 주장함으로써, 이후 공화주의가 정착하는 데 크게 기여하였다. 이후 대한민국 임시정부에서 공포한 '대한민국 임시 헌법'에서는 민주 공화제의 이념을 지향하였다. 1948년 제정된 제헌 헌법에서 대한민국은 3·1 운동으로 건립된 대한민국 임시 정부의 법통을 계승하고 있음을 분명히 하였다. 그리고 헌법 제1조와 제2조에 '대한민국은 민주 공화국'이며, '대한민국의 주권은 국민에게 있고, 모든 권력은 국민에게서 나온다.'라고 명시하였다.

7 광해군과 인조

답 (1) ㉠ – 광해군, ㉡ – 인조 (2) 광해군은 명과 후금 사이에서 중립 외교를 펼쳤으나 인조는 후금을 배척하고 명과 친하게 지내려는 정책(친명배금 정책)을 펼쳤다.

해설 광해군의 중립 외교는 명분과 의리를 중시하던 서인의 반발을 불러일으켰다. 광해군이 이복동생인 영창대군을 살해

하고 인목 대비를 유폐하자 서인은 반정을 일으켜 인조를 왕으로 추대하였다. 병자호란이 일어나자 인조는 남한산성으로 피신하였으나 결국 삼전도에서 청과 굴욕적인 화의를 맺었다.

핵심 단어 광해군, 인조, 중립 외교, 후금 배척

채점 기준	구분
㉠, ㉡의 명칭과 외교 정책의 차이점을 핵심 단어를 사용하여 모두 서술한 경우	상
㉠, ㉡의 외교 정책 차이점만 서술한 경우	중
㉠, ㉡의 명칭만 서술한 경우	하

8 산미 증식 계획

답 (1) 산미 증식 계획 (2) 한국인의 1인당 쌀 소비량은 오히려 줄어들었으며, 수리 조합비 등 쌀 증산 비용이 전가됨으로써 농민의 생활은 더욱 어려워졌다.

해설 산미 증식 계획은 저수지나 수로 등 관개 시설 확충, 종자 개량, 농지 개간 등을 통해 쌀의 생산을 늘려서 일본으로 더 많이 가져가겠다는 정책이었다. 이 계획으로 쌀 생산량은 다소 증가했지만, 일제는 증산된 쌀보다 더 많은 쌀을 일본으로 가져갔다. 그 결과 농민의 생활은 더욱 어려워졌다.

핵심 단어 산미 증식 계획, 한국인 쌀 소비량 감소, 증산 비용 전가

채점 기준	구분
경제 정책과 한국에 미친 영향을 모두 서술한 경우	상
한국에 미친 영향만 서술한 경우	중
단순히 경제 정책만 서술한 경우	하

1 정도전

밑줄 친 인물에 대한 설명으로 옳은 것은?

 이곳은 조선 최고의 궁궐인 경복궁입니다. '경복'이라는 이름은 큰 복을 누리라는 뜻으로, 태조의 명을 받은 <u>이 사람</u>이 이름을 지었어요. <u>이 사람</u>은 태조의 지지를 받아 조선의 기틀을 구상하였으나 정치 운영 방식을 둘러싸고 이방원과 출동하였어요.

① 집현전을 설치하여 학자를 양성하였다.

② 왕자의 난을 일으켜 반대 세력을 제거하였다.

③ 요동을 공격하러 가던 중 위화도에서 회군하였다.

④ 현명한 재상을 중심으로 정치를 해야 한다고 주장하였다.

⑤ 부당하게 공신이 된 훈구대신들의 공훈을 삭제할 것을 주장하였다.

출제 의도 파악하기

조선 건국 과정에서 나타난 주요 사실들을 파악하도록 한다.

문제 해결 Point 쏙쏙

· 왕자의 난: 정도전은 재상 중심의 정치 운영을 주장하여 국왕 중심의 정치 운영을 주장하였던 이방원과 대립하였고, 이방원은 왕자의 난을 일으켜 정도전을 제거하고 권력을 잡음.

선택지 바로 알기

① 집현전을 설치하여 학자를 양성하였다.
세종

② 왕자의 난을 일으켜 반대 세력을 제거하였다.
태종 이방원

③ 요동을 공격하러 가던 중 위화도에서 회군하였다.
태조 이성계

⑤ 부당하게 공신이 된 훈구대신들의 공훈을 삭제할 것을 주장하였다.
조광조

2 수령의 업무

다음과 같은 업무를 담당하였던 조선 시대 관리에 대한 설명으로 옳은 것은?

1. 농업과 양잠을 발전시킨다.
2. 가호와 인구를 늘린다.
3. 학교를 일으킨다.
4. 군사 관련 업무를 잘 다스린다.
5. 세금과 부역을 균등하게 부과한다.
6. 소송을 간명하고 공정하게 한다.
7. 향리의 교활하고 간사한 행동을 그치게 한다.

① 수도의 행정과 치안을 담당하였다.

② 고려 시대와 달리 대부분의 군현에 파견되었다.

③ 역사서를 편찬하고 보관하는 역할을 담당하였다.

④ 의정부에 모여 국가의 중요한 정책을 결정하였다.

⑤ 청에 파견되어 서양 과학 기술을 조선에 도입하였다.

출제 의도 파악하기

조선의 지방 통치 체제를 알아보도록 한다.

문제 해결 Point 쏙쏙

· 수령: 중앙에서 각 고을로 파견되어 국왕의 대리인 역할을 하며 지방 행정을 담당함. 고을의 행정, 사법, 군사와 관련된 모든 권한을 가짐.

개념 조선은 전국을 8도로 나누어 각 도에 관찰사를 파견하고, 도 아래에는 부·목·군·현을 두어 수령이 다스리게 하였다. 조선은 고려와 달리 대부분의 고을에 수령을 파견함으로써 중앙 집권 통치를 강화하였다.

선택지 바로 알기

① 수도의 행정과 치안을 담당하였다.
한성부

③ 역사서를 편찬하고 보관하는 역할을 담당하였다.
춘추관

⑤ 청에 파견되어 서양 과학 기술을 조선에 도입하였다.
연행사

3 조광조의 개혁정치

다음 가상 인터뷰를 보고 나눈 대화 내용으로 적절하지 <u>않은</u> 것은?

> 진행자: 안녕하세요. 먼저 현량과를 주장하시는 이유를 설명해 주세요.
>
> 조광조: 과거제만으로는 진정한 인재를 찾아내기 어렵습니다. 과거에 일부러 응시하지 않는 사람들도 있으므로 추천을 통해 인재를 뽑을 필요가 있다고 생각하였습니다.
>
> 진행자: 그렇군요. 최근 조선의 가장 큰 정치적 문제는 무엇이라고 생각하십니까?
>
> 조광조: 현재 우리 조정에는 떳떳한 명분도 없으면서 나라의 공신이라는 이유로 권력을 휘두르는 사람들이 있습니다. 이러한 문제를 해결해야 조선의 정치 개혁을 달성할 수 있다고 생각합니다.

① 갑: 조광조는 현량과를 시행하자고 주장하였어.

② 을: 조광조의 개혁이 원인이 되어 사화가 발생하였어.

③ 병: 중종은 훈구 세력을 견제하기 위해 조광조 같은 사림을 등용했어.

④ 정: 조광조는 부당하게 공신이 된 훈구대신들의 공훈을 삭제할 것을 주장하였지.

⑤ 무: 조광조의 개혁을 계기로 노론 가문과 왕실의 외척 세력이 권력을 독점하게 되었지.

출제 의도 파악하기

훈구와 사림의 대립 과정과 조광조의 개혁 정책을 파악하도록 한다.

문제 해결 Point 쏙쏙

· 조광조: 중종반정에서 공을 세운 훈구 세력이 권력을 장악하자 중종은 이들을 견제하고자 조광조를 비롯한 사림을 등용

· 기묘사화: 조광조의 급진적인 개혁 정책에 부담을 느낀 중종이 훈구 세력과 함께 조광조를 비롯한 사림을 제거함.

용어 현량과: 학문이 뛰어난 인재를 추천해 과거를 치르지 않고 관리로 등용하는 제도

개념 조광조를 비롯한 사림 세력이 부당하게 공신이 된 훈구대신들의 공훈을 삭제할 것을 주장하자, 훈구대신들은 거세게 반발하였다. 조광조 세력의 급진적인 개혁에 부담을 느낀 중종은 훈구 세력과 손을 잡았고, 기묘사화가 일어나 조광조와 사림 세력이 제거되었다.

선택지 바로 알기

⑤ 무: 조광조의 개혁을 계기로 노론 가문과 왕실의 외척 세력이 권력을 독점하게 되었지.

정조가 죽고 나이 어린 순조가 즉위하면서 소수의 노론 가문과 왕실의 외척 세력이 권력을 독점하는 세도 정치가 전개되었다.

4 조선 전기 편찬 사업

조선 조정에서 다음과 같은 서적을 편찬한 목적으로 가장 적절한 것은?

▲ 『향약집성방』
("국립중앙박물관")

▲ 『농사직설』
("서울대학교 규장각한국학연구원")

① 백성들의 생활에 도움을 주기 위해

② 유교 중심의 국가 통치 질서를 확립하기 위해

③ 왕권을 강화하고 붕당 간 대립을 완화하기 위해

④ 훈구 세력의 견제하여 정치의 균형을 유지하기 위해

⑤ 국가에 필요한 세금을 확보하고 인구를 파악하기 위해

출제 의도 파악하기

조선 전기 서적 편찬 사례와 목적을 살펴보도록 한다.

문제 해결 Point 쏙쏙

· 『농사직설』: 세종이 각 도의 관찰사들에게 경험 많은 농부를 찾아서 그 지역에 맞는 농사법을 물어보게 하고 그 내용을 정리하여 편찬

· 『향약집성방』: 조선 땅에서 자라는 약재와 약효를 정리하여 편찬

선택지 바로 알기

③ 왕권을 강화하고 붕당 간 대립을 완화하기 위해

영조와 정조가 탕평책을 실시하였다.

④ 훈구 세력을 견제하여 정치의 균형을 유지하기 위해

성종과 중종이 사림을 등용하였다.

5 향약과 붕당

(가), (나)에 대한 설명으로 옳은 것은?

> (가) 향촌에서 마을 주민들이 지켜야 할 자치 규약으로, 어려울 때 서로 돕던 공동체 조직의 풍습에 유교 윤리가 더해진 것이다.
>
> (나) 정권을 잡은 사람이 정치적·학문적 입장에 따라 형성한 집단으로, 서로의 차이를 인정하면서도 건전한 비판과 상호 견제를 바탕으로 정치를 이끌어 나갔다.

① (가) – 훈구 세력의 기반이 되었다.

② (가) – 덕망 높은 유학자의 제사를 지냈다.

③ (나) – 동인과 서인으로 나뉘었다.

④ (나) – 향토 지리에 익숙한 점을 이용하여 적절한 전술을 사용하였다.

⑤ (가), (나) – 국가로부터 특혜를 받아 많은 토지를 소유하였다.

6 척화론과 주화론

다음 자료를 읽고 나눈 대화 내용으로 옳은 것을 | 보기 |에서 고른 것은?

> (가) 화의가 나라를 망친 것은 어제오늘의 일이 아니고 옛날부터 그러하였으나 오늘날처럼 심한 적은 없었습니다. 명은 우리나라에 대해 부모의 나라이고 청은 우리나라에 대해 부모의 원수입니다. 신하로서 부모의 원수와 형제의 의를 맺고 부모의 은혜를 저버릴 수 있겠습니까?
>
> (나) 우리의 국력은 현재 바닥나 있고 오랑캐의 병력은 강성합니다. 정묘년(1627)의 맹약을 아직 지켜서 몇 년이라도 화를 늦추고, 그동안을 이용하고 인정을 베풀어 민심을 수습하고 성을 쌓으며, 군량을 저축하여 변방의 방어를 더욱 튼튼하게 하되 군사를 집합시켜 움직이지 않으며 적의 허점을 노리는 것이 우리로서는 최상의 계책일 것입니다.

┌─ 보기 ┐

ㄱ. (가)는 척화론을 주장하였다.

ㄴ. (나)는 광해군의 외교 정책을 지지한 세력이었다.

ㄷ. (가), (나)의 대립으로 붕당이 형성되었다.

ㄹ. 청의 군신 관계 요구를 둘러싸고 (가)와 (나)가 대립하였다.

① ㄱ, ㄴ   ② ㄱ, ㄹ   ③ ㄴ, ㄷ

④ ㄴ, ㄹ   ⑤ ㄷ, ㄹ

출제 의도 파악하기

사림의 성장 배경과 붕당의 형성 과정을 알아보도록 한다.

문제 해결 Point 쏙쏙

· (가) 향약: 사림은 백성들에게 향약을 보급하여 풍속을 교화하고 향촌에서의 지배력을 강화하고자 함

· (나) 붕당: 선조 때 사림이 동인과 서인으로 나뉨

선택지 바로 알기

① (가) – 훈구 세력의 기반이 되었다.

향약은 사림 세력의 기반이 되었다.

② (가) – 덕망 높은 유학자의 제사를 지냈다.

서원에 대한 설명이다.

④ (나) – 향토 지리에 익숙한 점을 이용하여 적절한 전술을 사용하였다.

의병에 대한 설명이다.

출제 의도 파악하기

병자호란 당시 척화론과 주화론의 입장을 살펴보도록 한다.

문제 해결 Point 쏙쏙

· (가) 척화론: 임진왜란 당시 명이 조선을 도와주었던 의리를 저버릴 수 없으므로 청에 맞서 싸우자는 입장

· (나) 주화론: 지금 조선의 국력으로는 청과 전쟁할 수 없으니 청의 요구를 받아들이자는 입장

용어 정묘호란: 후금이 황해도까지 진격한 후 조선과 형제 관계를 맺고 돌아감

개념 후금은 세력을 확대하여 국호를 청으로 바꾸고 조선에 군신 관계를 맺을 것을 요구하였다. 조선에서는 청과 화의하자는 주화론과 청에 맞서 싸우자는 척화론으로 의견이 나뉘었다. 결국 청 태종이 직접 군대를 이끌고 조선을 침략하는 병자호란이 일어났다.

선택지 바로 알기

ㄴ. (나)는 광해군의 외교 정책을 지지한 세력이었다.

북인 세력은 광해군의 중립 외교를 지지하였으나 인조 반정이 일어나면서 제거되었다.

ㄷ. (가), (나)의 대립으로 붕당이 형성되었다.

붕당이 형성된 것은 선조 때의 일이다.

7 붕당 정치의 변질과 탕평책

(가)에 들어갈 역사적 사실로 알맞은 것은?

> 왕실과 사대부의 예는 기본적으로 다르지 않습니다. 선왕(효종)께서 적장자가 아니므로 대비께서는 1년 동안 상복을 입으셔야 합니다.

> 아닙니다. 왕에게는 사대부와 다른 예가 적용되어야 합니다. 선왕을 장자의 예로 대우해서 대비께서는 3년 동안 상복을 입으셔야 합니다.

서인 / 남인

↓

(가)

↓

> 붕당의 폐단이 요즘보다 심한 적이 없었다. …… 지금은 한쪽 사람을 모조리 역적으로 몰고 있다. …… 관리의 임용을 담당하는 부서에서는 탕평의 정신을 받들어 사람들을 거두어 쓰라.

① 환국이 발생하였다.

② 훈련도감이 설치되었다.

③ 세도 정치가 등장하였다.

④ 홍경래의 난이 일어났다.

⑤ 수원에 화성을 건설하였다.

선택지 바로 알기

② 훈련도감이 설치되었다.

임진왜란 중 중앙군을 개편하여 훈련도감을 설치하였다.

③ 세도 정치가 등장하였다.

정조 사후 나이 어린 순조가 즉위하면서 왕실의 외척 가문이 권력을 차지하는 세도 정치가 등장하였다.

⑤ 수원에 화성을 건설하였다.

정조는 수원에 화성을 건설하여 새로운 정치의 중심지로 만들려 하였다.

8 삼정의 문란

다음과 같은 상황이 나타나게 된 배경으로 옳은 것은?

> 올해는 사또를 위한 비석을 세우기 위해 전세를 더 내야 하오.

> 온갖 이름은 다 갖다 붙여서 거두어 가는구나.

> 남편과 아이의 군포를 모두 내시오.

> 아니, 아이가 태어나지도 않았는데 군포라니요.

① 탕평책이 시행되었다.

② 두 차례 호란이 일어났다.

③ 잔반으로 몰락하는 양반이 나타났다.

④ 전국 곳곳에서 농민 봉기가 발생하였다.

⑤ 세도 정치로 인해 정치 기강이 문란해졌다.

출제 의도 파악하기

세도 정치로 인한 여러 가지 폐단을 알아보도록 한다.

문제 해결 Point 쏙쏙

· 세도 정치: 순조, 헌종, 철종 3대 60여 년 동안 노론의 일부 가문이 왕실의 외척이 되어 권력을 독점함.

용어 삼정: 전정(전세 수취 제도), 군정(군포 징수 제도), 환곡(구호 제도)

개념 세도 정치로 인해 정치 기강이 문란해져 매관매직이 성행하였다. 탐관오리들이 농민을 가혹하게 수탈하면서 삼정의 문란이 더욱 심해졌다.

9 공노비 해방

다음과 같은 정책을 실시한 목적으로 가장 적절한 것은?

> 왕께서 말씀하시기를, "선왕께서 내노비(궁궐에 속한 노비)와 시노비(관청에 속한 노비)를 일찍이 없애고자 하셨으니, 내가 마땅히 이 뜻을 이어받아 지금부터 일체 없애려고 한다." … 그리고 승지에게 명하여 각 궁궐 및 관청의 노비문서를 돈화문 밖에서 불태우고 아뢰도록 하였다.

① 농업 생산력을 높이기 위해서
② 삼정의 문란을 해결하기 위해서
③ 탐관오리의 수탈에 저항하기 위해서
④ 청의 발달한 문물을 받아들이기 위해서
⑤ 군역 대상자를 확보하고 국가 재정을 보충하기 위해서

출제 의도 파악하기

조선 후기 양반 중심 신분제가 흔들리게 되면서 나타나는 변화를 살펴보도록 한다.

문제 해결 Point 쏙쏙

· 공노비 해방: 노비의 수가 갈수록 감소하여 노비제의 운용이 어려워지고, 양반으로 신분을 상승하는 사람들이 늘어나 세금을 내야할 양인의 수가 줄어들자 순조 때에는 6만 6천여 명의 공노비를 해방함.

개념 부유한 노비들은 공명첩을 사들이거나, 주인에게 돈을 바치고 노비 신분에서 벗어났다. 도망을 쳐 산속에 들어가 화전민이 되거나 도시에서 임금 노동자로 생활하는 노비들도 늘어났다. 조선 후기에는 양인과 천민의 수가 줄어들고 양반의 수가 크게 늘면서 양반 중심 신분 제도가 흔들리게 되었다. 이에 순조는 공노비를 해방하여 양인의 수를 확보하려 하였다.

10 3사의 역할

다음 자료를 읽고 물음에 답하시오.

> · ___㉠___ 은 궁궐 내의 서적과 문서를 관리하고 왕의 질문에 대비한다. 경연 업무를 담당한다.
> · ___㉡___ 는 정치를 논하여 바르게 이끌고 모든 관원을 조사하고 살피며, 풍속을 바로 잡는다. 원통하고 억울한 일을 풀어주고, 거짓된 행위를 금하는 등의 일을 맡는다.
> · ___㉢___ 은 왕에게 잘못된 일을 바로잡도록 말을 하고 정치의 잘못을 비판하는 직무를 관장한다.

(1) ㉠, ㉡, ㉢에 들어갈 알맞은 기구를 각각 쓰시오.
답 ㉠-홍문관, ㉡-사헌부, ㉢-사간원

(2) 조선 정부에서 ㉠, ㉡, ㉢을 설치한 목적을 서술하시오.
모범답안 권력의 독점과 부정을 막기 위한 언론 기구로 설치하였다.

출제 의도 파악하기

3사의 역할과 설치 목적을 알아보도록 한다.

문제 해결 Point 쏙쏙

· 홍문관(㉠): 정책 자문과 경연 담당
· 사헌부(㉡): 관리의 부정부패 감찰
· 사간원(㉢): 국왕이 바른 정치를 할 수 있게 간쟁

용어 경연: 왕과 신하가 함께 유교 경전과 역사서를 읽고 공부하며 정치 현안에 대해 논의하는 제도

개념 조선에서는 권력의 독점과 부정을 막기 위해 3사를 설치하였다. 3사는 왕과 신하 가운데 어느 한쪽에 권력이 치우치는 것을 막는 언론 기구 역할을 담당하였다. 3사는 관리의 부정부패를 감찰하는 사헌부, 국왕이 바른 정치를 할 수 있게 간쟁을 하는 사간원, 정책 자문과 경연을 담당하는 홍문관으로 구성되었다. 왕이나 고위 관리라 하더라도 3사의 활동을 함부로 막을 수 없었다.

11 임진왜란

조선 수군의 승리가 밑줄 친 전쟁에 미친 영향이 무엇인지 서술하시오.

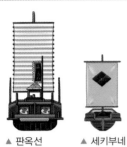

판옥선은 배의 밑바닥이 넓고 평평하여 얕은 물에서도 빠르고 안전하게 방향을 바꿀 수 있었다. 또 선체가 두꺼워 화포를 쏠 때 생기는 충격을 잘 견딜 수 있었다. 반면, 세키부네는 크기가 작고 배 밑바닥이 뾰족하여 이 전쟁 중 조선 바다의 빠른 물살 속에서는 회전할 때 균형을 잡기가 어려웠다. 또한 선체가 얇아 조선 수군의 화포 공격에 쉽게 부서졌다.

▲ 판옥선 (조선 군선) ▲ 세키부네 (일본 군선)

답 전라도의 곡창 지대를 지켜냈고, 바다로 무기와 식량을 운반하려던 일본군의 계획을 막을 수 있었다.

출제 의도 파악하기

임진왜란 중 수군의 승리가 미친 영향을 알아 보도록 한다.

문제 해결 Point 쏙쏙

· 임진왜란: 1592년 일본군이 명을 공격하기 위한 길을 빌려 달라는 구실을 내세우며 조선을 침략함. 이순신이 이끄는 수군과 의병이 활약하였고, 명도 조선에 지원군을 보내줌.

· 판옥선: 일본군은 주로 배에 기어올라 전투를 했는데, 판옥선은 갑판을 2층으로 만들어 일본군이 쉽게 접근하지 못하게 함.

개념 임진왜란 초기 육지에서는 관군이 패전을 거듭하였으나 바다에서는 이순신이 이끄는 수군이 승리하였다. 옥포에서 첫 승전을 거둔 이순신은 당포, 한산도 등에서 연전연승을 기록하였다.

이순신은 주변의 지형을 적절하게 활용하여 조선 수군이 유리한 곳으로 일본군을 유인하였고, 학익진 등 전투 상황에 알맞은 전술을 구사하였다. 또 조선 수군의 대포와 화약 기술은 일본에 앞섰고, 판옥선과 거북선은 일본군 선박보다 매우 튼튼하였다. 수군의 승리로 조선은 전라도의 곡창 지대를 지켜냈고, 바다로 무기와 식량을 운반하려던 일본군의 계획을 막을 수 있었다.

12 홍경래의 난

지도에 표시된 사건이 일어나게 된 원인을 두 가지 서술하시오.

답 서북 지방에 대한 차별과 세도 정권의 수탈이 원인이 되었다.

출제 의도 파악하기

홍경래의 난이 일어나게 된 원인을 파악하도록 한다.

문제 해결 Point 쏙쏙

· 평안도 지역: 조선 후기 평안도 지역은 청과의 무역 중심지로 상공업과 광업이 크게 발달하여 세도 정권의 수탈이 심하였음. 평안도 지역 사람들은 관직 진출 등에서 차별을 받았음.

· 홍경래의 난: 평안도 가산에서 홍경래가 상인과 농민, 광산 노동자들과 함께 봉기

개념 홍경래는 서북 지역에 대한 차별과 세도 정권의 수탈에 저항하여 평안도에서 봉기하였다. 홍경래의 난을 계기로 일반 농민들은 지배층의 수탈에 저항할 수 있는 자신의 힘을 의식하게 되었고, 이는 임술 농민 봉기가 일어나는데 영향을 주었다.

1 연행사와 통신사

지도에 표시된 ㉠, ㉡ 사절단에 대한 설명으로 옳지 <u>않은</u> 것은?

① ㉠을 통해 동학이 조선에 소개되었다.

② ㉠의 활동으로 서양 문물이 도입되었다.

③ ㉡은 에도 막부의 요청으로 파견되었다.

④ ㉡은 일본에 조선의 학문과 기술을 전해주었다.

⑤ ㉡을 통해 고구마, 담배 등 새로운 작물을 들여왔다.

2 동학 농민 운동

밑줄 친 개혁에 대한 설명으로 옳은 것은?

이번에 설치된 집강소에서 우리 농민들을 위한 여러 가지 <u>개혁</u>을 추진한다는군.

전봉준 장군님과 함께 탐관오리들의 수탈에 맞선 보람이 있군.

① 김옥균, 박영효 등이 제시하였다.

② 개혁 내용 중 일부는 갑오개혁에 반영되었다.

③ 흥선대원군이 척화비를 세우는 계기가 되었다.

④ 황제에게 모든 권한을 집중시키는 내용이 담겨있었다.

⑤ 성리학적 사회 질서를 지키고 서양 문물을 배척하려는 정책이 추진되었다.

출제 의도 파악하기

연행사와 통신사의 활동을 비교하여 알아보도록 한다.

문제 해결 Point 쏙쏙

· 연행사(㉠): 조선 후기에 청에 보낸 사신으로 청의 발달한 문물을 소개함. 청에 와 있던 서양 선교사로부터 천주교 서적과 서양의 과학 기술을 수용

· 통신사(㉡): 일본에 보낸 외교 사절로 조선의 학문과 기술을 일본에 전해주고, 고구마나 담배 등 새로운 문물을 도입함.

용어 동학: 최제우가 창시한 종교로 '사람이 곧 하늘'이라는 사상을 내세움

개념 연행사로 파견되었던 조선 관리들은 베이징에 있던 서양 선교사와 교류하며 서양의 과학 서적, 천리경, 자명종, 세계 지도 등의 물품을 가져왔고, 천주교를 조선에 전래하였다.

출제 의도 파악하기

근대 국민 국가를 수립하려는 과정에서 나타난 동학 농민 운동에 대해 살펴보도록 한다.

문제 해결 Point 쏙쏙

· 집강소: 동학 농민군이 정부와 화약을 맺은 후 개혁을 추진하기 위해 전라도 각지에 세운 기구. 탐관오리 처벌, 봉건적 신분 차별 폐지, 각종 세금 폐지 등을 추진함. 농민들의 개혁 요구 중 일부는 이후 갑오개혁에 반영됨.

개념 탐관오리의 수탈과 동학에 대한 탄압에 맞서 전봉준을 중심으로 동학 농민 운동이 일어났다. 농민군은 집강소를 설치하고 개혁을 요구하고 경복궁을 점령한 일본군에 저항하였다.

선택지 바로 알기

③ 흥선대원군이 척화비를 세우는 계기가 되었다.

두 차례의 양요를 겪은 후 전국 각지에 척화비를 세웠다.

④ 황제에게 모든 권한을 집중시키는 내용이 담겨있었다.

대한국 국제에 대한 설명이다.

3 조선 후기 가족 제도의 변화

재산 상속 방식이 (가)에서 (나)로 바뀌게 된 배경으로 옳은 것은?

> (가) 형제자매들이 논의하여 결정한 것인데, (다음과 같이) 부모 양쪽의 토지와 노비를 상속하기로 한다. 이는 『경국대전』에 의한 것이다. 첫째 아들 생원 선의 몫은 양주의 논 15마지기, 텃밭 1일경, 노비 16명. 첫째 딸 매창의 몫은 파주의 논 10마지기 등과 노비 16명, …… 셋째 아들 이이의 몫은 파주의 논 14짐 8마지기 등과 노비 15명으로 …… 한다.
>
> (나) 아버지는 살아생전에 말씀하시기를 "적은 양의 토지와 노비를 자녀 여덟 명(3남 5녀)에게 균등하게 나누어 주면 자식이 모두 가난해질 뿐만 아니라 남자의 경우 돌아가면서 받드는 조상의 제사를 제대로 지내지 못하니 …… 약간의 토지와 노비를 세 명의 아들에게 모두 나누어 주며 여자와 서얼에게는 나누어 주지 않는다."라고 하셨다.

① 서민들의 경제력이 높아졌다.

② 서양 열강이 접근하여 통상 수교를 요구하였다.

③ 성리학 중심의 사회 질서가 널리 퍼지게 되었다.

④ 실증적 방법으로 학문을 연구하려는 새로운 학문 경향이 등장하였다.

⑤ 서양의 과학 서적, 세계 지도, 천리경 등의 물품이 조선에 전래되었다.

출제 의도 **파악하기**

성리학이 널리 보급되면서 가족 제도가 어떻게 달라지게 되는지 구체적 사례를 통해 파악하도록 한다.

문제 해결 **Point 쏙쏙**

· (가) 조선 전기: 아들과 딸 구분 없이 자녀들이 부모님의 재산을 똑같이 상속받음

· (나) 조선 후기: 여자가 상속 대상에서 제외되었으며, 장남이 아닌 아들은 차별받음 → 17세기 이후에는 장남에게 거의 모든 재산을 물려주는 일이 일반적

개념 17세기 이후 성리학적 질서가 빠르게 퍼지면서 부계 중심의 가족 제도가 점점 강화되었고, 혼인과 제사, 상속 제도 등 가족 제도가 변화되었다. 조선 후기에는 혼인 후에 여자가 곧바로 남자 집에서 생활하는 경우가 많아졌고, 아들이 없으면 양자를 들이는 것이 일반적이었으며 제사는 반드시 장남이 지냈다.

선택지 **바로 알기**

① 서민들의 경제력이 높아졌다.

서민들이 문화의 주체가 되어 서민 문화가 발달하게 되었다.

② 서양 열강이 접근하여 통상 수교를 요구하였다.

흥선대원군은 통상 수교를 거부하는 정책을 펼쳤다.

④ 실증적 방법으로 학문을 연구하려는 새로운 학문 경향이 등장하였다.

왜란과 호란을 겪으며 새롭게 나타난 각종 사회 문제를 해결하고자 하는 실학이 등장하였다.

⑤ 서양의 과학 서적, 세계 지도, 천리경 등의 물품이 조선에 전래되었다.

청을 통해 들어온 서양의 과학 기술과 문물들은 조선 후기 천문학, 역법 등의 발달에 큰 영향을 주었다.

4 항일 의병 운동과 애국 계몽 운동

(가), (나) 민족 운동에 대한 설명으로 옳은 것을 ┃보기┃에서 고른 것은?

(가)

일제가 자행한 을미사변과 단발령 시행에 반발하여 대규모 운동이 전개되었다. 초기에는 유인석, 이소응 등 양반 유생들이 주도하였으나, 을사늑약이 체결된 이후에는 양반 유생뿐만 아니라 신돌석 같은 평민들도 크게 활약하였다.

(나)

러일 전쟁과 일본군의 주둔으로 국권이 위태로워지자, 여러 단체와 학회가 근대 국가 수립을 위해 민족의 실력을 키워야 한다고 주장하였다.

┌ 보기 ┐

ㄱ. (가)는 애국 계몽 운동이다.

ㄴ. (가)에 해산된 군인들이 가담하면서 전투력이 향상되었다.

ㄷ. (나)는 전제 군주제를 지지하였다.

ㄹ. (나)의 대표적인 단체로 신민회가 있다.

① ㄱ, ㄴ   ② ㄱ, ㄹ   ③ ㄴ, ㄷ
④ ㄴ, ㄹ   ⑤ ㄷ, ㄹ

출제 의도 ﹇파악하기﹈

일제의 침탈에 맞서 국권을 지키려던 항일 의병 운동과 애국 계몽 운동의 특징을 알아보도록 한다.

📖 문제 해결 **Point 쏙쏙**

·(가) 항일 의병 운동: 일제에 의해 대한 제국의 군대가 해산된 이후, 해산 군인들이 의병 활동에 합류하면서 조직력과 전투력이 강화됨.

·(나) 애국 계몽 운동: 여러 애국 계몽 운동 단체들은 민족 교육과 산업 육성을 위한 활동을 전개함. 대부분 단체는 입헌 군주제를 지지하였고, 신민회는 민주 공화정을 내세움.

﹇용어﹈ 신민회: 안창호, 양기탁 등이 중심이 되어 만든 비밀 단체. 대성 학교·오산학교 등을 세워 민족 교육에 힘쓰고, 자기회사·태극 서관 등을 운영하여 민족 자본을 육성하려 함. 만주에 독립 운동 기지를 건설을 시도함.

﹇개념﹈ 일제에 의한 국권 침탈이 점차 심해지자 이를 막기 위한 다양한 노력이 전개되었다. 항일 의병 운동은 을미사변과 단발령, 을사 늑약 체결, 대한 제국 군대 해산 등 나라에 큰일이 생겼을 때 일제에 맞서 국권을 지키기 위해 일어났다.
1907년 이후, 의병 운동은 전국으로 확대되었고 해산된 군인들이 의병에 가담하여 전투력이 강화되었다. 애국 계몽 운동은 교육과 계몽 활동, 산업 진흥을 통해 민족의 실력을 길러 국권을 지키고자 한 운동이다. 보안회, 신민회 등 여러 애국 계몽 운동 단체가 결성되어 국권 수호 운동을 벌였고, 다양한 민간 신문이 창간되어 대중 계몽 활동을 벌였다.

﹇선택지﹈ ﹇바로 알기﹈

ㄱ. (가)는 애국 계몽 운동이다.

(가)는 항일 의병 운동이고 (나)는 애국 계몽 운동이다.

ㄷ. (나)는 전제 군주제를 지지하였다.

애국 계몽 운동 단체는 대부분 입헌 군주제를 지향하였고, 신민회는 공화제를 지향하였다.

5 항일 민족 운동

㉠에 대한 설명으로 옳은 것은?

△월 □□일 오전 대전현충원에서 홍범도 장군 유해 안장식이 거행되었습니다. 안장식에 참석한 대통령은 "홍범도 장군이 이끈 _____㉠_____ 는 평범한 사람들이 만든 승리와 희망의 역사"라며 "일제 지배에 억압받던 우리 민족에게 강렬한 자존심과 자주독립의 희망을 준 사건"이라 말했습니다.

① 국산품을 애용하여 민족 자본을 육성하고자 하였다.
② 봉오동과 청산리 일대에서 일본군에 승리를 거두었다.
③ 대성학교를 설립하여 민족의 실력을 키우고자 하였다.
④ 독립 공채를 발행하고, 연통제와 교통국을 운영하였다.
⑤ 일제의 주요 식민 통치 기관을 파괴하고, 친일파와 일제 주요 인물을 처단하였다.

출제 의도 | 파악하기

일제 강점기 일어난 다양한 항일 민족 운동 중 독립군의 무장 투쟁에 대해 살펴보도록 한다.

문제 해결 | Point 쏙쏙

· 봉오동 전투(㉠): 만주 지역의 독립군이 두만강을 건너 일본군을 기습 공격 → 일제가 봉오동 일대에 군대 파견 → 홍범도 등이 이끄는 독립군 연합 부대가 일본군과 맞서 싸워 승리

개념 | 독립군 부대의 공격에 피해를 본 일제가 만주의 독립군 근거지를 습격하였다. 그러나 홍범도와 여러 독립군 연합 부대가 봉오동에서 일본군을 기습하여 큰 승리를 거두었다(봉오동 전투). 일제가 만주 지역에 대규모 병력을 파견하자, 홍범도가 이끄는 독립군 부대와 김좌진이 이끄는 독립군 부대 등 여러 부대가 연합하여 청산리 일대에서 일본군을 크게 물리쳤다(청산리 전투).

선택지 | 바로 알기

① 국산품을 애용하여 민족 자본을 육성하고자 하였다.
물산 장려 운동
⑤ 일제의 주요 식민 통치 기관을 파괴하고, 친일파와 일제 주요 인물을 처단하였다.
의열단

6 대한민국 정부 수립

밑줄 친 선거 결과 나타난 사실로 가장 적절한 것은?

여기는 지금 선거를 치르고 있는 투표소 앞입니다. 5월 10일 오늘, 우리나라 역사상 처음으로 직접, 보통, 비밀 선거가 이루어지고 있습니다.

① 제헌 헌법을 제정하였다.
② 국가 총동원법이 제정되었다.
③ 신탁 통치 반대 운동이 일어났다.
④ 황제에게 모든 권한이 집중되었다.
⑤ 박정희 정권의 장기 독재 체제가 마련되었다.

출제 의도 | 파악하기

5·10 총선거 결과 대한민국 정부가 수립되었음을 알아보도록 한다.

문제 해결 | Point 쏙쏙

· 5·10 총선거: 남한 역사상 최초로 시행된 보통 선거. 이 선거를 통해 구성된 국회에서는 국호를 대한민국으로 정하고 제헌 헌법을 제정함. 국회의원들의 간접 선거로 이승만을 대통령으로 선출함.

선택지 | 바로 알기

② 국가 총동원법이 제정되었다.
중일 전쟁 이후 인적·물적 자원을 더욱 수탈하기 위해 제정하였다.
③ 신탁 통치 반대 운동이 일어났다.
모스크바 3국 외상 회의 결과 최대 5년간 신탁 통치가 결정되자 이를 둘러싸고 좌익과 우익이 격렬하게 대립하였다.
④ 황제에게 모든 권한이 집중되었다.
대한 제국을 선포하고 황제로 즉위한 고종은 대한국 국제를 반포하였다.
⑤ 박정희 정권의 장기 독재 체제가 마련되었다.
유신 헌법이 통과되면서 박정희의 종신 집권을 위한 체제가 마련되었다.

7 대한민국의 경제 성장

(가)에 들어갈 역사적 사실로 옳은 것을 ‖보기‖에서 고른 것은?

일제는 국가 총동원법을 제정한 뒤 인적·물적 자원 수탈을 강화하였다. 공출이라는 이름으로 쌀과 잡곡을 비롯한 식량과 각종 자원을 수탈했고, 전쟁 물자와 무기 제조의 원료를 마련하기 위해 고철, 놋그릇, 제기와 불상까지도 빼앗아 갔다.

↓

(가)

↓

김영삼 정부는 세계화를 표방하면서 공기업 민영화, 시장 개방 확대, 경제 협력 개발 기구 (OECD) 가입 등 신자유주의 정책을 추진하였다. 그러나 무역 수지 적자 등으로 1997년 말에 외환 위기를 맞았다.

┌─ 보기 ─────────────────────────────┐
ㄱ. 경제 개발 5개년 계획이 본격적으로 시행되었다.
ㄴ. 중화학 공업을 적극적으로 육성하여 수출이 늘어났다.
ㄷ. 토지 조사 사업이 실시되면서 총독부의 수입이 늘어났다.
ㄹ. 임오군란을 계기로 청 상인이 침투하여 일본 상인과 경쟁하였다.
└────────────────────────────────┘

① ㄱ, ㄴ ② ㄱ, ㄷ ③ ㄴ, ㄷ
④ ㄴ, ㄹ ⑤ ㄷ, ㄹ

출제 의도 파악하기

대한민국의 경제 성장 과정에서 일어난 구체적 사실들을 파악하도록 한다.

문제 해결 Point 쏙쏙
- 국가 총동원법: 중일 전쟁 이후 전쟁에 필요한 물자와 인력을 효율적으로 수탈하기 위해 1938년 일제가 제정한 법
- 경제 개발 5개년 계획: 경공업을 육성하고 수출을 증대(1차) → 경부 고속 국도 등 사회 간접 자본을 확충, 자유 무역 단지를 만들어 외국 기업 유치 노력(2차) → 철강, 조선, 자동차, 화학 등 중화학 공업을 육성하여 수출 증대(3차·4차) → 급격한 경제 성장('한강의 기적')

용어 외환 위기: 기업 경영과 금융 기관의 부실이 드러나면서 한국 경제에 대한 외국 투자자들의 신뢰도가 하락하여 국내 원화 가치가 급격하게 하락하고 외환 시장이 불안해짐.

개념 1950년대에는 미국의 경제 원조 영향으로 제분, 제당, 면방직 공업 등 소비재 산업이 발달하였다. 1962년부터 경제 개발 5개년 계획이 본격적으로 시행되었고, 1970년대에는 중화학 공업을 적극적으로 육성하여 수출액이 크게 늘어났다. 이후 우리나라는 '한강의 기적'이라고 불릴 만큼 경제력이 성장하였고 1980년대 중반에는 3저 호황에 힘입어 고도성장을 계속해 나갈 수 있었다.

선택지 바로 알기

ㄷ. 토지 조사 사업이 실시되면서 총독부의 수입이 늘어났다.

일제는 근대적 토지 소유권을 확립하고 세금 부담을 공평히 하겠다는 명분을 내세워 1910~1918년까지 토지 조사 사업을 실시하였다.

ㄹ. 임오군란을 계기로 청 상인이 침투하여 일본 상인과 경쟁하였다.

1882년 임오군란이 일어나자 조선 정부는 청에 군대를 요청하였다. 이후 청은 조선의 내정에 간섭하였고 청 상인들도 대거 침투하였다.

8 6·25 전쟁

다음 가상 일기의 내용 중 옳지 않은 것은?

> 1952년 6월 30일 날씨 맑음
>
> 전쟁이 일어난 지도 벌써 2년이 지났다. ① 북한군의 기습적인 남침으로 일어난 전쟁 때문에 우리 가족은 삶의 터전을 잃고 뿔뿔이 흩어졌다. ② 유엔군이 우리 국군을 도우러 참전한다고 했을 때는 전쟁이 금방 끝날 줄 알았다. ③ 인천 상륙 작전이 성공하여 서울을 되찾아 우리 가족이 살던 집을 찾아가 보았지만 가족을 만날 수는 없었다. ④ 중국군도 우리 국군을 도와주러 왔다고 하니 금방 전쟁이 끝나겠지. ⑤ 최근에는 38선 일대에서 치열한 전투가 자주 벌어진다고 한다. 하루빨리 전쟁이 끝나 가족을 만나고 싶다.

출제 의도 파악하기

6·25 전쟁의 전개 과정을 파악하도록 한다.

문제 해결 Point 쏙쏙

·6·25 전쟁: 북한군의 남침 → 서울 함락, 국군은 낙동강 유역까지 후퇴 → 유엔군 참전 → 인천 상륙 작전 → 국군과 유엔군이 38선을 넘어 압록강 유역까지 진격 → 중국군이 개입 → 후퇴하며 다시 서울을 빼앗김 → 38선 부근에서 전투가 자주 벌어짐 → 정전 협정 체결

개념 인천 상륙 작전이 성공하면서 6·25 전쟁의 전세가 역전되었다. 북한군은 38선 이북으로 후퇴하였고, 국군과 유엔군은 압록강 유역까지 진격하였다. 그러나 중국군이 전쟁에 개입하여 북한군을 지원하면서 국군과 유엔군은 다시 후퇴하게 되었다.

9 평화 통일을 위한 노력

(가)에 들어갈 내용으로 옳지 않은 것은?

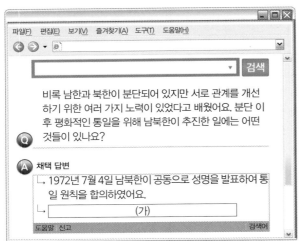

① 개성 공단이 조성되었어요.

② 남북 정상 회담을 개최하였지요.

③ 남북 기본 합의서를 채택하였어요.

④ 이승만 정부가 북진 통일을 주장하였어요.

⑤ 이산가족 상봉과 서신 교환이 이루어졌어요.

출제 의도 파악하기

분단 이후 남한과 북한이 통일을 이루기 위해 했던 노력을 살펴보도록 한다.

문제 해결 Point 쏙쏙

·7·4 남북 공동 성명: 자주, 평화, 민족 대단결이라는 통일 3대 원칙 합의

·남북 기본 합의서: 남북 사이의 화해와 불가침 및 교류·협력에 관한 합의서 채택

·남북 정상 회담: 김대중, 노무현, 문재인 정부 시기 남북 정상 회담이 개최됨.

·6·15 남북 공동 선언: 첫 번째 남북 정상 회담에서 발표. 이를 계기로 개성 공단 건설, 경의선 복구, 이산가족 상봉 등이 이루어짐.

개념 6·25 전쟁 이후 분단 체제가 굳어지면서 이승만 정부는 북진 통일을 주장하였다. 북한도 적화 통일 정책을 계속 유지하였다. 이후 1960년대까지 남북한 사이에는 상호 비방과 군사적 긴장이 계속되었다. 1970년대에 들어 냉전 체제가 완화되는 등 국제 정세가 변화하였고, 한반도에서 평화 정착을 위한 노력이 전개되었다.

10 조선 후기 서민 문화

조선 후기에 다음과 같은 문화가 유행하게 된 배경을 서술하시오.

> (가) 벽사창이 어른어른커늘 임만 여겨 나가 보니
>
>   임은 아니 오고 명월이 만정한데 벽오동 젖은 잎에 봉황
> 이 내려와서 긴 부리 휘어다가 깃 다듬는 그림자로다.
> 모쳐라 밤일세 망정 행여 낮이런들 남 웃길 뻔하괘라.
>
> (나)
>
>

답 조선 후기 상품 화폐 경제가 발달하면서 서민의 경제력이 향상되었고, 서당 교육이 확대되면서 서민층이 새로운 문화의 주체로 성장하였다.

출제 의도 파악하기

조선 후기 서민 문화가 유행하게 된 배경을 알아보도록 한다.

문제 해결 Point 쏙쏙

· 사설시조: 초장, 중장, 종장 가운데 한 장이 특별히 길어지는 등 전통적인 시조의 형식을 벗어난 자유로운 형태의 시조. 서민들의 생활이나 애정 등을 표현하는 내용이 많음.

· 탈춤: 풍년을 기원하던 의례에서 발전한 것으로 조선 후기 대표적 공연 문화. 사람이 많이 모이는 장시나 포구를 중심으로 널리 공연됨. 양반과 승려의 타락을 풍자하는 내용, 남성 중심 가족 제도하에서 여성들의 고통을 드러내는 내용 등 당시 서민들의 정서를 잘 표현함.

개념 서민 문화의 사례로는 한글 소설과 사설시조의 유행, 판소리와 탈춤의 유행 등을 들 수 있다. 제시된 자료 중 첫 번째는 사설시조이고 두 번째는 탈춤 공연인 양주 별산대놀이 장면이다. 조선 후기 농업 기술의 발달과 상품 화폐 경제의 발달로 부유해진 서민들이 등장하였다. 또한 서당 교육이 확대되어 교육받은 서민들도 늘어났다. 이에 따라 서민층이 새로운 문화의 주체로 성장하였고 서민 문화가 발달하게 되었다.

11 상공업 중심 사회 개혁론

제시된 인물들이 내세운 공통된 주장을 한 가지 서술하시오.

> · 홍대용　　　· 박지원　　　· 박제가

답 청과의 교류를 통해 선진 문물을 수용할 것을 주장하였다. 상공업 발전과 기술 혁신을 통해 조선 사회를 개혁할 것을 주장하였다.

출제 의도 파악하기

조선 후기 실학의 발달 내용을 살펴보도록 한다.

문제 해결 Point 쏙쏙

· 농업 중심 사회 개혁론: 토지 제도 개혁과 자영농 육성을 통한 사회 개혁 주장. 유형원, 이익, 정약용 등이 대표적

· 상공업 중심 사회 개혁론: 상공업 발전과 기술 혁신에 관심을 가짐. 청과의 교류를 통해 선진 문물을 수용할 것을 주장하여 북학파라고 불리기도 함. 홍대용, 박지원, 박제가 등이 대표적

개념 조선 후기 실학의 사회 개혁론은 크게 두 가지로 나뉘었다. 유형원, 이익, 정약용은 농업 중심 사회 개혁론을 주장하였고 홍대용, 박지원, 박제가는 상공업 중심 사회 개혁론을 주장하였다. 홍대용은 기술 혁신, 문벌 제도 폐지 등을 주장하였고, 박제가는 수레와 선박, 화폐의 사용 등을 주장하였다. 박지원은 청과의 교역 확대, 생산 증대를 위한 소비 진작 등을 내세웠다.

12 6월 민주 항쟁

다음 자료를 보고 물음에 답하시오.

〈특별기획〉 1987년을 돌아보다

민주, 민이 주인이 되다.

대한민국 민주주의의 발전 과정을 살펴볼 수 있는 이번 전시에 여러분을 초대합니다.

전시 일정	기간: 20□□. △. ○. ~ △. ○. 장소: △△ 역사박물관 특별전시실
1987년 민주화 과정	• 1.14. □ ㉠ □ 고문치사 사건 보도 • 1.26. '고문 없는 세상에서 살고 싶다' 명동성당 시위 • 4.13. 호헌 조치 발표 • 5.18. □ ㉠ □ 고문치사 축소 조작 폭로 • 6.9. 시위 현장에서 경찰이 쏜 최루탄에 맞아 이한열 사망 • 6.10. 학생과 시민들의 대규모 시위 • 6월의 꽃, 넥타이 부대 • 6.29. 대통령 후보의 □ ㉡ □ 개헌 약속
전시 구성	주제: 민주주의를 향한 전진의 역사 강사: ○○○

---

(1) ㉠에 들어갈 인물이 누구인지 쓰시오.

답 박종철

(2) ㉡의 결과 대통령 선거 방식이 어떻게 바뀌었는지 서술하시오.

모범답안 5년 단임의 대통령을 국민의 직접 선거로 선출하였다.

출제 의도 파악하기

대한민국 민주주의가 발전하는 과정에서 나타나게 된 주요 사건 중 하나인 6월 민주 항쟁에 대해 파악하도록 한다.

문제 해결 Point 쏙쏙

· 박종철: 대학생이었던 박종철이 1987년 경찰의 조사를 받던 중 물고문을 받아 사망하게 됨. 경찰은 박종철이 쇼크로 인해 사망한 것으로 사건을 은폐하려 하였으나 고문으로 인한 사망이었음이 밝혀짐.

· 6·29 민주화 선언: 여당 대표이자 대통령 후보였던 노태우가 6월 민주 항쟁 당시 국민의 민주화 요구를 받아들이겠다고 약속함. 대통령 직선제 개헌을 통한 평화적 정권 이양, 김대중 등 정치 사범 석방, 언론 자유 보장, 지방 자치 실시 등이 포함됨.

용어 4·13 호헌 조치: 전두환 정부가 대통령 직선제 개헌 요구를 거부하고 7년 단임의 대통령 간접 선거 방식을 규정하고 있는 헌법을 유지하겠다고 발표함.

개념 1987년 박종철 고문치사 사건을 축소·은폐하는 시도가 발각되면서, 이를 규탄하는 시위가 벌어졌다. 전두환 정부가 4·13 호헌 조치를 발표하여 모든 개헌 논의를 중단하겠다고 선언하자 6월 10일, 범국민 대회가 개최되어 백만 명이 넘는 학생과 시민들이 민주화를 요구하며 독재 정권에 맞섰다. 6월 29일 당시 대통령 후보이자 여당 대표 노태우가 직선제 개헌을 약속하는 6·29 민주화 선언을 발표하였다. 이후 제9차 개헌이 단행되어 5년 단임의 대통령 직선제가 제정되었다.

단기간 고득점을 위한 2주

전략
질주

중학 전략

내신 전략 시리즈

국어/영어/수학

필수 개념을 꽉~ 잡아 주는 초단기 내신 대비서!

일등전략 시리즈

국어/영어/수학/사회/과학 (국어는 3주 1권 완성)

철저한 기출 분석으로 상위권 도약을 돕는 고득점 전략서!

정답은
이안에
있어!